Anonymous

Sammlung aller in dem souverainen Herzogthum Schlesien

und der demselben incorporirten Grafschaft Glatz in Finanz, Polizey-Sachen

ergangenen und publicirten Ordnungen, Edicte, Mandate, Rescripte etc

Anonymous

Sammlung aller in dem souverainen Herzogthum Schlesien
und der demselben incorporirten Grafschaft Glatz in Finanz, Polizey-Sachen ergangenen und publicirten Ordnungen, Edicte, Mandate, Rescripte etc

ISBN/EAN: 9783744620475

Hergestellt in Europa, USA, Kanada, Australien, Japan

Cover: Foto ©Suzi / pixelio.de

Weitere Bücher finden Sie auf **www.hansebooks.com**

Register

über die

Sammlung

aller

in dem souverainen Herzogthum Schlesien und der demselben
incorporirten Grafschaft Glatz, während der glorwürdigsten
Regierung

Fridrichs II

Königs von Preußen,

vom Jahr 1740. bis Ende Augusts 1786.

in Finanz- und Policey-Sachen

ergangenen

Ordnungen, Edicte, Mandate,

Rescripte 2c. 2c.

Breslau, 1790.
bey Wilhelm Gottlieb Korn.

	Jahr	Band	Seite
Abdecker sollen graue Kleidung tragen	1766	9	195
— — deren Kinder zweiter Generation dürfen erst ein Handwerk lernen	1782	17	311
— — deren Kinder können bald ein Handwerk lernen, wenn sie die Arbeit ihrer Eltern noch nicht getrieben	1783	18	29
— — sollen die Luderstellen auf Anordnung der Wolfs-Jäger richtig halten	1756	6	451
— — denen durch die Viehseuche verunglückten nicht unnöthige Kosten machen	1751	4	202
	1745	12	59
— — — das an der Seuche crepirte Vieh nicht abledern	1747	5	236
Davon s. Mehr bei Vieh 2c.	1749	5	270
— — Gruben sollen nicht nahe an den Landstraßen seyn	1767	16	30
— — Knechte und Jungen müssen statt der geschriebenen nun gedruckte Atteste haben	1772	13	234
— — Lohn und Reisegeld bei Besichtigung der Cadaverum wird bestimmt	1750	3	831
— — — in welchen Fällen, und wie solches zu liquidiren und zu vergüten	—	—	832
Abendmal: Wenn die Kinder zu demselben zuzulassen seyn	1763	7	387
— — Die Einsegnung dazu soll bei der protestantischen Jugend am Charfreitage geschehen	1773	14	9
Abgaben öffentliche, wegen den rückständigen hat Fiscus in den Gütern, worauf sie haften, die Prioritæt für andern Gläubigern	1769	19	349
— — des Landes, s. Accis, Servis, Steuern u. s. w.			

A

	Jahr.	Band.	Seite.
Abgebrannte in den Städten: erhalten 3jährige Accise-Bonification	1749	3	455
— item 6jährige Freiheit ab oneribus publ.	—	—	456
— Nähere Bestimmung der Accise-Bonification, besonders für die Miether	1756	19	202
— Die ihnen zum Wiederaufbau geschenkten Gelder sollen sicher angewandt werden	1763	7	326
— Deren Häuser auf Königl. Kosten wieder erbauet werden, erhalten statt der 6jährigen nur 2jährige Accise-Bonification	1777	15	191
— item auch nur 2jährigen Erlaß von den Cämmerei-Gefällen	—	—	236
Abgebrannte in Dörfern müssen die Feuer-Societaets-Hülfe prompt erhalten	1763	7	239
— in denen wegen der Viehseuche gesperrten Dörfern erhalten sie, weil ihnen von gesunden Orten her keine Hülfe geschehen darf, aus der Societaet eine stärkere Remission	1781	17	207
plura s. Brandschaden, Feuer-Societaet etc.			
Ablaß-Märkte, mit was für Waaren daselbst auszustehen, und welchen Handwerkern daselbst das Feil haben erlaubt ist	1747	5	206, 207
— die, an Orten, welche specielle Concession zu Jahrmärkten haben, können auch von fremden Krämern u. s. w. besucht werden	1756	19	49
Abschied der Soldaten, unter welchen Bedingungen ihnen solcher nach dem mit Sachsen geschlossenen Cartell zu ertheilen	1741	1	152
— den die Landräthe eigenmächtig ertheilen, ist ungültig	1764	8	241
Abschoß-Geld wird auf den 10ten Pfennig festgesetzt	1751	4	416
— wenn solches dem Fisco competire	—	—	416
— sind Grund-Herrschaften und Magisträte zu erheben berechtiget	—	—	417
— Wer und was für Sachen denselben unterworfen	—	—	417, 418
— welche Personen davon frei sind	—	—	419, 420
— darf nur einmal erleget werden	—	—	418
— wie es damit zu halten, wenn Personen in- und außerhalb Landes Vermögen haben	—	—	418
— item wenn das Vermögen nicht ganz exportiret wird	—	—	419

Ab.

	Jahr.	Band.	Seite.
Abschoß-Geld, dergleichen müssen auch Ausländer zahlen, wenn sie 10 Jahr im Lande gewohnet und wieder emigriren	1751	4	419
— — in welchen Fällen keines statt findet	—		421
— — demselben sind auch die Juden unterworfen	—	—	262
— — item die fremde Juden, wenn sie 1 Jahr 6 Wochen im Lande gewohnet, und wieder emigriren	1748	3	245
— — item die außer Landes heurathenden Juden	1768	10	299
— — ist vom Loslassungs-Gelde unterschieden	1753	4	832
— — von dem Vermögen der Unterthanen bei ihrer Loslassung wird bestimmt	1748	3	236
— — wird von dem nach den Oesterreichischen Landen gehenden Vermögen auf den 10ten Pfennig gesetzt	1748	3	210
— — item von dem nach den Dänischen Landen gehenden Vermögen auf 25 pro Cent	1749	3	472
Abschoß-Recht: Edict wegen demselben für Schlesien und die Grafschaft Glatz	1751	4	415
— — zwischen der Stadt Amsterdam und den Königl. Preußischen Provinzen wird aufgehoben	1770	12	15
— — item zwischen Polen und den Königl. Preußischen Provinzen in Erbschafts-Fällen	1776	15	54
— — bleibt aber in Emigrations-Fällen	1782	17	303
— — item zwischen den Königl. Preußischen Provinzen überhaupt	1777	15	400
— — item zwischen dem sächsischen und schlesischen Adel unter gewisser Einschränkungen	1779	16	179
— — bleibt zwischen der Stadt Danzig und den Königl. Preußischen Provinzen wie sonst in der Ausübung	1778	16	95
— — wird zwischen der Grafschaft Wernigerode und den Königl. Preußischen Provinzen wieder eingeführet	1784	18	205
Abt, s. Kloster-Obere.			
Abwesende sind nach 30 Jahren pro mortuo zu achten	1750	5	510
— — wenn sie nach der Zeit wieder kommen, erheben sie zwar die Erbschaft, doch nicht die Zinsen, weder die verzehrten fructus	—	—	511
Abzug freier wird den schlesischen Unterthanen nach dem Frieden auf 5 Jahre verstattet	1742	1	156
Abzugs-Gelder sollen vor erfolgtem decreto approbatorio nicht ausgezahlt werden	1750	3	363

Ac.

	Jahr.	Band.	Seite.
Academie der Wissenschaften in Berlin erhält die Hälfte der Revenus der schlesischen Collegiorum medicorum.	1744	19	10
— (lateinische Schulen) s. Gymnasia, Universität, Studiren			
Acceptatio, s. Wechsel.			
Accidentien der Geistlichen, darüber kann das Dominium entscheiden, wenn deswegen Streitigkeiten entstehen retiqua, s. Stohlgebühren, Sporteln.	1741	1	90
Accise soll zu Breslau von den Consumtibilien bei der Einfuhr derselben erlegt werden	1741	1	120
		5	1
— wird zu Breslau nicht mehr auf dem Rathhause sondern in dem dazu bestimmten Ober-Accisehause erhoben	1741	1	129
— vom Mahlen und Schlachten soll richtiger abgeführt werden	—	—	125
— muß von den Vorstädtern eben so wie von den Städtern erlegt werden			178
— wie es mit Erlegung derselben bis auf weitere Verfügung zu halten	1742	1	29 seq.
— wem solche creditirt werden kann, oder nicht	1746	2	233, 261
	1756	19	91, 76, 85
— in wiefern die zu wenig gezahlten noch zu zahlen	1756	19	69
— wie es damit beim Baratto-Handel mit Polen zu halten s. Baratto	—	—	162
— in welchem Zoll sie auch von denen Transito-Gütern erlegt werden muß	—	—	145
— ist nach Empfang des Thorzettels binnen 3 Tagen zu erlegen	—	—	194
— von Transito und durch Breslau gehenden Gütern soll andern Städten nicht praecipirt werden	1746	2	266
— von Gütern für Dorfkrämer wird solche, wenn sie durch Breslau gehen, nach dem vollen Consumtions-Satz erlegt	—	—	266
— von den Waaren der Diminutirer, als Buttenträger u. s. w. wird bald am Orte der Eröffnung, oder der Niederlage, entrichtet	1756	19	143
— von Waaren und Victualien, so nach einer einländischen Stadt gehen, wird in loco destinationis erlegt	—	19	46 seq.
— von ausländischen Victualien und Waaren kann nur in extraordinairen Fällen vom ersten Grenzzollamt erhoben werden	—	19	47
— wie deswegen zu verfahren, wenn accisbare Sachen mit der Post ankommen	1749	3	169
	1756	19	73, 79
	1772	13	20
Accise gebende Sachen:			
— — — fremde müssen an der Gränze gehörig verschnüret und versiegelt werden	1756	19	47

Ac.

	Jahr	Band	Seite
Accise gebende Sachen:			
— — — was zu thun, wenn dabei Verdacht vorkommt	1756	19	47
— — — darunter gehört auch, was an Jahrmarktzeit in contribuable kleine Städte und Marktflecken gebracht wird	—	—	48
— — — item alle zu Breslau eingehende Victualien und Waaren aus andern Königl. Provinzen, wenn sie gleich schon in Loco Unde versteuert sind	1746	2	229
— — — von den accisbaren Sachen überhaupt	—	—	283
Accise vom Getreide, Mehl, Malz, Schrot, Futterkörner ꝛc.			
Eingangs-Accise wird erlegt: {	1746	2	241
— Von allen Feldfrüchten überhaupt	1756	19	95
— Vom Roggen und Gerste zur Fütterung {	1746	2	242
	1756	19	96
— Vom Getreide, so im Stroh zum Ausdrusch in die Städte eingeführt wird	1756	19	96
— Vom aufgeschütteten Getreide, worüber die Accisämter ein Annotat-Buch führen müssen	—	—	96, 98
Wenn die Getreide-Händler solche erlegen sollen	—	—	103
— Vom Stein- und Staubmehl aus den Mühlen {	1746	2	250
	1756	19	122
— Vom Malz, und wird, wenn weizenes und gerstenes vermengt ist, als ganz weizenes versteuert	1746	2	240
— Von dem aus Polen einkommenden Getreide	1756	6	586
— Von dito beim Eingang in die Städte außer dem Impost noch Tarifsmäßig	1764	8	126
Nähere Erklärung darüber	1765	8	501
s. Impost, item Getreide			
Eingangs-Accise wird nicht erlegt: {	1746	2	243, 282
— Vom Hartfutter zur Cavallerie-Verpflegung	1756	19	98, 179, 203,
	1780	17	57 (283 loc. cit.
— Vom Getreide, so ins Magazin geliefert wird	—	—	
— Vom Futter-Getreide, so Fuhrleute und Reisende zur Fütterung ihrer Pferde mitbringen, doch muß es mit Hexel vermengt seyn {	1746	2	258
	1756	19	29, 118
— Vom Getreide, so vom Lande ein- und wieder zurück gehet	—	—	96
— Von dem, dem Impost unterworfenen, und nur transitirenden Getreide	—	—	96
— Vom Getreide, so die Städten Ackerbürger zur Aussaat brauchen	—	—	98

A 3

Acc

Ac.

Accise vom Getreide, Mehl, Malz ꝛc.

	Jahr.	Band.	Seite.
Eingangs-Accise wird nicht erlegt:			
— Vom Getreide, so benachbarte Ausländer auf schle- sischen Mühlen mahlen lassen, wenn sie das Mehl wieder zurück nehmen ꞏ ꞏ ꞏ	1756	19	98
— Vom Decem-Getreide, so schlesische Geistliche aus Polen erhalten ꞏ ꞏ ꞏ	—	—	98
— Vom Getreide ꞏc., so die Proviant-Aemter auf Vor- rath mahlen lassen ꞏ ꞏ ꞏ	—	—	99
— Vom Futterschrot, auch Stein- und Staubmehl zum Schweinmästen zu Breslau ꞏ ꞏ ꞏ	1746	2	254, 256
— Vom Futter-Getreide für die Postpferde ꞏ {	1746 1756	2 19	282 202
— Vom Schrot-Getreide für junge kranke Dienstpferde	1756	19	179
— Vom Almosen-Getreide für die Bettel-Klöster {	1746 1756	2 19	281 179
— Vom Deputat-Getreide für Kirch- und Schulbe- dienten, item Armenhäuser und anderer piorum Corporum, in Med. Städten ꞏ ꞏ	1756	19	198
— Von dito für die grundherrschaftlichen Beamten, doch in wiefern ꞏ ꞏ ꞏ	—	—	200
— Von dito für die Forstbedienten ꞏ ꞏ s. Accise-Frei	—	—	201
Mahl- und Consumtions-Accise wird erlegt:			
— Von allem Getreide, so Bäcker, Brauer, Brandwein- brenner und andere Consumenten zu städtischen Müh- len bringen {	1744 1756 1766	1 19 9	3 95 74
— Vom Mehl, so die Klöster und die Städte bewohnende Adeliche von ihren Gütern zur Hauswirthschaft kom- men lassen ꞏ ꞏ ꞏ {	1746 1756	2 19	245 103
— Vom Malz, und wird, wenn Weitzen und Gerste ver- mengt sind, nach dem höchsten Satz versteuert	1746	2	240
— Vom Bradtmehl, so von den Regimentern ꞏc. an die Stadt-Einwohner verkauft wird ꞏ	1756	19	99
— Vom Mehl, so die in Städten wohnende Landleute auf auswärtigen Mühlen mahlen lassen ꞏ {	1746 1756	2 19	245 104
Mahl- und Consumtions-Accise wird nicht erlegt:			
— Vom Weitzenmehl, so die Müller zu Breslau zur eige- nen Nothdurft brauchen ꞏ ꞏ ꞏ	1746	2	249
— Von der Mahlmetze, wenn sie in natura gegeben ist	1756	19	104
— Vom resp. 9ten und 7ten Scheffel beim gemästen Malz und Weitzen ꞏ ꞏ ꞏ ꞏ	—	—	108, 110

	Jahr.	Band.	Seite.

Ac.

Accise vom Getreide, Mehl, Malz ꝛc.

Mahl- und Consumtions-Accise wird nicht erlegt:

— Von ⅟₄ Metze per Scheffel Korn, so genäßt zur Mühle kommt · · · · · · · · · 1756 · 19 · 108

— Von ½ Metze per Scheffel beim trockenen Malz, als Räufel-Maas · · · · — — 109, 110

— Von 2 Metzen per Scheffel beim genäßten Malz, als Quell- und Räufel-Maas · · · · — — 109, 110
s. Accise-Frei.

Handlungs-Accise wird erlegt:

— Vom Getreide, so die Gebürgs-Bauern und Fuhr-leute auf dem platten Lande zum Wiederverkauf einkaufen · · · · · 1756 19 168

— Vom Getreide, so die Breslauischen Getreide-Händ-ler in Polen kaufen, und wieder außer Landes verkaufen · · · · · · 1746 2 243

— — Und zwar so oft als dergleichen Getreide in die Hände anderer Händler kommt · · — — 244

— Vom Getreide, so die Bäcker, Brandweinbrenner, Müller, Mehlhändler vom Lande auf den städt- 1746 2 243
schen Märkten einkaufen 1756 19 101

— Vom Getreide ꝛc. so die Regimenter beim Aus- 1746 2 243
marsch an städtsche Einwohner verkaufen 1756 19 99, 179

— Vom Malz, so ein Bürger an andere außerhalb der 1746 2 246
Stadt wohnende verkauft · · · · 1756 19 111

Handlungs-Accise wird nicht erlegt:

— Vom Mehl ꝛc., so aus den Magazinen aufs Land verkauft wird · · · · · · 1756 19 99

— Vom Mehl und Getreide wird überhaupt aufgehoben, Neuere Einrichtung deswegen · · 1766 9 74
plura s. Fix-Accise, Accise-Frei, Getreide, Mehl, Malz u. s. w.

Accise vom Vieh, Pferden, Fleisch ꝛc.

Eingangs-Accise wird erlegt:

— Von dem aus Polen kommenden Vieh insgemein, und zwar vor Vieh auf den Viehmärkten 1750 3 861

— — — außer den Viehmärkten 878, 879

— Von allem Vieh, so die Schlächter und Viehmäster ꝛc. zu Breslau einbringen · · · 1746 2 251

— Vom geräucherten und eingesalzenen Fleische, so Land-leute einbringen; einfach · · · 1756 19 117

Ac.

Accise vom Vieh, Pferden, Fleisch ꝛc.

	Jahr	Band	Seite
Eingangs-Accise wird erlegt:			
— Vom frischen Fleische vom Lande, doppelt	1746	2	251
	1756	19	117, 123
— Vom frischen Fleische aus fremden Landen, dreifach	—	—	ibid. ibid.
f. Vieh			
Eingangs-Accise wird nicht erlegt:			
— Vom Speck und geräucherten Fleisch, wenn das Vieh schon versteuert gewesen	1746	2	253
	1756	19	128
Schlacht- und *Consumtions*-Accise wird erlegt:			
— Von allem Vieh überhaupt	1746	2	250 seq.
	1756	19	123 seq.
Classification des Viehes	1756	19	124
— Vom magern finnigen Vieh nur die Hälfte	—	—	128
— Von Lämmern, jungen Ziegen, Spanferkeln, jungem Rindvieh	—	—	128
— Neuere Einrichtung ratione der Schlacht-Accise	1766	9	76 seq.
f. Schlachten ꝛc.			
Handlungs-Accise wird erlegt:			
— Von dem schlesischen nach Böhmen gehenden Vieh, doppelt	1765	8	750
— Vom Vieh, außer den Viehmärkten	1750	3	878
— — in den Viehmärkten	—	—	879
— Von allem fremden Vieh, und wer solche erlegt	1756	19	169
— Vom erwachsenen Vieh, so die Pächter und Einwohner vom Lande zum Verkauf bringen	—	—	174
— Vom Vieh, so die Einwohner und Vorstädter zu Breslau verkaufen	1746	2	268
— Von den Pferden, so die Offiziers außer ihrem Dienst gebrauchen	1756	19	178
— Von allem einländischen Vieh, und wer solche erlegen soll	1746	2	269
	1756	19	172
— Vom kranken und lahmen Vieh, so unterwegs verkauft worden	1756	19	172
— Vom Vieh, so die unter der Accise stehenden Bürger verkaufen oder tauschen	1746	2	268, 271
	1756	19	176
— Vom Vieh, so fremde Viehhändler im Lande aufkaufen, und wird in der nächsten Stadt erlegt	1746	2	271
	1756	19	175
— Vom Vieh, so einländische Viehhändler auf dem Lande zum Wiederverkauf einkaufen	1746	2	270
	1756	19	175

Ac ꝛ

Ac.

	Jahr.	Band.	Seite.
Accise vom Vieh, Pferden, Fleisch :c.			
Handlungs-Accise wird erlegt:			
— Vom Armenianschen, Kosackischen :c. Vieh nur die Hälfte, wenn die Händler für das gelöste Geld andere Waaren mit zurück nehmen (barattiren)	1756	19	176
— Von Pferden zur Extra- und Ordinairen Post erlegt der Verkäufer allein	—	—	203
— Von dem durch einländische Viehhändler außer Landes gekauften und eingebrachten Viehe, wird solcher am Orte des Wiederverkaufs entrichtet	1746	2	268
— Vom Unschlitt, so die Fleischer zu Breslau auswärts verkaufen	—	—	254
Schlacht- und *Consumtions*-Accise wird nicht erlegt:			
— Vom ganz unreinen und nicht zu gebrauchenden Vieh, besonders Schweinen	1746 / 1756	2 / 19	254 / 128
— Von Schweinen überhaupt findet der 1 Pfennig pr. Pfund nicht statt	1766	9	76
— Vom Speck und geräucherten Fleisch vom schon versteuerten Vieh	1746 / 1756	2 / 19	253 / 128
— Vom Unschlitt vom versteuerten Vieh			128
— Von den kleinen Schweinen der armen Leute	1746	2	254
Handlungs-Accise wird nicht erlegt:			
— Von den ordinairen Postpferden beim Verkauf derselben	1746 / 1756	2 / 19	282 / 202
— Von den Dienst-Equipage- und Remonde-Pferden für die Cavallerie	1746 / 1756	2 / 19	271 / 177 seq. 200
— Von den Pferden, so die Officiers und Regimenter als unbrauchbar verkaufen müssen	1756	19	178
— Vom Vieh, so unterweges von den Heerden krepirt	—	—	172
— Vom Vieh, so die Landleute an Fleischer und andere Particuliers (exclusive Breslau) verkaufen	—	—	176
— Vom Vieh, so die Fleischer und andere Landes-Einwohner zur eigenen Nothdurft aus Polen holen	1746 / 1756	2 / 19	268 / 176
— Vom ausländschen Vieh, so immediate durchgetrieben wird	1746 / 1756	2 / 19	271 / 176
— Von den Ferkeln oder kleinen Schweinen, unter 20 Sgr. werth	1756	19	174
— Vom Zuwachs des kleinen Viehes der Landleute	1746 / 1756	2 / 19	270 / 174
Accise vom Wein.			
— — — Was dabei überhaupt zu beobachten	1746 / 1756	2 / 19	232 seq. / 81 seq.

Ac.

		Jahr.	Band.	Seite
Accise vom Wein.				
— — — item wenn Weine aus einer einländschen Stadt in die andere oder aufs Land gehen		1756	19	84
— — — — item wenn Weine dahin aus Breslau abgehen		1746	2	233
— — — — item wenn ausländsche Weine für Weinschenken und Kretschmer auf dem Lande ankommen		1756	19	85, 88, 90
— — — in welchen Fällen davon Handlungs- oder Consumtions-Accise zu zahlen		1746	2	234
		1756	19	84 seq.
		1742	1	31
— = — Davon ist der 11te Eimer als Leccage frei		1746	2	233
		1756	19	84, 87, 91
		1754	5	601
— — — kann sichern Weinhändlern creditirt werden		1746	2	233, 237, 26c
		1756	19	76, 85, 91
— — — wie es damit beim einländschen als Beuthner, Grünberger zu halten		1746	2	239
		1756	19	93
— — — beim einländschen findet keine Leccage statt		1756	19	92
— — — wie es damit bei verdorbenen Weinen zu halten		1746	2	237
		1756	19	92
— — — wie es ratione der Accise zu halten, wenn Weinhändler ihre Lager auswärts haben		1756	19	88
— — — was deshalb fremde Weinhändler zu beobachten		1746	2	236 seq.
— — — die vorige wird vom ordinairen auf 5, vom feinern aber auf 20 Gr. per Eimer erhöht		1766	9	77
— — — item durch die neue Auflage auf resp. 3 und 1½ Thlr. per berliner Eimer		1772	13	212, 315
		1746	2	233
— — Handlungs-Accise, wie es damit zu halten		1754	5	601
		1756	19	85
— — Handlungs-Accise vom Schock wird aufgehoben, und dagegen die Abgabe à 5 pro Cent vom debit überhaupt eingeführt		1766	9	78
Mehr davon s. Wein.				
Accise vom Brandweine.				
— Vom Brandwein aus verfaulten Aepfeln, Birnen ꝛc.		1746	2	239
— — — aus Hefen, Obst, Abreschen		1756	19	94
— Von Franz- und andern abgezogenen Brandweinen wird die Consumtions-Accise gleich beim Eingang erlegt		1756	19	92
— Davon wird nichts auf Leccage gerechnet		—	—	92
— Mit Bonification derselben wegen den auswärts debitirten Brandweinen und der Handlungs-Accise wird es wie bei fremden Weinen gehalten		—	—	92

Ac

Ac.

	Jahr.	Band.	Seite.
Accise vom Brandweine.			
— Unter welchen Umständen den Brandweinbrennern Accise-Zettel auf Futterschrot gegeben werden können	1746	2	246
f. Brandwein.	1756	19	113
Brandwein-Auflage vom fremden wird von 14 auf 10 Gr. pro Quart herunter gesetzt	1766	9	81
— — vom Korn-Brandwein wird auf 1 Gr. pro Quart festgesetzt	—	—	81
Handlungs-Accise vom Schank wird aufgehoben, und statt derselben die Abgabe à 10 Gr. pr. Eimer vom debit überhaupt eingeführt	—	—	82
Accise vom Brauen wird nicht nach der Scheffelzahl, sondern nach der Achtelzahl erhoben	1766	9	79
	1767	10	70
— — — wird auf 1 Pfennig pro Quart herunter gesetzt	—	—	70
f. Bier.			
— Vom Meth aus Honig	1756	19	94
— Vom Wein- und Zieder-Essig: davon wird bald Eingangs die Consumtions-Accise erlegt	—	—	92
— Vom Holz und der Feuerung, f. Feuerungs-Impost.			
Accise wird erlegt überhaupt und wie viel:			
— Vom Puder und Stärke (Krafimehl)	1756	19	115
— — — wird zu Breslau auf ein Fixum gesetzt	1746	2	245
— Vom Futter für die Abdecker-Pferde	1756	19	186
— — Victualien, als Butter, Fische, Obst c. Federvieh	1746	2	255
	1756	19	129
Bestimmung: wie viel Einheimische und Fremde davon geben müssen	1746	2	255
	1756	19	131
Wie es damit bei kleinen Parthen zu halten	—	—	132
— — Hirse und Gegrüpe, so die Gräupner in Breslau machen	1746	2	248
— — Tochtgarn für die Seiffsieder und Wachsstöcker	1756	19	155
— — Flachs, Werg c. für Schuster und Seiler			ibid.
— — neuen Mobilien und Hausgeräthe, so vom Lande in eine Stadt eingebracht wird	1746	2	264
	1756	19	146 feq.
— — alten Mobilien und Sachen, die aus einem andern Ort in Städte zum veranctioniren gebracht werden	1756	19	147
— — fremder neuer Gold- und Silberarbeit, item Galanterie-Waaren, auch Jouwelen, unächten Perlen, böhmischen Steinen c.	1746	2	264 feq.
	1756	19	149 feq.

Acc

Ac.

		Jahr.	Band.	Seite.
Accise wird erlegt überhaupt und wie viel:				
— Von dergl. Gold- und Silber-Treffen, Spitzen, Drath, Lahn, item mit ächtem Gold und Silber gestickten oder gewirkten Sachen		1756	19	150
— — jüdischen Büchern		1746	2	265
— — Glaß, so Gebürgshändler an Breslauische Glaße absetzen		—	—	278
— — frember Eisen-Arbeit zu neuen Gebäuden		1756	19	165
— — Bau-Materialen überhaupt, Bestimmung derer so accisbar sind, oder nicht		—	—	165 seq.
— — Materialen, so zur Leimen-Fabrik gebraucht, und nicht von den Fabrikanten selbst eingeführt werden		—	—	155
— — Montirungsstücken, wenn sie zu veraccisen oder nicht		—	—	180
— — Taback, item wie derselbe zu stempeln und zu siegeln		—	—	160
— — Wolle: wie viel Aus- und Einländer zu entrichten		—	—	151
— — wollenen im Clevischen oder im Glätzischen fabricirten Waaren				
— — item die in andern Königl. Provinzen aus unveraccisten Materialen verfertiget worden		—	—	154
— — ganz und halb wollenen, halb lein und halb seidenen Waaren, so in unaccisbaren Städten oder auf dem Lande verfertiget werden		—	—	154 seq.
— — ausländschen Zitz und Cattunen		—	—	161
— — Waaren, so ausländsche Kaufleute einführen		—	—	142 seq.
— — Waaren, die ein einländscher Kaufmann an fremden Orten für seine Rechnung zusammen kaufen läßt, und wie sie zu bestimmen		—	—	145
— — schon versteuerten Waaren, so außerhalb Landes appretirt		—	—	146
— — allerhand ausländschen Waaren		—	—	159
— — Heu und Gras; in welchen Fällen bei Vorstädtern kein Fixum, sondern die tarifsmäßige Accise statt hat		—	—	181 seq
— — polnischen Blätter-Taback; der alte Sitz cessirt, s. Baratto		1764	8	102
— — polnischen Honig, Pottasche, Salpeter		—	—	34
— — Spänen des accisfreien Bauholzes		1765	8	409
— — sächsischen Blumenzwiebeln				
— — — Confituren				
— — — Devisen von Kraftmehl				
— — — Eisen } zu Breslau		1765	8	778
— — — Holzwaaren				
— — — musical. Instrumenten				
— — — Medicamenten				

Ac.

	Jahr.	Band.	Seite.
Accise wird erlegt überhaupt und wie viel:			
— Vom sächsischen Papier			
— — — Serpentinstein ⎱ zu Breslau	1765	8	773
— — — Victualien ⎰			
— — Fischen zu Breslau	1746	2	257
— — Fischwaaren und Oelen, item Zucker	1741	5	4
— — verschiedenen Waaren und Consumtibilien	1742	1	29 seq.
— — Malz zum Brauen	1742	5	7
Consumtions-Accise wird erlegt und wie viel:			
— von fremden maßiven Silbergeschirr	1756	19	150
— — Delicatessen	—	—	132
— — Lämmerfellen			161
— — Leinwand, so die Crossisten selbst gebrauchen, oder ⎱	1746	2	274
zum Ausschnitt verkaufen ⎰	1756	19	156
— — Leinwand, so die Leinwandreißer und Handwerker im ⎱	1746	2	274
ganzen verkaufen oder verarbeiten ⎰	1756	19	156, 161
— — Leinwand der Züchner und Weber zu Breslau	1746	2	276
Wie es deswegen mit der Abrechnung zu halten			274 seq.
— — Leinwandwaaren der auswärtigen Handelsleute auf den			
Jahrmärkten oder Messen zu Breslau, und wie es			
mit deren Revision zu halten	1746	2	276
— — Victualien der einländschen Kaufleute und Höcker, item	1746	2	255
— — Waaren, so sich die breslauischen Kaufleute zur eige- ⎱			
nen Nothdurft verschreiben ⎰	1756	19	131
Consumtions-Accise von der einländschen Wolle, wird auf-			
gehoben	1742	5	6
— — — Tabelle. Formular zur jährlichen	1751	4	495, 547
— — — Wegen Einrichtung einer jährli-			
chen an die Steuerräthe	1756	19	70
Handlungs-Accise wird erlegt:			
— Vom Schiff- Brenn- Bau- und Nutzholz ⎱	1746	2	266 seq.
⎰	1756	19	164, 163
— — Waaren, so fremde Kaufleute außer Jahrmärkten in ⎱	1746	2	266
Commission geben ⎰	1756	19	143
— — alten Sachen, womit Juden und Trödler handeln	1756	19	148 seq.
— — einländscher Wolle wird aufgehoben	1742	5	6
Handlungs-Accise muß in unacciebaren Städten und			
Dörfern vom dasigen Zollamt mit erhoben, doch be-			
sonders berechnet werden	1756	19	50
Gros-Handlungs-Accise, wie solche von denen ausländ-			
schen außer Landes gehenden Waaren zu berechnen	—	—	206

B 3

Ac.

	Jahr.	Band.	Seite.
Accise. Losungs-Accise.			
— Auf welche Art solche in Jahr- und Ablaßmärkten in contribuablen Städten und Dörfern einzuheben	1756	19	47, 50 seq.
— Wie und von wem sie an Jahrmärkten einzuheben	—	—	142
— Wie viel fremde Verkäufer zu Breslau von den ausländschen Waaren bezahlen müssen	1746	2	262 seq.
Nachschuß-Accise wird erlegt:			
— Von denen aus Frankfurth an der Oder eingehenden fremden Waaren, wovon dort nur die Meß-Accise gezahlt ist	1746	2	229
	1756	19	44
— Von einigen Kaufmannswaaren, die aus Breslau kommen	1756	19	45
— Von einigen Waaren zu Breslau, die daselbst höher, als in der Provinz impostirt sind	1746	2	230
— Vom Bier und Brandwein, so in einer einländschen Stadt von unversteuerten Malz und Schrot gezogen worden	1756	19	45
— Aufschlag von denen hoch impostirten Waaren der Landleute	—	—	203
Tages-Accise geben die Komödianten, Glückstöpfer, Oculisten, Marktschreier rc. für das Ausstehen	1746	2	279
Fix-Accise zahlen:			
— — Die Vorstädter überhaupt	1756	19	188 seq.
— — Welche Personen, und von welchen Sachen insbesondere	—	—	188
— — Classification derselben	—	—	188 seq.
— — Die Müller von ihrer Consumtion an Mehl und Gegräupe	—	—	120
— — Die Müller entlegener Mühlen, item Vorstädter vom Schlachtvich	—	—	129
— — Die Fischer nach Beschaffenheit der Oerter	—	—	133
item ratione der Speisefische, so sie selbst fangen	1746	2	257
— — Die Gold- und Silberarbeiter von ihrem Gewerbe	1746	2	264
	1756	19	148
— — Die christlichen und jüdischen Jouwelenhändler, desgleichen	1746	2	265
	1756	19	148
Ausnahme, was darunter nicht begriffen	1756	19	148
— — Die Bäcker und Brandweinbrenner in den Vorstädten, ratione ihres Brennholzes	1756	19	164
— — Die Krafmehlmacher rc. in Breslau	1746	2	247, 279
— — Die Müller zu Breslau, ratione ihres Brodtkorns, und was sie dagegen versteuern müssen	—	—	249
— — Die Besitzer von vorstädtischen Aeckern	1756	19	180
s. Ackersteuer			
— — — — item von Gärten	—	—	183
s. Gartensteuer			

Acc

Ac.

	Jahr.	Band.	Seite.
Accise. Fix - Accise zahlen:			
— — Die Besitzer von Wiesen	1756	19	181
f. Wiesensteuer			
— — — item vom Vieh	1746	2	278
f. Viehsteuer	1756	19	186
— — — item von der Fütterung, und wie solche zu fixiren	1756	19	192
— — Bestimmung der Personen die davon eximirt sind	—	—	189
— — — der Nothdurften, die darunter nicht gehören	—	—	191 seq.
— — Von Aufnahme, Anfertigung der Anlage, und Erhebung der Gelder	—	—	189 seq.
Accise-Frei sind insgemein:			
— Die aus andern Königl. Provinzen eingehende Victualien, rohe Materialien, Fabrikate und Waaren, wenn solche schon in loco Unde versteuert worden.	1756	19	44
— Die zu Breslau einkommende nach andern Königl. Provinzen zu versendende Eßwaaren und Getränke	1746	2	229
— Die Weine, so ein Weinhändler zu Breslau aus einer andern Königl. Provinz einbringt, und wieder versendet	—	—	239
— Das Grützkorn und Weizenmehl für die Müller zu Breslau zu ihrer eigenen Consumtion	—	—	249
— Die aus einer schlesischen oder Glätzischen Stadt in die andere eingehende Consumtibilien und Fabricate	1756	19	45
— Die auf einländschen Messen erkauften einländschen Fabrikate	1746	2	229
	1756	19	45
— Die auf das platte Land kommende Consumtibilien	1756	19	51
— Die in contribuablen kleinen Städten und Marktflecken wohnende Professionisten, ratione des Debits an Bier, Brandwein, Fleisch, Brodt, in Jahr- und Ablaßmärkten	1756	19	48
— Die Leccage, oder der 11te Eimer bei ausländschen Weinen	1746	2	233
	1756	19	84, 87
— Der buchweizene Grütze	1756	19	98
— Das Segrkupe, Rauh- und Hartfutter, so aus den Magazinen aufs platte Land verkauft wird	—	—	99
— Der in Schlesien gegrabene und außer Landes gehende Galmei	1746	2	283
— Der in Reichenstein gegrabene Arsenik desgleichen	—	—	284

Ac.

Accise-Frei find insgemein:

			Jahr.	Band.	Seite.
—	—	Die Stärke, so die Leinwandhändler und Bleicher, zum Behuf ihrer Bleiche und Leinwand-Appretur, selbst machen	1756	19	115
—	—	Die Stärke, so die Stärkemacher auf dem Lande an Leinwandhändler und Bleicher verkaufen	—	—	116
—	—	Die Häute und der Talch vom veraccisten Vieh	—	—	128
—	—	Die Puten, Endten und Federvieh, so sich die Bürger selbst ziehen, excl. Gänse	—	—	129
—	—	Die Butter, Käse, Milch, item Wolle, so die Bürger von ihrem der Viehsteuer unterworfenen Vieh gewinnen	—	—	133, 187, 192
—	—	Das Obst und der Hopfen aus denen der Fix-Accise unterworffenen Gärten	—	—	185
—	—	Die Butter ꝛc. und Victualien, so der Landmann von seinem Zuwachs außer Landes absetzt	—	—	131
—	—	fremde rohe Tücher, item Felle und andere dergleichen Waaren, wenn sie in Schlesien apprettiret werden, und wieder zurück gehen	1746 1756	2 19	274 146
—	—	item die vom platten Lande ein- und wieder zurückgehenden	—	—	ibid.
—	—	Die von andern Orten eingehenden schon gebrauchte Meubles, Effecten und Hausgeräthe	—	—	146
—	—	Das alte und neue Hausgeräthe derer ins Land ziehenden Fremden	1756	19	147
—	—	item derer vom Lande in die Städte ziehenden	—	—	ibid.
—	—	Das Salz, weil die Salz-Casse an die Accise-Casse ein Fixum zahlt	1746 1756	2 19	257 134
—	—	Die von einländischen Gold- und Silberarbeitern gefertigte Kleinodien und Galanterie-Waaren, item die für die Jouwelier einkommenden Jouwelen, Brillancen, Perlen u. f. w.	1746 1756	2 19	264 148
—	—	Das alte Bruch-Gold, item Silber-Pagament und Treffen ꝛc. zum Ausbrennen	—	—	ibid. ibid.
—	—	Die von versteuerten Fellen durch die Gerber abgebrachte Wolle	—	—	151
—	—	Die in andern Königl. Provinzen verfertigte Tücher und wollene Waaren	—	—	153
—	—	Flachs, Werg, leinen Garn, türkisch Garn, blaue Stärke, Pottasche, Holz, Papier ꝛc. so unmittelbar für die Gebürgs-Fabrikanten, Bleicher und Leinwandhändler kommt	—	—	155

Aco

Ac.

			Jahr.	Band.	Seite.
Accise-Frei sind insgemein:					
—	—	Die Leinwand und Schleier aus dem Glätzischen, Oesterreichischen Schlesien, Böhmen, Mähren, item die Bielitzer Leinwand, für Großisten, die diese Waaren im Ganzen wieder verkaufen	1746 / 1756	2 / 19	283 / 155, 163
—	—	Die schlesische Tisch-Damast- und gezogene Waaren	1756	19	156
—	—	Die aus der Berliner und Potsdamschen Seiden-Fabrike kommende Seidenzeuge	—	—	159
—	—	Die aus Moskau, Polen, Lithauen ꝛc. zum Barotto-Handel eingehenden rohen Häute, Salpeter, Wachs, Honig ꝛc. ꝛc.	1746 / 1756	2 / 19	263, 283 / 162
		ist aufgehoben s. Baratto.			
—	—	Das Brennholz für die städtschen Ziegelen	—	—	164
—	—	Die einländischen Bau-Materialien für neu Anbauende, item die zu städtschen publiquen Gebäuden, Kirchen und Schulen	1746 / 1756	2 / 19	267 / 165, 203
		Ausnahme einiger Materialien	1746 / 1756	2 / 19	267 / 165
—	—	Die gedruckten, sowohl gebundene als ungebundene Bücher	1746	2	265
—	—	Aller Flachs und Garn für Kaufleute und Fabrikanten	1746	2	282
—	—	Das Futter für die Post-Pferde.	1746 / 1756	2 / 19	282 / 202
—	—	Die Ziegeln und Kalk, so aus städtschen Ziegelen aufs Land gehen	1756	19	166
—	—	Die in den Städten aus schon versteuerten Materialien gebrannte irdene Töpfergeschirre	—	—	166
—	—	Alles Holz, Blei, Eisen, ꝛc. zur Artillerie und Bestungs-Bauten	—	—	179, 203, 266
—	—	Die Montirungs-Stücke und Materialien dazu, doch unter gewissen Einschränkungen			
—	—	Die aus versteuerten Materialien gefertigten halb Woll- und halb leinene, item halb seiden und halb leinene, item halb baumwoll- und halb leinene Zeuge	—	—	154
—	—	Einige hier benannte Victualien für die Armee	1778	16	50
—	—	Die Consumtibilien und Wirthschafts-Nothdurften, so die in den Städten wohnende Dominia, oder Pächter, von ihren Landgütern einführen	1756	19	199 seq
		Ausnahme	—	—	ibid.
—	—	Die versteuerten Kaufmannsgüter und Waaren der einländischen Kaufleute, und Marktzieher auf den Jahrmärkten	1756	19	142

Ac.

	Jahr.	Band.	Seite.
Accise-Frei sind insgemein:			
— — Die für die Bettelklöster eingehenden Allmosen und Haus-Nothdurften	1746 / 1756	2 / 19	281 / 197 seq.
— — Die Deputat-Stücke derer in einigen Mediat-Städten befindlichen Kirch-Schulbedienten, Armenhäuser, und anderer piorum corporum	1756	19	198
— — item derer in den Mediat-Städten wohnenden grundherrschaftl. Beamten, doch unter Einschränkungen	—	—	200
— — item derer Forst- und Amtsbedienten	—	—	201
— — Die anziehenden Ausländer auf gewisse Jahre	1746 / 1756	2 / 19	284 / 201
f. Accise-Bonificat. f. Ausländer. f. Beneficia.			
— — Die Abgebrannten dergleichen	1756	19	201
f. Abgebrannte-Accise-Bonificat.			
Accise-freie Sachen müssen dennoch angesagt und Zettel darauf genommen werden	—	—	204
— — — Wie die abgeschriebenen in der Jahres-Rechnung zu belegen	—	—	203
— — — Darüber sind Paßzettel zu ertheilen	—	—	95, 159
— — Freiheits-Gelder, wenn sie decourtirt werden sollen	—	—	77
f. Accise-Bonification.			
— — Administration (General) hat Gewalt über alle Contraventiones zu entscheiden, und die Strafen zu bestimmen oder zu mäßigen	1777	15	233
Accise-Aemter: Wegen Abstellung einiger bei denselben eingeschlichenen Mißbräuche und Unordnungen	1762	7	114
— — Wo solche seyn sollen	1756	19	61
— Amts-Stunden sind gehörig abzuwarten, und wie bei dringender Abhaltung zu verfahren	—	—	59 seq.
— — — In wiefern dieselben auch Sonntags zu halten	—	—	59
— — — Nach deren Endigung sind die Güter zu collationiren	—	—	65
Accise-Bauten und Reparaturen, wie bei den vorfallenden zu gebahren	1756	19	225
Accise-Bedienten (überhaupt) vorläufige Instruction für dieselben	1742	1	29
— — sollen ohne schriftliche Erlaubniß nicht vom Orte ihrer Bestimmung verreisen	1752	4	691
— — sollen den Accisanten höflich begegnen und sie bald expediren	1756	19	62

Ac.

			Jahr	Band	Seite
Accise=Bedienten: von deren Amtspflichten und Conduite über=			1756	29	42,54,69,197
— — —	haupt		1746	12	281
— — —	was sie bey der Einnahme, Expedition= und		1756	19	42,59,62 seq.
	Rechnungsführung zu beobachten				68
— — —	deren Rang unter sich und respective unter				
	andern		—	—	52 seq.
— — —	sollen sich stets einheimisch halten		—	—	61
— — —	sollen nicht an ihrem Geburtsort, oder wo sie				
	sonst domiciliret, angesetzt werden		—	—	78
— — —	wie und wenn sie zu translociren		—	—	ibid.
— — —	deren Pflichten gegen den Commissarium Loci		—	—	53
— — —	— gegen einander selbst		—	—	ibid.
— — —	wegen ihrer Vereidung		—	—	78
— — —	weder sie noch ihre Frauen dürfen einen Han=		1783	18	80
	del oder Handwerk treiben		1756	19	55
— — —	dürfen ohne Consens keine Vormundschaften ꝛc.				
	noch Nebenbedienungen annehmen		—	—	56
— — —	wie es zu halten, wenn sie verreisen oder krank				
	werden		—	—	60, 224
— — —	item wenn einer stirbt oder cassirt wird		—	—	78, 224
— — —	wie deren Sterbemonat zu bestimmen		—	—	223
— — —	alte zum Dienst nicht mehr fähige sollen aus				
	der armen Bedienten= Verpflegungs=Cas=				
	se ein Gnadengehalt bekommen		—	—	224
— — —	wie es mit Auszahlung und Verrechnung ihrer				
	Salarien zu halten		—	—	223
— — —	mögen im Fall eines gegründeten Verdachts				
	Haus= Visitationes anstellen		—	—	76
— — —	denenselben soll sich Niemand widersetzen, viel=		1746	2	281, 288,
	weniger sie injuriiren ꝛc. ꝛc.				208, 216
			1756	19	197
— — —	ihnen soll von den Magistraten ꝛc. schleunig		1768	10	322
	Assistence geleistet werden				
— — —	müssen von ihren Salarien Servis zahlen		1770	12	306
			1786	18	465
— — —	der Servis soll ihnen gleich vom monatlichen				
	Gehalt abgezogen werden		1770	12	318
— — —	wie viel sie Chargen= Jura zu erlegen		1765	19	236
— — —	können nicht assecuriren		1766	19	271
— — —	sollen nicht die confiscirte Sachen an sich				
	kaufen		1783	18	81
— — —	sollen sich genau nach dem Hausir= Edict richten		1756	19	138 seq.
— — —	— auf das verbotene Hausiren attendiren		—	—	118

Acc

Ac.

			Jahr.	Band.	Seite.
Accise-Bedienten sollen auf die Viehmäster wachsam seyn und ein besonders Register führen			—	—	126
— — deren Obliegenheiten.					
— — wegen der Getreide-Impost-Freiheit			—	—	98
— — der Einfuhr des Getreides im Stroh			—	—	96 seq.
— — der Vor- und Aufkauferei des Getreides			—	—	100
— — den Getreidehändlern			—	—	102
— — der Revision der Mühlen			—	—	104 seq. 121
— — item der Handmühlen und Stampfen			—	—	119
— — dem Netzgetreide und der Abrechnung mit den Müllern			—	—	121
— — dem Malz in den Mühlen			—	—	109
— — der Visirung beim Brauen			—	—	111
— — der Bier-Visitation auf denen dem Ausschrotzwang unterworfenen Dörfern			—	—	112
— — der Visitation der Bäcker, Fleischer und Brandweinbrenner			—	—	70, 76
— — der Betreibung der Schlacht-Accise			—	—	124 seq.
— — der Vor- und Aufkauferei der Victualien			—	—	131
— — der Verfertigung und Versendung der Stärke			—	—	115
— — der Garten und Wiesensteuer			—	—	184
bei der Auspackung und Revision der angekommenen Kaufmannsgüter			1746	2	259
			1756	18	134
bei der Rückkunft der christlichen und jüdischen Handelsleute von den Messen			1756	19	136
beim Eingang der seidenen Waaren und deren Revision			—	—	159
bei außer Landes gehenden Waaren, worauf Bonification geschiehet			—	—	206
Auf denen Viehmärkten			—	—	171
deren Strafe, Edict deswegen			1783	18	76
wenn sie sich durch Bestechungen in Aemter einschleichen			1783	18	76
wenn sie andere durch Bestechung zu Aemtern befördern			—	—	77
wenn sie ohne Caution und Bereidung Leute zu Aemtern zu lassen			—	—	77
wenn Obere die Aufsicht über ihre Subalternen vernachläßigen			—	—	7, 8
wenn sich Subalternen gegen die Subordination vergehen			—	—	79
wenn sie selbst Defraudationes begehen			1783	18	90

Ac.

		Jahr.	Band.	Seite
Accise=Bedienten: deren Strafe.				
— —	wenn sie Stempel und Siegel verfälschen	—	—	91
— —	wenn sie Amts=Geheimnisse verrathen	—	—	91
— —	wenn sie andere mit Injurien oder Thätlichkeiten mißhandeln	—	—	91
— —	wegen nicht gesuchten oder überschrittenen Urlaubs	—	—	79
— —	wegen Trunkenheit und lüderlicher Aufführung {	1756	19	54
		1783	18	80
— —	wegen Annahme der Geschenke und Bestechungen	1783	18	80
— —	wegen Defrayrung der Obern	—	—	81
— —	wegen Nachläßigkeit bey Visitationen	—	—	82 seq.
— —	wegen unrichtiger Erhebung der Gefälle	—	—	83
— —	wegen Cassen=Malverfationen	—	—	85
— —	wegen Verheimlichung der Defraudationen	—	—	87
— —	wegen falschen Denunciationen	—	—	88
— —	wegen ungebührlicher Verhaftung ansäßiger De-nunciaten	—	—	89
— —	wegen eigenmächtiger Disposition über Deposita.	—	—	89 seq.
— —	zu Breslau: von deren Pflichten überhaupt	1746	2	226 seq.
— —	— deren Rangordnung wird bestimmt	—	—	231
	s. Einnehmer, Controlleur, Visita-tor, Thorschreiber.			
Accise=Bonification findet statt:				
— —	von denen vom ausländischen rohen Kupfer im Lande verfertigten, und wieder auswärts ge-henden Kupfergefäßen	1741	1	33
— —	von denen ins Commercium einschlagenden von einländischen Kaufleuten außer Landes debi-tirten Victualien	1756	19	131
— —	von ausländischen Zizen ꝛc. so wieder außer Land ausgehen	—	—	161
— —	vom Pferde=Futter zur ordinairen Post {	1746	2	282
		1756	19	202
— —	von allen außer Land gehenden ausländischen Waaren, und wie sie anzuzahlen	1756	19	205
— —	vom Getränke, so von Breslau aus nach andern königl. Provinzen abgehet	1746	2	229
— —	vom Wein über 1 Eimer, ratione der Consum-tions=Accise, der von Breslau aus nach an-dern schlesischen Städten abgehet {	1746	2	234
		1756	19	84
— —	vom Weineßig, wie beim Weine, verstehend	1745	2	235
— —	von dem aus accisbaren Städten aufs Land ge-henden Brandwein, und wie viel?	1756	19	114, 115

Ac.

			Jahr.	Band.	Seite.
Accise: Bonification findet statt:					
— —	von der Stärke, so die städtschen Stärkemacher an Leinwandhändler u. Bleicher verkaufen		—	—	116
— —	vom Bier, so aus einem leckgewordenen Braubôt sich laufet		—	—	111
— —	— findet nicht statt.		—	—	
— —	vom Bier, wenn es umschlägt		1756	19	111
— —	von denen ausländschen Weinen, Delicatessen und Victualien, so die königl. Officianten auf ihre Landgüter nehmen		—	—	51
— —	von denen zu den Revûe-Campements für die Officiers und Regimenter aus accisbaren Städten gehenden Weinen und Vivres		—	—	51
— —	wie die Designation darüber anzufertigen, und die Gelder auszuzahlen		—	—	201
— —	wie solche bei den einländschen Fabricatis zu berechnen		—	—	205
— —	wie es mit Versendung der Waaren zu halten, worauf solche gegeben wird		—	—	206
— —	item wegen denen ein- und ausgehenden Weinen plura s. Wein.		—	—	83, 85, 87
— —	erhalten, und wie viel:				
— —	die Abgebrannte in Städten		1749	3	455
			1756	19	202
— —	— nähere Bestimmung darüber		1770	12	330
— —	die anziehenden ausländschen Künstler und Fabrikanten		1775	14	367
— —	— Bauleute und Capitalisten		—	—	371
— —	— Wollzeugmacher		—	—	373
— —	— Leinen-Damastweber				
— —	— Leder-Fabrikanten				
— —	— Maurer- und Zimmerleute		—	—	376
— —	— Handwerker insgemein die übrigen Edicte s. sub Rubr. Ausländer-Beneficia.		—	—	377
— —	der anziehenden Ausländer: wie es damit in Ansehung ihrer Familie zu halten, wenn der Mann vor Ablauf der völligen Bonifications-Zeit stirbt		1779	16	206

Ac.

	Jahr	Band	Seite
Accise=Bonification kommt den anziehenden fremden Schachwitz-webern nur in der Qualität wie ordinairen Leinwebern zu statten	1779	16	189
Accise=Büchel müssen städtische Einwohner haben, und wie es mit Einschreibung der Accise=Gefälle zu halten	1756	19	64
— Bücher sollen täglich nach den Amtsstunden collationirt werden	—	—	65
Accise=Casse: daraus soll ohne Assignation nichts vorgeschossen werden	1756	19	222
— — Kaufmanns=Casse zu Breslau: Berechnung derselben mit den dasigen Kaufleuten	1746	2	261
— — Reserve-Cassen werden verboten	1756	19	77
— — Cassen-Gelder: wie der Ueberschuß wegen der Bruch-pfennige zu verrechnen	—	—	196
— — Cassen-Gelder: was Rendant und Controlleur dabei zu beobachten	—	—	222
— — Cassen-Gelder: damit sollen nicht unerlaubte Versuren getrieben werden	—	—	65, 222
— — Cassen-Malversationes: wie solche zu bestrafen	1756	19	54 seq.
	1783	18	85
Mehr davon s. Cassen &c.			
— — Cassen-Rendanten sollen sich von ihren baaren Cautionen keine Interessen mehr anrechnen und in Ausgabe bringen	1741	1	162
— — Cassen-Rendant (Cassirer) zu Breslau, Instruction für solchen	1746	2	137
— — Cassen-Utensilien: wie es mit deren Anschaffung zu halten	1756	19	225
Cassen-Zettel s. unten Accise=Zettel.			
Accise=Controlle: wegen richtiger Führung derselben	1756	19	63
— Controlleurs: deren Rang-Ordnung	1743	5	35
— — sollen die Thore und Mühlen fleißig revidiren	1742	1	44
	1756	19	75
— — Instruction für dieselben	1756	6	362 seq.
— — sollen beim Bier-Visiren zugegen seyn	1756	19	111
— — sollen die Brandweinbrenner öfters visitiren	—	—	114
— — item die Fleischer in Vorstädten täglich	—	—	127
— — sollen nicht mit den membris camerae correspondiren, item denselben kein Geld borgen	—	—	55
— — müssen für die Sicherheit der Casse mit ihrem ganzen Vermögen zugleich mit haften	—	—	57

Ac.

		Jahr.	Band.	Seite.
Accise-Controlleurs: wie viel sie für die aus ihrer Schuld verlohren gegangene Accise-Zettel resp. zahlen müssen		—	—	195
— — — von deren Amtsführung überhaupt		—	—	63 seq.
Accise-Defraudationes: Maaßregeln zur Verhütung derselben		1742	1	44
		1746	2	228
		1756	19	71
— — — wegen derselben soll jeder Wirth für seine Domestiquen haften		1741	5	3
		1746	2	290
		1756	19	217
— — — was für welche zur Cognition der Cammer- und der Steuerräthe kommen müssen		1746	2	285
		1756	19	212
— — — oder vom Accisamte entschieden werden können		1756	19	211
— — — in welchen Fällen ad cameram regiam recurrirt werden kann, wenn Denunciatus sich gravirt glaubt		—	—	212 seq.
— — — mit seidenen oder wollenen Waaren von geringern Particuliers und nicht von Kaufleuten begangene, wie sie zu bestrafen		1775	19	391
— — — mögen, wenn dergleichen Waaren unter 20 Rthl. betragen, von der Accise-Direction abgethan werden		—	—	ibid.
— — — wie bei deren Untersuchung überhaupt zu verfahren		1756	19	207, 210
		1776	15	83
— — — wie bei den Einwohnern vom platten Lande		—	—	209
— — — wie bei den Officiers und Soldaten		1746	2	288
		1756	19	209
— — — das Verhör darüber soll auf der Accisstube nach den Amtsstunden gehalten werden		1756	19	61, 207
— — — wichtige: deren Untersuchung muß dem Stadt-Syndico &c. zugleich mit aufgetragen werden		—	—	210
— — — was deßhalb schriftlich anzufertigen ist		—	—	208
— — — wie die Protocolle darüber einzurichten		—	—	207
— — — in welchen Fällen die Untersuchungs-Protocolle an die Provincial- oder General-Administration einzusenden		1776	15	83
— — — bei Einsendung des Protocolli sind zugleich die Kosten zu liquidiren		1756	19	218
— — — wie es zu halten, wenn zugleich eine Zoll-Defraudation mit concurrirt		—	—	217
— — — item wenn der Defraudante entwichen oder unbekannt ist		1776	15	83

Ac.

	Jahr.	Band.	Seite.
Accise-Defraudationes: Sachen (confiscirte Sachen) sollen, wenn sie von importance sind, auctionis modo verkauft werden	1756	19	216
— — — — wie es mit denen verderblichen zu halten	—	—	210
Accise-Defraudations-Strafen: Principia zur Bestimmung derselben	1746	2	285 seq.
	1756	19	213 seq.
— — — — wie solche dem Verbrechen gemäß einzurichten	1776	15	81
	1772	13	294 seq.
— — — — ratione der Kaufleute, so heimlich mit Contreband oder hoch importirten Waaren handeln	—	—	81
— — — — ratione der Fuhrleute, so dergleichen Waaren heimlich einführen	—	—	82
— — — — ratione der Brauer, Brandweinbrenner und Fleischer, so heimlich brauen ꝛc. oder den Ueberschuß verbergen	—	—	82
— — — — item der Müller, Schlächter, Schiffer, Fuhrleute ꝛc. ꝛc.	1746	2	289
	1756	19	216
— — — — darüber soll bei jedem Amte ein besonderes Protocoll-Buch gehalten werden	1756	19	211 seq.
— — — — was darinn einzutragen	—	—	213
— — Geldstrafen können vom Commissario loci weder vermindert, noch in Leibesstrafen verwandelt werden	—	—	218
— — Geldstrafen unter 10 Rthl. können von der bresl. Accise-Direction moderiret werden	1746	2	290
— — Strafgefälle: wie sie zu verrechnen und zu vertheilen	1746	2	290
	1756	19	218, 220
— — — wie die Designationes und Rechnungen darüber anzufertigen	—	—	ibid. ibid.
	1772	13	306
— — — Schema zur Quartals-Designation darüber	1749	3	477
	1772	13	306
— — Strafsachen, Schema zur Designation der abgemachten und unabgemachten	1749	3	483
	1756	19	219
	1772	13	311
plura s. Accise-Gericht.			
Accise-Defraudanten: in welchen Fällen Personal-Arrest gegen sie statt findet	1756	19	210
	1772	13	254, 263

Ac.

	Jahr.	Band.	Seite.
Accise-Defraudanten: in welchen Fällen sie zum Reinigungs-Eide zuzulassen	1746 1756 1772	2 19 13	285 212 293
— — — können statt des Arrests auch hinlängliche Caution stellen	1772	13	263
— — — worinn deren Caution bestehen solle			264 seq.
— — — müssen sich bei jeder Citation sistiren	1756 1772	19 13	208 277 seq.
Accise-Deposita sind in den Extracten mit nachzuweisen	1756	19	67
Accise-Einnehmer: deren Rangordnung	1743 1756	5 19	35 52
— — — sollen mit den Controlleurs alles gemeinschaftlich bearbeiten	—	—	54
— — — was sie für Eigenschaften haben müssen	—	—	56 seq.
— — — wie bei ihrer Anstellung zu verfahren	—	—	57 seq.
— — — wegen Bestellung ihrer Caution	—	—	56 seq.
— — — sollen nicht von der Ehefrau ꝛc. expediren lassen	—	—	61
— — — sollen den Membris Camerae kein Geld borgen, und mit denselben nicht correspondiren	—	—	55
— — — sollen die Mühlen und Thore öfters revidiren	—	—	70
— — — was sie bei der Ausgabe zu beobachten	—	—	221
— — — item bei den Assignationen	—	—	222
— — — von derselben Amtsführung überhaupt			62ꝛ
f. Acc. Bedienten. Acc. Cass. Rendanten.			
Accise-Einnahme: wenn sie geschehen soll	—	—	59, 61
Accise-Einrichtung in Schlesien soll zuvörderst noch auf dem Fuß de anno 1740 bleiben	1741	1	11, 30
— — — zu Brieg wird auf den Fuß der übrigen königl. Provinzen regulirt	—	—	110
— — — item in ganz Schlesien nach dem approbirten Tarif der andern königl. Provinzen	—	—	157
— — — wird auf dem platten Lande abgeschafft, und nur in den geschlossenen Städten beibehalten	1743	1	57
— — — damit soll es in der Grafschaft Glatz wie vor dem Kriege gehalten werden	1763	7	217
— — — wegen Erlegung der Accise von denen mit der Post ankommenden steuerbaren Sachen	1749 1756 1772	3 19 13	169 73 25
— — — wegen Einnahme derselben in unaccisbaren Städten	1756	19	193

Ac.

		Jahr.	Band.	Seite.
Accise=Einrichtung in den bresl. Varstädten soll den Einwohnern alle halbe Jahre gerichtlich bekannt gemacht werden		1746	2	228
—— —— in den offenen Städten desgleichen		1756	19	72
—— —— derselben sind alle in unaccisbaren Städten wohnende Weinhändler, Schenken, Krämer, Vieh= und Getreidehändler unterworfen		1746	2	50
—— Einrichtung neuere: wegen dem Mehl und Getreide		1766	9	74
—— —— —— Schlachtvieh		—	—	76
—— —— —— Weine		—	—	77
—— —— —— Bierbrauen		—	—	79
—— —— —— Brandweinbrennen		—	—	81
—— —— —— Kaufgütern insgemein		—	—	82
Accise=Extracte: wenn sie anzufertigen und nebst den Geldern einzusenden		1741	1	159
		1756	19	66 seq. 221
—— —— Formular dazu		1756	6	283
—— —— denselben ist die Raison über Plus und Minus beizufügen		1742	1	51
Accise=Frei=Pässe müssen von der General-Administration vidimirt seyn		1775	14	286
—— Accise=Freiheit s. oben Accise=Frei.				
Accise=Gericht: Reglement für die besonders bestellten Richter		1772	13	239 seq.
—— —— Anordnung und Einrichtung des neuen, item Benennung der Richter in den verschiedenen Provinzen		—	—	240 seq.
—— —— Bestimmung derer darunter gehörigen Sachen		—	—	243 seq.
—— —— wie dasselbe bei der Entdeckung, Visitation, Untersuchung, Sentenzionirung ꝛc. ꝛc. verfahren soll überhaupt		—	—	250 seq.
—— —— insbesondere		—	—	274 seq.
—— —— Pflichten der Provinzial-Richter		—	—	274
—— —— wie mit Einsendung der Acten zu gebahren		—	—	290
—— —— wie dasselbe die Geldstrafen reguliren, item die Geldstrafen in Leibesstrafen et vice versa verwandeln soll		—	—	297 seq.
—— —— was beim Sentenz für Formalitäten zu beobachten		—	—	301 seq.
—— —— wie die Straf= und Sportel=Gelder zu verrechnen		—	—	306
—— —— Tabellen und Schemata hierzu		—	—	272,277,306 sq
—— —— dessen Publicanda sollen auf geschehene Requisition von den Land= und Steuerräthen bekannt gemacht werden		—	—	245

Ac=

Ac.

	Jahr.	Band.	Seite
Accise=Gericht wird abgeändert und die Publication der ꝛc. Cammer allein überlassen	—	—	365
— — nähere Erklärung über das Reglement	1774	14	212
— — anderweite Vorschrift wegen dessen Verbesserung	1783	18	16
— — damit wird das Tabacks=Gericht vereiniget	—	—	18
Accise=Manual: wenn es jeden Monat abzuschließen	1741	1	159
— wegen richtiger Führung desselben	1756	19	63, 221
Accise=Pfandgelder: wie viel von Fremden und Bürgern zu erlegen ꝛc.	1745	2	256
	1756	19	193
— — deserirte, wie solche zu berechnen	1756	19	170
— — was zu thun, wenn keine erlegt werden	—	—	194
— — wie dieselben zu verrechnen	1746	2	280
	1756	19	194
Accise=Quittungs=Bücher für die Dorfkrämer, deren Einrichtung	1749	3	471
Accise=Registratur soll ordentlich gehalten werden	1756	19	77
Accise=Reglement für die Stadt Breslau	1746	2	225 seq.
— für die schlesischen und glätzischen Städte, exclusive Breslau	1756	19	41 seq.
Accise=Revenus: auf deren Vermehrung sollen die Beamten Bedacht nehmen	1764	8	145
Accise=Sachen gehören zum Ressort der königl. Cammern	1756	19	52, 212
Accise=Schreib=Materialien werden vom Rendanten angeschaft und den andern Beamten gereicht	1756	19	224
Accise=Siegel=Strafe, wenn dergleichen abgerissen werden	1746	2	289
	1756	19	217
— (Stempel) Strafe für Accise Bedienten, die denselben verfälschen	1783	18	91
— — wie es zu halten, wenn neue anzuschaffen sind	1756	19	225
— — in wiefern solcher die Stelle des Paßirzettels vertritt	—	—	46
Accise=Tarif für die Stadt Breslau	1744	1	6 seq.
— provisioneller für Schlesien und die Grafschaft Glatz	1756	6	247
— nach demselben sollen sich die Accise=Aemter ꝛc. achten	1756	19	42
Accise=Thorschreiber: deren Obliegenheiten			
— — bei der Einfuhr des Getreides im Stroh	1756	19	96
— — beim Mahlen des Getreides und der Zettel darüber	—	—	106

Ac:

Ac.	Jahr.	Band.	Seite.
Accise-Thorschreiber: deren Obliegenheiten.			
— — — beim Ein- und Austreiben des Fleischerviehes zur Weide	—	—	125
— — — beim Durchtreiben der Viehhändler-Heerden	—	—	ibid.
— — — bei Einbringung der Victualien, ratione der Fremden oder Einheimischen	—	—	132
— — — bei Ertheilung der Zettel über Kleinigkeiten von Victualien	—	—	132
— — — wegen des Zugviehes vor denen Wagen	—	—	127
— — — wegen des einzulegenden Pfandgeldes	—	—	194
Mehreres s. Accise-Bedienten.			
Accise-Verordnungen sollen bald praesentiret und publicirt werden	—	—	77
— — — so an ganze Communitäten ergehen, müssen zu Rathhause und mit Zuziehung des Einnehmers publicirt werden	—	—	52
Accise-Visitatores: was sie beim Brandweinbrennen zu beobachten	1756	19	114
— — sollen auf den Viehstand der Bürger Acht haben, und deswegen die Fleischer, Müller und Brandweinbrenner öfters revidiren	—	—	125
— — sollen stets auf den Viehmarktsplätzen herumgehen, und auf die Unterschleife invigiliren	—	—	173
— — sollen auf die Verfälschung des Bieres Acht haben	—	—	111
— — wie sie sich zu verhalten beim Ein- und Austreiben der Fleischer- und anderer Viehheerden	—	—	125
— — item wenn Herrschaften einpaßiren, die nicht am Thore, sondern in ihren Quartiren visitiret werden	—	—	73
— — was sie für Praecautiones bei der Accise vom Getreide nehmen müssen	—	—	96
— — was ihnen beim Mahlen ratione des Zettel- und Mahlen-Registers obliegt	—	—	106
— — deren Pflichten überhaupt	—	—	68, 72
das übrige s. Accise-Bedienten			
Accise-Zettel: ohne dergleichen soll nicht geschlachtet, gemahlen etc. werden	1741	5	2
— — wie viel für einen verlornen zu zahlen	1756	19	195
— — item für einen zu spät abgegebenen	—	—	194
— — wie es mit verschriebenen oder zerschnittenen zu halten	—	—	196
— — hat der Creis-Calculator zu besorgen, und der Controlleur zu verrechnen	—	—	68, 224
— — wegen Ertheilung derselben	—	—	68
— — ungedruckte, nur geschriebene sind nicht erlaubt	—	—	68

Ac.

	Jahr.	Band.	Seite.
Accise=Zettel sollen in den Mühlen an die Säcke geheftet, einge-rissen und an den Mehlgang gebunden werden	—	—	105
— Paßier=Zettel: Beschaffenheit derselben	—	—	45
— darauf muß der Ausgang attestirt werden, und sind weder die Certificate der Fabrikanten, noch der Accise=Stempel hinlänglich	—	—	46
— in welchem Fall, und bei welchen Waaren die Certificate oder der Stempel statt des Paßierzettels fidem haben	—	—	46
— darüber soll von den Accise=Aemtern eine besondere Anno-tation geführt werden	1756	19	46
— werden ertheilt			
— denen der Fix-Accise unterworfenen Vorstädtern auf ihr Mahlgetreide	—	—	106
— denen Landleuten, so in denen in den Städten gelegenen Mühlen mahlen	—	—	107
— über Victualien, 2c. so aus Breslau nach andern Städten versendet werden	1746	2	256
Mehr davon kommt bei jeder Sache, wo sie nöthig ist, vor.			
— Thorzettel müssen von Controlleur collationirt werden	1756	19	67
— Thorzettel: dararauf soll das vor die Wagen gespannte Vieh notirt werden	1756	19	127
Aecker: worauf bei deren Vermessung zu sehen	1748	3	54
— Vorschrift wegen besserer Bewirthschaftung derselben	1765	8	640
— so nicht vorschriftmäßig bewirthschaftet worden, erhalten bei Mißwachs keine Remission			641
— bei den Amtsverwerfen, deren proportionirlichere Einthei-lung wird befohlen	1767	10	45
— der Amts=Unterthanen sollen fleißig von den Amtspächtern revidirt werden	1782	17	502
— worauf bei deren Revision zu sehen	—	—	506
— Dominial- und Rustical-vermengte sollen separirt werden, und jede Classe besonders liegen	1767	10	46
— der Unterthanen, durch die Ueberschwemmung verwüstete, sollen ihnen von den Dominial-Fundis vergütet werden. Ausmittelung	1786	18	510
— städtsche neu urbar gemachte sind Servisfrei	1773	14	17
— städtsche mit Kräuterei oder Taback bebaute zahlen höhern Servis als andere	1786	18	462
— sollen nicht unbesäet liegen bleiben	1756	6	233
— sollen nicht vermiethet	1763	7	465

- Ac. -

	Jahr	Band.	Seite
Aecker sollen nicht um die Hälfte besäet werden	1763	7	464
	1773	14	74
— unter welchen Umständen das Säen um die Hälfte des Zuwachses statt haben kann	1773	14	73 seq.
— bei Städten, von deren Possessions-Veränderungen sollen die Magisträte dem Accisamt Nachricht geben	1756	19	186
— wegen der Remission davon bei Mißwachs ꝛc. ꝛc. s. Mißwachs, Hagelschaden, Ueberschwemmung.			
Ackersleute kleine: Bestimmung derjenigen, so zur Cavallerie-Verpflegung mit Körnern und Stroh concurriren müssen, oder frei davon sind	1767	10	103
— In wiefern sie bei der Heulieferung dahin contribuiren müssen oder nicht	1774	14	177
Ackersteuer: wo sie beibehalten werden, oder cessiren soll	1756	19	180
— wie sie zu reguliren und wenn zu entrichten	—	—	180
Acten sollen nicht mehr an ausländische Faculäten oder Schöppenstühle verschickt werden	1746	5	187
— wie damit bei Versendungen auf der Post umzugehen	1782	17	397
— sollen monatlich vom Praesidio revidirt werden	1750	5	528
— wie solche in Registraturen einzutheilen und zu separiren	—	—	535
— wie es zu halten, wenn sie verloren gehen	—	—	536
Actien: alle sollen nach Banco-Pfunden gerechnet und gezahlt werden	1765	8	697
	1766	9	249
— der in Berlin etablirten Assecurantz-Cammer, deren Werth wird bestimmt	1765	8	411 seq.
— eben denselben wird Wechselkraft beigelegt	—	—	705
— der Getreidehandlung: deren Werth	1770	12	34, 38
— — wie viel zu einem Voto erforderlich	—	—	35, 39
— der Leinen-Damast-Handlung: deren Werth	1772	13	329
— — sind Abgaben und Repressalien frei	—	—	328
— der See-Handlung: deren Werth und Zinsen	—	—	371, 373
— — damit darf Handel getrieben werden	—	—	372
— — können nicht mit Arrest beleget werden	—	—	374
— der See-Salzhandlung: deren Werth			
— der Embdner Heeringsfischerei: deren Werth	1769	11	231
— — wo darauf zu subscribiren	—	—	269
— neue werden creirt und ausgeboten	1774	14	179
— jeder Inhaber derselben ist für den wahren Eigenthümer zu halten, ohne daß eine Vindications-Klage gegen ihn statt findet	1785	18	347

Acti-

Ac. Ad.

	Jahr.	Band.	Seite.
Actien: Bestimmung der Fälle, in welchen gegen den Inhaber derselben nur eine Vindications-Klage statt hat	1785	18	347
—— mögen zu sicherer Aufbewahrung gegen die Entwendung bei der Direction &c. deponirt werden	—	—	349
—— Vorschrift: nach welchen Formalitäten die beschädigten alten zu renoviren, oder die verlornen alten zu amortisiren und neue auszufertigen	—	—	355 seq. seq.
—— wenn solche von verdächtigen oder unbekannten Personen zur Zahlung präsentirt werden, wie dabei zu verfahren	—	—	355
—— von denen amortisirten muß sogleich das Haupt-Banco-Directorium benachrichtiget werden	—	—	385
Address-Comtoir zu Breslau wird errichtet	1742	1	205
—— —— die Revenüs davon sollen zur Unterhaltung der Zuchthäuser fließen	1747	2	460
—— —— wie die dabei eingehende Avertissements einzurichten	1742	5	17
Mehr davon s. Intelligenz-Blätter.			
Adeliche sind nach zurückgelegtem 20sten Jahre majorenn {	1746 1750	2 5	341 511
—— dürfen zwar nach hinterlegtem 20sten Jahre die Revenüs von ihrem Vermögen, aber nicht das Vermögen selbst administriren {	1749 1750	3 5	475 511
—— sollen bis zum 25ten Jahr ratione ihrer Capitalien und Immobilien unter der Aufsicht des Pupillen-Collegii stehen	1749	3	475
—— sollen nach ihrem 21sten Jahre das Homagium leisten	1756	6	584
—— wenn sie wegen Lehngütern das Vasallagium leisten sollen	1759	6	786
—— sollen ohne Concession nicht außer Landes heurathen	1763	7	458
—— sollen bei Confiscation ihres Vermögens nicht in auswärtige Dienste treten	1747	2	465 seq.
—— sollen ruhig bei ihrer Braugerechtigkeit gelassen werden	1767	10	93
—— sollen von den Regie-Bedienten nicht in ihren Privilegien beeinträchtiget werden	1768	10	151
—— sollen sich bei Geldverkehr lediglich an die Landschaft-Societät wenden	1770	12	295
—— sollen sich bei ihren Wirthschafts-Angelegenheiten keiner Juden mehr, sondern der Christen bedienen {	1780 1785	17 18	30 seq. 313
—— und Exemte: deren Todesfall ist bald dem Pupillen-Collegio anzuzeigen	1752	4	645
—— und Exemte werden, wenn sie Beklagte sind, bei den Oberamtsregierungen belangt	1750	5	321

Ade»

Ad.

	Jahr.	Band.	Seite.
Adeliche sollen nicht ungleiche Heuraten schließen s. Heuraten.	1765	19	262
—— weiblichen Geschlechts, so sich außer Landes verheuraten, müssen dazu vom diirig. Ministre Concession nachsuchen	1773	14	94
—— können ohne Praejudiz der Getreidehandlungs-Compagnie beitreten	1770	12	34, 35
—— auf dem Lande sind von der neuen Wein- und Caffee-Auflage frei	1778	16	55
—— doch nur die adelichen allein, nicht aber auch die bürgerlichen Besitzer adelicher Güter, sind frei, und zahlen blos den Einfuhrzoll	1779 / 1780	16 / 17	192 / 28
—— dürfen jedoch nur 30 Pf. Caffee und 3 Eimer Wein auf einmal zur eigenen Consumtion, Auflagefrei vorräthig haben	1779	16	173
—— in Städten wohnende sind der Wein- und Caffee-Auflage unterworfen	1779	16	173
—— in Städten, die von ihrem im Lande gewonnenen Vermögen leben, müssen Nahrungs-Servis zahlen	1786	18	451
—— anziehenden Ausländern wird das schlesische Incolat verheißen	1770 / 1775	12 / 14	2 / 365
Adelstand wird den Söhnen der bürgerlichen Besitzer adelicher Güter im Militair-Stande verheißen	1768	10	210
Adeliche Güter f. Güter adeliche —— f. Vasallen.			
Adler, preußische, sollen statt der kaiserlichen aufgesetzt werden	1741	1	155
Advocaten: Instruction für dieselben, was sie bei ihren Actionen zu beobachten	1750	5	537 seq.
—— Instruction für die bei der glogauschen Oberamtsregierung, wie sie sich bei Führung der Prozesse zu verhalten	1742	1	77 seq.
—— Sportel-Ordnung für dieselben	1742 / 1750	1 / 5	95 seq. / 405 seq.
—— mit denselben sollen die Membra derer Justiz-Collegiorum keinen zu genauen Umgang haben	1750	5	533
—— deren Vollmachten müssen gesetzmäßig seyn f. Vollmachten.	—	—	538
—— deren Strafe, wenn sie ihre Schriften nicht zur gehörigen Zeit einreichen	—	—	539
—— sollen ihre Schriften nicht mit unnöthigen Beilagen anhäufen	—	—	539
—— deren Schriften sollen leserlich copirt, auch gut stylisirt seyn	—	—	540
—— sind schuldig, in ihren Sachen die Expeditiones auszulösen	1750	5	541

C

Ab. Af. Ag. Al..

	Jahr.	Band.	Seite.
Advocaten sollen durante processu keine Gebühren nehmen	1750	5	542
—— sollen außer den Ferien nicht verreisen ' '	—	—	543
—— was zu thun, wenn sie nicht die Memorialien verfertigen oder unterschreiben ' ' '	—	—	543
—— können nicht zugleich Curator bonorum und Contradictor seyn ' ' '	—	—	544
—— in wiefern sie von ihren Clienten Geschenke nehmen dürfen	—	—	545
—— sollen nicht, ohne examinirt und approbirt zu seyn, von den Untergerichten angenommen werden '	1752	4	646
Landes-Advocaten werden abgeschaft ' '	1750	5	542
—— werden überhaupt abgeschaft, und statt derselben die Assistenzräthe eingeführt ' ' '	1780	17	80
—— reducirte und geschickte sollen zu andern Bedienungen employirt werden ' ' '	—	—	46
Affe s. Thiere fremde.			
Agiotiren wird überhaupt verboten ' ' ' {	1750	3	859
	1763	7	483
—— wucherisches wird bei Vestungsstrafe verboten '	1764	8	83
—— mit Sechspfennigen wird verboten ' '	1778	16	87
—— item mit Ducaten zur Bedrückung der Leinweber den Leinwand-Negocianten ' ' '	1777	15	242
—— item mit Gold- und Courant gegen Scheidemünze	1780	17	105
Agremens seidene, halbseidene, zwirnene, ausländische werden mit 50 pro Cent impollirt ' ' '	1783	18	6
Ailhautsche Pulver s. Pulver.			
Alabaster-Brüche gehören dem Grundherrn ' '	1769	11	90
Alaun gehört zum Bergwerks-Regali ' ' '	—	—	90
— zum einländschen Consumo soll aus Freyenwalde verschrieben werden ' '	1762	7	118
— die Consumenten sollen ihren Bedarf, wenn solcher über 10 Centner ist, 2 Monat vorher bestellen	1785	18	406
— fremder durchgehender erlegt 30 pro Cent Transito-Zoll	1752	17	362
— — wird zur einländschen Consumtion einzuführen verboten. ' ' '	1762	7	118
— — römischer (rother) die Einfuhr und der Handel damit wird Kaufleuten verboten '	1785	18	406
— — Färber und Fabrikanten müssen ihren Bedarf davon aus der Freyenwalder Niederlage ebenfalls verschreiben	—	—	406
— Bergwerk zu Freyenwalde wird verpachtet '	1782	17	489

Al. Am.

	Jahr.	Band.	Seite.
Alaun-Preiße: die zu Freyenwalde werden bekannt gemacht	1782	17	489
Alleen: Verordnungen wegen Anlegung derselben an den Lands	1743	1	109
	1756	6	224, 653
	1763	7	206
straßen und Wegen ꝛc.	1764	8	168,303,415
	1766	9	12
	1768	10	136
—— aus was für Bäumen sie bestehen, und wie sie gesetzt seyn müssen	1764	8	22 seq.
—— wer die Aufsicht darüber haben soll	—	—	24 seq.
—— zur Beförderung der Anlegung sollen die Landräthe einen Plan entwerfen und einsenden	—	—	168
—— mit der Anlegung sollen die Landräthe auf ihren Gütern den Anfang machen	—	—	ibid.
—— Landräthe sollen anzeigen, was mit der Anlegung in ihrem Kreiße geschehen sey oder nicht	1765	8	303
—— zur Beförderung der Anlegung sollen auf Kosten der säumigen Dominiorum und Gemeinden eigene Planteurs in jedem Kreiße angestellt werden	1764	8	168
	1766	9	12
—— die Anlegung soll fleißiger betrieben, und statt der eingegangenen Bäume neue gesetzt werden	1768	10	137
—— im Kriege ruinirte sind wieder herzustellen	1763	7	206
s. Bäume. Straßen.			
Allmosen soll keinem Bettler gegeben werden. Strafe	1779	16	112
	1776	19	539
—— gesammeltes ist den fremden Bettelmönchen abzunehmen	1764	8	67
—— Sammlung wird ausländischen Bettelmönchen verboten	1747	2	550
—— Benennung derer einländschen Orden, denen solche erlaubt bleibt	1747	2	550
	1779	16	106
Mehreres s. Arme. Bettler. Bettelmönche.			
Altäne, hölzerne mit gepichten Bretern werden an den Gebäuden nicht gestattet	1776	15	108
Altmülscher s. Müllerbursche.			
Altonaer Wunderessenz s. Wunderessenz.			
Altwasser, Gesundbrunn s. Gesundbrunn.			
Amsterdam: der Stadt Einwohner zahlen in den königl. preußischen Ländern kein Abschoßgeld	1770	12	15
Aemter { königliche / prinzliche / städtische / stiftliche / Invaliden ꝛc. } müssen bei den resp. ꝛc. Cammern belangt werden	1750	5	307

Am.

	Jahr.	Band.	Seite
Aemter, königl. ꝛc. in welchen Fällen die Appellation von denselben an die Oberamtsregierungen gehet ,	1750	5	309
⸻ Reglement: wie auf denselben das Justizwesen zu verwalten	1744	1	92 seq.
⸻ ⸻ wie auf denselben die Wirthschaft der Unterthanen zu reguliren. , , ,	1782	17	502
⸻ ⸻ bei der Aufsicht über dieselben Güter ,	—	—	502
⸻ ⸻ bei der Administration derselben Güter ,	—	—	510
Amt, bischöfl. s. Consistorium. Vicariat-Amt.			
Amts-Dörfer sollen von den Beamten selbst in gewissen Terminen bereiset, Gerichtstage gehalten und darüber ordentliche Protocolla aufgenommen werden	1782	17	502
	1763	7	505, 509
Amts-Justitiarii, königl. Instruction für dieselben	1768	10	260 seq.
⸻ ⸻ sollen die Jura der Aemter aufrecht erhalten	—	—	262
⸻ ⸻ sollen auf die Pächter Acht haben ,	—	—	263
Amtsleute a. d. Lande sind der Wein- und Caffeauflage unterworfen	1779	16	173
⸻ sollen im ruhigen Besitz ihrer Brauzgerechtigkeit gelassen werden , , ,	1767	10	93
⸻ sollen die Unterthanen nicht mit Schlägen mißhandeln	1744	1	95
⸻ sollen die kleinen Reparaturen an ihren Gebäuden ex propriis bestreiten , , ,	1748	3	38 seq.
Amtspächter: Vorschrift, was sie wegen Beförderung der Amts-Bauten zu thun haben , ,	—	—	33 seq. seq.
⸻ ⸻ sind Servis-frei , ,	1786	18	468
⸻ ⸻ königl. in deren Vermögen hat Fiscus vor den schon eingetragenen Hypothecariis keinen Vorzug	1769	19	349
⸻ ⸻ ⸻ jedoch vor denen während der Pacht eingetragenen. Nähere Bestimmung über obige Verordnung , ,	1785	18	258
s. Fisci Jura.			
⸻ ⸻ ⸻ mit ihnen soll sich deshalb Niemand ohne Vorsicht in Contracte ꝛc. einlassen ,	—	—	261
⸻ ⸻ ⸻ sollen die Forst-Cassen mit administriren, und vierteljährig Extracte davon einsenden	1756	6	451 seq.
⸻ ⸻ ⸻ Strafe derjenigen, so dergleichen Gelder zurück halten , , ,	—	—	453
⸻ ⸻ ⸻ Reglement für dieselben, was sie bei den Wirthschafts-Revisionen der Unterthanen zu beobachten, und zwar in Rücksicht des Baustandes ,	1782	17	503
⸻ ⸻ ⸻ ⸻ in Rücksicht des Ackerstandes	—	—	506

Am.

	Jahr.	Band.	Seite.
Amtsrichter, königl. Reglement für denselben in Rücksicht des Viehstandes	1782	17	504
Amtspfänder: Ordnung für Oberamtspfänder und Landbereiter	1750	5	479
—— sollen ohne Ordre keine Execution verrichten	—	—	480
—— sollen die anbefohlne aber schleinig vollziehen	—	—	ibid.
—— ihnen soll in Caulis realibus keine Execution aufgetragen werden	—	—	ibid.
—— was sie bei Wechsel-Executionen zu thun haben	—	—	481
—— mögen in Beisein einer Gerichtsperson verschlossene Thüren, Kasten rc. eröffnen lassen	—	—	481 seq.
—— wenn einer allein oder nebst einem Constituirten die Execution zu verrichten hat	—	—	482
—— was derselbe bei einer wirklichen Auspfändung zu beobachten	—	—	484
—— deren Strafe, wenn sie den Exequendum verschonen	—	—	487
—— wie sie sich in ihren Geschäften betragen sollen	—	—	488
—— wie viel sie Gebühren, Meilen- und Wartegeld zu fordern	—	—	489 sq. 409
—— haben außer den ausgesetzten Gebühren weder Essen, Trinken, noch Pferdefutter zu fordern	—	—	490
Amts-Unterthanen: über deren Praestationes sollen ordentliche Quittungsbücher gehalten werden	1744	5	113, 173
—— sollen von den Beamten nicht mit allzu hohen Sportel- und Strafgeldern beschweret werden	1744	1	92
—— zu welchem Ressort bei deren Verbrechen die Zuerkennung der Leibes- und Lebensstrafen gehört, und wie dabei zu verfahren	—	—	93 seq.
—— wie sie zu bestrafen mit Geld oder Arrest:			
wegen eines geringen Diebstahls	1744	1	96
wegen Huttungs-Schaden			
wegen Forst-Contraventionen			
wegen Injurien	—	—	97
wegen peccatum contra sextum			
wegen Fluchen und Schwören			
wegen Ungehorsam und Widerspenstigkeit	—	—	98
wegen Unvorsichtigkeit mit dem Feuer			
—— sollen nicht mehr mit dem spanischen Mantel bestraft werden	1751	4	100

Am. An. Ap.

	Jahr.	Band	Seit.
Amts-Untertanen: in wiefern deren Streitigkeiten unter sich zum Cammer-Ressort gehören	1750	5	308
—— —— sind verbunden, ihre Schweine in die königl. Forsten zur Mast zu treiben	1756	6	430
—— —— worauf bei Revision ihrer Wirthschaften zu sehen	1763	7	507
	1782	17	503
—— —— in welchem Fall kranke oder arretirte ihre schuldigen Hofdienste mit Geld vergütigen müssen	1783	18	36
Amts-Vorwerke: die dazu gehörigen Aecker sind ordentlicher einzutheilen	1767	10	45
—— **Vorwerksgebäude:** was bei Anlegung neuer in Acht zu nehmen, und wie sie conditionirt seyn müssen	1765	8	556
f. Bau ꝛc. ꝛc.			
Anatomie-Anstalt, öffentliche wird zu Breslau errichtet	1773	14	59
—— wer dieselbe vorzüglich frequentiren soll	—	—	62 seq. 67
—— **Casse:** was für Gelder dahin fließen sollen	—	—	63
—— **Praeparata** (Cadavera): Bestimmung derjenigen, so zur Anatomie verabfolgt werden müssen	—	—	65, 67 seq.
—— —— deren Ueberbleibsale sind zu verscharren	—	—	65
Anatomicum Cursum müssen nur die Medici und Chyrurgi absolviren, die sich in größern Städten etabliren	1784	18	183
Anies: zu dessen Anbau sollen die Einwohner aufgemuntert werden.	1756	6	226
Anlagen, extraordinaire ohne Approbation sind nicht erlaubt.	1748	3	216
Anzug der Ausländer f. Ausländer, oder speciatim diejenigen, welche anziehen, v. g. Bauleute, Fabrikanten ꝛc. ꝛc.			
Apotheken der Jesuiten sollen eingehen	1763	7	233
—— sollen jährlich visitirt werden, von wem	1744	19	15, 27
—— Visitations-Kosten dabei	—	—	11
—— sollen in Städten, wo noch keine sind, angelegt werden	1780	17	63
Apotheker in Städten, wo noch keine gewesen, neu etablirte, deren zu genießende Beneficia werden bestimmt	1783	18	39
—— stehen in Absicht ihrer Kunst unter dem Collegio medico	1744	19	5
—— müssen vor ihrer Reception vom Collegio medico examinirt werden	—	—	9, 26
—— sollen sich nach der Taxe und dem Dispensatorio genau achten	—	—	26, 38
—— deren Amtspflichten	—	—	26, 29, 34
—— dürfen nicht curiren	—	—	26

Ap.

	Jahr.	Band.	Seite.
Apotheker Eides-Formular für sie und die Provisores	1744	19	30
—— deren Forderungen kommen bei Concursen in die erste Classe	—	—	38
—— deren Gesellen und Lehrlinge müssen vom Collegio medico Testimonia nehmen	—	—	27
—— item Geburtsbriefe lösen	1766	9	101
—— sollen beim Verkauf schädlicher Sachen behutsam seyn	—	—	28
—— Vorschrift: was sie wegen vorsichtigen Verkauf des Gifts zu beobachten	1759	6	752
	1773	14	81
—— sollen die Gifte selbst, nicht aber durch ihre Gesellen, aufs bewahren und verkaufen	1759	6	753
	1773	14	81
—— sollen wegen dem Giftverkauf vereidet werden			ibid. ibid.
—— wie hoch sie wegen dem zum Destilliren und zur Medicin verbrauchten Brandwein im Servis zu veranschlagen.	1786	18	464
Appellation: wenn sie zu ergreifen, und was dabei zu thun	1742	1	20
—— vom bischöfl. Consistorio, wohin sie geschiehet	—	—	25
—— wie solche bei den ꝛc. Cammern von Instanz zu Instanz geschiehet	1750	5	316 seq.
—— item bei den Oberamtsregierungen	—	—	567 seq.
—— von welchen Gerichten an das Tribunal provocirt werden kann	1745	2	8
—— und bei welchen Sachen	—	—	9 seq.
—— Instruction, und was der Richter und die Partheien dabei zu thun	—	—	12 seq.
—— wie super admissibilitatem zu erkennen	—	—	15
—— wegen Erlegung der Succumbenz- und Urthelsgelder	—	—	15, 17, 23
—— wegen Leistung des Appellations-Eides, wenn und von wem	—	—	18, 31
—— wie dabei weiter zu verfahren	1745	2	19
—— in welchen Fällen solche nicht statt findet	—	—	10
—— wie es zu halten, wenn partes renunciiren	—	—	21
—— wie der Sentenz abzufassen und zu publiciren	—	—	22
—— Remedium supplicationis, wenn solches statt hat oder nicht	—	—	23
—— Supplications-Eid, wenn und wie solcher zu praestiren	—	—	24
—— wie und wo in Supplicatorio zu verfahren	—	—	24
—— Supplications-Sentenz, wie solche abzufassen	—	—	25
—— Restitutio in integrum, wie und wo solche zu suchen	—	—	26
—— was zu thun, wenn auf Beweis erkannt worden	—	—	26
—— findet nach der neuen Proceß-Ordnung nur gegen das erste Erkenntniß statt	1780	17	82
—— wie solche nun zu instruiren	—	—	86
Apellationis-Acta: wie solche einzusenden	1745	2	20

Ap. Aq. Ar.

	Jahr.	Band.	Seite.
Apellations-Gericht: (Ober): in welchen Fällen daselbst über andere Gerichtshöfe Beschwerde geführet werden kann	1745	2	27
— — — wie es mit dem Recurs dahin vom Ober- und Fürstenrecht zu halten	—	—	30
— — (Ober) Gerichts-Ordnung.	—	—	7
Appretur f. Tücher. Zeuge.			
Aquavite, so wohl vom destillirten als Schanck derselben muß besonderer Servis entrichtet werden.	1786	18	464
— ausländische müssen die Dorfschencken aus accisbaren Städten nehmen	1756	19	93
Arbeitshaus zu Creutzburg f. Armenhaus			
— — zu Brieg und Jauer f. Zuchthäuser.			
Archive: deren Extradition nach dem Frieden 1742. wird befohlen	1742	1	161
Arme, so verpflegt werden, sollen nicht betteln gehen	1749	3	350
— in Städten sollen zum Wollespinnen angehalten werden	1749 / 1764	3 / 8	434 / 366
— müssen in ihrem Geburts- oder Aufenthalts-Ort verpflegt werden	1747	2	540
— unter welchen Umständen ihnen Almosen gegeben werden kann	1776	19	539 seq.
— wie es mit denen auf dem Betteln betroffenen zu halten	1747	2	541, 543
— wie dem Eindringen der fremden ins Land vorzubeugen	1772	13	150
— fremde, wie es mit denen zu halten, die sich im Lande niederlassen wollen	1772	13	150.
— so zur ersten Classe in das Creutzburger Armenhaus aufzunehmen sind,	1779	16	99
— — müssen sich durch ein Attest legitimiren			
— — müssen ihre eigene Bette und Kleidung mitbringen	1779	16	100
— — deren Unterhalt muß das Armenhaus besorgen			
— — deren Kleidung die Armen-Casse des Orts besorgen	—	—	101
— — unter welchen Umständen die Armen-Casse des Orts auch zum Unterhalt beitragen muß	—	—	ibid.
— — lüderliche werden in die zweyte Classe translocirt	—	—	102
— der zweyten Classe daselbst, Bestimmung derjenigen, so sich dazu qualificiren	—	—	102, 103, 105

Ar

Ar.

	Jahr.	Band.	Seite.
Arme, wie die zu bestrafen, die darinn ihr Tagewerk nicht verrichten	1779	16	118
Armen-Cassen: was zu deren Fond für Gelder fließen sollen in Städten	1749	3	354, 356
— — was zu deren Fond für Gelder fließen sollen in Dörfern	—	—	379
— — in Städten und Dörfern sollen zur Unterhaltung des Creutzburger Armenhauses beitragen	1779	16	98
Armenhaus zu Crentzburg wird errichtet	1776	19	537
— — desselben Freiheiten	—	—	537
— — was für Personen dahin angenommen werden sollen	—	—	538
— — Reglement wegen Aufnahme der Armen und Bettler in dasselbe	1779	16	97
— — darein sollen keine Verbrecher recipirt werden	—	—	98
— — zu dessen Unterhalten müssen die schlesischen Zuchthäuser, Hospital- und Armen-Cassen contribuiren	—	—	98
— — darinn wird jedem die freie Religions-Uebung zugelassen	—	—	119
— — Gesetze für die darinn befindlichen Personen	1785	18	285
— — Reglement ist genauer zu befolgen, item wegen den dahin einzusendenden Personen vorher die Reception nachzusuchen	1782	17	262
— — Collecten s. Collecten.			
Armen-Rechnungen sollen von den Beamten auf den Amtsdörfern richtig abgenommen werden	1763	7	509
— — — Schema zu denen in Städten	1749	3	361
— — — Schema zu denen in den Dörfern	—	—	381
Armen-Verpflegungs-Anstalten, öffentliche sind bei Erbschaftsfällen von den Collateral-Stempelgebühren frei	1773	14	12
Armen-Verpflegungs-Reglement für die Stadt Breslau	1747	2	569 seq.
— — — — für die Stadt Glogau	1744	1	65 seq.
— — — — für die Städte insgemein	1749	3	346 seq.
— — — — für die Dörfer und Flecken	—	—	377 seq.
Arsenikum gehört zum Bergwerks-Regali	1769	11	90
— soll nicht unvorsichtig und ohne Attest verkauft werden			
Artillerie-Pferde, was bei deren Aushebung die Landräthe für Diaeten zu fordern	1784	18	150
Aerzte (Medici) müssen sich vor ihrer Reception examiniren lassen	1744	19	18
— deren Pflichten und insbesondere gegen die Kranken	—	—	18 seq. 22

F   Arzt-

Ar. As.

	Jahr.	Band.	Seite.
Aerzte (Medici) wegen ihrer Bezahlung und Forderungen	1744	19	20
— sollen sündliche Zumuthungen der Obrigkeit anzeigen	—	—	20
— in wiefern sie Arzneien dispensiren können	—	—	21
— müssen sich aber dabei nach dem berliner Dispensatorio richten	—	—	22
— angehende müssen die Anatomie-Anstalt zu Breslau frequentiren	1773	14	62 seq. 67
— so sich in größern Städten etabliren wollen, müssen den ganzen Cursum anatomicum absolviren	1784	18	183
Arzneien aus Sachsen eingeführte: wie sie zu Breslau zu veraccisen	1765	8	779
— hallische müssen mit einem Attest versehen seyn	1744	19	18
— sollen nicht von Hebammen zum innerlichen Gebrauch ausgegeben werden	1785	18	338
— sollen nicht von Marktschreiern, Operateurs etc. desgleichen ausgegeben werden	—	—	394
Arzneihändler: was für welche, und in wiefern sie mit ihren Waaren ausstehen dürfen	1785 / 1744	18 / 19	425 / 16
— ausländische sollen sich im Lande etabliren	1764	8	29, 32
— — wie deren Etablissement beschaffen seyn soll	—	—	31 seq.
s. Laboranten, Marktschreier, Chirurgi, Medicinal &c.			
Asche soll im Gebürge an inaccessiblen Orten statt der Kohlen gebrannt werden	1756	6	401
— die Aufkauferei und Ausfuhr derselben wird verboten	1781	17	118
— soll nicht auf dem Boden oder an gefährlichen Orten aufbewahrt werden	1765 / 1776	8 / 15	622 / 111
— was für welche zur Bleicher-Lauge zu nehmen	1764	8	268
— die besonderen Gattungen davon s. unter eigenem Buchstaben v. g. Tabackasche, Waydasche, Sarrenkrautasche etc.			
Asche-Maas: wie solches beschaffen seyn soll	1751	4	304
Asche-Sammler müssen mit einem Attest vom Magistrat etc. ihres Wohnorts, und von dem, für welchen sie sammlen, versehen seyn	1781	17	118
Assecuranz- und Haverey-Ordnung	1766	19	266 seq.
— welche Personen dergleichen geben und nehmen können	—	—	270
— oder davon ausgeschlossen sind	—	—	271, 275
— über welche Gegenstände solche zu nehmen und zu geben	—	—	272
— — oder welche davon ausgeschlossen	—	—	275

Af.

	Jahr.	Band.	Seite
Aſſecuranz - und Haverey-Ordnung:			
— — was dabei ein Verſicherer für Verbindlichkeiten habe	1766	19	276 ſeq. 290
— — item der Verſicherte	—	—	286 ſeq. 306
— — in welchen Fällen ſich der Verſicherer an dem Schiffer schadlos halten kann	—	—	292
— — wie es zu halten, wenn der Name des Schiffers und des Schiffes unbekannt iſt	—	—	273
— — item wenn Schiffe einander überſeegeln (beſchädigen)	—	—	293
— — item wenn Schiffe ſtranden. Borgung derſelben	—	—	305
— — item wenn Schiffe aufgebracht werden. Reclamation	—	—	304
— — item wenn Schiffe verloren gegeben und abandonirt werden	—	—	301
— — auf Seewechſel und Bodmerei	—	—	297
— — über das Leben und die Freiheit eines Menschen	—	—	298
— — vom Beweiſe des Schadens	—	—	306
— — von Würdigung des Schadens	—	—	307 ſeq.
— — von Vergütung des Schadens	—	—	309
— — von Verjährung der Verſicherungs-Klage	—	—	309
— — von Reaſſecuranz	—	—	300
— — wie die dabei vorgehenden Ränke und Betrügereien zu beſtrafen	—	—	312
— — wegen Brandſchaden ſ. Feuer-Societaet.			
— — wegen Rindviehſeuche ſ. Vieh-Aſſecuranz.			
Aſſecuranz - Actien haben Wechſelkraft. ſ. Actien	1765	8	705
— Cammer zu Berlin wird errichtet. Bekanntmachung	1765	8	410
— Compagnie: daran ſollen die ſchleſiſchen Kaufleute mehreren Antheil nehmen	1767 1768 1769	10 10 11	30 149, 187 20
— — die Theilnehmung an auswärtigen wird verbeten	1768	10	149, 187
— — nimmt auch Verſicherungen auf Mobilien und Effecte wegen Feuersgefahr, item auf kleine Transports der Waaren auf der Elbe an.	1785	18	311
— Dispacheurs: von deren Pflichten und Verrichtungen	1766	19	330
— Gerichte: von deren Verfahrungs-Art ꝛc. ꝛc.	—	—	331 ſeq.
— — von den guten Männern und Schiedsrichtern	—	—	331 ſeq.
— Mäkler: von deren Obliegenheiten ꝛc. ꝛc.	—	—	310 ſeq.
— Policen und Briefe, wie ſie einzurichten	1766	19	268, 271
— — Formularia dazu	—	—	338 ſeq.
— Praemie ſoll nach Banco-Pfunden gerechnet und gezahlt werden	1765 1766	8 9	697 242

Aſſe-

Af. Au.

	Jahr.	Band.	Seite.
Assecurant-Praemie: wie viel auf ein Schiff zu zeichnen	1765	8	411
—— —— darf nicht über den Werth eines Schiffes gehen	1766	19	276
—— —— wenn und wie solche zu zahlen	—	—	288 seq.
—— —— in welchen Fällen sie zurück zu zahlen	—	—	289 seq.
—— Vertrag: worinn derselbe bestehe	—	—	267
Assistenz-Räthe werden statt der Advocaten angesetzt	1780	17	81
— — deren Amt und Pflichten	—	—	81
— — sollen auf fixirte Besoldung gesetzt werden	—	—	46
— — sollen von ihren Revenüs Servis zahlen	1786	18	466
Atteste s. die zu attestirende Sache.			
Atzungs-Kosten für sitzende Delinquenten werden vestgesetzt	1750	5	651
—— für aufgegriffene Vagabonds sind aus dem öffentl. Inquisitions-Fond zu bestreiten	1772	13	299
—— müssen aber von denen Dominiis ꝛc. auf 1 Monat anticipando vorgeschossen werden	—	—	210
—— für die Bettler im Creutzburger Armenhause müssen dem Institut aus der Armen-Casse ihres Ortes vergütet werden	1779	16	117
—— für die aufgegriffenen Bettler sollen bis zu der Ablieferung ins Armenhaus von den Cämmereien vorgeschossen, aus dem Inquisitions-Fond aber restituirt werden	—	—	111
Auctiones der Mobilien: zu deren Abhaltung wird der Commissarius Müller privillegirt	1743	1	4
Auditeurs dürfen bei keinem Civil-Gerichte practiciren	1753	4	852 seq.
Aufgeboth soll vor der Trauung dreimal geschehen. Wenn	1747	2	478
— — muß in foro sponsi et sponsae geschehen	1750	5	445
— — ist, wenn Einspruch geschiehet, auszusetzen	1747	2	478
— — Strafe der Geistlichen, so dagegen handeln	—	—	479
— — Taxa stolae davon	1750	5	440
— — beim Ankauf der Immobilien ad effectum depurationis: wie dabei zu verfahren	1750	5	375 seq.
Aufhalt, das Dorf wird zum Speditions-Orte für königliche Rechnung erklärt	1743	1	53
Aufkauferei s. die Sache, so aufgekauft wird v. g. Getreide ꝛc. ꝛc.			
Aufmaas s. die Sache, wobei das Aufmaas vorkommt.			
Aufstand, bergmännischer vom Zinnbergwerk zu Giebren	1769	11	291 seq.
—— vom alten Bergwerk zu Altenberg	—	—	293 seq.

Auf-

Au.

	Jahr.	Band.	Seite.
Aufſtand, bergmännſcher vom Bergwerk zu Schmortſeiffen	1769	11	295 ſeq.
—————— zu Merzdorf im Glätzſchen	—	—	299
—————— zu Heudorf ibidem	—	—	300
Aufwiegler der Querulanten ſ. Schriftſteller unbefugte			
Auguſt d'or, mittlere und neue werden reducirt	1764	8	69
—————— Reductions-Tabelle und Werth derſelben	—	—	85
das übrige ſ. Goldmünzen.			
Ausbeyte beim Bergbau, wenn ſolche zu beſchließen	1769	11	120
— wie die Austheilung derſelben geſchehen ſoll	—	—	121
Ausfuhr ſ. die Sache, ſo ausgeführet wird v. g. Garn ꝛc. ꝛc.			
Ausgedinge bei Veräußerung der Ruſtical-Güter ſollen nicht die Kräfte des Fundi überſteigen	1774	14	128
— — deren Schädlichkeit wird gezeigt, und	1784	18	244
— — die dafür angeführte Gründe widerlegt	—	—	245 ſeq.
— — Beſtimmung der Perſonen, für die dergleichen gemacht werden mögen	—	—	249
— — item der Fundorum, worauf ſie zu geſtatten	—	—	250
— — item der Einſchränkungen, unter welchen ſolche zu verſtatten	—	—	251 ſeq.
Ausgedinge-Häuſer: in welchem Fall dergleichen nur zu bauen erlaubt ſeyn	—	—	252
— — mögen, falls die Eigenthümer wollen, als Gärtner oder Häusler, zur Feuer-Societaet cataſtrirt werden	1782	17	358
Ausländer: Edicte, was die in Schleſien und in der Grafſchaft Glatz in acciſebaren Städten anziehenden für Beneficia ꝛc. zu genießen	1742	1	206 ſeq.
	1749	3	445 ſeq.
	1763	7	512
	1779	16	133 ſeq.
	1770	12	1 ſeq.
	1775	14	364 ſeq.
— — item die in der Grafſchaft Glatz anziehenden insbeſondere ſ. Beneficia.	1744	1	37
— — in unacciſebaren Städten anziehende genießen 3jährige Nahrungs-Freiheit	1752	4	707
— — denſelben ſollen bei ihrem Etabliſſement keine Hinderniſſe gemacht, und ſie bei Mediat-Städten nicht zur Unterthänigkeit gezogen werden	1766	9	233
— — ſind bei ihrem Auszuge Sportel-frei	1775	14	381

B 3   Auss

Au.

	Jahr.	Band	Seite
Ausländer: item bei Ankauf eines Hauses in den Städten	1783	18	4
— — deren Beneficia, wenn sie wüste rc. Häuser bebauen f. Bau = Beneficia.			
— — sollen auf die erhaltenen Bau = Procent = Gelder keine Schulden machen	1773	14	17
— — werden in Schlesien zu keinen geistlichen Officiis zugelassen	1773	14	25
	1774	14	178
	1778	16	14
— — sollen auf Gütern nicht zu Beamten angenommen werden	1768	10	21
	1779	16	165
	1778	16	21
— — arme f. Arme fremde f. Güter, Reventis.			
— — in Kolonie = Häusern f. Kolonisten.			
Auspfändung: wenn und wie dieselbe zu vollziehen	1750	5	483
— — wie beim Verkauf ausgepfändeter Sachen zu verfahren	—	—	484
Aussaat = Register soll von Beamten richtig geführet werden	1763	7	359
Austern: wie hoch sie zu veraccisen			
Auswanderung der schlesischen Landes = Kinder: Einholungs = Anstalten	1764	8	54
	1766	9	59
— — — Vorschrift zu deren Hemmung	1768	10	290, 293
— — — davon soll die Ursache entdeckt werden	1768	10	294
— — — der einländischen Fabrikanten: darauf ist zu invigiliren	1767	10	103
— — — der Weibspersonen ohne Concession sind nicht erlaubt	1773	14	94
Auszug f. Ausgedinge. item Ausgedinge = Häuser.			
Avertissement f. Intelligenz = Blätter.			
Avocatoria für die Vasallen und Unterthanen der Grafschaft Glatz	1741	1	12 seq. 25
— — in Niederschlesien			115 seq. 126
— — an alle in österreichischen Diensten befindliche Vasallen rc.	1756	6	617

B.

Ba.

	Jahr.	Band.	Seite.
Bach: wegen Reinigung derselben f. Flüsse, Mühlgraben rc.			
Backen zur Nachtzeit wird auf dem Lande verboten	1751	4	125
— wird an Juden zu verpachten erlaubt	—	—	258

Ba.

	Jahr.	Band.	Seite.
Backen: deſſen Verpachtung ſoll jedoch nicht zum Nachtheil der Städte geſchehen	1751	4	261
Backhäuſer, private ſollen auf dem Lande abgeſchaft, und ſtatt derſelben publique angelegt werden	1765	8	617, 765
— — wie und wo ſolche zu bauen	—	—	438 ſeq.
— — deren Anbau ſoll mit Zwang betrieben werden	—	—	853
— — ſollen verpachtet und den Einwohnern für ein gewiſſes Douceur gebacken werden	—	—	440
Backofen ſollen weit vom Gebäude entfernt ſeyn	1784	18	165
— die in den Häuſern ſind völlig zu caſſiren	1765	8	617
— wegen Dörrung des Flachſes darinn, ſ. Flachs.			
Bäcker: auch außer der Meile ſollen keine neue angeſetzt werden	1748	3	243
— unter der Meile wohnende: nach welchen Sätzen deren Nahrungsſteuer zu reguliren und einzuheben	1783	18	46
— a. d. Lande ſollen mit ihren Waaren nicht hauſiren gehen	1756	19	118
— wenn ſie zum Einbringen des Brods in die Städte berechtiget ſind, erlegen die einfache Acciſe. ſ. Acciſe vom Brod.	—	—	117
— ſollen nicht mit Getreide handeln	1782	17	299
— müſſen zum Einkauf ihres Bedarfs zum Backen ein gerichtliches Atteſt haben	—	—	299
— in den Städten aber zum Einkauf ihres Getreide-Bedarfs auf dem Lande einen Paßierzettel vom Acciſamt	—	—	300
— ausländſche anziehen, wenn ſie eine Bankgerechtigkeit acquiriren, genießen eben die Beneficia derer, die ſich mit Häuſern anſäßig machen	1782	17	264
— ſollen keinen mit Brandkorn vermengten Roggen kaufen ꝛc.	1785	18	392
— Lehrjungen: wie lange ſie lernen müſſen	1782	17	333
Bader und Wundärzte zu Breslau: deren confirmirte Innungs-Artikel {	1755	6	94 ſeq.
	1755	6	102 ſeq.
	1744	19	37 ſeq.
— deren Pflichten und Obliegenheiten			
— werden mit den Wundärzten vereiniget, und mit dieſen auf gleiche Rechte geſetzt	1779	16	176
— ſollen das nemliche practiren, was Wundärzte leiſten	1779	16	ibiL.
— Geſellen: deren Gebräuche, Pflichten ꝛc. ꝛc.	1755	6	98
— Kunſt ſollen junge Leute nicht bei auswärtigen Mitteln lernen	1757	6	687
— Lehrburſche: wie viel ſie Lehrgeld zahlen und Caution ſtellen ſollen	1755	6	95
— — — ſollen nach ausgeſtandener Lehre examinirt werden	—	—	96

Ba.

	Jahr.	Band.	Seite
Baber-Lehrbursche sollen ohne Cammer-Concession nicht außer Landes gehen	1755	6	97
— — — können einst Bad- und Barbirstuben acquiren	1779	16	177
Bad- und Barbirstuben: deren bestimmte Anzahl bleibt wie vorhin	—	—	177
s. Chyrurgi.			
Bagatell-Sachen: was bei denen Libellis zu beobachten	1750	5	523
Bankgerechtigkeiten, acquirirende Ausländer genießen eben die Beneficia wie die, so sich mit Häusern possessioniren	1782	17	264
Banco (Gyro- und Wechsel) zu Berlin wird errichtet und octroyrt	1753	4	947 seq.
— — deren Privilegia und Gerechtigkeiten	—	—	950 seq.
— (Leih- und Gyro) zu Breslau wird errichtet. Reglement	1765	8	693
— — Reglement wird erneuert	1766	9	239
— in solcher sollen alle müßig liegende { Hospital- Kirchen- Schulen- Waisenhaus- Wittwen-Cassen- Milde Stiftungs- Deposten- Pupilen- } Gelder gegen 3 pro Cent zinsbar angelegt werden	1768	10	266, 276
	1769	11	15, 73
— die zu derselben ein- und abgehende Gelder sind Post-frei	1769	11	73
Banco-Beamten sollen kein Commerz mit Mäckeln oder agiotiren treiben	1765	8	703
	1766	9	251
— — können nicht assecuriren	1766	19	271
s. Cassen-Bedienten.			
Banco-Folium mag jeder Particulier sich halten	1766	9	243
— — wie es damit bei Zahlungen, Zu- und Abschreibungen zu halten	1765	8	697, 699
	1766	9	245, 247
Banco-Gelder können nicht mit Arrest belegt werden, ausgenommen in Fallit-Sachen	1765	8	700
	1766	9	248
Banco-Noten: deren Kennzeichen, Werth, Beschaffenheit	1766	9	244, 253 seq.
— — sollen den baaren Gold- und Silbermünzen gleich coursiren	1766	9	243
— — sollen in allen Cassen statt baarer Bezahlung passiren	1766	9	244
	1769	11	16
— — jeder Inhaber derselben ist für den wahren Eigenthümer zu halten	1785	18	347
— — in welchen Fällen gegen den Inhaber derselben eine Vindications-Klage statt findet	—	—	347

Ba.

	Jahr.	Band.	Seite.
Banco-Noten soll sich jeder Eigenthümer gut aufbewahren.	1785	18	348
Banco-Obligationes sollen mit schwarzer Farbe gesiegelt seyn	1775	14	501
— — sind, wenn die Gelder darauf bezahlet worden, mit erster Post quittirt zurück zu senden	1774	14	176
Banco-Pfunde: deren Valuta; nach solchen soll Buch gehalten werden, und alle Zahlungen geschehen {	1765 1766	8 9	696 seq. 242
Banco-Zinsen werden (die Pupillen-Gelder ausgenommen) von 3 auf 2½ pro Cent herabgesetzt	1778	16	8
f. Pupillen-Gelder.			
— — müssen, wenn von einem Capital abschlägige Zahlung verlangt wird, bis dahin zugleich vom ganzen Capital-Betrage mit erhoben werden	1778	16	10
— — gezahlte sind auf die Obligationes selbst zu notiren, und zu quittiren	1780	17	36
Wegen der Leih-Banco f. Leih-Banco.			
Bänder, leinene und wollene sollen Fabrikanten auf die Frankfurter Messe führen	1774	14	177
— seidene für jedes in Breslau fabricirte und außer Land gehende Pf. erhalten die Posamentirer aus der Accise-Casse 4 Thlr. Bonification	1742	1	30
— frisolet- und floretseidene ausländische werden bei deren Einfuhr mit 2 Thlr. per Pf. imposirt	1782	17	499
— dito werden einzuführen verboten. Maaßregeln zur Verhütung des Schleichhandels damit	1784	18	240
— alle ausländische sind einzuführen verboten	1777	15	312
— feine taffentne (Passe-fin Bänder) bleiben zur Einfuhr noch erlaubt, werden aber mit 4 Thlr. pro Pf. imposirt	—	—	312
Band-Fabricken, leinene sollen besser in Gang gebracht werden	1769	11	276
Baratto-Beneficium ratione der Accise wird einigen polnischen, litthauschen ꝛc. ꝛc. Waaren zugestanden	1742	1	32
— — wird aufgehoben, und die Tarifsmäßige Accise eingeführt	1764	8	33 seq.
Baratto-Handel mit rußischen, polnischen, lithauschen ꝛc. Handelsleuten, worinn solcher bestehet	1756	19	162
— — in wiefern solcher bei den rußischen, polnischen, lithauschen Waaren statt findet	1739	19	457
Barbirer zu Breslau: deren confirmirte Innungs-Artikel	1753	4	854 seq.
— Vorschrift wegen der Lehrlinge	—	—	855 seq.
— — wegen den Gesellen	—	—	858 seq.

Ba.

	Jahr.	Band.	Seite.
Barbirer: deren Geschäfte und Pflichten überhaupt	1753	4	863 seq.
Bärenführer, fremde werden, wenn sie keine eigenhändige königliche Concession haben, im Lande nicht geduldet	1777	15	177
s. Thiere fremde.			
Bassette-Spiel wird verboten. s. *Hazard*-Spiel.	1763 / 1774	7 / 14	229 / 281
Bau-Amt zu Breslau, was dasselbe bei Säuberung der Gassen zu besorgen	1744	1	85
Bau-Anschläge und Zeichnungen, was bei deren Anfertigung zu beobachten, und wenn sie einzusenden	1748	3	3 seq.
— wie dabei zu veranschlagen und zu verdingen			
die Baufuhren	—	—	19, 63 seq.
die Baugeräthschaften	—	—	20
die Baumaterialien	—	—	6 seq. 63 seq.
die Bau-Procent- und Diaeten-Gelder	—	—	20
die Dachdecker-Arbeit	—	—	18 seq.
die Glaser-Arbeit	—	—	15, 97 seq.
die Lehmer-Arbeit	—	—	16, 103
die Mahler-Arbeit	—	—	105
die Maurer-Arbeit	—	—	12, 85 seq.
die Schlosser- und Schmiede-Arbeit	—	—	15, 99, 101
die Töpfer-Arbeit	—	—	16, 102
die Tischler-Arbeit	—	—	14 seq. 91 seq.
die Zimmer- und Brettschneider-Arbeit	—	—	8 seq. 81, 84
— Schemata hierzu	—	—	61 bis 134
— darinn soll die Länge und Stärke des Holzes genau bestimmt werden	1756	6	403
— von Ställen und Scheunen, wie sie richtiger berechnet und angefertiget werden können	1767	10	71
— wie es mit denen zu halten, die von keinem Bau-Inspector, sondern Conducteurs ꝛc. angefertiget sind	748	3	21
— von denen in Städten abgebrannten Häusern sind bald nach dem Brande einzusenden	1775	14	520
— sollen nebst dem Feuer-Cataltro von jeder Stadt 2 (und was für welche) eingereicht werden	1782	17	270
— zur Ziegelbedachung, wie viel dafür Douceur zu zahlen	1782	17	270
— zu privat-Gebäuden bei Städten desgleichen	1784	18	139
— zu publiquen-Gebäuden sind gratis anzufertigen			ibid.

Ba.

	Jahr.	Band.	Seite.
Bau-Art vom geschrotenen Holz wird verboten {	1756	6	241
	1764	8	178 seq.
— — von Leimpatzen soll eingeführt werden {	1763	7	214
	1764	8	175, 179
f. Wätterwände.			
	1761	7	47
— — von Bruchsteinen, wo Brüche sind, wird anbefohlen {	1763	7	{ 162, 164
			214, 453
	1764	8	179
	1770	12	328
Bau-Beamte, königl. Reglement für dieselben in Schlesien ꝛc.	1748	3	1 seq.
— — sollen keine Materialien-Entreprise übernehmen	—	—	25
— — sollen keine Accidentien oder Geschenke annehmen	—	—	36
— — was sie für Diaeten zu genießen	—	—	45, 48 seq.
— — Instruction für dieselben: was sie bei Bereisung der			
königl. Aemter zu beobachten	1765	8	552
— — wenn sie die Aemter bereisen müssen	—	—	553
— — worauf sie bei Anlegung neuer Amtsgebäude vorzüg-			
lich sehen sollen	—	—	556 seq.
— — sollen ein monatliches Journal von ihren Geschäften			
einsenden	—	—	565
— — sollen von Maurer- und Zimmerleuten kein Geld			
borgen	1768	10	230
Bau-Beneficia für die Einwohner zu Breslau, so ihre alten Häu-			
ser neu aufbauen	1752	4	699
— — für die Gebauer liegen gebliebener Brandstellen	1749	3	456
— — für die Baulustigen in der Friedrichsstadt zu Neiß	1751	4	144
— — in den Vorstädten zu Neiß und Brieg	1742	1	207
— — für Einländer in Städten, so wüste Stellen bebauen	1749	3	452
— — für Juden, so in oberschlesischen Städten dergleichen			
bebauen	1750	3	979
	1749	3	450 seq. seq.
— — für professionirte Ausländer, die eine wüste oder le-			{ 5 seq. 9 seq.
dige Stelle bebauen {	1770	12	13 seq.
	1775	14	{ 368, 374,
			377
— — für unprofessionirte Ausländer, die wüste oder neue			
Stellen bebauen	1779	16	133
— — für die Gebauer wüst gewordener Gärtner ꝛc. Stellen	1777	15	408
	1752	4	702
— — für die, so ihre Häuser mit Ziegeln decken {	1758	5	715, 790
f. Ziegeldächer.	1744	5	169
	1767	10	63, 95

Bau-

Ba.

	Jahr.	Band.	Seite
Bau-Beneficia werden nicht auf das Retablissement der eigenen alten Häuser, sondern auf die angekauften wüsten oder baufälligen Stellen accordirt	1751	4	103
— — sollen den Baulustigen von den Magiſträten, Dominiis ꝛc. wo Holz und Ziegeleien ſind, in natura geleiſtet, wo aber dieſe Realitäten fehlen, durch längere Freiheit ab oneribus publicis vergütet werden; und wie	1757 / 1769	6 / 11	681 / 265
Bau-Beneficien (Procent-) Gelder a 20 pro Cent werden für die Bedachung mit Ziegeln bewilliget	1744	5	169
— item mit 15 pro Cent	1767	10	63
Bau-Beneficien-Gelder für das Retablissement einer wüſten Stelle werden auf 20 pro Cent erhöhet	1768	10	174
— a 25 pro Cent erhalten nur die Ausländer, die ſich im 1ten Jahre ihres Anzugs mit einem Hauſe etabliren	1776	15	8
— darauf ſollen die Percipienten nicht Schulden machen	1773	14	117
— ſollen intabulirt werden	—	—	ibid.
— a 150 Thlr. p. Stelle werden den Dominiis bewilligt, die neue Kolonie-Dörfer erbauen	1773	14	97
— a 70 Thlr. p. Stelle den Dominiis, die in alten Dörfern neue Häuslerſtellen erbauen	1775	14	283
Bau-Conducteur ſ. Conducteur, Landmeſſer.			
Bau-Contracte ſ. Entrepriſen.			
Bau-Diäten: wie viel und wer dergleichen zu genießen hat	1748	3	45, 48 ſeq.
Bau-Director: deſſen Amt und Obliegenheiten	—	—	38
— — wenn er die Städte und Aemter bereiſen ſoll	—	—	38, 40, 41
Bau-Douceur-Gelder aus den Cämmerei-Caſſen ſollen, wo es thunlich, vermehrt werden	1764	8	154
— — wenn die Deſignationes davon einzuſenden	1764 / 1765	8 / 8	153 / 543
Bau-Etats: wenn ſolche nebſt Anſchlag ꝛc. zur Cammer einzuſenden	1748	3	2 ſeq.
— — was bei Anfertigung derſelben in Obacht zu nehmen	—	—	22 ſeq.
— — was nach deren Approbation zu veranſtalten	—	—	24 ſeq.
— In welchen Fällen über den Etat eine Reparatur vorgenommen werden darf	—	—	43, 50
— — darauf ſollen die Reparaturen an den Häuſern der Beamten nicht gebracht werden	—	—	39

Ba.

		Jahr.	Bank.	Seite.
Bau-Entreprisen: wann und wie sie zu schließen und zur Approbation einzureichen		1748	3	24 seq.
— — was zu beobachten, wenn keine geschlossen werden		—	—	29
— — sollen nicht von Bau-Bedienten übernommen werden		—	—	25
s. oben Bau-Anschläge.				
Bau-Fuhren zu Fortifications-Bauten s. Vestungs-Bauten				
— zu andern Bauten s. oben Bau-Anschläge.				
Bau-Gelder für Anbauende s. Bau-Beneficien-Gelder.				
— — wer solche in Empfang nehmen und verrechnen soll		1748	3	31
— — menagirte, wohin sie zu verrechnen		—	—	49 seq.
— — daraus sind die unvermutheten Bauten zu bestreiten		—	—	50 seq.
— — was zu thun, wenn sie nicht zulangen		—	—	50
Bau-Geräthschaften: wie sie zu veranschlagen und aufzubewahren		—	—	20, 34
Bau-Holz und Zimmerarbeit, wie es zu veranschlagen		—	—	8 seq. 81, 84
— — dessen Länge und Stärke ist in den Anschlägen zu bemerken		1756	6	403
— — wenn es zu assigniren, anzuweisen, zu fällen, anzufahren		1748 / 1756	3 / 6	24 seq. / 420
— — soll nur von den Forstbedienten angewiesen werden		1756	6	403
— — solches müssen die Forstbedienten, damit es beim Abfahren nicht beschnitten werde, an den Enden zeichnen		—	—	404
— — soll den Bauenden ohne Zopf und Haken aus den Cämmerei Forsten verabfolgt werden		1763	7	215
— — zu mehrerer Menage des eichenen ist kiefernes zu gebrauchen		1765	8	446
— — zu den Schwellen aber kiehenes		1756	6	424
— — zu den königl. Bauten müssen die Forstbedienten attestiren		1764	8	227
— — erhalten die Bebauer wüster Gärtnerstellen rc. gratis		1777	15	408
— — so die Unterthanen gratis erhalten, sollen sie nicht verkaufen oder verbrennen		1756	6	424
— — freies für andere Baulustige ist sub Rubr. Bau-Beneficia mit begriffen, und muß locis citatis darunter nachgesucht werden.				
Bau-Holz-Taffeln sind vor dem Eisgang auszuladen		1781	19	8
— — sind da, wo sie harren, gut am Ufer zu befestigen		—	—	65

G 3

Ba.

		Jahr.	Band.	Seite.
Bau-Inspectores: was sie für Qualitäten ꝛc. haben müssen		1748	3	2
— — wie sie bei Fertigung der Anschläge und Zeichnungen prozediren sollen		—	—	3 bis 22
— — sollen zu besserer Berichtigung des Baues die Lage der Gebäude aufnehmen und mit einsenden		—	—	22
— — wenn sie die Aemter und Bauten bereisen müssen		—	—	35
— — sollen keine Accidentien oder Geschenke nehmen		—	—	36
— — müssen monatlich ein Journal von ihren Geschäften einsenden		1748	3	37
— — deren Diäcten		—	—	45, 48
— — sollen auf die Instandhaltung der Poststraßen mit Acht haben		1765	8	565
— — städtische werden angestellt		1766	9	224
— — deren Verrichtungen		—	—	ibid.
— — wie viel sie für Riß und Anschlag zur Ziegelbedachung zu fordern haben		1769	11	278
— — sollen bei Aufnahme des Feuer-Catastri zugegen seyn, und die Häuser so taxiren, als wenn solche wirklich massiv ꝛc. wären		1779	16	130
— — wie sie bei Veranschlagung der Häuser zum Feuer-Soc.-Catastro verfahren müssen		1782	17	270
— — Instruction für dieselben		1784	18	135
— — sollen auf Abstellung der Dachrinnen bedacht seyn		—	—	136
— — sollen monatlich ein Diarium ihrer Geschäfte einsenden		—	—	137
— — sollen öfters die Ziegeleien revidiren		—	—	138
— — sollen die Kirch- und Schulbauten ꝛc. mit respiciren		—	—	139
— — wie viel sie für Riß und Anschlag bey Privat-Gebäuden zu fordern haben		—	—	139
— — stehen unter dem Commissario loci erster Instanz		—	—	140
— — sämmtliche müssen von ihrem Gehalt Servis zahlen		1786	18	466
Bau-Kosten von kleinen Reparaturen an Beamten-Wohnungen müssen die Beamten selbst tragen		1748	3	39
— — sind möglichst zu menagiren		—	—	5
— — über 10 Thlr. dazu ist Cammer-Approbation einzuholen		—	—	45
Bau-Materialien von abgebrochenen Gebäuden noch taugliche sind wieder zu gebrauchen		1748	3	6
— — einige Sorten derselben sollen auf gewisses Maas und Gewicht gesetzt werden		—	—	7
— — wenn sie herbeizuschaffen		—	—	35

Ba.

	Jahr.	Band.	Seite.
Bau-Materialien: wie mit den übrig gebliebenen zu gebahren	1748	3	34, 37
—— deren Entwendung wird Maurern und Zimmerleuten verboten	1764	8	139
	1769	11	241
—— von was für welchen die Wirthschaftsgebäude auf dem Lande gemacht werden sollen	1764	8	179
—— davon wird quartaliter ein Preis-Register verlangt	1789	17	26
Bau-Ordnung für die Stadt Breslau verbesserte	1777	15	245 seq.
Bau-Rechnung: Schema, wie solche zu führen	1748	3	135
—— specielle, wie damit zu verfahren			51
Bau-Rendanten: deren Anstellung, Amt ꝛc.	—	—	31
—— sollen die Baugelder richtig berechnen	—	—	31
Bau-Sachen: unter welchem Ressort sie gehören	1750	5	321
—— königl. werden von der Cammer ex officio expedirt	1748	3	60
Bau-Schreiber s. Bau-Rendant.			
Bau-Stand der Amts-Unterthanen, was bei dessen Revision zu beobachten	1782	17	503
Bau-Stellen, freie sollen erhalten:			
Anbauende in den Vorstädten zu Neiß und Brieg	1742	1	207
Anbauende in der Friedrichsstadt zu Neiß	1751	4	144
	1749	3	450 seq. 453
anbauende Ausländer	1770	12	5 seq. seq.
	1775	14	368
Polen, so ein neues Dorf anlegen	—	—	385
Alle, so wüste oder ledige Stellen bebauen	1779	16	133 seq.
Bauten unvermuthete, woher sie zu bestreiten	1748	3	50
—— städtische über 10 Thlr. dazu ist Cammer-Approbation nachzusuchen			45
—— große sind zur öffentlichen Licitation auszubieten	1770	12	149
—— einige General-Principia wegen derselben			ibid.
—— bei Accise-Zoll- und Salzhäusern, wie es damit zu halten	1748	3	43
—— bei rathhäuslichen und publiquen Gebäuden			44
—— bei Kirchen und Schulen s. Kirchen, Schulen.			
—— bei Mühlen ꝛc. s. Mühlen, Wasserbau.			
Bauergüter sollen die Dominia nicht an sich ziehen	1749	3	517, 521
	1760	6	834
—— —— sollen nicht dismembrirt werden	1764	8	172, 318
—— —— sollen, wenn sie dismembrirt, wieder hergestellt werden	1764	8	172, 318

Ba.

	Jahr.	Band.	Seite.
Bauergüter sollen nicht an Juden verpachtet werden	1751	4	261
— — sollen nicht über die Hälfte verschuldet werden {	1749	3	523
	1751	4	695, 696
— — in welchen Fällen die Hälfte überstiegen werden darf	1771	13	3
— — sollen nicht zu Gärtnerstellen gemacht werden {	1749	3	521
	1764	8	172
— — sollen erblich ausgesetzt werden {	1751	4	695
	1764	8	229
	1765	8	405
	1766	9	110
— — wüste: zu deren Retablissement sind die Dominia anzuhalten {	1749	3	531
	1761	7	49, 54, 123
	1764	8	173
— — auf die wüsten eingezogenen und nicht wieder hergestellten erhalten die Dominia keine Bonification	1764	8	165
— — item auch nicht auf die nicht erblich ausgesetzten	—	—	165, 230
— — ante annum 1723. eingezogene: die darauf haftende Praestanda sollen nicht den andern Unterthanen aufgebürdet, sondern von den Dominiis selbst geleistet werden	1749	3	525
— — auf deren regelmäßige Bewirthschaftung sollen die Dominia attendiren	—	—	521
— — wie mit denen in Verfall gerathenen zu deren Conservation zu verfahren	—	—	529 seq. 532
— — wüste in königl. und bischöfl. Amtsdörfern sollen von den Amtleuten mit in die Vorwerks-Cultur genommen werden {	1776	15	97
	1782	17	510
— — darüber aber eine besondere Rechnung geführt werden {	1776	15	98
	1782	17	512
— — wie mit denen in Administration genommenen zu verfahren	1782	17	512 seq.
— — sollen von ihren noch vigoureusen Besitzern nicht der Gemächlichkeit oder des Ausgedinges wegen veräußert,	1774	14	129
— — und bei deren Veräußerung nicht mit allzugroßen Ausgedingen beschweret werden s. Ausgedinge.	—	—	128
— — item wegen den wüsten Stellen überhaupt s. mehreres Stellen wüste.			
Bauern sollen keine adelichen Güter acquiriren	1749	3	520
— sollen die ihnen zugefallenen adelichen Güter in Jahr und Tag wieder verkaufen	—	—	533

Baue

Ba.

	Jahr.	Band.	Seite.
Bauern, einer darf nicht mehr als ein Gut besitzen	1764	8	105, 112, 381
f. Possessiones	1765	8	448, 536
—— deren Praestanda in einigen Cämmerei-Dörfern f. Dienst-Reglement.			
—— die Generalia von denselben f. Unterthanen.			
Bauern-Söhne dürfen ohne landräthlichen Consens nicht studiren	1764	8	243
die mit Consens studirenden dürfen nur die ersten 4 Classen frequentiren	—	—	244
die, so weiter studiren wollen, sollen in Gegenwart der Land- und Steuerräthe examinirt werden	—	—	ibid.
	1743	1	109
	1756	6	228, 248
	1757	6	658
Bäume: die Ansetzung derselben an den Landstraßen und Dorfangern wird befohlen	1763	7	206, 211
	1764	8	19, 22, 168
			303, 415
	1766	9	12
	1768	10	136
—— was für Straßen vorzüglich damit zu besetzen	1756	6	228, 248
—— mit welchen Arten die Straßen und Anger zu besetzen	1764	8	22
	1768	10	161
—— Vorschrift: wie sie zu setzen und zu pflegen	1756	6	229
	1764	8	22
	1768	10	162
—— wer die Aufsicht darüber haben soll	1756	6	230
	1764	8	24
—— wie die Besetzung der Straßen ꝛc. unter die Einwohner zu repartiren	1764	8	23
—— sollen nicht beschädiget oder niedergehauen werden	1756	6	385
f. Baumbeschädiger.			loc. citatis.
—— über die Grenze gefallene gehören dem zu, auf dessen Grunde sie gewachsen	1756	6	418
—— eingehende Laubbäume sind zu verkaufen und junge anzulegen	—	—	407
—— das Belauben derselben ist regulariter nicht erlaubt	—	—	396
—— in welchem Fall es zuzulassen oder zu bestrafen	—	—	404
—— das Anbrennen, Beringeln ꝛc. derselben in Forsten ist verboten	1756	6	399
	1768	10	219
—— item das Abschneiden der Wipfel zu Sommern der Kinder	1756	6	400
—— item das Abhauen der Zöpfe wegen dem Riehn	—	—	412

Ba. Be.

	Jahr.	Band.	Seite
Bäume: die Zöpfe davon kommen in königl. Forsten den Theer-schweelern zu	1756	6	414
Bäume: Maulbeer: f. Maulbeerbäume, Plantagen.			
—— Obst: f. Obstbäume.			
Baumbeschädiger, wie sie zu bestrafen	1743	1	110
	1756	6	598
	1764	8	25
	1768	10	219
Baumschulen sollen auf den Dorfangern angelegt werden	1764	8	21
	1765	8	816
	1766	9	13
	1772	13	189, 394
—— —— wie bei Anlegung derselben zu prodediren			loc. cit.
—— —— dazu sollen besondere Creis-Planteurs angestellt werden f. Planteur.	1766	9	12
—— —— wie viel und was für Bäume darinn zu erzielen	1772	13	189, 394
Baumwolle-Garn f. Garn.			
Baumwolle-Waaren f. Waaren, oder wenn dergleichen ausdrücklich benennt sind, als Strümpfe, Mützen ꝛc. so wird unter gehörigen Buchstaben nachgesucht.			
Beamten (Bediente) bei der Accise f. Accise-Bedienten			
—— —— beim Bauwesen f. Bau-Land-Wasserbau-Bedienten			
—— —— beim Postwesen f. Postmeister ꝛc. ꝛc.			
—— —— bei Cassen f. Cassen-Bediente			
—— —— bei den Creißen f. Creisbeamten ꝛc. Landrath, Landdragon.			
und so kommen jede specifice benannten Beamten gehörigen Orts vor; generaliter aber f. Officianten.			
Bediente herrschaftliche f. Lackeien.			
Bedienungen f. Officia.			
Beerdigung f. Begräbnisse.			
Begräbnisse sollen den Evangelischen auf katholischen Kirchhöfen nicht erschwert werden	1742	1	43, 191
—— —— davon müssen sie aber dem kathol. Pfarrer die Jura stolae zahlen	—	—	192
—— —— dabei soll auch den Evangelischen der kathol. Glocken Gebrauch verstattet seyn	—	—	192
—— —— wenn die Leiche aus einer Parochie in die andere ge-			

Be.

	Jahr.	Band.	Seite.
führt wird, müffen an beiden Orten bezahlt werden	1750	5	467
Begräbniffe: wie viel von dergleichen Leichen dem Bifchof Spolium gebühre	—	—	468
— — wenn folche vollzogen werden follen f. Verftorbene.	1768	10	174
— — in den Kirchen werden abgefchaft, item innerhalb der Städte	1776	15	99
— — erbliche mögen noch beibehalten werden	—	—	100
— — Beftimmung derer, fo wirklich Erbbegräbniffe find	—	—	100
— — ftille (Beifetzungen) wie viel dafür zu entrichten	1750	5	466
— — wie es damit in einem wegen der Viehfeuche gefperrten Hofe oder Dorfe ratione des Geiftlichen und der Träger zu halten	1780	17	59
Begräbnis-Koften: Beftimmung, wie viel adeliche und bürgerliche Perfonen darauf verwenden können	1747	2	404
Begräbnis-Plätze aller Religionsgenoffen in Städten follen vor die Thore verlegt werden	1775	14	544
	1776	15	99
Begräbnis-Taxa ftolae nach den verfchiedenen Claffen	1750	5	454 feq.
— dabei zu beobachtende Principia regulatira	—	—	466 feq.
Beichtväter follen die in Militair-Dienften ftehende Beichtkinder für den Meineyd warnen, ein bifchöfl. Paftoral-Schreiben.	1757	6	669
Beilaß f. Inventarium.			
Beile: die Einfuhr der fremden wird verboten	1783	18	5
Beifetzungen ftille f. Begräbniffe ftille.			
Beläge f. Rechnungen.			
Beneckenfteiner Nägel f. Nägel.			
Beneficia für ausländfche anziehende Künftler und Fabrikanten f. Fabrikanten.	1742	1	206 feq.
	1749	3	446 feq.
	1763	7	512 feq.
	1770	12	3 feq.
	1775	14	366 feq.
— für ausländfche fich im Lande in Städten etablirende Gefellen	1749	3	449, 452
	1763	7	513
	1770	12	6
	1775	—	369
— für ausländfche ꝛc. Fabrikanten, fo Fabriken zu englifchen, fächfifchen Zeugen, item geftreifter Leinwand und Leinendamaft anlegen	1763	7	516, 518
	1770	12	8, 10
	1775	14	372

Bene-

Be.

	Jahr.	Band.	Seite.
Beneficia für Einländer, so dergleichen Fabriken anlegen und dazu ausländische Meister gebrauchen	1763	7	518
	1770	12	10
	1775	14	374
—— für ausländische Leder-Fabrikanten 2c.	1763	7	519
	1770	12	11
	1775	14	376
—— für ausländische gemeine Handwerker	1749	3	451
	1763	7	514
	1770	12	12
	1775	14	376
—— für ausländische anziehende Adeliche	1770	12	2
	1775	14	365
—— für ausländische 2c. Kaufleute und Capitalisten	1749	3	453
	1763	7	515
	1770	12	7
	1775	14	371
—— für ausländische Handlungsdiener, so sich etabliren	1763	7	515
	1770	12	8
	1775	14	372
—— für ausländische Maurer und Zimmerleute	1770	12	11
	1775	14	376
—— für böhmische und mährische 2c. Diebschneider und Siebmacher	1770	12	14
	1775	14	380
—— für ausländische anziehende Knechte	1770	12	14
	1775	14	381
—— für ausländische Kolonisten, die auf einzelnen neu erbauten Häuslerstellen angesetzt werden . s. Kolonisten.	1776	17	77
—— für anziehende Polen, die sich als eine Kolonie in Städten etabliren	1770	12	142
	1775	14	378
—— —— —— die sich auf dem Lande niederlassen	1770	12	143
	1775	14	379
—— —— —— die ein neues Dorf anlegen	1770	12	144
	1775	14	380
—— für anziehende polnische Künstler und Fabrikanten	1770	12	139 seq.
—— für anziehende polnische Woll-Lein- und Leder-Manufacturiers	1770	12	140
	1775	14	370
—— für anziehende polnische ordinaire Handwerker	1770	12	141
—— für Entrepreneurs insgemein gewisser im Edict benannter Fabriken	1765	8	815
—— für die in Städten sich etablirenden Apotheker, wo sonst noch keine gewesen sind	1783	18	39
—— für ausgetretene und revertirende Landeskinder, werden so			

Be.

	Jahr.	Band.	Seite.
wie für die wirklichen Ausländer resp. ihrer Condition bewilliget	1764	8	143
Beneficia für die Knaben, so in der Wollspinnschule Unterricht genommen, und sich darinn besonders ausgezeichnet	—	—	375
— für die, so ihre Häuser mit Ziegeln decken	1744	5	169
	1752	4	702
	1758	6	715
s. *Praemia. Douceur &c.* item *Bau-Beneficia.*	1767	10	63, 95
Berbies, oder **Berberisch-Beeren**; davon sollen lebendige Zäune oder Hecken angelegt werden	1765	8	445
— wo dergleichen zu finden	—	—	446
Berg bei Crossen: dessen Abtragung wird befohlen	1742	1	180
Bergamt-Ober- s. Ober-Bergamt.			
Berg- und Hütten-Aemter: wie es mit deren Besetzung zu halten	1778	16	1
sollen keine unqualificirte Personen zu Cadets und Eleven vorschlagen	—	—	4
Berg- und Hütten-Beamten, deren Söhne haben bei Besetzung der Berg-Bedienungen den Vorzug vor andern	—	—	3
— in wiefern dieselben am Bau Theil nehmen können	1769	11	118
— sollen keine Verwandte ihrer Subalternen seyn	—	—	154
— deren Privilegien und Gerechtsame	—	—	157 seq.
— müssen von ihrem Gehalt Servis zahlen	1786	18	465
Berg 2c. Bücher sind einem jeden Genossen einzusehen erlaubt	1769	11	98
— Benennung derjenigen Bücher, so gehalten werden müssen, und was in jedes einzutragen	—	—	98
— wenn sie abzuschließen, und wie aufzubewahren	—	—	100
Berg- 2c. Cadets sollen nach der anciennetè höher placirt werden	1778	16	2
— von deren Verhalten wird quartaliter eine Conduiten-Liste verlangt	—	—	3
Berg- 2c. Eleven: was für Eigenschaften dieselben haben müssen	—	—	1
— item von diesen eine Quartal-Conduiten-Liste	—	—	3
Berg-Freiheit soll auf Zechen seyn	1769	11	163
Berg-Gericht-Ober- s. Ober-Berggericht.			
Berg-Geschworne: deren Amt und Pflichten	—	—	129
— worauf sie vorzüglich attendiren sollen	—	—	127
Berg-Hütten- 2c. s. Hütten 2c.			

Be.

	Jahr.	Band.	Seite.
Berg=Jöckel, der Verkauf desselben wird verboten.	1779	16	126
Berg=Kuxe s. Kuxe.			
Bergleute: wie sich dieselben zu verhalten haben	1769	11	136
—— wenn und wie sie anfahren sollen	—	—	137 seq.
—— wenn solche in der Gewerken-Arbeit krank werden oder zu Tode kommen, was dabei zu thun	—	—	162
—— schlesische, deren Privilegia 2c.	—	—	280, 157
—— sind Werbe- und Enrollirungs-frei	—	—	158, 281
—— sind während ihres Metier von der Unterthänigkeit frei	—	—	157, 281
—— mögen unter sich eine Knappschaft-Casse halten	—	—	285
—— stehen unter ihrem eigenen Gerichte	—	—	164
Berg=Lochsteine s. Lochsteine.			
Bergmanns=Wittwen sind Servis-frei.	1778	16	26
Bergmännischer Aufstand s. Aufstand.			
Bergmeister, dessen Amt und Obliegenheiten	1769	11	127
Berg=Muthung s. Muthung.			
Berg=Neunter, wenn solcher für die Erbstollen zu geben	—	—	110
—— wenn solcher nur halb oder gar nicht zu geben	—	—	111
Berg=Ordnung, revidirte für Schlesien und die Grafschaft Glatz	—	—	89
—— nach derselben sollen sich auch die richten, die auf eigene Gefahr Gruben bauen	1779	16	183
Berg=Rechnungen, wenn solche anzufangen und abzuschließen	1769	11	140
—— wie es mit dem Verlesen, Abschnitt, Ablohnen 2c. zu halten	—	—	141
—— über die Bau-Materialien muß der Schichtmeister quartaliter dem Ober-Berg-amt übergeben	—	—	142
Berg=Sachen gehören zum Ressort der 2c. Cammern.	1750	5	310
Berg=Schacht s. Schacht.			
Berg=Schichtmeister s. Schichtmeister.			
Berg=Schürf s. Schürf.			
Berg=Schreiber, =Schmiede s. Hütten-Schreiber.			
Berg=Sportel=Taxe	1769	11	176
Berg=Steiger s. Steiger.			
Berg=Stollen s. Stollen.			
Berg=Vierter, was darunter zu verstehen und wenn solcher zu geben	—	—	113
Berg=Vierung der Gänge: was dabei zu beobachten	—	—	115
Bergwerke: die Theilnehmung an auswärtigen wird verboten	1766	9	148

Be.

	Jahr.	Band.	Seite.
Bergwerke: zu deren Bebauung hat der Grundherr vor Fremden den Vorzug	1769	11	91
Bergwerks-Ausbeute s. Ausbeute.			
Bergwerks-Bau: dabei darf ohne Vorwissen des Ober-Berg-amts keine Veränderung vorgenommen werden	—	—	119
Bergwerks-Commission: derselben ist bei ihren Untersuchungen alle Assistence zu leisten	—	—	84
Berg-Zehnter, wie solcher zu geben	—	—	185
Berg-Zubuß s. Zubuß. Berg-Zechen s. Zechen.			
Berichte, magisträtliche an die Cammer, dabei soll Decernent unter seinen Namen decr. oder conc. schreiben	1763	7	152
Beschäler: wie viel Stutten in jedem Dorfe auf einen zu rechnen	1764	8	40
—— wie sie beschaffen seyn müssen	—	—	40
—— wer sie anschaffen und unterhalten soll	—	—	41
—— wegen Ersetzung derselben bei Unglücksfällen	—	—	42
—— wie viel für einen jährlich Springhafer zu geben	—	—	41
—— für solche wird kein Springgeld gezahlt	—	—	ibid.
—— bei jeder Gemeine sind tüchtige anzuschaffen	—	—	313
—— —— von mittler Größe	1769	11	12
Generalia s. Pferde.			
Besoldungs-Quittungen: dazu ist Stempelpapier zu nehmen	1741	1	190
—— —— —— was für welches zu gebrauchen	1765	8	592
	1766	9	124
Bethtag, allgemeiner für die Evangelischen und Reformirten wird eingesetzt	1773	14	8
Bethhaus für die Mährischen Brüder zu Groß-Krausche wird zu erbauen erlaubt	1744	1	2
Bethhäuser, evangelische sollen Kirchen heißen	1764	8	181
s. Kirchen.			
Bette haben die Livree-Bedienten der Officiers von den Bürgern nicht zu fordern	1779	16	162
Bett-Zwillig-Fabriken sind besser in Gang zu bringen	1771	13	36
Betteln: Verordnungen wegen Abstellung desselben	1747	2	540 seq.
	1762	7	96 seq.
	1763	7	148 seq.
	1771	13	95 seq. seq.
	1776	19	537 seq.
	1779	16	97 seq.
	1780	17	69 seq.
—— —— wegen Abstellung desselben zu Breslau	1747	2	569 seq.

Be.

	Jahr.	Band.	Seite.
Betteln bei Wallfahrten wird verboten	1747	2	551
—— der Handwerksbursche, wie solches zu steuern	1747	2	548
	1771	13	32
	1779	16	103
—— item der Soldatenweiber, Kinder und Invaliden	1747	2	545
	1770	12	125
	1779	16	102
—— item der Studenten, Musicanten, getauften Juden	1747	2	550
	1779	16	105
wie es mit ihnen und dem gesammelten Gelde zu halten	—	—	loc. cit.
—— item der Müller- und Brauerbursche	1747	2	549
	1755	6	21
	1771	13	105
—— auf Brandbriefe wird verboten	1747	2	545, 548
	1779	16	105
Bettler, fremde einländische sollen an ihren Geburts- oder Wohn-ort verwiesen werden	1747	2	577
	1771	13	96
—— fremde ausländische aber auf dem Schube über die Grenze gebracht werden	1747	2	546
	1771	13	96
—— einländische müssen von ihren Dominiis verpfleget und die auf einem fremden territorio betroffene aufgegriffen werden	1771	13	27
—— gesunde sollen Wolle spinnen	1778	10	68
—— die betroffenen sind in die Spinnschulen zu bringen	1764	8	367
—— —— wie sie sonst zu bestrafen	1771	13	95 seq.
—— für jeden aufgegriffenen werden 16 Gr. Praemium ausgesetzt	1779	16	108
—— wie es mit Aufgreifung, Verhör und Einlieferung derselben zu halten	1779	16	107, 112, 116
—— auf deren Einschleichung in die Städte sollen die Thorsteher und Visitatores bei Verlust eines monatlichen Gehalts invigiliren	—	—	113
—— wie es mit Aufgreifung derselben in den Städten zu halten	—	—	112
—— wie es mit Aufgreifung derselben auf dem Lande zu halten	—	—	107
—— wer die auf den Straßen bettelnde aufgreifen soll	—	—	108
—— sollen bei Strafe nicht beherberget werden	1776	19	539
	1779	16	108
—— sollen nicht über die Oderfähren gebracht werden	1779	16	108
—— die aufgegriffenen sollen nach Creutzburg ins Armenhaus geliefert werden	1779	16	107
	1780	17	69
wegen ihrer Achtung s. Achtung, item Arme, Armenhaus.			
—— wie lange sie im Armenhause bleiben müssen	1779	16	117

Be. Bi.

	Jahr.	Band.	Seite.
Bettler: Strafe derer, so darinn ihre Tages=Arbeit nicht verrichten	1779	16	118
—— aus dem Institut zu entlassende müssen sich vorher wegen ihres künftigen Unterhalts ausweisen	—	—	119
—— den muthwilligen soll kein Allmosen gegeben werden {	1776	19	539
	1779	16	112
Bettelmönche, unbefugte sollen nicht Allmosen sammeln {	1747	2	550
	1764	8	67
	1775	14	289
	1779	16	106
— — Benennung derer dazu berechtigten Orden {	1747	2	550
	1779	16	106
f. Kloster.			
— — die von ausländischen Orden sollen arretirt {	1764	8	68
	1775	14	290
— — ihnen das gesammelte Geld zum Besten der Zucht= häuser abgenommen	—	—	ibid. ibid.
— — die verkappten aber nach Creutzburg geliefert werden	1779	16	106
— — fremde, Strafe derer, so ihnen Vorschub leisten {	1775	14	289
	1781	17	198
Bettel=Schub: wie es damit ratione des Attests zu halten	1772	13	222
Bettel=Schubzettel: Formular dazu	1751	4	495
Bettel=Vögte: deren Anstellung in Breslau	1747	2	579
— — item in andern Städten und deren Amt 2c.	1749	3	349, 351
— — wo zu wenig sind, sollen mehrere angesetzt werden	1779	16	114
— — in Aufgreifung der Bettler saumselige sind selbst nach Creutzburg zu bringen	—	—	ibid.
Beurlaubte f. Soldaten.			
Beweis: was bei dessen Instruction zu beobachten	1750	5	552
—— zu dessen Antretung findet keine Dilation statt	—	—	ibid.
—— wegen Restitution haben, die sich dabei verspätet haben	—	—	553
—— neuer in Appellatorio, in wiefern solcher ex beneficio non deducta deducendi zuläßig	—	—	555
—— muß binnen 4 Wochen a die sententiae angetreten werden	—	—	ibid.
Beweiskraft: Einschränkung derselben bei Handlungsbüchern	1753	4	830 seq.
Bieberhaar=Mützen=Fabriken sollen gemeiner gemacht werden	1769	11	276
Bieben=Beuten: die dafür eingekommene Gelder werden zur Forst=Casse verrechnet	1756	6	414
Bienen=Körbe sollen statt der Stöcke gebraucht werden	1765	8	652
Bienen=Stöcke für jeden über 10 Bestände aus andern Ländern erkauften Stock wird 1 Fl. Praemie ausgesetzt	1764	8	421

Bk.

	Jahr.	Band.	Seite.
Bienen-Stöcke: wie viel deren die Stifter und Klöster halten sollen	1764	8	421
—— —— für jeden über 10 Beständer aus eigener Zucht gewonnenen Stock wird 1 Fl. Praemium bewilliget	1773	14	27
—— —— das für jeden über 10 Stock angesetzten Ueberständer accordirte Praemium a 1 Fl. wird nur auf das erstemal bewilliget	1776	15	85
—— —— den ersten Winter ausgefütterte sind nur zu dieser Praemie qualificirt	—	—	93, 153
—— —— deren Beraubung wird bei Zuchthausstrafe verboten	1773	14	42
Bienen-Zeidler: wie sie sich zur Verhütung der Brandschaden in den Wäldern zu verhalten	1756	6	413
—— was sie wegen der Bäume zu Bieuenbeuten zu beobachten	—		414
Bier soll in denen dem Ausschrot unterworfenen Dörfern accisbarer Städte stets vorräthig gehalten werden	1752	4	593
= zu Ehren-Gelagen, als Kindtaufen ꝛc. mögen die Einwohner in den Ausschrots-Dörfern zwar aus der ersten Hand sich anschaffen, müssen es aber doch aus der Stadt nehmen	—	—	ibid.
— soll in den Städten besser gebrauen werden	1756	6	220
	1733	18	35
— wie viel von jeder Tonne provisorie Accise zu entrichten	1765	9	79
	1766	9	79
— wie viel Malz auf eine Tonne zu schütten und davon zu machen	1767	10	66, 67
	1772	13	154 seq.
— wie viel zu einem respective Gebräude Holz zu nehmen	1767	10	68
— item Hopfen			67
— darauf werden für Servis und andere Kosten 15 pro Cent accordirt	—		68
— davon soll ein Fässel zur Probe ins Accisamt deponirt werden	—		70
— so nachzubrauen erlaubt wird, als Nachbier und Cofent, ist Accise-frei, darf aber nur an Soldaten und Arme verkauft werden	1766	9	80
	1767	10	71
	1772	13	156
— in welchem Fall Accise-Bonification darauf statt hat s. Accise-Bonification.			
— was beim eingehenden einländschen zu beobachten	1756	19	94
— wird aus Sachsen einzuführen verboten	1765	8	577
— fremde: deren Einfuhr wird überhaupt verboten	1782	17	273
— zwei ganze oder resp. halbe werden den Bebauern wüster Stellen in Städten, wo kein Forst oder Ziegel ist, frei zu brauen erlaubt	1769	11	266

Bi.

Bier auf Häusern oder Gütern haftende s. Braugerechtigkeit.

	Jahr.	Band.	Seite.
Bier-Accise wird auf 1 Pfennig pro Quart herunter gesetzt	1767	10	70
— — wird nicht nach der Scheffel-, sondern Achtelzahl gegeben	1766	9	79
	1767	10	70
— — wird bei halben Gebräuden auf 12 Gr. pro Tonne herabgesetzt	1772	13	159
Bier-Ausschrot-*Defraudationes* auf dem Lande, wie sie zu bestrafen	1746	2	241
	1756	19	112
— — — auf neue Kolonie-Dörfer s. Kolonien.			
	1744	5	171
Bier-Bücher sollen die Dorfkretscher sich halten	1746	2	241
	1747	5	203
	1756	19	113
Bier-*Defraudationes* heimliche, wie sie zu bestrafen	1776	15	82
Bier-*Defraudanten* müssen, um sie ad protocollum zu vernehmen, dem Accise-Amt sistirt werden	1748	3	219
Bier-Essig fremder wird zur einländschen Consumtion einzuführen verboten	1783	18	5
Bier-Fälscher, wie sie zu bestrafen	1771	13	38, 41, 157
Bier-Fälschung: darauf sollen die Visitatores und Visirer Acht haben	1756	19	111
Bier-Gefäße sollen nach breslauschen Achteln zu 200 Quart eingerichtet seyn	1751	4	305
s. Maase.			
— — wie sie sonst beschaffen seyn sollen	1756	19	112
Bier-Rechnungen sollen die Beamten richtig führen	1763	7	359
Bier-Schank der unter der Contribution stehenden grundherrschaftlichen Schlösser an die Bürgerschaft und Garnison	1756	19	94
— — item der königlichen Aemter in die städtsche Kretschams ꝛc. ꝛc.	—	—	93
Bier-Schenken in Städten ohne Brauurbar zahlen den Nahrungs-Servis nach der debitirten Achtelzahl	1750	3	974
— — mögen das Quart 2 Pfennig über die Taxe verkaufen	1772	13	157
— — dürfen nur eine Sorte Bier haben und verkaufen	—		158
Bier-Taxe in den Städten, Formular dazu	1749	3	639 seq.
— — von jeder Stadt ex Annis 175½ und 176⅔ attestirte wird verlangt, und wie solche beschaffen seyn soll	1767	10	110, 114, 117
— — soll nach Anschlag starken Bieres gemacht werden	1772	13	159

Biers

Bi.

	Jahr.	Band.	Seite.
Bier-Visirung ist in Gegenwart des Controleurs und einer Magistratsperson vom Visirer vorzunehmen	1756	19	111
Bier-Visitationes, auf den Ausschreibdörfern sollen nebst den Accisämtern auch von den Cämmereien gehalten werden	1746	2	241
	1756	19	112
	1771	13	128
— — wie sie zu veranstalten	1756	19	111
Bilderkrämer: unter welchen Bedingungen sie hausiren gehen mögen	1750	3	974
— — müssen zum hausiren Licenz-Scheine nachsuchen	1778	16	5
— — Formular zu einem Licenz-Schein für dieselben	1751	4	485
— — was für Waaren sie eigentlich führen mögen	1750	3	977
— — ausländische, so sich im Lande etabliren, erhalten eben die Beneficia wie andere gemeine Professionisten	—	—	ibid.
— — so die Jahrmärkte in Städten beziehen, sollen sich im Lande etabliren	1764	8	29
— — wie deren Etablissement beschaffen seyn soll	—	—	31
— — nicht possessionirte im Lande dürfen weder Jahrmärkte beziehen noch hausiren	1778	16	5 seq.
Bildhauer dürfen nicht ordentliche Geburts- und Lehnbriefe lösen	1766	9	100
Billets au porteur: s. Banco-noten, Pfandbriefe, Actien.			
Birdgraß (ein Futterkraut) dessen Eigenschaften und Boden	1766	9	51
— wie es zu säen ꝛc.	—	—	52
Biriby-Spiel wird verboten	1774	14	281
s. Hazard-Spiele.			
Bischof, mit dem ausgetretenen sollen die schlesischen Geistlichen nicht correspondiren	1758	6	733
— von dessen Revenüs soll der 10te Theil zum Kriege gegeben werden	1759	6	737
— in wiefern die Priester des Schul-Instituts unter dessen Aufsicht stehen	1776	19	402
— soll sich aller Eingriffe in die Geschäfte der Schul-Commission enthalten	—	—	403
— dessen Spolium, wenn eine Leiche aus einer Parochie in die andere geführet wird	1750	5	468
Bitt-Fuhren sollen die Landräthe von den Gemeinen nicht verlangen, und von diesen jenen nicht geleistet werden	1764	8	297
Bitt-Schriften, die von keinem recipirten Advocaten gemacht oder unterschrieben sind, wie es damit zu halten	1750	6	543

Bl. Bl.

	Jahr.	Band.	Seite.
Bitt-Schriften: item wegen denen, so von unbefugten Schrift-stellern den Querulanten gemacht werden f. Schriftsteller unbefugte.	1780	17	90
Blattbinder: wie sie die Blätter anfertigen sollen	1742	1	150
	1750	3	893 seq.
— — zur Leinenweberei, Vorschriften für dieselben	1766	9	274
— — item zur Zeugweberei	1769	11	54
— — an Fabriken-Orten sollen mehrere angesetzt werden	1765	8	501
Blätter zur Leinwand und Schleier, wie solche beschaffen seyn müssen	1750	3	893
— — — wie sie zu bezeichnen	—	—	894
— zu Zeugen: wie breit und von wie viel Röhren sie seyn sollen	1769	11	54
— Bestimmung des Maaßes derselben zu Halb-Raschen	—	—	34
— — — — zu Zeugeln	—	—	34 seq.
— — — — zu Mesolanen	—	—	37
— — — — zu Cron-Raschen	—	—	41
— — — — zu Futter-Raschen	—	—	42
Blätter-Maas zu Mesolanen wird reducirt und abgeändert	1771	13	104
— böhmische zur Leinwand und Schleier werden einzuführen verboten	1765	8	724
	1766	9	274
	1772	13	406
Blatter-Inoculation: darauf wird eine Praemie gesetzt	1770	12	48, 50
Blattern des Schaafviehes, ein bewährtes Mittel dafür	1784	18	206
Blauer Montag f. Montag.			
Blaufarbe, in wiefern die unächte bei Züchnerwaaren erlaubt ist	1773	14	50
— Querbacher: Bestimmung der Verkaufspreiße derselben	1776	15	38
— sächsische O. C. und O. E. G. wird einzuführen verboten	1777	—	172
— zur Einfuhr der unverbotenen Muster müssen Freipässe von der Berg-Direction nachgesucht werden	—	—	185
— dergleichen Pässe sind bei der Cammer nachzusuchen	1778	16	37
— die zur Einfuhr der fremden erlaubten Muster ausgegebenen Cammer-Freipässe werden cassirt	1780	17	68
— soll blos aus den königl. Factoreyen genommen werden	—	—	67
— der Handel damit wird auf königl. Rechnung übernommen	—	—	66
Blech ausländsches, dessen Einfuhr zum einländschen Debit wird verboten	1768	10	254
— davon soll jährlich ein gewisses Aversional-Quantum von dem Rothenburgschen genommen werden	—	—	287
— das abzunehmende Aversional-Quantum und der Handel das-			

mit

Bl.

	Jahr.	Band.	Seite.
mit wird der breslauschen Kaufmannschaft überlassen	1773	14	45
Blech, wird andern Kaufleuten damit zu handeln verboten	—	—	46
— der Handel damit wird dem Kaufmann Lochnis allein übertragen	—	—	97
— ausländsches, dessen Einfuhr wird nach Annehmung des Aversional-Quanti vom Rothenburgischen wieder erlaubt	1769	11	88
— (Sturz- und Schwarzblech) fremdes wird nur noch auf 1 Jahr erlaubt	1783	18	132
— fremdes: wird ohne Ausnahme zum einländschen Debit einzuführen verboten	1784	8	146
— die Einfuhr desselben bleibt noch unter gewissen Modalitäten zum Transito-Handel erlaubt	1765	10	255
	1784	18	145
Blech-Dächer werden statt der Ziegeldächer erlaubt	1768	10	122
— müssen aber roth angestrichen werden	—	—	ibid.
Blech-Waaren werden aus Sachsen einzuführen verboten	1765	8	577
Bleichen sollen jährlich 2mal vom Land- und Steuerrath conjunctim revidirt werden	1774	14	139
— Maasregeln, um den neu angelegten bessere Nahrung zuzuwenden	1765	8	396
Bleicher sollen bei Karren-Strafe nicht mit Kalk bleichen	1742	1	150
— ausländsche geschickte sollen ins Land gezogen und mehrere Bleichen angelegt werden	1764	8	142
— anzusetzende sollen examinirt werden. Von wem	1766	9	24
	1772	13	200
— — Modalitäten wegen den dabei nöthigen Attesten	—	—	ibid.
— sollen einander das Gesinde nicht ausmiethen	1766	9	26
— sollen dem Gesinde keinen Lohn im voraus geben	—	—	27
— sollen kein ausländsches Gesinde annehmen	—	—	27
— wie sie mit den ihnen anvertrauten Waaren umgehen müssen	—	—	28 seq.
— wie es zu halten, wenn sie schadhafte Waaren bekommen	—	—	28
— sollen zu den Garnen keine Pottasche nehmen	—	—	29
— wie mit ihnen zu verfahren, wenn sie die Waaren nicht recht weis und fehlerhaft abliefern	—	—	30
— sollen sich auf die Bleichart mit Steinkohlen und Torf befleißen	—	—	31
— sind Werbe- und Enrollirungs-frei	—	—	32
— sollen sonst nirgends Eicheln und Blaufarbe, als aus der königl. Factorey nehmen	1780	17	67
— behalten die Paßzettel über die zum Bleichen gebrachte Garne zu ihrer Legitimation in ihren Händen	1775	14	523

Blei-

Bl.

	Jahr.	Band.	Seite.
Bleicher=Knechte sind Werbe=und Enrollirungs=frei	1766	9	32
— müssen zur Erlernung dieses Metiers vom Land=rath Erlaubniß haben	1778	16	85
— ohne landräthliche Erlaubniß angenommene sind nicht Werbe=frei	—	—	85
Bleicher=Wittwen, wie es zu halten, wenn sie die Nahrung fortsetzen	1766	9	25
	1756	6	401
Bleich=Art mit Steinkohlen oder Torf soll eingeführt werden	1763	7	474
— — die damit gebleichten Waaren s. Garn, Leinwand.	1764	8	239
	1766	9	31
	1770	12	42
— — die dagegen gemachten Einwendungen werden beant=wortet. Ein Protocoll-Auszug	1764	8	262 seq.
— — mit Milch ist zu aller Leinwand nicht thunlich	—	—	ibid.
— — auf Einführung der holländschen wird ein Praemium	—	—	268
von 30 Thlr. gesetzt	1769	11	24
Bleich=Examinatores: welche Personen dazu ernannt worden	1772	13	200
Bleich=Feuer von Torf oder Steinkohlen, wie es zu machen	1764	8	267
Bleich=Gericht zu Landeshuth wird errichtet. Benennung der Personen, aus welchen es bestehen soll	1772	13	200
— — soll die streitigen Bleichsachen entscheiden, und sich daher jeder Bleicher in dergleichen Fäl=len für dasselbe sistiren	—	—	201
Bleich=Lauge: von was für Asche solche zu machen	1764	8	265
— wie sie zu verfertigen	—	—	266
Bleich=Lohn muß den Bleichern baar gezahlet, und ihnen statt dessen nicht Materialien in hohem Preiße aufgedrungen werden	1785	18	423
Bleich=Ofen: auf Abänderung derselben zu mehrerer Holz=Me=nage werden 50 Thlr. Praemium ausgesetzt	1769	11	24
— — wo mehr als einer vorhanden, muß einer zur Stein=kohlen=Feurung eingerichtet werden	1775	14	512
— — zur Einrichtung derselben auf Steinkohlen=Feuerung wird den Bleichern im Schweidnitzschen ein Vorschuß aus königl. Cassen versprochen	1784	18	241
— — Bericht, wie dabei mit der Steinkohlen=Feuerung zu verfahren	1765	8	836 seq.
Bleich=Register müssen die Bleicher über die Garne führen	1774	14	139
— — Schema zu einem dergleichen	—	—	147
— — müssen auch auf Leinwandbleichen über Garne ge=halten und revidirt werden	1782	17	302

Bleich=

	Jahr.	Band.	Seite.
Bleich-Sachen, streitige werden vom Bleich-Gericht entschieden	1772	13	201
Bleich-Waſſer: wie es beſchaffen ſeyn muß	1764	8	264
Bleich-Weſen: Reglement wegen beſſerer Einrichtung deſſelben	1766	9	23
— wegen Vollziehung einiger Artikel deſſelben	1772	13	199
Bley, gewälztes fremdes wird einzuführen verboten	1780	17	106
Bley- und Rothſtift-Fabrike zu Breslau wird errichtet	1764	8	335
— fremde werden mit 50 pro Cent impoſtirt	—	—	ibid.
Bleyweis fremdes, deſſen Einfuhr zum einländiſchen Conſumo wird verboten	1780	17	106
Bley-Zuſatz ſoll nicht zur Verzinnung genommen werden	1768	10	192
Blockzinn engliſcher ſ. Verzinnung, Zinn.			
Blonden zu Coupirung der Einfuhr der fremden ſollen die einländiſchen alle mit dem Fabriken- und Acciſe-Siegel geſtempelt ſeyn	1786	18	423
Blonden-Fabriken: zu deren Anlegung ſollen Entrepreneurs aufgeſucht werden	1769	11	243
Blumenzwiebeln ſächſiſche, deren Acciſe-Satz zu Breslau	1705	8	778
Böcke ſ. Schaasböcke.			
Bodmerei-Gläubiger ſ. Schiffe.			
Böhmiſche Leinwand, Glas ꝛc. ꝛc. ſ. Leinwand, Glas.			
Bolkenhayn der Stadt Brau-Reglement	1750	3	683 ſeq.
Bonification für Brandſchaden findet bei Häuſern von Schrotholz nicht ſtatt	1756	6	241
	1764	8	179, 181
— für Hagelſchaden: die Einſchränkung derſelben d. 1744. wegen des monatlichen Steuerbetrags wird aufgehoben	1771	13	71
Bonifications-Gelder ſollen an die verunglückten Unterthanen ſelbſt und nicht an ihre Dominia ausgezahlt werden	1747	2	516
	1748	3	217
— erhalten keine Dominia auf ihre nicht erblich ausgeſetzten Unterthanen-Stellen	1764	8	165, 230
— ſollen ſchleuniger ausgezahlt werden	1768	10	331
— für die an die Verwalter ꝛc. abweſender Dominiorum gezahlten ſollen die Landräthe und Steuereinnehmer haften	1778	16	35
— für auswärtige Dominia ſind an den auszuzahlen, der von Seiten ihrer das Annotations-Buch praeſentirt	1779	16	181

Bo. Br.

	Jahr.	Band.	Seite.
Bonifications = Gelder sind gehörig in die Quittungsbücher einzutragen	1780	17	94
— — sind erst nach wirklicher Auszahlung in Ausgabe zu stellen	—	—	ibid.
Bonifications = Quantum bei Biehseuchen soll den Verunglückten ganz und ohne Abzug ausgezahlet werden	1751	5	202
Bonifications = Quittungen, daran muß das Siegel gut ausgedruckt seyn	1780	17	94
— — — sind zur Durchsicht einzusenden	1761	7	21
Mehreres s. Feuer = Hagel = Schaden ꝛc. Vieh= Assecuranz, Accise = Bonification.			
Böttcher sollen stets Proviant = Tonnen vorräthig haben	1741	1	170
— sollen bei 50 Thlr. Strafe keine den Rigaern und Memlern ähnliche Leinsaamen = Tonnen machen	1776	15	52
Böttcher = Holz in Polen gekauftes, zu dessen Transito durch Schlesien muß ein Cammer = Exportations= Paß nachgesucht werden	—	—	91
— — zur Ausfuhr des eichenen werden die Cammer Pässe nur auf eine gewisse Quantität ertheilt reliqua s. Nutzholz.	1778	16	45
Borten seidene, wollene, baumwollene ꝛc. die fremden werden zun. einländschen Debit einzuführen verboten.	1783	18	5
Boten (Privat = Boten) werden abgeschaft	1743	1	101
— was die zu beobachten, an Orten, wo keine Posten sind s. Postboten.	—	—	ibid.
— sollen einzelnen Soldaten nicht mitgegeben werden	1764	8	310
— sollen nicht unnöthig vom Landrath und der Creis = Casse abgefertiget werden	1784	18	152
Boten = Lohn für Vorspann = Bestellung müssen die Empfänger dessen bezahlen, und wie viel p. Meile	—	—	151
— — für Vorspanns = Bestellung bei Recrouten = Fuhren wird aus der Creis = Casse bezahlt	—	—	152
Boten = Reglement	1743	1	98
Bouteillen, richtige müssen gehalten werden. Strafe der Contravenienten	1771	13	38, 41
Brandenburger Sechspfennige s. Scheidemünze, Münzsorten.			
Brandbriefe: das Betteln darauf wird verboten	1747	2	545, 548
	1779	16	105
Brandflecken in Waldungen, deren Räumung und Schonung wegen des jungen Holzes wird befohlen	1756	6	295
	1764	8	1, 187
Brandkorn s. Mutterkorn.			
Brandmeister: Instruction für die in den Städten angestellten ꝛc.	1776	15	144

Br.

	Jahr.	Band.	Seite.
Brandstellen in Städten s. Bau-Beneficia.			
— — in Dörfern wegen Wiederaufbau der im Kriege ruinirten	1763	7	452
— — in Wäldern, wie lange sie zu hegen	1756	6	410
Brandschaden s. Feuerschaden.			
Brandwein: dabei findet auf Leccage nichts statt	1756	19	92
— — abgezogenen müssen die Dorfkretschmer lediglich aus accisbaren Städten nehmen	—	—	93
— — wird aus Sachsen einzuführen verboten	1765	8	577
— — so vom Lande hereinkommt, wie hoch solcher im Servis zu veranschlagen	1786	18	464
— — item der von Apothekern verbrauchte	—	—	ibid.
— — wegen der Accise, s. Accise vom Brandwein.			
— — Accise-Auflage von fremden wird bis auf 10 Gr. pro Quart herunter gesetzt	1766	9	81
— — Handlungs-Accise wird aufgehoben, und dagegen die Abgabe a 10 Gr. p. Eimer vom debit eingeführt	—	—	82
Brandwein-Blase soll den Brennern, wenn sie nicht brennen, versiegelt werden	1746 / 1756	2 / 19	240, 247 / 114
Brandwein-Brennen vom einländischen Getreide wird verboten. Maaßregeln gegen die Contraventiones	1756 / 1761	6 / 7	614, 632 / 70
— — — wird wieder erlaubt	1757 / 1762	6 / 7	668, 687 / 129
— — — wird allen städtschen Einwohnern erlaubt	1766	9	82
Brandwein-Brenner sollen, ehe sie brennen, dem Accisamt davon Anzeige thun	—	—	ibid.
— — — müssen zum Einkauf ihres Getreide-Bedarfs auf dem Lande einen Paßirzettel vom Accisamt haben	1782	17	300
— — — so Aquavit machen, müssen davon besondern Servis entrichten	1786	18	464
— — — die Korn-Brandwein und daraus abgezogene Aquavite schenken, dürfen nicht zugleich Franz- und Rhein-Brandweine führen	1766	9	81
— — — auf dem Land sollen nicht mit Getreide handeln	1782	17	299
— — — a. d. L. müssen zum Einkauf ihres Getreide Bedarfs ein Attest von den Gerichten ihres Orts haben	—	—	ibid.
— — — a. d. L. unter der Meile wohnende, nach wel-			

Br.

	Jahr.	Band.	Seite.
chen Sätzen deren Nahrungssteuer zurcgu liren und einzuheben	1783	18	46
Brandwein=Brenner a. d. L. auch außer der Meile sollen nicht neue angesetzt werden	1748	3	243
— — — a. d. L. sollen mit ihrem Brandwein nicht hausiren gehen	1756	19	118
Brandwein=Fälschung wird bei 50 Thlr. Strafe verboten	1766	9	81
Brandwein=Rechnungen sollen die Beamten richtig führen	1763	7	359
Brandwein=Schenken dürfen, nebst dem Kornbrandwein und davon abgezogenen Aquavit nicht zugleich Franz= und Rhein=Brandwein führen et vice versa	1766	9	81
— — — so Aquavit zugleich führen, sind in der Servis-Anlage höher zu classificiren	1786	18	464
Brandwein=Schrot (Malz) darunter kann auf 1 Scheffel 1 Metze Malz genommen werden	1756	19	114
— — — von Weizen ist der Accise und nicht der Fabriken=Steuer unterworfen	1769	11	201
— — — und Nutzung von Weizen wird ⅓ höher im Servis veranschlagt als vom Roggen	1780	17	27
— — — wie hoch solcher im Servis überhaupt zu veranschlagen	1786	18	463
Brandwein=Urbar der Dominiorum auf dem Lande bleibt unter der Steuer	1748	3	242
— — — von Dominiis an Unterthanen verkaufter wird nach dem Rustical-Divisor versteuert	1753	4	853
— — — bei Verpachtung derselben an Juden sollen die Pacht=Contracte zur Einsicht eingereicht werden, und binnen welcher Zeit	—	—	946
— — — die Verpachtung derselben an Juden bleibt erlaubt	1751	4	258, 269
— — — die jüdischen Pächter derselben sollen zum Nachtheil der Städte kein anderes Gewerbe treiben	—	—	261
— — — die Verpachtung derselben an Juden soll nicht mehr statt haben	1780	17	32, 56
— — — wie es da zu halten, wo die Brennerei=Geräthschaften den jüdischen Pächtern gehören	—	—	56
Brandwein=Urbar=Sachen gehören zum Ressort der Cammern	1750	5	312
— — — — Bestimmung der Instanzen darinn	—	—	313
— — — — Wenn sie zum Ressort der Ober=Amts=regierung gehören	—	—	321

Brau

Br.

	Jahr.	Band.	Seite.
Brauer sollen keine andere als des Brauens kundige angesetzt werden	1783	18	35
—— sollen, ehe sie brauen, dem Accisamt davon Anzeige thun	1766	9	80
—— wie viel sie auf ein Gebräude schütten dürfen {	1767	10	67
	1772	13	154
—— deren Strafe, wenn sie das Bier mit Poß brauen	1771	13	39, 42
—— —— wenn sie das Bier verfälschen	1772	13	157
—— auf dem Lande sollen ohne Consens des Landraths keine Lehrjungen aufnehmen	1771	13	126
—— a. d. L. dürfen keine gedruckte Lehr- und Geburtsbriefe lösen	1773	14	23
das übrige s. Lehrbriefe, *Legitimations*-Atteste.			
Brauer-Bursche: Maaßregeln gegen das Herumlaufen der fremden	1755	6	21
—— —— Bettelnde, wie es mit ihnen zu halten {	1747	2	549
	1771	13	105
—— —— sollen nicht ohne Attest ihrer Grundherrschaft herum wandern	—	—	ibid.
Brau-Accise s. Bier-Accise, oder Accise vom Brauen.			
Brau-Cassen, wo dergleichen sind, soll daraus jeden Monat der ganze Braunutzungs-Servis gezahlet werden.	1786	18	446
Brau-Gerechtigkeit, die für den Ankauf derselben zugebende Interessen sollen nicht mehr auf das Bier geschlagen werden	1767	10	68
—— —— —— darinn sollen Städte und Dominia einander nicht beeinträchtigen	—	—	69
—— —— —— der Adelichen, seit wenn solche erweislich zu machen	—	—	93
—— —— —— in ruhigem Besitz derselben sollen Pächter, Amtleute und Dominia verbleiben	—	—	93
—— —— —— der Werth derselben in den Städten soll von den Magisträten attestirt und eingesandt werden	—	—	116, 113, 112
—— —— —— auf wüsten Stellen haftende wird den Gebauern derselben überlassen	1770	12	155
s. Stellen wüste.			
Brau-Kufen: wie sie einzurichten	1767	10	67
Brau-Nutzung ist ein wahres Reale und dem Servis unterworfen	1786	18	444
—— der Servis davon wird nach der Achtelzahl gegeben	—	—	445
—— und in der Servis-Anlage unter einem besondern Titel aufgeführt	—	—	ibid.
Brau-*Reglement* für die Stadt Volkenhayn	1750	3	883 seq.
—— —— Friedland	1751	4	461 seq.

Braus

Br.

	Jahr.	Band.	Seite.
Brau = Reglement für die Stadt Liebau , , ฿	1751	4	441 seq.
———————— Neumarkt , ,	1748	3	311 seq.
———————— Neurode , , ,	1751	4	424 seq.
———————— Ohlau , , ,	1748	3	331 seq.
———————— Pitschen , , ,	1753	4	836 seq.
———————— Reichenbach , ,	1750	3	778 seq.
———————— Schömberg , ,	1752	4	666 seq.
———————— Schweidnitz , ฿	1749	3	620 seq.
———————— Waldenburg , ฿	1752	4	648 seq.
———————— Wünschelburg , , ,	—	—	598 seq.
Brau = Reglements sollen auch für die andern Städte entworfen werden , ,	1766	9	298
Brau = Urbar: die Verpachtung derselben an Juden wird erlaubt, doch nur in einigen Gegenden und unter Einschränkungen , ,	1751	4	258
— — die Pacht = Contracte darüber sollen nur auf 3 Jahre von Trinit. zu Trinit. geschlossen	—	—	260
— — item an die Cammer zur Confirmation eingereicht werden , , ,	—	—	259
— — die jüdischen Pächter derselben sollen zum Nachtheil der Städte kein anderes Gewerbe treiben	—	—	261
— — die Verpachtung derselben an Juden wird verboten	1780	17	32, 56
— — wie es da zu halten, wo das Brau = Geräthe den jüdischen Pächtern gehört , ,	—	—	56
Brau = Urbars = Sachen gehören zum Cammer = Ressort	1750	5	312
———————— Bestimmung der Instanzen darinn	—	—	313
———————— wenn sie zum Ressort der Ober = Amts = gierung gehören , ,	—	—	321
Brau = Wesen in den Städten: Reglements wegen besserer Einrichtung desselben , ,	1742	5	7 seq.
	1766	9	79
Mehreres s. Bier.	1767	10	65, 93
	1772	13	153
Braunschweiger Messe s. Messe.			
Brechhäuser s. Dörrhäuser.			
Brennholz, wie viel, und wo solches auf den Häusern in Städten zu haben erlaubt	1776	15	109
Brennscheine zum Caffeebrennen, wem solche zu ertheilen oder nicht, und was sonst dabei zu beobachten	1781	17	29 seq.
	1780	18	54
Breslauer Messe s. Messe.			
Breslau: Eintheilung der Stadt in 4 Quartire ,	1744	1	77
Breslau der Stadt Accise und Zoll = Tarif , ,	—	—	6 seq.
———————— Accise = Reglement , , ,	1746	2	225 seq.

R 3

Br.

	Jahr.	Band.	Seite.
Breslau der Stadt Armen = Verpflegungs = Reglement	1747	2	569 seq.
—— —— Bau = Ordnung	1777	15	245 seq.
—— —— Feuer = Ordnung	1751	4	1 seq.
	1760	6	793 seq.
—— —— Höcker = Ordnung	1751	4	751 seq.
—— —— Gesinde = Ordnung	1752	4	716
—— —— Leihamts = Ordnung	1743	1	144 seq.
—— —— —— erneuerte	1749	3	549 seq.
—— —— Meß = und Handlungsgerichts = Ordnung	1742	4	203 seq.
—— —— Mauth = Tabelle	1752	3	756
—— —— Nachtwächter = Ordnung			1022 seq.
—— —— Policei = Instruction für die Inspectores	1746	2	330 seq.
—— —— Thor = Sperr = Reglement	1742	1	199 seq.
—— —— Viehmäkler = Ordnung	1768	10	139 seq.
—— —— Zunft = Artikel für einige Innungen s. Zunft = Artikel.			
Bretter eichene : zu deren Ausfuhr müssen Exportations = Pässe nachgesucht werden, und wie es sonst damit zu halten	1776	15	22 seq.
Breven päbstliche s. Bullen.			
Briefe: wegen Unterschlagung derselben	1743	5	54
	1746	2	356
—— wegen unrichtiger Absendung	1743	5	52
	1746	2	360
—— sollen nicht colligirt und zusammengepackt werden	1743	5	48
	1782	17	382
	——	——	49
—— auf die Post zu gebende müssen, so wie auch die Paquets, deutliche Addressen haben	1743	5	45
	1746	2	356
—— auf Posten abzusendende, wie lange sie anzunehmen	1743	5	44
	1746	2	358, 362
—— auf Posten angekommene, wenn sie auszugeben			357 seq.
—— —— was bei der Ausgabe zu beobachten	1782	17	409.
—— was wegen derselben auf den Postämtern überhaupt zu beobachten			380 seq. seq.
—— wie es mit denen zu halten, wozu sich Niemand meldet rc.	——	——	415
—— mit Geld beschwerte, was dabei zu besorgen	——	——	461 seq.
—— an die königliche Hofstadt, wie sie einzupacken	——	——	388
—— an die Hofstadt, Ministres, Regierungen rc. müssen franco seyn	——	——	424
—— zur Contagions = Zeit zu versendende oder angekommene, wie damit zu verfahren	——	——	482 seq.
—— gesiegelte darf Niemand mitnehmen	——	——	474

Brief

Br.

	Jahr.	Band.	Seite.
Briefe gesiegelte, in welchen Fällen und wie es erlaubt ist	1782	17	475
— in Seidenbau-Angelegenheiten müssen francirt seyn f. Seidenbau.	1783	18	25
— wo das Franco-Geld dafür zu zahlen	1752	17	423
Brief-Besteller: wie sie sich mit denen auf die Post zu gebenden Briefen und Sachen zu verhalten	1782	17	456
Brief-Beutel: wie damit auf den Posten zu verfahren	—	—	386, 390
Brief-Porto f. Post-Taxe.			
Brief-Träger, deren Obliegenheiten, Bestellerlohn ꝛc. ꝛc.	—	—	412
— — vereidete sollen stets die Livree mit dem Brustschilde tragen	—	—	413
plura vid. infra sub. rubr. Posten ꝛc.			
Brigadiers: denselben soll bei Visitationen ꝛc. alle Assistenze geleistet werden	1768	10	154
	1773	14	16
	1783	18	67
— deren Visitationen soll sich Niemand widersetzen	1773	14	79
— mögen auf die widersetzlichen Contrebandiers schießen das übrige f. Accise-item Zollbedienten.			80
Brillen, ausländische werden zum einländischen Debit einzuführen verboten	1774	14	231
— sind zum Transito-Handel noch einzuführen erlaubt			232
Brodt: wem das Einbringen vom Lande zugestanden ist	1756	19	117
— wie das vom Lande eingehende zu versteuern und zu taxiren f. Accise vom Brodt.	—	—	ibid.
Brodt-Lieferung für die Armee, wie es damit zu halten	1741	1	109, 113
Brodt-Taxen: wie sie anzufertigen	1756	6	595
— Formular dazu	1749	3	689
Bromberg-Canal: wie viel daselbst für das Holz-Flößen an Zoll zu bezahlen	1776	19	394
Brüche sollen urbar gemacht werden	1746	2	392
Bruchsteine: davon sollen Zäune gemauert werden	1763	7	207
	1765	8	561
	1761	7	41
— sollen vorzüglich zum Häuserbau gebraucht werden	1763	7	162, 164 214, 483
	1764	8	179
	1770	12	328
Brücken: Vorschrift, wie sie anzulegen an den Landstraßen	1767	10	27
— wie breit solche seyn müssen	1756	6	592
	1757	6	690
	1766	9	144

Brü-

Br. Bu.

	Jahr.	Band.	Seite.
Brücken: die hölzernen sollen successive abgeschaft, und	1756	6	394
	1763	7	214
—— so viel als möglich maßiv erbauet werden	1767	10	5
	1770	12	149
—— wie solche überhaupt an den Landstraßen beschaffen seyn sollen	1767	10	27
—— von was für Holz die nicht maßiven zu erbauen	1765	8	447
—— hölzerne sind mit Theer zu bestreichen	1770	12	149
—— sollen allenthalben reparirt, und wo es nöthig ist, neue erbauet werden	1763	7	449, 324
	1771	13	98
Brücken-Sachen: in wiefern sie zum Cammer-Ressort gehören,	1750	5	311
oder zum Oberamts-Ressort	—	—	325
Brücken-Zoll-Tabelle für die Stadt Breslau	1750	3	756
—— —— für andere Städte s. Mauth-Tabellen			
—— —— muß von dem auf den breslauschen Viehmärkten erkauften Vieh erlegt werden	—	—	884
Brüder mährische erhalten die Concession zum Etablissement in Schlesien	1742	I.	433
—— —— item in Groß-Krausche und zur Erbauung eines Bethhauses daselbst	1743	I	1 seq.
—— —— sollen lediglich unter ihrem eigenen Bischof stehen	1742	I	433
Brüder-Gefäße s. Erdenzeug mährischer.			
Brummeisen fremde, die Einfuhr derselben zum einländschen Debit wird verboten	1783	18	5
Brunnen: privat- und publique sollen in Städten nicht vermindert, sondern vermehret werden	1776	15	125
—— mit Schwengeln sind in Städten abzuschaffen, und statt derselben Plumpen anzulegen	—	—	ibid.
—— Gesund- s. Gesundbrunnen.			
Buchen: deren Anbau wird befohlen	1765	8	745
—— Vorschrift, wie sie anzubauen	—	—	746
Buchmast ist gemeiner zu machen	—	—	745
Bücher jüdische, deren Accise-Satz	1746	2	265
—— fremde werden einzuführen verboten	1773	14	82
Bücher-Censur: wer sie auf der Universität zu Breslau besorgt	1776	19	420, 428
Buchdruckereien sollen blos einländsches Papier gebrauchen	1749	3	434
Bullen und Breve päbstliche sollen ohne landesherrlichen Consens nicht publicirt werden	1765	8	530, 532 654
Bunzlauer-Waisenhaus s. Waisenhaus.			
—— Feuer-Ordnung s. Feuer-Ordnung.			
Bürger-Briefe und Pässe müssen gestempelt seyn	1766	9	150, 215

Bu.

	Jahr.	Band.	Seite.
Bürger-Personen, Formular zur Tabelle der ab- und zugezogenen	1749	3	715
— — müssen, ohngeachtet des acquirirten Incolats zum Besitz adelicher Güter noch anderweite königl. Concession haben	1755	6	122
Bürgerrecht freyes sollen arme Gesellen erhalten	1747	2	472
— — item die anziehenden Ausländer	1742	1	207
	1749	3	448 seq. seq.
	1763	7	513, 516 519 seq.
	1770	12	4 seq. 6, 9, 11, 12
	1775	14	364 seq.
— — bezahlen die aus andern einländischen Städten anziehenden Bürger an dem Orte ihres Anzugs nur die Hälfte	1771	13	7
Bürger-Söhne von geringer Condition dürfen nicht studiren	1764	8	243
— — höchstens nur die ersten 4 Classen	—	—	244
— die, so weiter studiren wollen, müssen in Gegenwart des Lands- und Steuerraths examinirt werden	—	—	ibid.
Burnet (ein Futterkraut): dessen Eigenschaft und Boden	1766	9	48
— Methode, wie es zu säen ꝛc.	—	—	49
Bursche junge, müßige, sollen aufgegriffen und zur Erlernung eines Handwerks angehalten werden	1767	10	90
— vom Lande aus jedem Creiße sollen einige zur Erlernung des Maurer- und Zimmer-Handwerks gestellet werden	1768	10	207
f. Maurer, Zimmerleute.			
Bußtage: der Evangelischen werden von Katholiken halb gefeiert	1750	5	426.
— quatemberliche werden aufgehoben, und jährlich ein allgemeiner Bethtag verordnet	1773	14	8
Buttenträger sollen im Lande nicht hausiren	1750	3	973
— ausländische sollen sich im Lande etabliren	1764	8	29, 32
das übrige s. Bilderkrämer.			

Butter f. Victualien.

Büttner f. Böttcher.

Ca.

	Jahr.	Band.	Seite.
Cadavera menschliche: was für welche zur Anatomie-Anstalt verabfolgt werden sollen	1773	14	64, 68
—— die Ueberbleibsale davon müssen verscharret werden	—	—	65, 69
Caffee: auf den fremden aus Oesterreich, Sachsen und Polen eingehenden wird ein extraordinairer Zoll a 4 Gr. p Pf. gelegt	1770	12	133
—— darf ohne Accise-Schein in Quantitäten von ½ Centner und drüber nicht versendet werden	1777	15	194
—— die Versendung desselben bei Nachtzeit wird verboten	—	—	ibid.
—— ist auf dem Lande eben den Abgaben wie in Städten unterworfen	1778	16	54
—— für das Land muß aus accisbaren Städten genommen, oder im Verschreibungsfall dahin addressiret werden			55
—— darf nur von Kaufleuten en gros nicht aber von Krämern auswärts versendet werden	—		ibid.
—— wird dem Landadel ꝛc. nur 30 Pf. auf einmal Impost-frei zu haben erlaubt	1779	16	173
—— sollen die Einwohner auf dem Lande nicht von auswärts verschreiben, oder im Fall einer directen Verschreibung dem nächsten Accisamt sogleich davon Anzeige thun			ibid.
—— dürfen vermögende Landleute nie über 30, geringere aber nie über 10 Pf. vorräthig haben	—	—	174
—— der Verkauf des gebrannten auf königl. Rechnung wird eingeführt. Declaration, wie es damit zu halten	1781	17	124 seq.
—— wem und unter welchen Modalitäten solcher zu brennen erlaubt wird	1783	18	129 / 54
—— gebrannter, das Loth wird von 1 Gr. auf 8 Pfennig herabgesetzt	—		53
—— item von 8 Pf. auf 5 Pfennige	1784	18	192
—— die Lieferung desselben für königl. Rechnung wird der Seehandlungs-Compagnie übertragen, und wie			190 seq
—— von Kaufleuten ꝛc. directe verschriebener ist an die Seehandlungs-Compagnie zu addressiren	—		191
—— zum Exportations-Handel ist von den neuern Auflagen frei, aber nicht von den ordinairen	—		193
—— wie dabei zu prozediren	—		ibid.
—— die Exportation desselben soll auf den ordentlichen Landstraßen geschehen	1784	18	194
—— auf Neben-Wegen exportirten bleibt dem Transito-Impost a 12 Gr. pro Cent unterworfen			ibid.

Caf:

Ca.

	Jahr.	Band.	Seite.
Caffee-Auflage a 2 Gr. p. Pf. berlin. wird eingeführet	1772	13	212
— — davon ist der Caffee zum auswärtigen Debit frei			215
— — wo solche zu entrichten, wenn Particuliers vom Lande den Caffee directe verschreiben	.	.	218
— — wird nach schlesischen Gewicht auf 2 Sgl. 2 Pf. p. Pf. reduciret	—	—	315
— — davon sind Adeliche und Geistliche a. d. Lande frei	1778	16	55
— — aber nicht die Adeliche und Geistliche in den Städten	1779	16	173
— — auch nicht die Amtleute auf dem Lande	—	—	ibid.
— — auch nicht die bürgerlichen Besitzer adelicher Landgüter, sondern nur die adelichen Personen	1779 / 1780	16 / 17	192 / 28
Caffee-Consumtions-Gefälle werden auf 3 Gr. 2 Pf. moderirt	1784	18	192
Caffee-Einkäufer von Adelichen und Eximirten a. d. L. auf der Frankfurther Messe müssen sich durch ein Attest von dem ihnen am nächstliegenden Acciseamt legitimiren	1773	14	123
oder die Meß-Accise bezahlen			124
Caffee-Mühlen fremde zum einländischen Debit werden mit 50 p. Cent impostirt	1783	18	6
Caffee-Niederlagen werden auf dem Lande zu halten verboten	1778 / 1779	16 / 16	55 / 175
Calender müssen von der Academie der Wissenschaften genommen werden	1741	1	132
— fremde werden einzuführen verboten	1744	1	13
— wie es mit der Stempelung der auswärtig gedruckten zu halten	—	—	15
Calender-Contraventiones sind dem Directorio der Academie anzuzeigen	—	—	16
— jüdische, wie viel vom Debit derselben Douceur-Geld abzuziehen	1752	4	648
Calligraphie-Vorschriften sollen in katholischen Trivial-Schulen eingeführet werden	1772	13	231
Camaschen ausländsche: deren Impostirung	1764	8	157
Camine sollen nicht mit brennbaren Sachen zugestopft werden	1770	12	147
Cammern (Kriegs- und Domainen-): deren werden 2 in Schlesien etablirt	1741	1	164 seq.
— welche Fürstenthümer zum Departement einer jeden gehören	—	—	167 seq.
— was für Sachen deren Ressort unterworfen	1741 / 1750	1 / 5	167 / 305 seq.
— deren Membra sollen nicht mit den Subalternen im Lande correspondiren	1752	4	596

Ca.

	Jahr.	Band.	Seite.
Cammern follen die in Concurs verfallenen adelichen Güter adminiftriren	1774	14	134
f. Güter adeliche.			
Cammer=Canzelei= und Regiftratur=Sportel=Taxe f. Sportel=Taxe.			
Cammer=Officianten f. Officianten, Caffen=Bedienten ꝛc. ꝛc.			
Cammer=Päffe kommen bei der Sache vor, wozu fie ertheilt werden.			
Cammeral=Gefälle rückftändige von Breslau follen zur Bezahlung der Stadt=Schulden=Zinfen verwendet werden	1742	1	210
Cämmereien in Immediat=Städten ftehen unter den ꝛc. Cammern	1750	5	307
Cämmerei=Bauten find während dem Etats=Jahre zu beforgen	1764	8	350
——— über 5 Thlr. außer dem Etat dürfen ohne Approbation nicht vorgenommen werden plura f. Bau ꝛc. ꝛc.	—	—	ibid.
Cämmerei=Caffen= und Caffen=Gelder f. Caffen ꝛc. ꝛc.			
Cämmerei=Diener f. Rathsdiener; item Officianten rathhäusliche.			
Cämmerei=Etats follen bei Mediat=Städten alle 3 Jahre angefertiget werden, und wie folche anzufertigen	1750	3	953
——— find wieder, wie fonft, jährlich einzufenden, und zu welchem Termin	1763	7	344
——— darinn foll der Titulus insgemein bei der Ausgabe nicht gemißbraucht werden	1764	8	350
Cämmerei=Extract= Formular zu Anfertigung derfelben	1748	3	297
Cämmerei=Gefälle follen mit Nachdruck beigetrieben werden	1764	8	350
——— werden den Abgebrannten auf 6 Jahre erlaffen	1749	3	456
——— denen aber, deren Häufer auf königl. Koften wieder erbauet werden, nur auf zwey Jahre	1777	15	236
——— wegen Befreiung der Ausländer davon f. Ausländer=Beneficia.			
Cämmerei=Güter find von der Landschafts=Societät exmirt	1770	12	290
Cämmerei=Pertinenzien follen ohne Vorbewußt des Steuerraths und ohne öffentl. Licitation nicht verpachtet werden	1761 / 1764	7 / 8	41 / 350
Cämmerei=Rechnungen: von deren Führung und Abnehmung bei Mediat=Städten	1750	3	954
——— davon find nebft den Abfchlüffen auch die Revifions=Protocolle einzufenden	1775	14	521
mehr davon f. Rechnungen.			

Ca.

	Jahr.	Band.	Seite
Cämmerei: Unterthanen, wegen deren Bestrafung und Spottein selben, ob die Magiſtrate nach dem Reglement für die königl. Aemter d. 1744. richten	1751	4	247
ſ. Amts-Unterthanen.			
—— über deren Praeſtationes ſind ordentliche Quittungsbücher zu halten	1744	5	173
—— deren Praeſtationes bei einigen Städten ſ. Dienſt-Reglement.			
—— die Generalia von Unterthanen ſ. Unterthanen.			
Cämmerei-Weſen: Vorſchrift wegen richtiger Adminiſtration deſſelben	1764	8	349 ſeq.
Campement ſ. Marſch-Reglement.			
Candidaten, wenn ſie zur Kanzel zuzulaſſen ſeyn	1742	1	189
—— ſtehen unter der Aufſicht der Inſpectorum	—	—	ibid.
—— Theologiae, lutheriſche mögen die Univerſität Frankfurth beziehen	1752	4	595
—— was die katholiſchen für Requiſita haben müſſen	1774	19	381
—— ſo ausländiſche Univerſitäten frequentiret haben, erhalten keine einländiſche Beförderung	1769 1778	11 16	197 13
—— katholiſche aus Oberſchleſien ſollen vor Erlernung der deutſchen Sprache zu keinem Officio praeſentirt werden	1764 1765	8 8	127 784
—— erlangen vor Beſuchung der Schul-Seminarien kein Officium	—	—	ibid.
—— bei Praeſentation derſelben zu einem Officio muß zugleich die von ihnen frequentirte Univerſität angezeigt werden	1770	12	44
Cannefaß- und Parchent-Ordnung für die Parchner und Züchner zu Reichenbach	1749	3	539
—— Fabriquen-Inſpector: deſſen Amt ꝛc.	—	—	540
—— Schaumeiſter: deren Obliegenheiten	—	—	541 ſeq.
—— wie lang und breit ſolcher ſeyn muß	—	—	543
—— wenn einfacher Zwirn dazu genommen werden kann	—	—	544
Cantonirungs-Quartire ſollen alle Jahr verändert werden	1752 1770	3 12	580 72
—— was die Regimenter in denſelben zu erhalten haben, und den Wirthen vergütet werden ſoll	1752	3	581
—— Regulirung derſelben	—	—	580
—— wie es in denſelben mit der Cavallerie-Verpflegung zu halten	1770	12	72

Ca.

	Jahr.	Band	Seite
Cantonirungs=Quartire: nach welchen Sätzen der Servis für die Mannschaft in solchen gezahlet wird	1778	16	82
Cantons in Schlesien werden eingerichtet	1743	5	89
— Bestimmung derer davon Eximirten	1742 / 1743 / 1744	5 / 5 / 1	15 / 90, 91 / 23
— Vertheilung der Creiße unter die Regimenter	1742 / 1743	5 / 5	12 / 92
— wie viel jedes Regiment daraus jährlich Leute ausheben darf	—	—	92
— wie es mit Aushebung der Leute zu halten	—	—	93
— die Aushebung darf jährlich nur einmal geschehen	1744	1	22 / 22, 24
— wie viel die Regimenter von den ausgehobenen Leuten an die Husaren ꝛc. abgeben müssen	1743	5	94
Cantons=Einrichtung soll den Rechten der Dominiorum über ihre Unterthanen nicht praejudiciren	1744	1	18
— — davon sind die 6 Gebürgs=Creiße eximirt	1742 / 1743	5 / 5	15 / 91
Cantons=Listen: wie sie aufzunehmen			90
— — bei deren Aufnahme ist mehr Accuratesse zu beobachten	1772	13	152
— — wer darein nicht eingetragen werden darf	—	—	ibid.
Cantons=Revision ist jährlich einmal zu halten	1744	1	22, 24
— — Diaeten dabei für Landräthe werden bestimmt	1784	18	149 seq.
— — Vorspann: damit soll kein Dorf für andern praegravirt werden	—	—	150
Cantonisten aus andern Cantons einzuziehen, oder aus dem angewiesenen an andere Regimenter abzulassen wird verboten	1743	5	96
— — bei Aushebung derselben werden alle Geldschneidereien untersagt	1742 / 1743	5 / 5	12 / 96
— — denen, so entweichen, ist der Proceß gleich denen Deserteurs zu machen	1750	3	816
s. Deserteur.			
— — wie der entwichenen Eltern zu bestrafen	1747	2	521
— — deren Eltern, wenn sie von der Entweichung nichts gewußt, sollen von den Officiers nicht willkührlich mit Gelde bestraft werden	1762	7	87
— — sollen ohne Ministerial= und Cammer=Ordre nicht ausgehoben werden	1763	7	209
— — mögen ohne Trauschein vom Regiment heurathen	1764	8	52
— — was für welchen nur Enrollirungs=Pässe zu geben sind	—	—	53

Cans

Ca.

	Jahr.	Band.	Seite.
Cantoniften: mit welchem Alter und Maas fie fich poffeffioniren mögen	1767	10	94
	1769	11	277
—— —— bei deren Aushebung follen die Landräthe ratione der Poffeffionen und Dörfer im Creife mehr Proportion beobachten	1778	16	27
—— gefetzmäßig poffeffionirte dürfen fich nicht mehr dem revidirenden Officier geftellen	1780	17	24
—— der Enrollirung unterworfene follen dem Regiment nicht verfchwiegen oder als eximirte angefetzt werden	1783	18	121
—— eximirte, von denfelben ift jährlich bei der Cantons-Revifion dem Officier eine Defignation vorzulegen.	—	—	122
Canzelei-Sportel-Taxt f. Sportel-Taxe.			
Canzelei-Taxe: die große findet bei Eintragung der Privat-Hypotheken nicht ftatt	1752	4	619
Capelläne: deren Todesfall ift dem Landrath zu melden	1751	4	200
—— follen die neuen Schul-Seminaria frequentiren	1764	8	326
	1765	8	781
—— denenfelben follen die Pfarrer die königl. Currenden ꝛc. bekannt machen	1765	8	568
—— ausländfche follen nicht gehalten werden das übrige f. Geiftliche, Officia geiftliche.	1778	16	14
Capitalien bis 50 Thlr.: deren mögen verfchiedene in ein Avertiffement der Intellicnz-Blätter zufammen gefetzt werden	1775	14	384
—— wegen deren Verpfändung foll es bei dem in Corp. Frider. Jur. Tit. 11. §. 46. beftimmten Satze bleiben	1785	18	365
—— wegen deren Ausleihung, Ingreffirung ꝛc. ꝛc. f. Hypotheken, Banco, Pfandbriefe ꝛc.			
Capitaliften fremde, deren zu genießende Beneficia f. Baufleute.			
—— —— follen nach dem Aufwande, den fie machen, Servis zahlen	1786	18	457
f. Vermögen.			
Cpitulares f. Dohmherren, Capitular-Güter f. Güter geiftliche.			
Carlsd'or: leichte und befchnittene find in die Münze zu liefern	1764	8	71
—— wichtige, wie hoch fie in den Caffen anzunehmen	—	—	333
—— Beftimmung des Gewichts und Werths derfelben	1768	10	320
Carlsthaler Glashütte f. Glashütte.			
Carrifeien (eine Art Tuch): Vorfchrift wegen Anfertigung deffelber	1765	8	476
Cartell: wegen Auswechslung der Kriegsgefangenen zwifchen Preußen und Oefterreich	1741	1	91 feq.

Ca.

	Jahr.	Band.	Seite.
Cartell: wegen Auslieferung der Deserteurs zwischen Preußen, Polen und Sachsen	1741	1	143 seq. 161 seq.
—— desgleichen zwischen Preußen und Baiern			171 seq.
—— desgleichen zwischen Preußen und Würtemberg	1742	1	6 seq.
—— desgleichen zwischen Preußen und Braunschw. Wolfenbüttel	1745	2	48 seq.
—— renovirtes	1751 / 1757	4 / 6	55 seq. / 662 seq.
—— desgleichen zwischen Preußen und Chur-Cölln	1751	4	189
—— wegen Auslieferung der Equipage-Stücke der Deserteurs zwischen Preußen und Oesterreich	1780	17	60
Caßen königl.: was wegen deren Rettung bei Feuersgefahr zu besorgen	1752	4	711
—— bei welchen ratione des Abschlusses eine Ausnahme statt hat	1769	11	223
—— so Gelder auszuleihen haben, sollen solche nicht ohne Approbation ausleihen	1785	18	217 / 381
Caßen-Abschluß: wenn und wie solcher monatlich zu halten	1769	11	221, 223
Caßen-Assignationes: wie sie beschaffen seyn müssen			220
Caßen-Bediente: Instruction für dieselben wegen richtiger Führung des Rechnungswesens			218
—— die von ihnen verübten Plackereien sind eben so wie die Veruntreuungen zu strafen	1752	4	418
—— (Rendanten) so der Einnahme über 50 Thlr. entziehen, werden abgesetzt und zur Vestungs-Strafe condemnirt	1769	11	211
—— so gute Münzsorten in geringere umsetzen (agiotiren) werden caßirt			ibid.
—— so den eisernen Bestand auf Wucher austhun, werden wie die Malversanten bestraft			212
—— so die eingekommenen Gelder nicht gleich zu Buche eintragen, oder als Reste aufführen, desgl.			213
—— so Reste anschwellen laßen, wie sie zu bestrafen			214, 225
—— in welchen Fällen sie bei Defect-Sachen mit Personal-Arrest zu belegen, und was sonst dabei zu thun			216
—— was sie für Eigenschaften rc. haben müssen			217
—— denenselben darf ohne Vorbewußt und Consens ihrer Vorgesetzten nichts geborget werden	1774	14	274
—— deren Vorgesetzte sollen zu keinen höhern Darlehnen, als ihr jährlicher Gehalt ist, consentiren			276
—— so liegende Gründe besitzen, sind hievon ausgenommen			ibid.
—— deren Strafe, wenn sie andern Caßen-Bedienten aus ihrer Caße Geld vorschießen			278

Caf

Ca.

	Jahr.	Band.	Seite.
Caſſen-Bediente: über deren Privat-Lebenswandel ſollen ihre Vorgeſetzten invigiliren	1774	14	278
— in deren Vermögen hat Fiſcus für andern Gläubigern die Priorität	1769	11	349
— nähere Beſtimmung der fiſcaliſchen Vorrechte	1785	18	258 ſeq.
— mit ihnen ſoll ſich wegen der fiſcaliſchen Vorrechte Niemand ohne Vorſicht in Contracte einlaſſen	—	—	261
ſ. Fiſci-Rechte.			
Caſſen-Bücher: darinn ſollen die eingekommenen und verausgabten verſchiedenen Geldſorten ſpecificirt nachgewieſen werden	1769	11	87, 225
Caſſen-Curatores, ſo den untreuen Rendanten nachſehen, ſollen für die Defecte haften, und wie die Malverſanten ſelbſt beſtraft werden	—	—	213, 214
— und Controlleurs müſſen die bemerkten Unrichtigkeiten der Rendanten anzeigen	—	—	214
— deren Obliegenheiten überhaupt	—	—	219
Caſſen-Defecte ſoll das Collegium unterſuchen, dem die Caſſe und der Rendant ſubordinirt iſt, und wer ſonſt noch dazu zu ziehen	—	—	215
Caſſen-Edict und Vorſchrift wegen Unterſuchung und Beſtrafung der Unterſchleife, Nachläßigkeiten ꝛc.	1769	11	209 ſeq.
— — nähere Declaration über daſſelbe	1777	15	180
— ſoll jährlich verleſen, und jedem Caſſen-Bedienten ein Exemplar davon eingehändiget werden	1769	11	217
	1774	14	272
Caſſen-Extracte monatliche, wenn ſie einzuſenden	—	—	ibid.
Caſſen-Gelder ſollen ohne Cammer-Aſſignation nicht an die Regimenter ausgezahlt werden	1742	1	309
— — ſollen nicht ohne Cammer-Approbation ausgeliehen	1769	11	217
	1785	18	381
— — ſollen auch durch die königlichen nicht auf andere Gelder aſſignirt werden	1777	15	162
Caſſen-Inſtruction für ſämmtliche Caſſen-Bedienten zur ordentlichen Führung des Rechnungsweſens	1769	11	218
Caſſen-Malverſans: Declaration, wer eigentlich als ein ſolcher zu betrachten	1777	15	180 ſeq. 192.
Caſſen-Malverſation: dabei findet defenſio pro avertenda nie ſtatt, aber wohl defenſio ulterior.	—	—	216
Caſſen-Rechnungen ſ. Rechnung.			
Caſſen-Sachen, ſind an Seſſions-Tagen zuerſt zu proponiren, und ſpäteſtens den 3ten Tag darauf zu expediren	1769	11	220

Ca.

	Jahr.	Band.	Seite.
Cassen - Vorschüsse s. Vorschuß.			
Castanien=Bäume ächte sollen angepflanzt werden	1765	8	398
Cataſtrum s. das Object eines Cataſtri v. g. Feuer=Societaet.			
Cattune fremde, so die Landes=Einwohner immediate von auswärts einführen, werden außer dem ordinairen Zoll noch mit 1 Gr. 8 Pf. p. Elle inpoſtirt	1752	4	802
—— sollen beim Eingang an der Grenze gehörig revidirt, verzollet und inpoſtirt werden	1764	8	26, 93
Cautiones baar geſtellte, davon sollen sich die Acciſe=Officianten keine Intereſſen mehr anrechnen ꝛc.	1741	1	162
—— derer Beamten, wenn sie durch immobilia beſtellt werden, sind darauf zu ingroſſiren	1750	5	363
—— über Vormundſchaften besgleichen	—	—	365
—— —— wie und wenn sie zu löschen	—	—	373
—— —— wie hoch sie zu ſtellen	—	—	508
Cavallerie=Pferde: ausrangirte sollen nicht außer Landes geführt werden	1759	6	740
Cavallerie=Verpflegung: was für kleine Ackersleute dazu contribuiren müſſen	1767 1770	10 12	103 68
—— —— nach welchen Principiis dieselbe zu repartiren	—	—	67
—— —— die Repartitiones sollen vom Landrath zur Cammer ad Revisionem eingesandt werden	—	—	68
—— —— wer dazu concurriren muß	—	—	68
—— —— wenn die Lieferung geschehen soll	—	—	68
—— —— wie die Repartitiones anzufertigen	—	—	69
—— —— die Repartitiones sollen nach dem breslauer, die Liquidationes aber nach dem berliner Maas und Gewicht angelegt werden	—	—	70
—— —— dazu sind die einer jeden Garnison nächſtgelegenen Dörfer anzuweisen	—	—	70
—— —— wie es mit den Fuhren einzurichten	—	—	71
—— —— wie das Winter=Stroh mit Sommer=Stroh zu ersehen	—	—	71
—— —— zur Sicherstellung derselben soll auf dem Lande ſtets ein Fourage-Depot vorräthig seyn	1763 1782	7 17	316, 459 296
—— —— wie es damit in den Cantonirungs=Quartiren zu halten	1770	12	72
—— —— wie darüber zu quitiren	—	—	73

Caval-

Ca. Ch.

	Jahr	Band	Seite
Cavallerie-Verpflegung: die Aufsicht über die Fourage haben die Magisträte im Garnisons-Ort	1770	12	74
— — wie viel das zu liefernde Heu und Stroh wiegen muß	—	—	75
— — wie zu verfahren, wenn untaugliche Fourage geliefert wird	—	—	77
— — wie es mit Ausgebung der Fourage zu halten	—	—	75 seq.
— die darüber gesetzten Magaziniers sollen weder Douceur fordern, noch selbst Lieferungen übernehmen	—	—	77
Cavallerie-Verpflegungs-Bonification f. Bonification.			
— Reglement für Schlesien 2c.	1770	12	66 seq.
Mehreres f. Lieferung, Magazin, Fourage 2c.			
Caventen jüdische auf Viehmärkten müssen Licenz-Scheine lösen	1768	10	142
Cessiones intabulirter Forderungen müssen eingetragen werden	1750	5	366
Chargen-Cassen-Reglement revidirtes	1765	19	229 seq.
Chargen-Jura: davon sind Geistliche, Kirch- und Schulbedienten frei			232
— — wie viel die Militair-Personen zahlen müssen	—	—	ibid.
— — welche davon frei sind	—	—	233
— — Civil- und Hofbediente zahlen regulariter quartam partem ihrer Einkünfte	—	—	ibid.
— — welche nur duodecimam zahlen	—	—	235
— — oder davon ganz frei sind	—	—	236
— — wenn sie nur vom Character erlegt werden	—	—	234
— — item vom Character und Revenüs zugleich	—	—	235
— — wie es bei Adjunctionen, Expectantien, Resignationen 2c. 2c. damit zu halten	—	—	236
— — Bestimmung: wie viel zu zahlen	—	—	ibid.
— — von Charactern und Titeln	—	—	237 seq. 244
— — von geistlichen Stiftern und davon dependirenden Beneficiis	—	—	245
— — von Privilegien, Concessionen und Gnadensachen	—	—	247 seq.
— — von Dispensationibus davon	—	—	252
— — von Confirmationibus	—	—	253
— — von Exceptionibus davon	—	—	254
— — von Feudis	—	—	254, 258
— — von Donationibus	—	—	258
— — von Juden-Privilegiis, Concessionibus, Praedicaten	—	—	259 seq.
— müssen von den Officianten gleich bei ihrer Anstellung erlegt werden	1775	14	519

Char-

	Jahr.	Band.	Seite
Ch. Ci.			
Chargen-Jura: ohne vorhergegangene Zahlung derselben soll Niemand in ein Amt admittirt, auch kein Gehalt ausgezahlet werden	1764	8	92
— — —	1765	19	230
— — —	1781	17	226
— — die Creisbeamten, so keine entrichten, deren Erben genießen nur den Sterbe-Monat	—	—	177
Charlotten-Brunn s. Gesundbrunn.			
Charten (Zeichnungen) s. Riß.			
Charten zum Spielen s. Karten.			
Chirurgi und Bader müssen ante receptionem examinirt werden	1744	19	23
— — müssen sich nach ihren Innungs-Artikeln richten	—	—	ibid.
— — müssen gefährliche Verwundungen der Obrigkeit anzeigen	—	—	24
— — müssen den Sectionen beiwohnen	—	—	ibid.
— — müssen sich nach der vorgeschriebenen Taxe achten	—	—	25, 38
— — deren Pflichten überhaupt	—	—	24 seq. 37
— — wegen Reichung der Medicamente	—	—	24
— — deren Forderungen kommen bei Concursen in die erste Classe	—	—	38
— — Eides-Formul, so dieselben leisten müssen	—	—	29, 31
— werden mit den Badern vereiniget	1779	16	176
— sollen auch Schröpfen, Baden, Aderlassen ꝛc.	—	—	ibid.
— mögen Bad- und Barbirstuben acquiriren	—	—	177
— angehende sollen in der Anatomie-Anstalt Unterricht nehmen	1773	14	62, 67
— so sich in größern Städten etabliren wollen, müssen den ganzen Cursum anatomicum absolviren	1784	18	183
— bei den Regimentern sollen nicht bei Civil-Personen curiren	1744	19	25
Chirurgie soll nicht bei ausländischen Mitteln erlernet werden	1757	6	687
Chrisopas gehört zum Bergwerks-Regale	1769	11	90
Cichorien: roher wird veraccist, aber nicht der Caffee davon	1762	17	263
Cichorien-Caffee ist Accise-frei, doch muß solchen ein Paßirzettel begleiten	—	—	ibid.
— aus andern königl. Provinzen eingehender, davon wird 1 Kreuzer p Thlr. Zoll erlegt	—	—	ibid.
— zu dessen Verfertigung und Verkauf wird dem Förster und Seyne Concession ertheilt	1771	13	85
— item dem Donner auf 12 Jahre	1776	15	68
Cichorien-Wurzel soll nicht von andern Particuliers angebauet, weil der Caffee daraus gemacht werden	1773	14	51
— der Anbau derselben und Caffee-Bereitung daraus wird Jedermann frei gegeben	1777	15	184

Civil-

Ci. Co.

	Jahr.	Band	Seite.
Cinq et neuf Spiel wird verboten f. Hazard-Spiele.	1763	7	229
Civil-Gerichte: in wiefern diefelben den Nachlaß, Schuldwefen ꝛc. verftorbener Militair-Perfonen ganz allein oder concurrenter reguliren dürfen, und wie dabei zu verfahren	1772	13	399 feq.
Civil-Perfonen: wie es mit den Streitigkeiten zwifchen diefen und dem Militaire zu halten	1763	7	218
f. Militaire, Soldaten.			
Clare fremde (eine Art Flor) wird einzuführen verboten	1786	18	506
Clerici regulares f. Klofter.			
— feculares f. Geiftliche.			
Clinquaillence-Fabriken follen mehrere angelegt werden	1769	11	276
Codex Fridericianus: deffen Beobachtung wird eingefchärft	1750	5	525
— — Strafe derer, fo dagegen handeln	—	—	533
— — die Judicia follen fich auch in materialibus darnach achten	—	—	573
Codicills wegen deren Einrichtung f. Teftament.			
Codowaer Gefundbrunn f. Gefundbrunn.			
Cofent darf gemacht, aber nur an Soldaten und Arme verkauft werden	1772	13	156
f. Bier.			
Collateral-Erben: deren Attefte über gezahlte Stempelgebühren follen felbft mit dem 50 Thlr. Stempel bedruckt werden	1771	13	13
— — ausländfche find bei Erbfchaftsfällen im Lande ebenfalls den Stempelgebühren unterworfen	—	—	119
— — auch nur einer, wenn gleich kein Erb-Recefs ftatt hat, muß die Stempelgebühren zahlen	1772	13	166
Collateral-Erbfchafts-Receffe, dafür follen, wenn das Quantum 100 Thlr. und drüber beträgt, 50 Thlr. Stempelgebühren gezahlet werden	1766	9	111
Collateral-Stempelbogen: darauf foll der Stempel-Rendant notiren, wenn und zu welcher Erbfchaft felcher gelöfet worden	1779	16	124
Collateral-Stempelgebühren find binnen 3 Monaten zu zahlen, wenn auch der Recefs noch nicht gerichtlich übergeben ift	1771	13	94
Terminus, zu deren Berichtigung wird auf 6 Monat verlängert	1772	13	228
— — nähere Erklärung wegen derfelben	1771	13	139

Co.

	Jahr.	Band.	Seite.
Collateral-Stempelgebühren bei Erbschaften inter Conjuges, wo Communio bonorum obwaltet, sind nach Proportion des Vermögens auf ⅓ vestgesetzt	1772 1773	13 14	227 75
— — — davon sind die öffentlichen Armen-Anstalten frei	—	—	12
— — — von Güter-Schenkungen müssen eben so wie von Erbschaften entrichtet werden	—	—	96
— — — zu deren Bezahlung sind die Bürgers- und Bauersleute von ihren Untergerichten zu erinnern	—	—	107
— — — dürfen nicht eher erlegt werden, bis sich ergiebt, daß nach Abzug der Schulden ꝛc. noch ein Ueberschuß zur Erbschaftstheilung bleibt	—	—	108
— — — in wiefern dergleichen vom Wittwen-Aussatze zu zahlen	—	—	108
— — — von außer Landes gehenden Erbschaften müssen vorher erlegt werden	1777	15	206
— — — müssen, wenn die Erbschafts-Quanta nicht constiren, vom jedem Erben ins besondere bezahlt werden	1784	18	155
— — — von Erbschaften, wo die Portion eines jeden Erben nicht 100 Thlr. erreicht, obgleich die Hauptmasse 100 Thlr. übersteigt, fallen ganz weg	1785	18	341
Collecten unvermeidliche müssen mit Approbation der Cammer geschehen	1743	1	112
— wie es mit den Haus- und Kirch-Collecten zu halten	1753	4	851
— für arme Schulkinder sollen in jeder Pfarre jährlich veranstaltet werden	1765	8	794
— wie dergleichen Gelder anzuwenden, und welche Kinder besonders daran Theil haben sollen	—	—	795
— für evangelische Kirchen in Schlesien werden nicht in andern königl. Provinzen gesammelt et vice versa	1767	10	75
— für katholische Kirchen erstrecken sich auf alle königliche Provinzen	—	—	76
— für die hallischen Freitische, an welchen Tagen sie zu veranstalten	1773	14	10
— in Mediat-Städten ohne Cammer-Approbation werden verboten	1750	3	954

Col-

Co.

	Jahr	Band	Seite
Collecten für das Creutzburger Armenhaus sollen in stärkern Beiträgen geschehen	1780	17	109
Collecten-Gelder für das Creutzburger Armenhaus sind Post-frei	—	—	102
—— für Kirchen und Schulen, wenn deren Betrag unter 1 Thlr. sind Post-frei	1774	14	200
—— für Abgebrannte, wie sie wegen der Postfreiheit auf der Addresse zu bemerken	1781	17	191
—— für das platte Land sollen wegen zweckmäßiger Verwendung nicht mehr an die Dominia eingeschickt, sondern in der Creis-Casse bis zur weitern Assignation aufbehalten werden	1785	18	414
Collectiren eigenmächtiges sowohl in Städten als auf dem Lande wird verboten	1743	1	111
—— eigenmächtiges der Unterthanen Behuf der Kosten der gegen ihre Dominia zu führenden Prozesse wird verboten	1776	15	29, 39
—— zu dergleichen Beiträgen muß erst Cammer-Approbation eingeholt werden	—	—	30, 40
Collegia medica: deren werden 2 in Schlesien angeordnet, deren Einrichtung und Bestellung rc.	1744	19	2 seq.
—— —— Endzweck und Obliegenheiten derselben	—	—	4
—— —— welche Personen und Sachen zu deren Ressort gehören	—	—	4, 5, 6, 9
—— —— können die Gerichtsbarkeiten in Processualibus requiriren	—	—	6
—— —— Vertheilung der bei denselben eingekommenen Strafgelder	—	—	7
—— —— Sportein und Sportel-Taxe derselben	744 / 1750	19 / 5	9, 11 / 871
—— —— müssen die Hälfte ihrer Revenüs an die Academie der Wissenschaften zu Berlin abführen	1744	—	10
—— —— stehen unter denen rc. Cammern	1750	5	312
Collegii medici { Decani / Assessorum / Secretarii } deren Pflichten	1744	19	3
—— —— deren Rang-Ordnung	1747	5	229
—— —— Adjuncti, dessen Rang	1746	5	179, 188
—— —— —— dessen Obliegenheiten	744	19	7
—— —— —— in jedem Creiße wird einer angestellt	—	—	7
Colonien, Colonisten f. Lit. K.			
Commercium zwischen Preußen und Böhmen soll regulirt werden	1742	1	91, 160
Commissarius perpetuus in der Grafschaft Glatz soll die Prozesse zwischen Dominiis und Unterthanen instruiren, und in prima instantia sprechen	1751	4	70

Com-

Co.

	Jahr.	Band.	Seite.
Commissarii perpetui sollen königl. Justiz-Räthe heißen	1743	5	74
——— Titulus wird der gräfl. v. Schafgotschischen Familie in dem Fürstenthum Jauer erblich überlassen	1750	5	495
Commissio perpetua, aus welchen Personen sie bestehen soll	—	—	493
Commissiones: was wegen deren Beschleunigung zu verfügen	—	—	528
Die Specialiora kommen bei jeder Sache selbst vor, wozu eine Commission verordnet wird.			
Comödianten: wegen ihrer Tages-Accise	1746	2	279
—— sollen ohne Concession nicht spielen	—	—	ibid.
Compositions-Steine s. Steine.			
Concurs: für die Inrotulationes bei demselben sollen die Advocaten nicht liquidiren	1750	5	542
Concurs-Kosten: dazu dürfen die Pfandbriefs-Gläubiger und Inhaber nichts beitragen	1770	12	166
Concurs-Masse: dazu können die den Fabrikanten creditirte Materialien und daraus verfertigte Waaren nicht gezogen werden	1756	6	625
—— —— Bestimmung derer Waaren, so dazu gehören	—	—	626
Concurs-Processe: Vorschrift, wie sie zu instruiren und dabei zu procediren	1750	5	547 seq
Concurs-Wesen: dabei soll minor pars Creditorum zu dem consentiren, was major pars beschlossen hat	1756	6	239
Conducteurs beim Bau-Wesen: deren Diaeten	1743	3	29, 49
——— deren Obliegenheiten	—	—	29
——— sollen keine Accidentien ꝛc. nehmen,	—	—	36
——— sich keine Bau-Materialien zueignen	—	—	ibid.
Conduiten-Liste soll von Berg ꝛc. Cadets- und Eleven quartaliter eingereicht werden	1778	16	3
——— item von den Feldpredigern	1750	5	279
Confituren sächsische, wie sie zu Breslau zu veraccisen	1765	8	778
Consistoria evangelische in Schlesien werden angeordnet, was dazu für Sachen gehören, und welche Personen dabei concurriren	1742	1	22
——— gehören zum Ressort der Ober-Amtsregierung	—	—	ibid.
	1750	5	323
——— die Appellationes von denselben gehen an das Tribunal zu Berlin	1742	1	23, 25
—— Mediata zu Oels und Breslau werden beibehalten	—	—	23
Consistorium cathol. bischöfl. zu Breslau wird bestätigt	—	—	24
—— was für Sachen zu dessen Jurisdiction gehören	—	—	ibid.

	Jahr.	Band.	Seite.
Co.			
Confiftorium militare (Kriegs-Confiftorium) renovirtes Reglement für daſſelbe	1750	5	271
————— ————— aus welchen Perſonen ſolches beſtehen ſoll	—	—	272
————— ————— deſſen Jurisdiction ratione cauſarum et perſonarum	—	—	273
————— ————— deſſen Inſtantien	—	—	ibid.
Contagion in Polen, Praecautiones wegen derſelben, und Beſtimmung der Contumaz-Oerter	1770	12	313 ſeq.
Contracte: deren Gegenſtand über 50 Thlr. iſt, ſollen alle ſchriftlich abgefaßt werden	—	—	25
————— was für welche davon ausgenommen	—	—	27
————— unleſerlich geſchriebene ꝛc. wie ſie zu ſuppliren	—	—	29
————— verloren gegangene desgleichen	—	—	30
————— mit dem Fiſco geſchloſſene haben bei Concurs-Sachen in dem Vermögen der Contrahenten kein Vorrecht vor den eingetragenen Hypotheken	1769	11	348
————— deren Object 50 Thlr. beträgt, ſind entweder gerichtlich, oder von einem Notario mit Zuziehung zweier Zeugen zu errichten	1778	16	78
————— ſchriftliche von 30 bis 50 Thlr. müſſen auf einen Stempelbogen a 4 Gr. gefertiget werden	1781	17	215
Specialia davon ſ. Kauf-Pacht-Mieth-Contracte.			
Contreband-Handel ſ. Schleichhandel, oder das Subject deſſelben			
Contreband-Waaren ſ. die Sache, womit Contreband getrieben wird			
Contrebandiers desgleichen v. g. Salz-Contrebandiers, vel Defraudanten.			
——— ——— ſollen ſich den Viſitationen der Brigadiers nicht widerſetzen	1773	14	79
——— ——— auf die Widerſetzlichen mag geſchoſſen werden	—	—	80
——— ——— wie die zu beſtrafen, ſo tödtlich Gewehr führen ſ. Corallen.	1784	18	181
Contributions-Sachen gehören zum Reſſort der Cammern	1750	5	310
Contributions-Verfaſſung in Schleſien: deren Einrichtung	1743	1	53 ſeq.
——— ——— ——— die alte wird abgeſchafft	—	—	57
——— ——— ——— die neuere regulirt	—	—	57 ſeq.
——— ——— ——— ſoll niemals erhöhet werden	—	—	58
Contumacial-Reſolutiones in Injurien-Sachen unter 10 Thlr. ſind auf einen Stempelbogen a 4 Gr. auszufertigen	1785	18	409

Co.

	Jahr.	Band.	Seite.
Contumaz-Oerter wegen der Contagion in Polen werden ernannt f. Einlaß-Oerter, Viehseuche	1770	12	314
Contumaz-Proceß-Nachrichten: die Deserteurs betreffende sollen unweigerlich den Regimentern verabfolgt werden	1772	13	318
Conventus publicus ehemaliger wird aufgehoben	1741	1	141
— — zu Ausfertigung der Pfandbriefe, wer dabei concurriren soll	1770	12	201
Conventionmäßiges Geld wird in königl. Cassen nicht angenommen	1764	8	351
Corpus delicti: wenn solches durch die Justiz-Räthe zu erheben	1750	5	497
— sollen die Dominia, so die Obergerichtsbarkeit haben, erheben, und an die Inquisitores einsenden	1756	6	230
Correspondenz mit dem Feinde wird verboten	—	—	601, 605
	1741	1	71
— — item denen kathol. Geistlichen mit dem ausgetretenen Bischof	1758	6	733
— — item denen Membris Camerae mit den Subalternen im Lande	1752	4	596
Courant-Geld: welche Sorten darunter zu verstehen	1750	3	855
— wird zur Verhütung des Beschneidens mit einem gekerbten Rande versehen	—	—	856
— soll in allen königl. Cassen angenommen, und in dergleichen Sorte wieder die Salaria ausgezahlt werden	—	—	ibid.
— — Bestimmung des Gewichts desselben	—	—	860
— — nach solchem sollen alle Wechsel-Contracte geschlossen werden	1750	3	858
	1752	4	633
— — das Agiotiren damit wird verboten	1750	3	859
— — unter welchen Umständen das Umwechseln desselben gegen Scheidemünze et vice versa mit Agio erlaubt ist	1782	17	237
— — darf außer Landes geführt werden	1779	16	160
— — aber nicht zur Betreibung des Wuchers	1782	17	238
Couriers müssen sich durch Pässe legitimiren	1743	5	81
— wie es mit Gestellung der Pferde zu halten	—	—	75, 78
— wie viel dieselben p. Meile bezahlen müssen	1743	5	77, 80
	1766	9	67
— wie die Gelder zu berechnen	—	—	77, 80
Creis-Aelteste s. Landesälteste.			
Creis-Beamte sollen sich nicht mit Lieferungs-Entreprisen abgeben	1768	10	127
	1778	16	77
— — sollen auch keine Entreprenneurs vorschlagen	—	—	ibid.

Creis-

Cr.

	Jahr.	Band.	Seite
Creis-Beamte sollen keine Güter pachten	1779	16	202
— — sollen von den Entreprenneurs kein Douceur nehmen	1769	11	14
	1770	12	79
— — sollen den Unterthanen ohne höhere Genehmigung keine Extracte aus dem Steuer-Catastro ꝛc. geben	1780	17	64
— — derselben Erben wird statt des Sterbe-Monats ein Sterbe-Quartal bewilliget	1781	17	116
— — so keine Chargen-Jura zahlen, deren Erben genießen nur einen Sterbe-Monat	—	—	177
Creis-Calculatores: Instruction für dieselben, wie sie mit Revision der Accise-Cämmerei ꝛc. Rechnungen zu verfahren	1756	6	351 seq.
— — müssen sich die Schreib-Materialien selbst anschaffen	—	—	361
— — dürfen sich nicht mit Güterpachtungen einlassen	1779	16	203
— — können an die Accisämter eigenmächtig keine Ordres ausstellen	1756	19	53
— — derselben Rang			ibid.
Creis-Cassen-Gelder: wenn sie nicht in dem dazu bestimmten Kasten aufbewahrt liegen, werden als Defecte angesehen	1780	17	95
Creis-Designationes sollen nicht für Douceurs angefertiget werden	1766	9	146
Creis-Lieferung s. Lieferung.			
Creis-Liquidationes sollen prompte eingesendet werden	1761	7	19, 44
Creis-Nothdurften: bei der Ausgabe auf dieselben soll die möglichste Menage beobachtet werden	1784	18	149
Creis-Physici sind in jedem Creiße anzustellen	1744	19	11
— — deren Gehalt und Diaeten	—	—	13, 14
— — deren Amt und Pflichten	—	—	11 seq.
	1751	4	202
— — deren Rang	1746	5	118, 188
	1747	5	330
	1748	3	205
— — wenn deren Arbeit bei Inquisitions-Fällen zu liquidiren	1753	4	817
— — was ihnen bei ansteckenden Krankheiten und Viehseuchen obliegt	1744	19	13, 17
— — sollen den Sectionen beiwohnen	—	—	13
	1763	7	397
— — sollen ihre Obductions-Atteste nach dem Büttnerschen Tractat anfertigen	1774	14	226

Creis-

Cr.

	Jahr.	Band.	Seite.
Creis=*Physici:* woran sie eine wirklich ansteckende Viehseuche erkennen, und wie sie solche attestiren sollen	1783	18	31 seq.
— — sollen sich, wenn das Vieh an der Seuche crepirt ist, in ihren Attesten ausdrücklich des Worts Ansteckend bedienen	1784	18	257
— — was sie denen in die Briegsche Anstalt abzuliefernden Jeren für ein Attest ausfertigen sollen	—	—	233
— — müssen von ihrem Gehalt Servis zahlen	1786	18	466
Creis=*Registratur:* Plan zur Einrichtung derselben	1747	2	609
Creis=Sachen: Reglement, wie solche zu bearbeiten	—	—	588 seq.
— — von wem sie zu erbrechen und wie zu expediren	—	—	589 seq.
— — dazu ist ein besonders journal zu führen	—	—	ibid.
— — Schema zu diesem Journal	—	—	605
— — wie deren Acta zu formiren, separiren, registriren 2c.	—	—	549
— — wie es mit denen zu halten, so dem Steuereinnehmer in originali zugestellt werden müssen	—	—	592
Creis=Stände: deren Rang=Ordnung bei den Creistagen	1775	14	300
Creis=Steuereinnehmer: deren Rang {	1743	5	35
	1748	3	205
	1745	2	22
— — — sollen keine Lieferungen übernehmen, {	1763	7	304
— — — sollen keine Entreprenneurs vorschlagen {	1769	11	85
	1770	12	79
— — — sollen von Entreprenheurs nicht Douceurs nehmen	1769	11	14
— — — sollen sich nicht mit Pachtungen einlassen	1779	16	203
— — — sollen sich die den Dominiis 2c. zur Anfertigung des Generale einzusendende Schemata 2c. nicht bezahlen lassen	1784	18	243
— — — sollen keinem Creißsaßen die Contribution vorschießen	1780	17	95
— — — werden zu richtigerer Bearbeitung der Cassen=Geschäfte ermahnet	—	—	93 seq.
— — — deren Strafe für jedes an den Bonifications=Quittungen fehlendes Siegel	—	—	94
— — — item für die in die Quittungsbücher nicht eingetragene Bonifications=Gelder	—	—	ibid.
— — — item für noch nicht ausgezahlte und doch schon in Ausgabe gestellte Bonifications=Gelder	—	—	ibid.
das übrige s. Creisbeamten			

Cr. Cu.

	Jahr.	Band.	Seite.
Creis-Tage: wenn und von wem sie zu halten, und was darauf abzuhandeln	1770	12	202 seq.
Creis-Tags-Versammlungen: wie auf denselben beim votiren zu verfahren	—	—	203
— — — — wie viel Rittergüter zu einem oder mehreren Votis erforderlich sind f. Rittergüter.	—	—	ibid.
— — — — wie es zu halten, wenn die Rittergüter des Votanten in verschiedenen Creißen liegen	—	—	204
Creuzburger Armenhaus f. Armenhaus.			
Criminal-Acten: in welchen Fällen sie an die Cammern einzusenden	1752	4	665 seq.
Criminal-Collegium zu Breslau, Instruction für dasselbe	1750	5	330 seq.
Criminal-Gerichte auf dem Lande, wie sie zu bestellen	1759	6	742
— in den Städten rc. desgleichen	—		755 seq.
Criminal-Jurisdiction: Abstellung derer bei Ausübung derselben eingeschlichenen Mißbräuche	1756	6	582
Criminal-Sachen gehören zum Ressort der Ober-Amtsregierungen	1759	5	323
— wie sie zu beschleunigen	1756	6	601, 603
— in welchen Fällen sie nicht zum Ressort der Ober-Amtsregierungen gehören	1750	5	323
Curatelen: Verordnung ratione der Vormundschaften f. Pupillen, Vormundschaften.	—	—	506
Curator bonorum: in welchen Fällen es der Contradictor zugleich seyn kann	—	—	544
— wer dessen Salarium determiniren soll	—	—	549
— kann, wenn er zugleich Contradictor ist, deswegen kein besonderes Salarium fordern	—	—	ibid.
Currenden geistliche sollen nicht mehr von den Schulmeistern, sondern von der Gemeine getragen werden	1764 / 1765	8 / 8	201 / 786
— sind von der Gemeine schleuniger zu befördern	1780	17	35
— landräthliche sind ebenfalls promter zu beschleunigen	1777	15	237
— sollen abschriftlich in extenso insinuirt werden	1778	16	65

D.

Da.

	Jahr.	Band	Seite.
Dächer: deren Reparatur auf dem Lande wird befohlen	1765	b	402
Dachrinnen: wie sie zu Breslau beschaffen seyn sollen	1751	4	7

N 3

Da. De.

	Jahr	Band	Seite
Dachrinnen gepichte, ohne mit Blech beschlagen zu seyn, sind verboten	1776	17	109
Dachstuhl bei neuen Gebäuden muß zum Ziegeldache eingerichtet werden	1764	8	181
—— darauf sind die Zimmerleute zu vereiben	—	—	180
Dachziegel: zu deren Verfertigung sind die Dominia zu animiren	1751	4	127
—— erhalten die neu anbauende ½ wohlfeiler als die andern	1749	3	564
—— von welchem Maas sie seyn sollen	1768	10	130
reliqua vid. Ziegeldächer.			
Damast leinener s. Leinen-Damast.			
Dämme an den Strömen und Flüssen: daran sollen die Schiffer und Holzflößer nicht anlegen	1763	7	424
—— darauf darf kein Vieh getrieben werden	—	—	431
—— durchbrochene sind sogleich und tüchtig wieder herzustellen			436
—— an der Oder; daran darf Niemand bei Strafe von 50 Ducaten einen Bau ohne vorher nachgesuchte Cammer-Approbation unternehmen	1784	18	158
—— neugemachte sollen durch Nachläßigkeit der Hirten nicht vom Vieh beschädiget werden	1786	18	489
—— von Knippeln (Knippeldämme) sind nach und nach an den Landstraßen abzuschaffen	1756	6	394
Danzig der Stadt Einwohner müssen in den preußischen Ländern Abschoß-Geld zahlen wie sonst	1778	16	95
Darlehne an Personen, so noch unter der väterlichen oder vormundschaftlichen Gewalt stehen, sind verboten	1749	3	566
—— was zu beobachten, wenn man dergleichen mit Sicherheit auf Immobilia machen will	1750	5	367
—— auf adeliche Güter, ohne specielle Concession produciren kein Jus reale	1756	6	497, 499
Mehreres s. Güter, Pfandbriefe, Landschaft 2c.			
Decanus Coll. medici s. *Collegium medicum.*			
Decem: so die schlesische Geistliche aus Polen erhalten, ist Accise-frei	1756	19	98
—— die Abgabe dessen an Pfarrer und Dominia anderer Religion wird abgeschaft	1758	6	707
	1777	15	406
—— item an die Malthefer und deutsche Ordens-Comthurs von evangelischen Eingepfarrten	1765	8	435
—— darunter sind nicht die bischöfl. und andere geistl. Zinsen mit zu verstehen, die von Evangelischen noch ferner entrichtet werden müssen	1758	6	737
	1759	6	745
Defensio bei Inquisiten, wer solche übernehmen und führen soll	1750	5	478

De.

	Jahr.	Band.	Seite
Defensio pro avertenda findet bei Caffen-Malverfationibus niemals ftatt	1769	11	216
—— ulterior wird aber zugelaffen		—	ibid.
Defensions-Koften: wer folche bei den Aemtern tragen foll	1744	1	94
Defensor foll fich mit den Inquifiten felbft befprechen, und die Defenfion nicht blos ex actis führen	1756	6	628, 630
Defraudanten f. die Sache, worinn einer defraudirt, v. g. Accife, Forft, Toback rc. rc. Defraudenten, item Contrebandiers.			
Delicta contra fextum, von Landleuten begangene follen nicht mit Gelde beftraft werden	1743	5.	35
—— —— —— dabei ift der Proceß kurz abzuthun	1746	5	192
Delicta publica: was für welche dafür zu halten	1750	5	475
—— —— nähere Beftimmung darüber			576
—— —— in welchen Fällen die Koften dabei ex fundo publico zu beftreiten	—	—	578
Delinquenten: wie es mit deren Beftrafung auf den Aemtern zu halten	1744	1	93 feq.
—— —— find an die Inquifitores auszuliefern	1750	5	473
—— —— wie es mit denen zu halten, die fich den Amtspfändern widerfetzen	—	—	488
—— —— denfelben follen ihre Beichtväter zugelaffen werden	—	—	430
—— —— dürfen nicht ohne unmittelbare Ordre in die Zuchthäufer oder auf die Feftungen gebracht werden			530
—— —— Praecautiones gegen die Flucht derfelben aus dem Gefängniß	1747	2	565
—— —— dürfen bei der Unterfuchung nicht mit Schlägen behandelt werden	1756	6	628, 630
—— —— mit ihnen muß fich ihr Defensor befprechen, und fie nicht blos ex actis defendiren	—	—	ibid.
—— —— zum Staupenfchlag condemnirte find ftatt der Landes-Verweifung auf Lebenszeit ins Zuchthaus zu bringen	1744	1	1
—— —— müffen, ehe fie in die Zuchthäufer geliefert werden, gefund und bekleidet feyn	1756	6	725
—— —— weiblichen mit einem fäugenden Kinde foll die Zuchthausftrafe nicht zuerkannt werden	1755	6	117
—— —— —— follen vorher befichtiget werden	1744	19	35
—— —— deren Leibes-Conftitution ift in Actis zu bemerken	1751	4	250
		—	202
—— —— ihnen wird Recurfus ad gratiam unterfagt	1752	4	621

De.

	Jahr.	Band.	Seite.
Delinquenten: in wiefern bei deren Execution von denen sie begleitenden Geistlichen, Schöppen ꝛc. Kosten liquidirt werden können oder nicht	1754	5	648
— — wenn Exequendus begnadiget wird, wie viel der Scharfrichter Executions-Gebühren zu fordern	—	—	651
das übrige s. *Inquisiten* ꝛc. ꝛc.			
Deposita sollen in guter Ordnung gehalten und jährlich revidirt werden	1748	3	223
— wie solche zu administriren	1750	5	340
— dafür sollen die Collegia haften	—	—	337, 340
— alte und ohne Eigenthümer müssen, ehe sie dem Fisco zu fallen, vorher 3mal aufgeboten werden	1742	1	58
	1750	5	342
	1747	1	52
Deposital-Cassen: wie sie einzurichten und sicher zu verwahren	1749	3	481
	1750	5	332
— — item wegen ihrer Sicherheit	1750	3	824, 852
— — sollen von den Steuerräthen visitirt werden, und dieselben dafür responsable seyn	1746	5	184
— — item von denen Regierungen	1748	3	224
— — dabei darf ohne schriftliche Ordre nichts angenommen, weder ausgezahlt werden	1750	5	336
— — städtische müssen öfters revidirt und jedesmal ein Bericht davon eingereicht werden	1783	18	130
Deposital-Cassen-Extracte sollen quartaliter eingeschickt werden	1746	5	184
	—		ibid.
— — wie sie anzufertigen	1749	3	445
	1750	3	824
— — Schemata zu benselben	—	—	824, 826
			829
	1760	6	839
Deposital-Gelder sind alle genau aufzuführen	1749	3	513, 569
— — was für welche darunter zu rechnen	1750	5	333
— — sollen sicher clocirt werden	—	—	334, 338
— — sollen besonders zur königl. Banco	1768	10	266, 276
	1769	11	15
— — die zur Banco ein- und abgehenden sind Post-frei	—	—	73
— — wenn sie nicht geliehen werden dürfen	1768	10	270
— — wenn die ausgeliehenen bei der Verfallzeit aufzukündigen und einzuziehen	1750	5	338
	—	—	335
— — in wiefern sie den Interessenten selbst eingehändiget oder geliehen werden können	—	—	338

De:

De.

	Jahr.	Band.	Seite.
Deposital-Gelder: deren Münzsorten müssen specifice notiret werden	1750	5	344
— — was bei Elocation derselben zur Banco für Formalitäten zu beobachten	1768	10	268, 271
— — landesherrliche Garantie darüber	—	—	275
— — Supplement wegen der Münzsorten derselben	—	—	289
Deposital-Gebühren werden auf ½ pro Cent festgesetzt	1750	5	341
— — wo solche cessiren	—	—	343
— — wie viel zu nehmen, wenn die Gelder versiegelt einkommen	—	—	334
— — wiederholte Vorschrift wegen derselben	—	—	551
Deposital-Ordnung für Schlesien ꝛc.	1742	1	52 seq.
— neu revidirte ꝛc.	1750	5	332 seq.
Deposital-Protocoll: wie solches zu führen	—	—	340
Deposital-Rechnungen: wegen deren Annahme	—	—	341
Deposital-Tabellen: deren Einsendung wird befohlen	—	—	343
— Schema zu denselben	—	—	346
Deserteurs: Cartell wegen Auslieferung derselben zwischen Preußen und andern Ländern f. Cartell.			
— Pardon für dieselben f. Pardon.			
	1757	6	673
	1740	1	4 seq.
— Maaßregeln wegen Aufgreifung derselben	1747	2	526 seq.
	1763	7	287 seq.
	1764	8	329 seq.
	1740	1	5
— für einen aufgegriffenen wird resp. 12 u. 6 Thlr. Douceur verheißen	1742	1	49
	1746	2	344
	1747	2	528
	1763	7	521
— das für Aufgreifung derselben bewilligte Douceur wird auf resp. 4 und 2 Thlr. herabgesetzt	1780	17	91
	1740	1	5
— denenselben soll Niemand Vorschub leisten	1741	1	175
	1746	2	344
	1747	2	529
	1742	1	50
— wie es mit dem Nachsetzen ꝛc. zu halten	1746	2	345
	1747	2	446, 531
	1765	8	330
— müssen sogleich denunciret werden	1742	1	49
— zurückkommende erhalten 6 Thlr. Handgeld	1744	1	124

D

De.

	Jahr.	Band.	Seite.
Deserteurs: denselben soll der Proceß beim Regiment gemacht werden	1749	3	561
	1750	3	815
—— Beurlaubte: deren Vermögen ist in Beschlag zu nehmen, und die Eltern zu arretiren	1764	8	242
—— —— an deren Stelle sollen die Dorfgemeinen, woraus ein solcher entwichen, einen andern Mann zum Regiment stellen, und die Dominia noch repondiren	—	—	278
—— deren Vermögen fällt der Invaliden-Casse zu	—	—	336
—— wie es mit dem Vermögen ihrer Frauen zu halten	—	—	336, seq.
—— item mit ihren nachgelassenen Schulden	—	—	337
—— wie und von wem sie citirt werden müssen	—	—	338 seq.
—— der ausbleibenden Namen sollen an den Galgen geschlagen werden	—	—	339, 340
—— Bestimmung: welche für wirkliche Deserteurs oder nur für ausgetretene zu halten	—	—	338
—— —— welcher Jurisdiction die Ausgetretenen unterworfen	—	—	339
—— was bei denen zu beobachten, deren Desertion zweifelhaft ist	—	—	339 seq.
—— wer die Executions-Gebühren zahlen muß	—	—	341
—— was gegen deren Einfälle in ihre vorige Wohnörter für Maasregeln zu nehmen	1780	17	61
—— wie es mit den Erbanfällen und Vermögen ihrer Frauen zu halten. Vorschrift	1784	18	217 seq.
—— die Equipage-Stücke der Oesterreichschen sind ihnen abzunehmen, und an die nächste jenseitige Garnison zurück zu liefern	1780	17	60
Desertion: Maasregeln zur Verhütung derselben	1764	8	282
	1766	9	260
—— wie die zu bestrafen, so Wissenschaft davon haben, und es nicht anzeigen	1746	2	344
	1747	2	528
—— Weibsbilder und andere, so einen Soldaten dazu verleiten, werden mit dem Strange bestraft	1743	1	106
	1747	2	529
	1757	6	673
—— item auch die, so denselben durchhelfen ꝛc. ꝛc.			loc. cit.
—— muß durch einen Kanonen-Schuß und Läutung der Glocken bekannt gemacht werden	1747	2	529
	1764	8	310
—— was den Dorfgemeinen nach gehörtem Lerm-Schuß oder Geläute zu thun obliegt	1747	2	529 seq.
	1764	8	330 seq.
—— der Officiers: wie dabei wegen deren Citation und Formirung des Prozesses zu verfahren	1743	1	102 seq.
—— der Officiers ist mit Affigirung ihres Bildnisses an den	1743	5	71 seq.

Gal.

De. Di.

	Jahr.	Band.	Seite.
Galgen und Confiscation ihres Vermögens zu bestrafen	1743	1	104
	1764	8	339
Desertion der Cantonisten: wie es mit deren Vermögen zu halten s. Cantonisten.	1770	12	17
Desertions-Edicte erneuerte	1747	2	526 seq.
	1764	8	329 seq.
—— —— Declaration darüber wegen Confiscation des Vermögens derer Deserteurs	1749	3	560
	1750	3	815
—— —— de 1747. soll den Gemeinden quartaliter im Gerichts-Kretscham vorgelesen werden	1783	18	74
Desertions-Proceß: was die Grund-Obrigkeiten dabei zu beobachten	1759	3	562
Desertions-Wachten: wie lange sie auf ihrem Posten bleiben müssen	1742	2	530
Detaxation landschaftl. s. Landschaft.			
Devisen sächsische von Kraftmehl, wie sie zu Breslau zu veraccisen	1765	8	778
Diaeten kommen entweder unter dem Buchstaben des Empfängers oder der Sache vor, ratione welcher dergleichen gegeben werden s. v. g. Artillerie-Pferde, Bau-*Inspectores* et sic porro			
—— in Privat-Angelegenheiten müssen die Interessenten derselben zahlen	1784	18	151
Diebe: wer einen anzeigt, erhält 20 Thlr. Douceur	1747	2	565
	1753	4	836
—— wie viel sie selbst erhalten sollen, wenn sie ihre Complices anzeigen	—	—	ibid.
—— beim Feuer s. Feuer-Diebe.			
—— Pferde- s. Pferdediebe.			
Diebstahl bei den Magazins, wie solcher zu bestrafen	1744	1	34
—— in wiefern derselbe ein *delictum publicum* sey	1756	6	579
—— nächtlicher in Städten und auf dem Lande, was zur Verhütung desselben für Maaßregeln zu nehmen s. Nachtwächter.	1747	2	565 seq.
	1776	15	78
—— wie sich die Obrigkeiten nach geschehenem zu verhalten	1747	2	567
—— gewaltsamer, wie solcher zu bestrafen	1750	5	574
Diebgesindel: wegen deren Aufgreifung s. *Vagabonds*, item Land-*Visitation*.			
Dienstboten s. Gesinde.			
Dienste der Unterthanen, dabei findet keine Surrogation statt	1749	3	524
Dienst-Geld: wegen Erlassung desselben den Unterthanen bei erlittenem Feuerschaden	1761	7	59

	Jahr.	Band.	Seite.
Di.			
Dienst-*Reglement* für die Stadt-Unterthanen von *Habelschwerd*			
zu Alt-Weistriz und Krotenpfuhl.	1751	4	64 seq.
zu Alt-Waltersdorf	—	—	66
zu Neu-Weistriz und Brand	—	—	67
zu Kolonie Donnerlohe	—	—	68
— für die Stadt-Unterthanen von Neustadt	1749	3	408
zu Creywiz	—	—	408
zu Dittersdorf	—	—	398
zu Jassen	—	—	401
zu Kreschendorf	—	—	411
zu Leuber	—	—	395
zu Riegersdorf	—	—	421
zu Schnellenwalde	—	—	404
zu Schweinsdorf	—	—	418
zu Zeiselwiz	—	—	415
— für die Stadt-Unterthanen von Ohlau			
zu Baumgarten	1750	3	1012
zu Zedliz	—	—	997
— für die Stadt-Unterthanen von Reichenbach			
zu Ernsdorf	1751	4	167
— für die Stadt-Unterthanen von Reinerz	1750	3	986
Dienstzinsen: darüber soll zwischen Dominiis und Unterthanen jährlich Abrechnung gehalten werden	1752	4	696
— wie lange die Dominia den unvermögenden Unterthanen deswegen nachsehen können	—	—	ibid.
s. Zinsen.			
Dienstzwang: damit sollen die Dominia ihre Unterthanen nicht zu sehr beschweren	1765	8	728
— demselben sind die Professionisten in Dörfern nicht unterworfen	—	—	ibid.
— die bei Ausübung desselben eingeschlichenen Mißbräuche (so im Edict benannt werden) sind abzustellen	1766	9	3 seq.
das übrige s. Hofedienste.			
Dirigenten in den Städten sollen bei Cassations-Strafe die Cammer-Ordres nicht vorenthalten	1749	3	500
Disconto-Comtoir: dessen Verbindung mit der Gyro- und Lehn-Banco, wie dabei gerechnet und überhaupt verfahren wird rc.	1765 / 1760	8 / 9	700 seq. / 248 seq.
Dispensationes ratione graduum rc. bei Katholiken soll beim Ober-amts nachgesucht werden	1743	1	24

Di. Do.

	Jahr.	Band.	Seite.
Dispensationes der Katholiken von ihrer geistlichen Instanz ausgebrachte müssen beim Oberamt producirt werden	1750	5	420
Dispensations-Gebühren: wie viel davon beim Oberamt zu zahlen	—		ibid.
Dispensatorium: nach dem berlinschen sollen sich auch die Medici rc. in Schlesien richten	1744	19	22
Distributio massae: wenn damit zu verfahren	1750	5	550
— — muß per modum sententiae geschehen	—	—	ibid.
Distributions-Bücher: deren Einrichtung	—	—	ibid.
Domainen-Casse soll die sonstige Landrenthei genannt werden	1773	14	51
Domainen-Pächter s. Amtspächter.			
Dohmherren (Canonici, Capitulares) zum heil. Creutz zu Breslau werden bis auf 8 reducirt	1751	4	204
Dohm-Sifter: wie viel solche und die davon abhangende Beneficiaten Chargen-Jura entrichten müssen	1765	19	245
Dohm-Stiftsgüter breslausche werden sequestrirt	1741	1	121
Mehreres s. Güter geistliche.			
Dominia sollen keine Bauergüter an sich ziehen	1749	3	521
— sollen auf die Wirthschaft rc. ihrer Unterthanen Acht haben	—		ibid.
— sollen den Unterthanen zur Verschuldung der Güter über die Hälfte des Werths keinen Consens geben	—	—	523
— sollen den Unterthanen nicht neue Praestanda auflegen	—	—	524
— sollen die auf den eingezogenen wüsten Bauergütern haftenden Praestanda gleich andern Bauern leisten	—	—	525
— sollen den kleinen Leuten nicht die zeither üblichen Nutzungen bei der Wirthschaft entziehen	—	—	526
— sollen sich bei ihren Wirthschaften keiner Juden mehr bedienen	—	—	ibid.
— sollen sich keines Juris collectandi anmaßen	1749	3	528
— sollen die Geld- und Getreide-Reste von ihren Unterthanen in leidlichen Terminen abfordern	—	—	529
— sollen den Unterthanen die Güter rc. erblich überlassen {	1763	7	293
	1764	8	163, 229
	1765	8	405
s. Stellen.			
— sollen die Unterthanen auf gemessene Dienste setzen	1763	7	293
— sollen den Unterthanen keine ungebührliche Lasten aufbürden {	1761	7	53
	1763	7	219
— können von den auf ihrem Territorio wohnenden Juden einen billigen jährlichen Grundzins fordern	1751	4	266
— müssen sich mit den Unterthanen jährlich wegen der Dienstzinsen berechnen	1752	4	696
Mehreres s. Unterthanen, Güter, Stellen, Adeliche.			

Do.

	Jahr.	Band.	Seite.
Dominial-Pertinenzen veräußerte sollen reluirt werden	1766	9	153
—— —— die über den Verkauf derselben ausgestellte Kaufbriefe werden annullirt	—	—	154
—— —— Bestimmung derer, so eigentlich zu reluiren sind	1771	13	24
—— —— wie mit der Reluition derselben zu verfahren	—	—	25
—— —— zur Reluition nicht qualificirte sollen im Steuer-Catastro dem Dominiali ab- und dem nunmehrigen Besitzer zugeschrieben werden	—	—	26
Dorf-Anger sollen mit Bäumen bepflanzt werden	1763	7	211
	1764	8	22
— — was für Bäume darauf zu setzen	—	—	ibid.
— — darauf sollen Baumschulen angelegt werden	—	—	21
— — wie solcher Behufs der Baumpflanzung unter die Gemeine zu vertheilen	—	—	23
Mehr davon f. Bäume.			
Dorf-Bäcker f. Bäcker auf dem Lande.			
Dorf-Fleischer f. Fleischer auf dem Lande.			
Dorf-Gerichte in den Amtsdörfern sollen keine Contracte, Recesse, Vergleiche ic. ausfertigen	1744	1	99
— — wie deren Siegel beschaffen seyn und ausgedrückt werden sollen	1780	17	94
Dorf-Krämer sollen nicht vermehret werden	1749	3	440
	1756	19	143
— — Bestimmung der Waaren, so sie führen dürfen	1749	3	440
	1756	19	143
	1773	14	19
— — item derer, womit sie nicht handeln dürfen	1749	3	441
	1756	19	143
— — müssen Accise-Quittungsbücher halten, und öfters revidirt werden	1756	6	235, 471
— — sollen keine Jahrmärkte mit ihren Waaren beziehen	1749	3	441
	1750	3	984
	1756	19	144
— — müssen ihre Waaren aus accisbaren Städten nehmen	1749	3	440
	1750	3	984
	1756	19	144
	1773	14	19
— — müssen mit einer gedruckten Cammer-Concession versehen seyn	—	—	18

Dorf-

Do.

	Jahr.	Band.	Seite.
Dorf-Krämer sollen den Leinsaamen nur Scheffel- und Metzen-weise verkaufen, aber nicht Tonnenweise, ibid.	1749	3	435.
	1755	6	127
	1776	15	156
— — dürfen nicht mit Wein und Caffee handeln	1757	6	684
— — sollen den Caffee aus accisbaren Städten nehmen	1778	16	55
— — sollen keinen Caffee außerhalb Landes versenden	—	—	56
Dorf-Kretscham neuer: in wiefern solcher in Kolonie-Dörfern statt findet	1773	14	89
s. Kolonien.			
— — — darf zum Nachtheil eines benachbarten Dominii nicht angelegt, weder die bereits existirenden an andern Stellen verlegt werden	1774	14	233
— — — zu Anlegung eines neuen oder Translocation eines alten ist besondere Cammer-Concession einzuholen	—	—	235
— — — wem bei deren Erbauung das Widerspruchsrecht Competire	—	—	236
— — — solche sollen wegen den ungestempelten Charten öfters revidirt werden	1766	9	186
— — — wegen des Bierschanks s. Bier, Bran-Urbar.			
Dorf-Kretscham-Tabellen verfertiget der Policeireuter aus den Büchern der Kretschmer.	1756	19	113
— — Schema zu denselben	1742	1	474
Dorf-Kretschmer müssen sich Bücher halten, und in solche das Bier und den Brandwein, so sie aus der Stadt nehmen, eintragen	1744	5	171
	1746	2	241
	1747	5	203
	1756	19	113
— — wie die Visitationes bei denselben zu veranstalten, und die Contravenienten zu bestrafen	1742	5	32
	1749	3	534
— — sollen sich den Visitationibus nicht widersetzen	1743	5	37
— — sollen ihre Weine und abgezogene Brandweine aus accisbaren Städten nehmen	1756	19	93
— — sollen stets Bier vorräthig haben, besonders die so unter dem Ausschrotzwang der Städte stehen	1752	4	593
	1756	19	113
	1742	5	23
	1769	11	229
— — so unter dem Ausschrotzwang stehen, müssen ihr benöthigtes Bier lediglich aus der ihnen angewiesenen Stadt nehmen	1742	5	23
	1752	4	593
	1756	19	113
— — sollen den jungen Leuten das Geldspiel nicht gestatten; darauf gesetzte Strafe	1780	17	52

Do. Dr. Du.

	Jahr.	Band.	Seite.
Dorf-Kretschmer sollen bei Ankunft eines fremden Herbergs-Gastes denselben täglich dem Gerichten weisen ben	1782	17	493
— — sollen keinen Bettler beherbergen	1779	16	114
— — sollen auf die Diebe Acht haben	1747	2	563
— — sollen die bei Ihnen einkehrenden Vagabonds sogleich den Gerichten anzeigen	1779	16	108
— — sollen die reisenden polnischen Handels-Juden gut aufnehmen und bewirthen	1762	7	109
— — sollen nur eine Possession haben	1764 / 1765	8 / 9	195, 142 / 448
Dorfschulen s. Schulen auf dem Lande.			
Dorfwachten sollen zur Verhütung nächtlicher Diebereien richtig gehalten werden	1764	8	27
s. Nachtwächter.			
Dörfer neue s. Kolonien.			
— wegen deren Gemeinheiten s. Gemeinheit.			
— wegen der Viehseuche gesperrte ꝛc. s. Viehseuche.			
— wegen deren Einwohnern überhaupt s. Unterthanen, item Landleute.			
Dörrhäuser publique zum Flachsdörren sollen erbauet werden, wo, und wie	1765	8	441, 616, 765
s. Flachsdörren.			
— — gehören nicht zur Feuer-Societaet	1750	3	965
Dosen mit Spiegeln s. Spiegel-Dosen			
Drath-Saiten fremde werden zur innern Consumtion einzuführen verboten	1782 / 1785	17 / 18	354 / 388
Dreidings-Tage: dabei sollen die Grundobrigkeiten und Beamten den Dorfgemeinen nicht unnöthige Kosten machen	1751 / 1773	4 / 14	201 / 13
Dresch-Register sollen bei den königl. Aemtern geführet werden	1763	7	359
Drodel-Boy: Vorschrift wegen dessen Verfertigung	1765	8	475
Druckereien sollen blos einländisches Papier gebrauchen	1749	3	434
Druckpapier weißes: dergleichen soll mehreres in Schlesien verfertiget werden	1781	17	159
Ducaten unwichtige sollen aus dem Lande geschaft, oder in die Münze geliefert werden	1749 / 1748	4 / 3	427 / 221
— vollwichtige von Ludwig 14. behalten ihren Cours	1749 / 1751	3 / 4	428 / 185
— — sollen in Handel und Wandel, aber nicht in den königl. Cassen angenommen werden	1751 / 1752	4 / 4	52 / 185

Du.

	Jahr.	Band.	Seite.
Ducaten: Bestimmung der gangbaren, und was für welche in die Münze zu liefern	1764	8	71
—— wichtige, wie viel sie wiegen müssen	1768	10	320
—— mögen außer Landes geführt werden	1779	16	160
—— unwichtige roullirende sollen den Inhabern weggenommen und in die Münze geliefert werden	1780	17	104
—— das Agiotiren damit zur Bedrückung der Leinweber wird verboten	1777	15	242
Ducaten-Societät: an der im Reich entstandenen soll Niemand Antheil nehmen	1747	2	586
—— —— die Generalia von Goldmünzen überhaupt kommen sub rubr. Goldmünzen vor.			
Düngen mit Kalk wird verboten	1760	6	803
	1763	7	335
Düng-Arten verschiedene: Beschreibung, wie mit einer jeden insbesondere oder auch vermischt zu verfahren	1772	13	333
mit Mist-Excrementen ꝛc.	—	—	334 seq. 338
mit Klauen, Horn, Haaren vom Vieh	—	—	335 seq.
mit Moos, Blättern, Torf, Erde ꝛc.	—	—	336
mit Pottasche, Lauge ꝛc.	—	—	337 seq.
mit gemeiner Asche	—	—	339
mit Kalk	—	—	340 seq.
mit Mergel f. Mergel.	—	—	345 seq.
mit Gries	—	—	357

E.

Eb.

	Jahr.	Band.	Seite.
Edelleute f. Adeliche.			
Edicte ꝛc. wie solche aufs schleunigste zu Jedermanns Wissenschaft gebracht werden können und sollen	1743	1	85 seq.
—— dazu muß ein besonderes Buch gehalten werden, und wie es beschaffen seyn soll	—	—	86
—— von Communication, Publication und Affigirung derselben	—	—	88
—— was den Mediat-Regierungen und Magisträten dabei obliegt	—	—	89
—— sollen jedesmal den Fiscalen communicirt werden	1743	1	94
	1748	3	195
—— sollen durch Abdruck der Exemplarien bekannter gemacht werden	1743	1	85
—— wegen Besorgung des Abdrucks derselben	—	—	87 seq.

P

Edicte:

Ed. Eh.

	Jahr.	Band.	Seite.
Edicte: wegen Verkauf der abgedruckten Exemplarien	1743	1	94
— durch wen die ordentliche Publication geschehen soll	—	—	87
	1750	5	327
— die Creißinsaßen sollen sich solche besser bekannt machen, und genau befolgen	1750	3	883
— auf derselben Befolgung sollen die Justiz-Collegia halten	1748	3	194, 196
— sollen von denen Dirigentibus ꝛc. nicht vorenthalten werden	1749	3	500
— sollen von der kathol. Geistlichkeit unweigerlich von den Kanzeln publicirt werden	1750	5	429
— sollen den Caplänen von den Pfarrern bekannt gemacht werden	1765	8	568
Ehen: Edict wegen derselben	1747	2	474
— dürfen nicht ohne Consens sämmtlicher Interessenten geschlossen werden	—	—	475
— dazu sollen Eltern ihre Kinder, Obrigkeiten ihre Unterthanen ꝛc. nicht zwingen, sub poena Nullitatis	—	—	476
— sollen Kinder, Unterthanen ꝛc. ohne Einwilligung ihrer Vorgesetzten nicht schließen, sub poena Nullitatis	—	—	ibid.
— die Aufhebung der nicht gesetzmäßigen gehört zum Ressort des Consistorii	—	—	477
— ohne landesherrlichen Consens und vorhergegangenen dreimaligen Aufboth außerhalb Landes vollzogene sind quoad Effectus civiles kraftlos	—	—	479
— die Republication des Edicts wegen derselben wird befohlen	1760	6	801
— von zweierlei Religionen: wie es mit Erziehung der daraus erzeugten Kinder zu halten	1750	5	417
	1752	4	796
— ungleiche und schändliche sollen die Adelichen nicht schließen	1765	19	262 seq.
— — was darunter für Weibspersonen zu verstehen	—	—	264
— — wie die daraus erzeugten Kinder zu behandeln	—	—	262
— — in wiefern dergleichen nachgegeben werden	—	—	265
Ehe-Beredungen können durch die Justiz-Räthe aufgenommen werden	1750	5	496
— in wiefern dazu ein Stempelbogen, und was für einer zu gebrauchen	1766	9	114
— müssen schriftlich und in Gegenwart zweier Zeugen abgefaßt werden. Doch sollen Eltern und Großeltern nicht Zeugen seyn	1770	12	30
	1778	16	3
— jüdische: dazu ist ein Stempelbogen à 5 Thlr. zu adhibiren	1766	9	163
Eheleute: deren Streitigkeiten sollen die Inspectores beizulegen suchen	1742	1	188

Ehe-

Eh. Ei.

	Jahr	Band	Seite
Eheleute: von zweierlei Religionen: für welches forum die Divortien-Prozesse zwischen denselben gehören s. Heuraten.	1750	5	419
Ehren-Vorsorge bei kleinen Injurien-Sachen sind auf einen Stempelbogen à 4 Gr. auszufertigen	1785	18	409
Einbrüche gewaltsame, wie sie zu bestrafen s. Diebstahl.	1750	5	574
Einlieger müssen gedruckte Erlaubnißzettel haben	1770	12	161
Einmarsch der königl. preußischen Truppen in Schlesien. Patent deswegen	1744	1	1
	1745	2	1
in Polen desgleichen	1759	6	743
Einquartirung: davon sollen die 6 Gebürgs-Creiße befreiet seyn	1744	1	28
—— sollen die Unteroffiziers und Gemeinen in natura erhalten	1742	1	139
—— die Offiziers aber in Gelde	—	—	140
—— was für Häuser davon ganz, oder nur auf gewisse Zeit befreiet seyn	1786	18	448
—— was für Personen davon befreiet seyn	1742	1	142
—— wie es mit denen davon befreiten Bürgerhäusern wegen des Servis zu halten	1786	18	447
Einsatz-Gewichte s. Gewichte.			
Einsiedler s. Eremiten.			
Eisen: das Haufiren damit auf dem Lande wird verboten	1753	4	829
	1756	19	140
	1778	16	64
— einländisches wird nach Polen auszuführen verboten	1759	6	783
	1760	6	843
— —— die Ausfuhr dahin wird wieder erlaubt	1763	7	302
— —— der Handel en Gros damit wird der Bergwerks-Hütten-Administration privative zugestanden	1779	19	432
— —— sächsisches, wie hoch solches zu Breslau zu veraccisen	1765	8	778
— —— schwedisches aus pommerschen Seestädten kommen: des ist Impost-frei	1768	10	303
— —— das übrige eingehende wird mit 1 Thlr. pro Cent Impost belegt	—	—	304
— —— dessen Einfuhr wird ganz verboten	1779	19	430
— —— unter welchen Umständen die Einfuhr desselben zum Transito-Handel noch nachzugeben ist.	—	—	431
Eisendrath: würtenthaler, österreichischer und sächsischer wird einzuführen verboten	1764	8	174
Eisenerze gehören alle dem Grundherrn	1769	11	90

Ei. El.

	Jahr.	Band.	Seite.
Eisenhämmer abgebrannte: wegen Remission und Feuer-Societät-Hülfe für dieselben	1750	3	966
— — werden im Gebürge anzulegen verboten	1756	6	401
Eisenhändler sollen ihre Messer und andere Waaren aus Neustadt-Eberswalde oder andern einländischen Fabriken kommen lassen	1763	7	459
— — Selfershauer mögen an Jahrmärkten mit ihren Waaren ausstehen	1756	6	600
Eisenstein wird außer Landes zu führen verboten	1764	8	281, 283
— — nur der Lindestein, aber nicht der Harzstein ist auszuführen verboten	—	—	354
Eisenwaaren: Avertissement wegen derer im Gebürge verfertigten	1749	3	751
— — sächsische werden einzuführen verboten	1765	8	577
— — schwedische desgleichen s. supra Eisen schwedisches.	1779	16	430
Eisenwerke werden zur Holz-Menage im Gebürge nicht gestattet, ausgenommen mit Torf- oder Steinkohlen-Feuerung	1777	15	329
— — sollen von Dominiis ohne Cammer-Concession nicht angelegt werden	1784	18	146
Eisgang auf großen Flüssen, dem daraus zu besorgenden Schaden ist in Zeiten vorzubeugen	1785	18	310, 325
Ellen sollen in Schlesien egales Maaß haben	1751	4	229 seq.
— sollen durch ganz Schlesien nach dem breslauschen Maaße regulirt werden	1746 / 1751	2 / 4	388 / 291
— davon ist ein Probemaas auf den Rathhäusern aufzubehalten	—	—	293
— müssen geächtet seyn	—	—	ibid.
— die geächteten sollen nur von Breslau und Glogau verschrieben werden	—	—	295
— müssen jährlich einmal revidirt werden	—	—	308
— die Revisiones derselben sind ernstlicher, und noch eine extraordinäre Revision vorzunehmen	1766 / 1782	9 / 17	292 / 301
Eltern der ausgetretenen Landeskinder, wie sie zu bestrafen	1747	2	521
— in wiefern deren Consens zur Heurat ihrer Kinder nöthig	—	—	476
— können die sich ohne ihren Consens verheuratende Kinder bis auf die Hälfte der Legitimae enterben	—	—	477
— von zweierlei Religionen, wie es mit denen aus ihrer Ehe erzeugten Kindern ratione der Erziehung zu halten	1750 / 1752	5 / 4	417 / 796

reliqua s. Ehen, Heuraten, Kinder, Religion, Schulen ꝛc.

Emigrationes s. Auswanderungen.

	Jahr.	Band.	Seite.
Er.			
Emiſſarii : ſo einländſche Fabrikanten außer Landes zu ziehen ſuchen, ſollen arretirt werden ſ. Werber fremde.	1767	10	104
Enrollirte ſ. Cantoniſten.			
Entoillagen-Fabriken : zu deren Anlegung im Lande ſollen Entreprenneurs aufgeſucht werden	1769	11	243
Entreprenneurt ſ. Bau-Entrepr. Lieferungs-Entrepr. Fabriken-Entrepr. u. ſ. w.			
Entrepriſen desgleichen.			
Entweichung ſ. Auswanderung-*Deſertion.*			
*Epidemie-*Krankheit, Praeſervativ-Mittel dagegen ſ. Krankheit.	1758	6	702 ſeq.
*Equipage-*Stücke der öſterreichſchen Deſerteurs ſollen an die nächſte jenſeitige Garniſon zurück geliefert werden	1780	17	60
Erben der rathhäuslichen Officianten genießen ein Gnaden-Quartal	1742	5	17
— der Creisbeamten, ſo keine Chargen-Jura zahlen, genießen nur einen Sterbe-Monat	1781	17	177
— die andern genießen ſtatt des bisherigen Sterbe-Monats ein Sterbe-Quartal	—	—	116
— lachende müſſen 1 pro Cent zur Zuchth:ns:Caſſe zahlen	1747	2	460
— müſſen binnen 6 Wochen ein Inventarium über die Verlaſſenſchaft conſcribiren	1750	5	560
— müſſen ſich binnen 6 Monaten wegen Annahme der Erbſchaft erklären, oder gehen derſelben verluſtig	—	—	561
Erb-Begräbniſſe oder Grüfte ſ. Begräbniſſe erbliche.			
Erb-Contrafte, wie ſie zu ſtempeln	1766	9	164
Erb-Gelder ſollen in das Hypothekenbuch intabulirt werden	1750	5	364
Erb-Hofrichter-Amt im Fürſtenthum Schweidnitz ꝛc. iſt in der gräflich Schafgotſchen Familie erblich	1747	5	218
Erb-Kämmerer-Würde, nebſt dem Praedicat *Excellenz*, wird dem Graf von Maltzan beigelegt	1776	15	37
Erb-Landes-Marſchall Würde wird auf den Graf von Sandrazki jun. transferirt	—	—	96
Erbſchaften im Lande : dazu gehören auch die außer Landes befindlichen mobilia, Baarſchaften, Activa, aber nicht die Immobilia ſ. Verlaſſenſchaft.	1771	13	119
—— der Soldatenfrauen, wenn ſie von ihrem Manne abgeſondert, außer dem Garniſons-Ort ſterben, wie ſie zu reguliren	1782	17	498

Erb-

Er.

	Jahr.	Band.	Seite.
Erbschafts-Inventaria: wie sie zu stempeln	1765	8	583
	1766	9	114
Erbschafts-Recesse über die Verlassenschaft derer, von ihrem Manne abgesondert, außer der Garnison verstorbenen Soldaten-Frauen sollen von den Civil-Gerichten nach geschehener Regulirung an die Regiments Gerichte eingesandt werden . f. Soldaten.	1785	18	278
—— —— wie es mit deren Stempelung bei auswärtigen Collateral-Erben zu halten	1771	13	119
das übrige von Collateral-Erben und Erbschaften kann Lit. C. Collateral-Erben nachgesucht werden			
Erb-Verträge von 50 Thlr. und drüber sollen entweder gerichtlich oder von einem Notario und 2 Zeugen gemacht werden .	1778	16	79
Erblichmachung der Rustical-Stellen wird befohlen .	1764	8	229
	1765	8	405
	1766	9	110
das Uebrige f. Stellen, Bauergüter.			
Erdenzeug mährischer (Brüdergefäße) wird einzuführen verboten	1765	8	638
Erdtoffeln: Beschreibung, wie daraus Stärke zu machen	—	—	841
f. Cartoffeln.			
Eremiten: die nur vom Almosen leben, werden blos ad dies vitae gedulder, und ihre Eremitagen sodann cassirt	1767	10	61
—— wie es mit denen zu halten, so in wirklichen Functionen stehen .	—	—	ibid.
Erlaubnisscheine gedruckte sollen dem Gesinde ertheilt werden	1770	12	85
—— —— Formular dazu .	—	—	88
—— —— sind gratis zu geben .	—	—	86
—— —— geschriebene für Dienstboten, dafür soll der Ausfertiger derselben p. Stück 2 Thlr. Strafe erlegen .	1770	12	87
	1777	15	231
—— —— für auswärts dienende Unterthanen sollen nach dem gedruckten Formular ohne andern willkürlichen Zusatz ausgefertiget werden	1774	14	221
Erndtefest und Predigt, wenn solches zu feuern .	1773	14	8
Erndte-Register: wegen Führung desselben auf den Aemtern.	1763	7	359
Erfrorne			
Erhängte			
Erstickte ⟩ wie denselben zu helfen f. Hülfsmittel.			
Ertrunkene			
Erwürgte			

Er. Ex.

	Jahr.	Band.	Seite.
Erze neu getroffene sind gleich dem Ober-Bergmeister anzuzeigen	1769	11	106
— wie sie zu fördern und zu vermessen	—	—	138
— sollen nicht außer Landes geschmolzen werden	—	—	143
Erziehung: deshalb sollen die Kinder nicht außer Landes geschickt werden	1756	6	244
— wegen der weibl. Jugend in den Klöstern s. Kloster.			
Escheln sollen die Bleicher und Kaufleute einzig aus der königl. Blaufarbe-Factorey nehmen	1780	17	67
Estaffeten müssen nur sichern Postillons anvertrauet werden	1782	17	375
— königl. was beim Transport derselben zu beobachten	—	—	388
— wie viel dafür pro Meile zu zahlen	1762	7	143
	1766	9	70
— von Regiments-Chefs in wiefern sie auf königl. Rechnung geschickt werden können	1743	5	68
Estaffeten-Gelder werden erhöhet	1762	7	139, 143
— wie sie einzutheilen	—	—	144
Estrich: damit sollen zur Feuer-Sicherheit die Gebäude belegt werden	1770	12	327
— Feuersicherheit: wie das Gebäude dazu einzurichten	1771	13	108
— wie solcher zu verfertigen 2c.	—	—	110
— die Auflegung dessen wird aufs neue eingeschärft	1775	14	290
Essig s. Bieressig, Weinessig.			
Estoffe seidene 2c. aus Sachsen nach Polen transitirende werden mit 30 pro Cent impostirt	1765	8	722, 751
— — aus andern Ländern nach Polen transitirende, davon wird nur 10 pro Cent Impost erlegt	—	—	751
Excitatoria sind nicht Herrnsachen, und daher auch nicht Postfrei	1771	13	18
— in welchen Fällen solche als Herrnsachen zu betrachten	—	—	19
Execution: wegen Vollziehung derselben durch die Amtspfänder	1750	5	480
— was der Amtspfänder dabei zu beobachten	—	—	481, 483
— item der Exequendus	—	—	481
— wenn solche dem Amtspfänder allein zu überlassen	—	—	482
— wie mit der Pfändung dabei zu verfahren	—	—	483
— durch militairische Assistenz darf nicht ohne Anfrage geschehen	—	—	531
— durch wen solche in Immobilibus zu vollziehen	—	—	556
— wie dabei zu verfahren, wenn sie ad Requisitionem auswärtiger Judiciorum vorgenommen wird	—	—	556 seq.
— derselben soll sich niemand widersetzen	—	—	487
Executions-Gebühren dürfen keinem Commando, wenn solche nicht wirklich eingelegt worden, bezahlt werden	1762	7	101

Er.

	Jahr.	Band.	Seite.
Executions-Gebühren: wie viel an die eingelegten Commandos zu zahlen	1763	7	332
Executions-Instruction für die dabei commandirenden Officiers	1744	1	198
Exemtions-Servis f. Servis.			
Exequien solemne, wie viel dafür zu entrichten	1750	5	467
Eximirte Personen gehören unter das Forum der Oberamtsregierung	—	—	321
— — in wiefern sie in Gesinde-Sachen auch andern Foris unterworfen	1756	6	592
— — deren Sterbefälle sind, wenn sie Kinder hinterlassen, sogleich dem Pupillen-Collegio anzuzeigen	1752	4	645
f. Adeliche.			
Expeditions-Scheine: wie viel dafür zu zahlen, und wo sie nöthig sind	1770	12	21 seq.
Extabulation: wie solche bewirkt werden muß	1750	5	372
— — wie es zu halten, wenn das Instrument verloren gegangen	—	—	ibid.
— — item wenn ein Creditor im Concurs leer aufgefallen, und sein Instrument nicht extradiret	—	—	ibid.
— — item wenn der Aufenthalt des Creditoris unbekannt	—	—	373
Extracte aus den Steuer-Catastris, Fassions-Tabellen ꝛc. mögen den Landesältesten zum Behuf einer landschaftlichen Detaxation ohne weitere Anfrage verabfolgt werden	1773 / 1781	14 / 17	98 / 152
— aber sonst keinem andern Vasallen oder Unterthan ohne specielle höhere Genehmigung	1780	17	64
— von Rechnungen ꝛc. f. Rechnungen, Cassen, oder da, wo dergleichen sonst vorkommen, v. g. Cämmerei-Forst-Ziegelei-Extracte u. s. w.			
Extra-Postfuhrwesen: verbessertes Edict, dessen Einrichtung betreffend	1766	9	66
Mehr davon f. Posten.			
Eyd: von dessen Acceptation und Relation	1750	5	562
— wegen Abschaffung der dabei in Concurs-Sachen eingeschlichenen Mißbräuche	1760	6	826
— muß von dem, welchem solcher deferirt wird, selbst geleistet werden	1750	5	562
— dessen Wichtigkeit ist vorher denen Inquisiten zu erklären	1776	15	56
— (Reinigungs-Eid) in Accise-Verbrechen, wenn solcher zuzulassen	1756	19	212
Eydes-*Notula* für die angehenden Soldaten	1749	3	501
— — für die Bader und Chyrurgi	1744	19	29, 31

Eys

Ey.

	Jahr.	Band.	Seite.
Eydes=Notula für die Apotheker und Provisores	1744	19	30
—— —— für die Hebammen	—	—	36
—— —— für die Taxatores bei Hagelschaden	1782	17	283
—— —— für die Justiz=Räthe	1750	5	505
—— —— für die Landschafts=Aelteste	1770	12	194
—— —— —— Boten	—	—	179, 199
—— —— —— Canzelisten	—	—	179, 198
—— —— —— Controlleurs	—	—	178
—— —— —— Directores	—	—	183
—— —— —— Registratores	—	—	178
—— —— —— Repraesentanten	—	—	176
—— —— —— Syndici	—	—	177
—— —— für die Maurer wegen Brandsicherheit der Gebäude	1750	3	810
—— —— für die Zimmerleute desgleichen	—	—	ibid.
—— —— für die Nachtwächter zu Breslau	—	—	1020
—— —— für die Tuch=Bereiter	1765	8	522
—— —— —— Schaumeister	1746	2	309, 316
	1765	8	513,517,519
—— —— —— Scheerer	—	—	522
—— —— —— Streichmeister	1746	2	316
	1765	8	515
—— —— —— Walker	—	—	520
—— —— für die Tollwurmschneider	1767	10	85
Eyer s. Victualien.			

F.

Fa.

	Jahr.	Band.	Seite.
Fabrikanten: wer darunter zu verstehen	1749	3	447
	1770	12	3
	1775	14	366
—— —— ausländische, so sich im Lande etabliren, haben zu genießen:			
Accise=Bonification (Consumtions)	1742	1	207
	1749	3	448
	1763	7	513
	1770	12	4
	1775	14	367
Freiheit ab Oneribus publicis	1742	1	207
	1749	3	448
	1763	7	513
	1770	12	4
	1775	14	367

Fa.

	Jahr.	Band.	Seite.
Fabrikanten: ausländische, so sich im Lande etabliren, haben zu genießen:			
	1742	1	208
	1749	3	448
Freiheit von Werbung	1760	7	513
	1770	12	4
	1775	14	367
	1742	1	207
	1749	3	448
freies Burger- und Meisterrecht	1763	7	513
	1770	12	14
	1775	14	367
Notandum: Andere Neben-Beneficia, und in wiefern diese ratione des Etablissements (wenn sie sich nur einmiethen, Häuser kaufen, wüste Stellen bebauen, leere Häuser annehmen ꝛc.) variiren, kann man in den allegirten Edicten nachsuchen, auch s. Bau-Beneficia.			
— — aus Polen anziehende, deren besondere Beneficia	1775	14	369 seq.
— — einländische: Beneficia für die, so Fabriquen von ausländischen Zeugen anlegen	1763	7	516, 518
	1770	12	8, 10
	1775	14	372
— — sollen mehrere ins Land gezogen werden	1766	9	225
— — sollen im Lande mit keinen beschwerlichen Imposten belegt werden	1743	1	60
— — sollen mit ihren Fabricatis auswärtige Messen besuchen	1768	10	296, 168
— — mögen ungehindert die einländischen Jahrmärkte beziehen	1767	10	11
— — sollen beim Verkauf ihrer Waaren nicht bedrückt werden	1765	9	566
— — Pardon für die ausgetretenen, wenn sie binnen Jahr und Tag zurückkehren	1756	6	246
— — besonders genannte kommen auch bei den besondern Fabriken vor, als Zeug-Fabrikanten, Leder-Fabrikanten.			
— — auf dem Lande sind von Schanzarbeiten frei	1770	12	311
Fabriken im Lande sollen nicht mit Imposten beschweret werden	1743	1	60
—— zur Etablirung mehrerer werden die Kaufleute animirt	1765	8	403
—— Benennung derer, so im Lande noch fehlen und anzulegen sind	1763	7	402
	1765	8	814
Fabriken-*Entrepreneurs,* so die genannten anlegen, werden gewisse Beneficia und Geld-Vorschüsse verheißen	1763	7	518
	1765	8	815

Fas

Fa.

	Jahr.	Band.	Seite.
Fabriken: *Entrepreneurs*, so fremde Meister und Gesellen ins Land ziehen, wie viel sie für jede Person Douceur erhalten f. *Beneficia*.	1775	14	374
Fabriken: *Inspectores*: Instruction für dieselben	1748	3	262 seq.
Fabriken: Sachen gehören zum Ressort der Cammern	1744	5	171
Fabriken: Waaren, besonders leinene, so aus Schlesien und dem Glätzischen nach andern königl. Provinzen gehen, wie sie zu stempeln und zu zeichnen	1756	19	156
—— einländische, davon sollen zur Beförderung des Debits Probe-Charten auswärts verschickt werden	1768	10	168
—— im platten Lande verfertigte werden im nächstliegenden Accisamt gesiegelt	1785	18	410
—— wenn von speciellen Fabriken die Rede ist, so sind solche unter dem eigenen Buchstaben nachzusuchen, als Gold-Silber-Leder-Strumpf-2c. 2c. Fabriken.			
Fabriken: Steuer vom Weizenmehl wird eingeführt	1769	11	199
—— wer solche einnehmen soll	—	—	201
—— wie die Gelder zu verrechnen	—	—	ibid.
—— der Ueberschuß soll zur Unterstützung der Wolle-Manufacturen verwendet werden	—	—	202
—— Tantieme der dazu bestellten Einnehmer	—	—	ibid.
—— fixirte darf, wenn etwa über das bestimmte Quantum mehr Weizen consumirt wird, nicht nachgezahlt werden	1776	15	31
—— muß von den fixirten Vorstädtern noch besonders entrichtet werden, wenn sie Weizenmehl zum Kuchen backen in die Stadt bringen, obgleich das Gebackene wieder ausgehet	1777	15	207
—— über die Defraudationes derselben stehet die Judicatur den Magisträten und nicht der Accise zu	1782	17	360
—— auf die Defraudationes soll genau invigilirt werden Specialiora f. Weizenmehl.	—	—	285
Fabrikensteuer: *Rendanten* sollen Wissenschaft von allen abgehenden rohen Garnen erhalten, und darüber besondere Paßzettel ausfertigen	1774	14	137, 143

Fa.

			Jahr.	Band.	Seite.
Fabrikensteuer=Rendanten: was sie in dem Paßirzettel bemerken müssen			1774	14	137 seq. 143
— — — müssen ein Annotations-Register über die abgehenden Garne führen			—	—	142, 149
— — — müssen die Paßirzettel darüber gratis geben			—	—	143
— — — erhalten die Schreib=Materialien zu diesem Behuf aus der Cämmerei			—	—	ibid.
— — — haben Vollmacht, alle abgehende Garne zu revidiren			—	—	144
— — — was sie bei denen nach der Mark ausgehenden rohen Garnen zu thun f. Garn.			1775	14	362 seq.
— — — deren Tantieme jährlich 20 Thlr. beträgt, müssen davon Servis zahlen			1786	18	466
Fachbäume sind so zu legen bei den Wassermühlen, daß keinem Tertio daraus ein Schaden erwachse			1777	15	285
— müssen absolute nach dem Sicherpfahl abgemessen seyn, und wird dabei weder Schwinde= noch Zehrzoll accordirt			—	—	286
— zu hoch liegende sind herunter zu legen			—	—	ibid.
— dürfen nur in Gegenwart des Dominii gelegt werden			—	—	287
— in Frei=Fludern, wie sie zu legen			—	—	288
— Strafe, wenn die Pfähle zu niedrig eingestoßen seyn wenn sie durch Aufnagelung erhöhet werden			—	—	287.
Fächer ausländische zum innern Debit eingehende werden mit 50 p. Cent Impost belegt			1783	18	6
Fackeln und Windlichter: deren Gebrauch in den kleinen nicht massiv gebauten Städten wird verboten			1776	15	116
— damit soll auch in maßiven Städten behutsam umgegangen werden			—	—	117
Fährgeld f. Oberfähre, Oberfahrzeuge.					
Färber f. Schönfärber, Schwarzfärber.					
Färbereien sollen mehrere etablirt werden, besonders Seidenfärbereien			1763 1764	7 8	356 149
Färberei=Fabrike von türkschen Garne wird privilegirt f. Garnfärberei.			1776	15	17
Farbe blaue f. Blaufarbe, item Blaufarbe=Werk.					
Farbe=Waaren, davon wird 1 pro Cent Consumtions=Accise erlegt			1742	1	31
— — Wiener und florentiner werden einzuführen verboten			1777	15	178
Farrenkraut=Asche ist zum Bleichen sehr dienlich			1775	14	524
— — zu dessen Anbau werden die Landleute animirt			—	—	525

Far

Fa. Fe.

	Jahr.	Band.	Seite.
Fasanen: das unbefugte schießen und fangen derselben wird verboten f. Federwild.	1764	14	172, 239
Fasanerieen: zu Anlegung derselben muß besondere Cammer-Concession eingeholt werden	—	—	164, 241
Faschinen sollen nicht zur Ausbesserung der Straßen gebraucht werden	1767	10	11
Faschinen-(Reisigt) Wehre: wie hoch und wie sie zu machen	1777	15	288
Fassions-Tabellen: daraus sollen den Vasallen und Unterthanen ohne höhere Genehmigung keine Extracte gegeben werden	1780	17	64
—— aber wohl den Landesältesten Behuf der landschaftlichen Detaxationen	1773 1781	14 17	98 152
Fayence sächsische: deren Einfuhr wird verboten	1765	8	638
— item und die Einfuhr aller ausländischen überhaupt	1766 1780	9 17	5 100, 111,115
— einländische soll zum Kennzeichen mit einem eingebrannten Unterscheidungszeichen der Fabriken marquirt werden	1771	13	140
— Bestimmung aller Unterscheidungs- u. Fabriken-Marquen	—	—	141
— Proskauer ist mit dem Zeichen P. zu bemerken	1772	13	202
Fayence-Fabriken sollen im Lande etablirt werden	1763	7	298
Federn ausländische mögen fremde Juden unter gewissen Bedingungen auf dem platten Lande verkaufen	1777	15	187
Feder-Muffe fremde zum einländischen Debit eingehende werden mit 50 pro Cent impoltirt	1783	18	6
Feder-Putzwaaren desgleichen	—	—	ibid.
Feder-Vieh ist den Gebürgs-Fuhrleuten etc. zum Wiederverkauf auf dem platten Lande aufzukaufen erlaubt	1756	19	130, 100
Da das Federvieh unter die Victualien gerechnet wird, so ist das Mehrere davon dort nachzusuchen, ratione der davon zu entrichtenden Accise aber f. Accise.			
Feder-Wild: das Ausnehmen der Eyer desselben ist verboten.	1756	6	441
— — wie lange, und wenn solches zu schießen erlaubt	—	—	ibid.
— — wie solches einzufangen erlaubt	—	—	444
— — in wiefern darauf Dohnen-Steige gelegt werden dürfen f. Vögel, Raubvögel, Wildprets-Taxe.	—	—	ibid.
Feinden: deren Manifesten etc. soll keine Folge geleistet werden	1757	6	685 seq.
—— item keine Assistence und keine Lieferung	—	—	691
Felder f. Aecker.			
Feld-Früchte: wegen derselben Remission bei Unglücksfällen f. Hagelschaden, Mißwachs, Ueberschwemmung.			

Fe.

	Jahr.	Band.	Seite.
Feld = Hütter s. Wiesen = Hütter.			
Feld = (Krieges) Commissariat = Canzelei: derselben Obliegenheiten	1741	1	72 seq.
Feld = Magazin = oder Proviant = Beamte: Reglement für dieselben	—	—	83 seq.
Feld = Messer: was sie für Requisita haben müssen	1748	3	52
— — deren Emolumenta und freies Vorspann	—	—	58
s. Landmesser, Vermessungen.			
Feldprediger: wie es mit deren Berufung zu halten	1750	5	275 seq.
— — deren erforderliche Qualitaeten, Alter rc.	—	—	275
— — können ohne Vorwissen des Feldprobstes nicht angenommen werden	—	—	278
— — über ihren Wandel ist jährlich eine Conduiten = Liste einzusenden	—	—	279
— — können mit Beibehaltung ihrer Regimentsgemeine keine andere Pfarre annehmen	—	—	280
— — wie weit sich derselben Jurisdiction erstrecke, und was für Amtsverrichtungen ihnen obliegen	—	—	ibid.
— — deren Taxa stolae vom Taufen	—	—	284
— — — von Trauungen	—	—	286
— — wenn, welche, und wie sie weiter zu befördern	—	—	289 seq.
s. Krieges = Consistorium.			
Felle, wenn die Rede von Ledern oder Fellen überhaupt ist, s. Leder, werden sie aber specifice genannt v. g. Schaaf = oder Haasenfelle rc. so s. unter eben dem Anfangs = Buchstaben.			
Fenstermacher sollen auf dem Lande nicht haussiren	1751	4	196
Fenster und Oefnungen in den Stadtmauern sollen zur Verhütung der Accise = Defraudation zugemauert werden	1768	10	291
Ferien bei den Gymnasiis dürfen weder vermehret, weder verlängert werden	1776	19	418
s. Gymnasia, Schulen.			
Feuer: das Anmachen desselben in den Wäldern wird verboten	1743	1	108
	1756	6	408
darauf gesetzte Strafe	1763	7	204
	1764	8	253
s. Forsten.			
— ein entstehendes soll nicht verschwiegen, sondern gleich bekannt gemacht werden	1776	15	126
Feuer = Bürgermeister erhalten Sitz im Raths = Collegio	1777	15	161*
— — — deren Rang wird bestimmt	—	—	162
— — — was sie bei einem Feuer zu besorgen	1776	15	129, 137
— — — von wem sie in Casu necessitatis zu vertreten	1777	15	163

Feuer=

Fe.

	Jahr.	Band.	Seite.
Feuer-Bürgermeiſter ſollen keine Nebens-Officia haben	1780	17	24
Feuer-Diebe ſollen ſogleich arretirt werden	1765	8	634
	1776	15	136
— — wer einen anzeigt oder aufgreift, erhält 4 Thlr. Douceur	—	—	141
Feuer-fangende Sachen müſſen in Kellern und Gewölbern verwahrt, außer der Stadt aber geſotten werden	—	—	111
Feüer-Heerde (Stätten) derer im Feuer arbeitenden Profeſſioniſten müſſen 2 Stein dick und ohne Holzwerk ſeyn	—	—	105
— — an verblendeten Holzwänden werden nicht verſtattet	—	—	106
Feuer-Lärm: wie ſolcher zu machen	—	—	127 ſeq.
— — Belohnung für denjenigen, der ſolchen am erſten macht ꝛc.	—	—	140
— — blinder, Belohnung für die erſte auf ſolchen kommende Spritze	—	—	141
Feuer-Löſch-Anſtalten in der Stadt Breslau	1751	4	23 ſeq.
— — in den Vorſtädten und dazu gehörigen Dörfern	—	—	41
— — was das Militaire dabei zu thun	1760	6	799
— — für die Städte Schleſiens insgemein	1776	15	126 ſeq.
— — was dabei zu thun die Garniſon	—	—	136
— — item der Feuer-Bürgermeiſter	—	—	129, 137
— — item die Feuerherrn	—	—	131
— — item der Conſul dirigens	—	—	130
— — item die Röhr- und Kunſtmeiſter	—	—	132
— — item die Kretſchmer und Bader	—	—	ibid.
— — item die Fuhrleute und Kutſcher	—	—	133
— — was für welche zu treffen, wenn das Feuer unter der Meile, oder in den Vorſtädten iſt	—	—	138
— — werden in den bequartirten Städten denen Garniſons-Commandeurs aufgetragen	—	—	86
— — wer ſolche in Abweſenheit der Garniſon zu beſorgen	1777	15	173
— — ſollen genau beobachtet werden	1766	9	272
Feuer-Löſch-Geräthe: das in den Städten noch fehlende ſoll angeſchaft werden	1742	1	228
	1765	8	444,757,764
— — — müſſen ſtets complet ſeyn	1776	15	122
— — — müſſen zu keinem andern Gebrauche dienen	—	—	ibid.

Feuer-

Fe.

			Jahr.	Band.	Seite
Feuer-Lösch-Geräthe: wo die publiquen aufzubewahren rc.			1776	15	121
— — — soll jeder Eigenthümer bei seinem Hause haben			—	—	123
— — — soll jeder Eigenthümer dabei als Beilaß lassen			—	—	ibid.
den Städten gehörige, und bei Bränden auf dem Lande verloren gegangen, muß die Land-Feuer-Societaet vergütigen, et vice versa			1772	13	331
— — — sollen öfters revidirt werden			1780	17	23
f. Feuer-Sprißen					
Feuer-Löscher sind bescheiden und nicht mit Schlägen zu behandeln			1776	15	133
— unentbehrliche: deren Mobiliar-Vermögen soll jährlich taxirt, und ihnen im Fall der Verbrennung bonificirt werden			1777	15	174
— haben die Wahl, ob sie ihr Mobiliar-Vermögen vorläufig taxiren lassen, oder im Fall der Verbrennung desselben ihren Schaden sodann eydlich erhärten wollen			1780	17	38
Feuer-Löschung: dabei dürfen zwar die Juden nicht erscheinen, müssen aber dafür p. jede Familie 8 Gr. bezahlen			1776	15	137
— item auch die Klöster 1 Thlr.			—	—	ibid.
Feuer-Ordnung neu revidirte für die Stadt Breslau			1751	4	1 seq.
— Nachtrag zu derselben			1760	6	793 seq.
— die breslausche sollen sich alle Einwohner anschaffen, und solche genau befolgen			1751	4	139
— nach derselben soll eine für sämmtliche Städte Schlesiens entworfen werden			1765	8	646
— für die Stadt Bunzlau			1743	5	97 seq.
— — Glogau			1742	1	100 seq.
— — Goldberg			—	5	25 seq.
— — Hirschberg			—	1	117 seq.
— — Parchwitz			1751	4	106 seq.
— für die Städte Schlesiens insgemein			1776	15	104 seq.
— wegen Abschaffung dessen, was zu Feuersbrünsten Anlaß giebt			—	—	105 bis 118
— wegen Anschaffung der nöthigen Feuer-Löschgeräthe			—	—	119 bis 126
— wegen Kundmachung und Löschung eines Feuers			—	—	126 bis 138
— wegen der Anstalten, wenn das Feuer außer der Stadt ist					138
— wegen der zu nehmenden Maasregeln nach dem Feuer			—	—	139 seq.

Feuer-

Fe.

			Jahr.	Band.	Seite.
Feuer=Ordnung:	wegen Belohnung und Beſtrafung derer, ſo bei einer Feuersbrunſt ihre Schuldigkeit gethan oder verabſäumt haben ꝛc.		1776	15	140, 143
—	—	muß quartaliter denen, ſo am meiſten beim Löſchen zu thun haben, vorgeleſen werden	—	—	143
—	—	ſoll nicht mehr in den Quartal-Zuſammenkünften der Zünfte, ſondern halbjährig von den Magiſträten vorgeleſen werden	1779	16	197
Feuer=Reglement für das platte Land			{ 1765 { 1742	8 1	614 ſeq. 229
—	—	was zur Verhütung der Feuersbrünſte für Præcautiones zu nehmen	1765	8	615 bis 624
—	—	wie viel und welche Löſchgeräthe anzuſchaffen ꝛc.	—	—	624 bis 627
—	—	wie dieſerwegen die Nachtwachten zu beſorgen ſ. Nachtwächter.	—	—	628 ſeq.
—	—	wie der Feuer=Lerm zu machen, und bei Vermuthung eines Feuer=Ausbruchs zu verfahren	—	—	629 ſeq.
—	—	was beim Löſchen ſelbſt zu thun ꝛc.	—	—	630
—	—	wer die Aufſicht dabei führen ſoll	—	—	632
—	—	wegen Belohnung der zuerſt herbei eilenden	—	—	ibid.
—	—	was bei gedämpften Brande zu beobachten	—	—	633, 635
—	—	wegen Hülfleiſtung der benachbarten Dörfer	—	—	{ 630, 632 { 633 ſeq.
—	—	ſoll jährlich 2mal in den Gerichtskretſchamen vorgeleſen werden	—	—	335
Feuer=Schaden auf dem Lande muß gleich gerichtlich unterſucht und taxirt werden			1742	1	224
—	—	wer denſelben unterſuchen ſoll	1743	5	138
—	—	was die Commiſſarii dabei für Diäten zu genieſen	—	—	139
—	—	wie viel die dadurch Verunglückten an Steuer=Remiſſion erhalten ſollen	1742	1	224
—	—	wie viel ihnen an Dienſtgeldern und Roboten zu erlaſſen	{ — { 1761	— 7	226 59
—	—	bei dem Vieh ſoll eben ſo wie beim Viehſterben vergütet werden	{ 1742 { 1743	1 5	225 133
—	—	beim Getreide, nach welchen Principiis ſolcher aus zumeſſen	—	—	132
—	—	wie ſolcher zu cruiren und die Remiſſion zu reguliren	1750	3	1115
—		bei Dominial-Gebäuden	1750	3	959, 962
—		bei Ruſtical-Gebäuden	—	—	960, 963
—		bei Pfarr= und Schulgebäuden	—	—	905
—		bei Hütten und Dörrhäuſern	—	—	ibid.
—		bei Mühlen= und Eiſenhämmern	—	—	965, 966

Fe.

	Jahr.	Band.	Seite.
Feuer=Schadens=Remissions=Reglement für die Contribuenten {	1743	18	222 seq.
	1750	3	958 seq.
Feuer=Societaet: Reglement wegen Errichtung derselben auf dem Lande	1742	1	217
——— ——— Bestimmung der Gebäude, so dazu gehören oder nicht	—	—	218, 222
——— ——— Eintheilung der associirten Dörfer und Creiße {	1742	1	231
	1743	1	119
——— ——— worinn die zu leistende Hülfe bestehen soll	1743	1	219
——— ——— Hülfe, Modus collectandi derselben			222
——— ——— an Fuhren und Handdiensten	1750	3	967
——— ——— an Stroh oder Rohr, wie viel ein Gebund halten muß	—	—	969
——— ——— wie viel und wie weit die Associirten fahren	—	—	968
——— ——— wie viel Stunden sie des Tages arbeiten müssen	—	—	ibid.
——— ——— wie hoch und in welchen Fällen die Natura-lien mit Gelde reluirt werden können	—	—	969
——— ——— die Reluitions=Gelder sollen richtig ver-wendet werden	—	—	970
——— ——— muß den Abgebrannten promte geleistet werden {	1763	7	239
	1768	10	457
——— ——— Maasregeln zu deren schleuniger Beitreibung f. Remission.	—	—	ibid.
Feuer=Societaet für die Städte: Declaration wegen deren Ein-richtung	1743	1	5 seq.
——— ——— Beitragsgelder sollen nicht eher ausgeschrieben wer-den; als wenn wirklich ein Brand gewesen, und derselbe taxiret worden	—	—	7
——— ——— dabei darf nur ⅓ in Münze zur Haupt=Casse eingesendet werden	1764	8	292
——— ——— werden Termin=Weise eingehoben	1749	3	574
——— ——— wenn sie zur Haupt=Casse einzusenden	—	—	577
——— ——— Cassen=Extracte, wie sie anzufertigen	—	—	575
——— ——— Cassen=Rechnung, wenn und wie sie anzufertigen	—	—	579
——— ——— Cassen=Rendanten, Instruction für dieselben	—	—	574
——— ——— Cassen=Schemata zum Cassen=Buch	—	—	581
——— ——— ——— Extracten	—	—	667
——— ——— ——— Manual	—	—	587
——— ——— ——— Rechnung	—	—	603
——— ——— Repartitions=Designation	1748	3	278
——— ——— Subreparitions=Designation	1749	3	597

Fe.

	Jahr.	Band.	Seite.
Feuer-Societaet-Catastrum für die Soldie, bei Anfertigung derselben sollen die Häuser nicht unter ⅓ ihres Werths taxirt werden	1771	13	131
— die darinn höher profitirte Häuser erhalten im Fall eines Brandes auch eine höhere Bonification	1775	14	391
— bei Aufnahme derselben sollen die Bau-Inspectores zugegen seyn	1779	16	130
— darinn müssen die Häuser so veranschlagt werden, als wenn sie wirklich massiv und mit Ziegeln gedeckt wären	1771 1779	13 16	131 130
— darinn auch die Nummer der Häuser und die Gassen, worinn sie liegen, mit aufgeführt	—	—	131
— item die alten Catastra nicht umgeschrieben, sondern jedesmal die Häuser aufs neue detaxirt werden	—	—	162
— was sonst noch bei Anlegung eines neuen Catastri zu beobachten	—	—	ibid.
— zu richtiger Anfertigung eines neuen Catastri werden neue Principia vestgesetzt	1782	17	268
— was für Gebäude eigentlich darinn in Anschlag zu bringen, und wie sie zu veranschlagen	—	—	269
f. Quinquennial.			
Feuer-Societaet-Catastrum für das platte Land, die Anlegung eines neuen wird verordnet. Principia	—	—	291
— dabei ist jedes Jahr der Ab- und Zugang anzuzeigen	—	—	292
— dabei auch sind die Miethungszinsen zu veranschlagen	—	—	357
— Windmüller und Auszugshäuser mögen sich darinn als Gärtner profitiren, wenn sie wollen	—	—	358
— wie die Kolonie-Häuser zu catastriren	—	—	290 seq.
f. Kolonie.			
Feuer-Spritzen und Feuer-Instrumente, schadhafte bei den Städten sollen unverzüglich reparirt, und da wo noch keine sind, neue angeschaft werden	1763	7	298, 328
— Vorschrift wegen Anschaffung derselben auf den Dörfern und Ausmessung der Anzahl	—	—	326
— wie es mit Anschaffung, Aufbewahrung, Probirung derselben auf dem Lande zu halten	1765	8	626, 635

R 2   Feuer-

Fe.

	Jahr.	Band.	Seite.
Feuer-Sprißen müssen in einen wegen der Viehseuche zu sperren, den Ort, wenn dort noch keine sind, vorher gebracht werden	1781	17	224
—— —— sollen in den Städten nicht alle an einem Ort, sondern hin und wieder vertheilt aufbewahrt werden	1776	15	122
—— —— wie viel die erste zum Feuer kommende an Douceur erhält	—	—	140
—— —— item bei einem blinden Feuer-Lerm	1777	15	141 / 179
—— —— Anweisung: wie damit umgegangen und solche in der Pflege gehalten werden müssen	1777	15	196
—— —— mit Schläuchen soll jede Stadt wenigstens 1 haben	1776	15	119
—— —— —— wie damit umzugehen	—	—	119 seq.
—— —— wie oft sie probirt werden müssen			121
—— —— Schleiche hänsene werden zu Gnadenfrei verkauft	1785	18	224
—— —— —— Verkaufspreis pro Pf.	—	—	ibid.
—— —— —— darf außer der Fabrike zu Gnadenfrei ohne Concession Niemand verfertigen	—	—	386
—— —— Meister, als solche sollen an jedem Ort die Schmiede bestellt werden	1765	8	631
—— —— in jedem Creiße, soll ein besonderer Sprißenmeister angesetzt werden	1776	15	15 seq.
Feuer-Stätten s. Feuer-Heerde.			
Feuer-Straf-Casse soll errichtet und die einkommenden Gelder genau berechnet werden	—	—	118
Feuer-Visitationes: wenn und durch wen sie zu halten	—	—	117
—— wenn und wie sie auf dem Lande zu halten	1742 / 1765	1 / 8	228 / 625
—— worauf dabei vorzüglich zu sehen	1784	18	165
Feuerwerke sollen weder in Städten noch Dörfern abgebrannt werden	1775 / 1776	14 / 15	509 / 116
Feuer-Zettel: Formular dazu	—	—	147
Feuerungs-Impost wird eingerichtet	75?	18	314
—— —— welche Personen und Städte davon eximirt	—	—	315
—— —— Vorstädter zahlen fixirten Impost	—	—	ibid.
—— —— davon sind Steinkohlen aufgenommen	—	—	316
—— —— wird erhöhet und auf 4 Sgl. pro Klafter vestgesetzt	1786	18	492
Feyertage katholische: in denselben mag auf bischöfl. Dispensation in der Erndtezeit gearbeitet werden	750	5	426
—— —— werden eingeschränkt. Päbstliches Breve.	1754	5	582

Fe. Fi.

	Jahr.	Band.	Seite.
Feyertage katholische werden eingeschränkt. Königl. Edict darüber	1754	5	592
— — Benennung derer, so noch gefeyert werden	—	—	590
— — derer dispensirten	—	—	591
— — wie an den dispensirten der Gottesdienst zu halten	1764	8	66, 157, 325
— — die Geistliche, so an den dispensirten complete divina halten, werden ab officio removirt	—	—	66, 158
— — — sollen das Volk zur Arbeit an dergleichen Tagen vermahnen, und selbst arbeiten lassen	1766	9	157
— — werden zum Theil ganz aufgehoben. Breve	1764	8	158
— — Benennung derer noch bleibenden	1773	14	29
— — derer aufgehobenen	—	—	35
— — wie es an den aufgehobenen mit den Roboten und Hofediensten zu halten	—	—	36
— der Evangelischen und Reformirten werden eingeschränkt	—	—	30
— — Benennung der abgeschaften oder verlegten	—	—	7
— — der bleibenden	—	—	8
— — die abgeschaften sind frei von Hofediensten	—	—	9
— — — sind zur Verbesserung des Schulwesens anzuwenden	—	—	ibid.
Siedeln sollen zur Bestrafung der Accise-Defraudanten aus den Cämmerei-Cassen angeschaft werden	—	—	10
Siedel-Strafen der Accise-Defraudanten sollen aufhören, und ihnen dafür Zuchthaus-Strafe zuerkannt werden	1779	16	158
Fidei Commissa sind in die Hypotheken-Bücher einzutragen	1783	18	67
Firmung sollen die Katholiken nicht außer Landes suchen	1750	5	359, 361
Fiscal-General: dessen Amt und Pflichten	1766	9	152
Fiscale, der übrigen Amt und Obliegenheiten	1748	3	196
— — denselben sollen alle Edicte re. communicirt werden	—	—	195, 196
	1743	1	94
	1748	3	195
Fiscal-Prozesse: in welchen Fällen bei denselben Stempelpapier zu adhibiren	1741	1	189
Fiscal-Quota: Reglement, wenn dem Fisco aus eine Discretion oder der 6te Theil als Quota zufließen soll	1749	3	514
— — bei was für Sachen keine statt findet			515
	1750	5	558
Fiscus hat in dem Vermögen der Cassen-Bedienten vor andern Gläubigern das Vorrecht	1769	19	349
— auch in dem Vermögen andrer vor andern Hypothecariis	—	—	348
— item wegen noch restirender publiquen Abgaben in den Gütern, worauf solche haften	—	—	349

Fiscus:

Fi. Fl.

			Jahr.	Band.	Seite.
Fiscus: was derselbe für Praecautiones wegen Sicherheit der Cassen-Vorschüsse zu nehmen			1769	19	350
— dessen Vorrechte in den Gütern und Vermögen der Cassen-Bedienten und Domainen-Pächter ꝛc. werden näher bestimmt			1785	18	258
— — — sollen ins Hypothekenbuch eingetragen werden			—	—	260
— — — gelten jedoch nur ratione der während des Cassen-Dienstes Pachtung ꝛc. contrahirten Schulden			—	—	ibid.
— — — gelten aber nicht für denen vor angetretenen Dienst ꝛc. schon intabulirten			—	—	259
— — — andere zu deren Nachtheil geschehene Intabulationes sind ungültig			—	—	261
— — — für die nicht intabulirten und den daraus entstehenden Nachtheil sollen die Collegia haften			—	—	262
— — — in wie weit solche auch in dem Mobiliar-Vermögen der gedachten Personen statt haben			—	—	ibid.
— — — denenselben ist das Vermögen der Landräthe nur in gewissen Fällen unterworfen			—	—	ibid.
— — — das Vermögen der Steuerräthe aber völlig unterworfen			—	—	263
— — — haben bei landschaftl. und städtischen Cassen-Rendanten nicht statt			—	—	262
— — — haben bei Neben-Cassen und kleinen Pachtungen nur in gewissen Fällen statt			—	—	263
— dessen Rechte erhält die berliner Haupt-Nutzholz-Administration			1784	18	197
Fischbein, gerissenes fremdes wird bei der Einfuhr mit 12 Gr. pro Pf. impostirt			1774	14	219
— wird zur innern Consumtion einzuführen verboten			1782	17	279
Fischbein-Reißerei-Fabrike wird zu Breslau etabiirt und privilegirt			1774	14	219
Flachs einländischer passirt allenthalben Accise-frei			1742	1	33
— — dessen Ausfuhr wird erlaubt			1751	4	50
— — dessen Ausfuhr wird verboten			1763	7	389
da die Ausfuhr des Flachses bald erlaubt, bald verboten wird, so sind die deshalb ergangene Verordnungen weggelassen worden.					
— soll nach dem Gewicht und nicht nach Kloben verkauft werden			1764 1766	8 9	140 1
— soll auch zum Spinnen besser zubereitet werden			1765	8	661

Flachs

Fl.

	Jahr.	Band.	Seite.
Flachs wird nach andern Königl. Provinzen auszuführen erlaubt	1766	9	93
— wie viel davon Essito Zoll zu entrichten			ibid.
— roher wird zum Dörren, in die Städte einzuführen verboten	1776	15	112
Flachs-Anbau soll fleißiger betrieben und mehr Lein gesäet werden	1764	8	95
— was zum bessern Betrieb desselben und zur Zubereitung nöthig	1765	8	661
— soll auf mährische Art betrieben werden	1772	13	323
Flachs-Arbeit darf nicht bei Lichte verrichtet werden	1782	17	261
Flachs-Brechen bei Hofe muß nicht durch Kinder, sondern starke Leute verrichtet werden	1780	17	99
Flachs-Brecher sollen keine Kloben unter 8 Pfund machen			ibid.
— dürfen, obgleich der Kloben 8 Pfund halten muß, doch nicht mehr oder weniger, als ihre Pflicht ist, bei Hofe brechen	1782	17	244
Flachs-Dörren bei Nachtzeit wird verboten	1751	4	125
— in den Backöfen desgleichen	1765	8	441,616,662
— dazu sollen besondere Dörrhäuser angelegt werden	—		441,616
— wie dazu die Dörrhäuser zu bauen	—		442
— auf einen durch das Flachsdörren im Backofen verursachten Feuerschaden erfolgt keine Remißion	—		ibid.
— unter welchen Umständen solches im Backofen erlaubt ist	1783	18	14
	1784	18	163
Flachs-Händler sollen die Spinner nicht am Gewicht bevortheilen	1774	14	227
— sollen ihnen nicht verdorbenen Flachs verkaufen			ibid.
Flachs-Rösten in den Wässern ist nicht erlaubt. Ursachen	1765	8	443
— unter welchen Bedingungen es erlaubt	1776	15	36
— in den Mühlgräben ist schlechterdings verboten	1777	15	281
Flachs-Spinnerei: Vorschriften darüber überhaupt	1742	1	146
— Maasregeln zur Beförderung desselben auf dem Lande	1761	7	12
	1763	7	455, 294
— Knechte, so sich derinn nicht geübt, sollen keine Erlaubniß zum Heirraten erhalten	1761	7	13
Mehreres f. Spinnschulen.			
Flanellet Vorschrift wegen deren Anfertigung	1765	8	477
Fleckfieber: ein Mittel dagegen	1758	6	712
Fleisch vom Lande, item aus fremden Landen in Städte eingebrachtes, wie es zu versteuern und zu taxiren	1756	19	117
f. Accise vom Fleisch.			
— selbiges, wem das Einbringen dessen nachzugeben, auch wenn die städtschen Fleischer ein Jus contradicendi haben	—		ibid.
— eingesalzenes vom Lande erlegt den einfachen Impost	—		ibid.

Fleisch

Fl.

	Jahr.	Band.	Seite.
Fleisch, soll zum Praejudiz der Fleischer zu Breslau nicht eingelassen werden	1746	5	251
Fleischer: wie sie sich zu verhalten, wenn sie eine Parthie Vieh zusammen kaufen und austreiben	—	—	252
	1756	19	134
— wie sie zu bestrafen, wenn sie ohne Accisezettel schlachten oder denselben nicht einreißen	1746	2	253
	1756	19	127
— aus Städten mögen ihr benöthigtes Vieh überall auf dem Lande einkaufen, selbst in den Dörfern, wo Fleischer sind	—	—	ibid.
— sollen nebst ihren Knechten bei ihrer Reception auf dem Accisamt angeloben, alle Unterschleife zu melden	—	—	ibid.
— unter welchen Bedingungen sie Vieh in Polen einkaufen können	1761	7	8
— verständige sollen zur Besichtigung des fremden einkommenden Viehes mit zugezogen werden	1764	8	151
— sollen dem polnischen auf die Märkte kommenden Vieh wegen des Vorkaufs nicht entgegen gehen	1782	17	249
— sollen sich auch mit den Viehhändlern nirgends als an dem zum Markt bestimmten Tag und Ort in Handel einlassen	—	—	250
— können aber Vieh in Polen aus den Ställen kaufen, und zahlen dafür nur die gewöhnlichen Abgaben	—	—	251
— ausländische anziehende, so eine Bank acquiriren, genießen eben die Beneficia, wie die Professionisten, die sich mit einem Hause ansäßig machen	—	—	264
— auf dem Lande, neue dürfen unter der Meile nicht angesetzt werden	1748	3	243
— — sollen mit ihrem Fleische nicht hausiren gehen	1756	19	118
— — unter der Meile wohnende, nach welchen Sätzen deren Nahrungssteuer zu reguliren und einzuheben	1783	18	46
Fleischbäume in Schornsteinen, wie solche zu machen	1784	18	168
Fleisch-Taxe für die Stadt Breslau, Schema und Instruction für die dasigen Fleischer	1756	6	496
— für die andern Städte, Schema dazu	1749	3	689
— wie sie anzulegen	1756	6	595
Flinsberger Gesundbrunn s. Gesundbrunn.			
Flor (Kreps und Milchflor) der fremde wird mit 3 Gr. pro Elle impostirt	1786	18	506
Florentiner Lack s. Lack.			
Floretseidene Bänder s. Bänder.			

Ga.

	Jahr.	Band.	Seite.
Garn soll nicht von verschiedenen Spinnern zusammen geweift werden	1742	1	146
	1755	6	2
— soll richtig an Gehalt der Faben, und Zaspelzahl geweift werden	1742	1	146
	1746	5	183
	1757	6	1
	1764	8	274
— soll besser gesponnen werden	1760	6	805
	1765	8	394
— soll mehr auf Rädeln gesponnen werden	1769	11	23
— soll, wenn es schlecht gesponnen, nicht gekauft werden	1759	6	791
— rohes, die Ausfuhr desselben wird auf einige Sorten eingeschränkt	—	—	758 seq.
	—	—	775
	1760	6	823
	1761	7	18
— — — — wird völlig verboten	1763	7	407
	1764	8	274
	1765	8	393
	1775	14	362
	1783	18	37
— — was zu beobachten, wenn dergleichen auf ausländische Bleichen gebracht wird	1759	6	762
— — soll nicht mehr außer Landes gebleicht werden	1764	8	141
— — auf die verbotene Ausfuhr desselben ist zu invigiliren	1763	7	439
	1768	10	259
— — Maasregeln zu Coupirung der Ausfuhr desselben	1774	14	136
— — die Ausfuhr dessen in andere königl. Provinzen wird erlaubt	1765	8	763
— — Modalitäten, so dabei zu beobachten	—	—	ibid.
— — wie es mit dem Einkauf, der Ausfuhr und Verzollung zu halten	1759	19	519 seq.
— — die Ausfuhr desselben zum Handel nach der Mark und zur Frankfurther Messe wird bei 20 Thlr. Strafe verboten	1775	14	362
— — darf nur an solche Märksche Fabrikanten verkauft werden, die sich durch ein Attest qua tales legitimiren	—	—	ibid.
— — der Einkauf desselben auf dem Lande ist nur Webern rc. und Garnsammlern erlaubt	1759	6	760, 762
— — und zwar nur an die mit Licenz-Scheinen versehenen	1774	14	208
— — muß bei dessen Verführung auf Bleichen rc. beim Fabriken-Steueramt declarirt, und von sol			

Ga.

	Jahr.	Band.	Seite.
dem ein besonderer Paßirzettel darüber ertheilt werden	1774	14	137
Garn rohes: was auf dem Paßirzettel darüber zu bemerken	—	—	ibid.
— über das abgeführte muß der Fabrikensteuer-Rendant ein besonderes Annotations-Buch führen	—	—	142, 149
— das abgehende mag der Fabrikensteuer-Rendant vorher revidiren	—	—	144
— beim Auf- und Abladen desselben soll ein Zollbereuter zugegen seyn s. Fabriken-Steuer-Rend.	—	—	ibid.
— gebleichtes bleibt auszuführen erlaubt	1759 1775 1783	6 14 18	759 489 37
— wird auszuführen verboten			
— bei dessen Packung und Versendung ist besondere Aufsicht zu gebrauchen	1763	7	409
— schlesisches zur Leinen-Damastweberei nach Zinna abgehendes ist Zoll-frei	1765	8	754
— türkisches ausländisches zur einländischen Consumtion eingehendes wird mit 30 pro Cent impostiert	1776	15	67
Garn-Bleichen s. Bleichen.			
Garn-Färberei, ächt roth türkische, dazu wird der 2c. Förster auf 15 Jahre privilegirt	—	—	17
— unächt roth türkische wird verboten	—	—	19
— ächt und unächt roth türkische wird exclusive dem Förster Jedermann andern verboten	1779	16	205
Garn-Gebinde sollen durchgehends auf 20 Faden geweist werden	1785	18	361
Garnmarkt zu Bolkenhayn: wegen besserer Aufnahme desselben	1743	1	48
Garn-Negocianten auf dem Lande, wie es mit ihren Waaren und Abgaben zu halten	1749	3	438
— sollen sich lediglich der Garnsammler zum Auf-auf der Garne bedienen, oder solches auf öffentlichen Markten kaufen	1764	8	14
— müssen einander kennen, und der Absender für den Empfänger responsable seyn	1774	14	138
— werden ohne Cammer-Approbation nicht auf dem Lande gebuldet	—	—	140
Garn-Revisiones, wenn und wie solche zu halten	1742 1746 1755 1769 1783	1 5 6 11 18	147 189 1 308 97

Ga.

	Jahr	Band.	Seite.
Garn = Revisores sind anzustellen, und wer dazu zu bestellen	1765	8	671
—— —— deren Obliegenheiten			ibid.
—— —— sollen bei der Revision ihre Pflicht genau erfüllen	1773	14	103
Garnsammler: deren erforderliche Eigenschaften und Pflichten	1759	6	791
—— —— sollen Licenz - Scheine zum Betrieb ihres Metier haben	1752	4	689
Formular dazu	1749	3	662
	1756	6	639
—— —— sollen sich genau nach dem Licenz - Schein richten	1760	6	815
—— —— sollen für das an andere verkaufte Garn haften	1742	1	146
—— —— sollen kein schlecht gesponnen Garn kaufen	1759	6	791
—— —— sollen die Garne nur an Grossisten, einländische Weber, oder auf öffentlichen Märkten verkaufen	1772	13	236
	1752	4	689
	1755	6	117
—— —— sollen ihre Niederlagen nur in accisbaren Städten haben	1752	4	690
—— —— sollen kein Garn an Ausländer verkaufen, weder selbst außer Landes exportiren	1751	4	206
	1756	6	228
—— —— sollen ihre Garne von den Spinnern, nicht aber von andern Garnhändlern kaufen	1755	6	40
	1772	13	236
	1786	18	491
—— —— sollen beim Einkauf der Garne genau auf die Richtigkeit der Fadenzahl und Egalité des Gespinnstes sehen	1773	14	103
—— —— sollen ihre Garne nicht in den Vorstädten absetzen, sondern auf öffentlichen Markt feil bieten	1774	14	228
—— —— sollen in Dörfern, worinn Weber wohnen, kein Garn aufkaufen	—	—	229, 261
—— —— sollen ihre Garne an keinen andern Garnsammler verkaufen, ausgenommen ½ Pf. auf öffentlichen Märkten	—	—	261
—— —— a. d. L. sollen ihre Garne zuvörderst an die Landweber verkaufen, und den Ueberschuß erst auf die Märkte bringen	—	—	140, 261
—— —— sollen die Garne nicht fest zusammen binden	1777	15	378
—— —— —— von den Käufern durchsehen lassen	—	—	ibid.
—— —— —— gehörig sortiren	—	—	ibid.
—— —— sollen armen Webern, die das Garn von ihnen auf Credit nehmen, solches nicht zu hoch anrechnen, weder denselben schlechte Waare aufdringen	—	—	411
—— —— fremde dürfen ihre Garne nur auf den Garnmärk=			

T 2   ten

Ga.

	Jahr.	Band.	Seite.
ten oder von wirklichen Garn-Negocianten in Städten kaufen	1756	6	227
Garnsammler werden nicht eher in die Nahrung und zum Garnsammeln zugelassen, bis sie den Licenz-Schein erhalten	1761	7	62
— — so Garn auf Jahr- und Wochenmärkten kaufen, sind von Lösung des Zoll-Papierzettels frei	1751	4	206
— — von ihnen sollen richtigere Listen angefertiget werden	1764	8	258
Schema dazu	—	—	259
— — an der Grenze wohnende dürfen nicht mehr als höchstens 3 Schock Garn vorräthig liegen haben	1768	10	281
— — die übrigen bis 12 Schock	1786	18	490
— — zum Gesuch um deren Licenz-Scheine ist Stempelpapier zu gebrauchen: was für welches	1770	12	292
— — erhalten statt der geschriebenen alten Licenz-Scheine neue gedruckte	1781	17	211
	1784	18	225
Formular dazu	—	—	ibid.
f. Licenz-Scheine.			
— — deren Strafe, die unrichtig gewirkte Garne führen	1786	18	516
Garnspinner sollen nebst ihren Weisen wöchentlich von den Gerichten unvermuthet revidirt werden	1769	11	308
	1783	18	97
Garnspinnerei f. Flachsspinnerei, Spinnschulen.			
Garn-Weisen f. Weisen.			
Garnison: Schema zur Designation von den Wacht- und Magazins-Kosten derselben	1749	3	675
— zu Breslau: derselben wird das Geldspiel verboten	1742	1	4
Gärten auf dem Lande sollen mit Obstbäumen besetzt werden	1704	8	21
Gärtner sollen nur eine Possession haben			105, 112
	1765	8	448
— so beim Retablissement der wüsten und eingezogenen Bauergüter verlieren, sollen vom Dominial-Fundo schadlos gehalten werden	1764	8	173
Gärtnersöhne sollen ohne landräthlichen Consens nicht studiren f. Bauer-Söhne.	—	—	243
Gärtnerstellen sollen nicht dismembrirt werden	1749	3	521
	1760	6	834
	1764	8	172, 318
— — die dismembrirten sind zu retabliren	—	—	173, 318
	1751	4	695
— — sollen die Dominia erblich aussetzen	1764	8	229
	1765	8	405
	1766	9	110

Gärt

Ga. Ge.

	Jahr.	Band.	Seite.
Gärtnerstellen: auf die nicht erblich ausgesetzten erhalten die Dominia keine Bonification	1764	8	165, 230
das Uebrige s. Bauergüter.			
Garten=Steuer, von welchen Gärten und Producten, item wenn sie zu erlegen	1756	19	183
——— ——— wer davon befreiet ist	—	—	184
——— ——— worauf Receptores besonders sehen sollen	—	—	ibid.
davon sind die neu angelegten Gärten durch 4 Jahre ganz frei	—	—	185
——— Garten=Steuer=Catastra: von Anfertigung Einsendung derselben und Erhebung der Gelter	—	—	183, 185
Gassen=Meister zu Breslau, deren Obliegenheiten	1744	1	84
Gassen=Vögte s. Bettelvögte.			
Gastwirthe zu Breslau sollen die Victualien-Händler in Ordnung halten	1752	4	754
——— in Städten sollen auf Licht und Feuer Acht haben	1776	15	113
sollen Nachtwächter im Hause halten	—	—	114
sollen auf die Fremden attendiren	—	—	ibid.
sollen keine Bettler beherbergen	—	—	ibid.
sollen die Ankunft eines Fremden der Obrigkeit anzeigen	1747	2	544
	1752	17	-93
item die bei ihnen einkehrenden Vagabonds	1779	16	108
sollen auf die Diebe besonders Acht geben	1747	2	563
sollen die wandernden Handwerksbursche, so keine Arbeit suchen, nicht länger als 2 Tage beherbergen	1779	16	104
sollen die reisenden polnischen Handels=Juden gut aufnehmen und bewirthen	1762	7	109
Gastwirthe in den Dörfern s. Dorfkretschmer.			
Gaze fremde wird einzuführen verboten	1773	14	54
	1786	18	506
Gebäude neu aufzuführende sollen massiv gebauet und mit Ziegeln gedeckt werden	1768	10	301
——— sind wegen der Feuer=Sicherheit mit einem starken Estrich zu belegen	1770	12	327
s. Estrich.			
——— besonders die publiquen sind massiv aufzuführen	1763	7	163
sollen zur Menage des Holzes von Bruchsteinen aufgeführt werden	1770	12	528
——— von Schrotholz, die Zimmerleute, so dergleichen bauen, verlieren ihr Meisterrecht	1771	13	1

T 3

Ge

Ge.

	Jahr.	Band.	Seite
Gebäude von Schrotholz, deren Käufer und Besitzer erhalten darauf keine Brand-Bonification	1771	13	1
—— abgebrannte auf dem Lande, wie der Schaden zu eruiren und zu vergütigen ; s. Feuer-Societaet. das Mehrere s. Häuser, Stellen, Gärtner-Häuslerstellen ꝛc.	1750	3	958
Gebürgs-Bauern und Fuhrleute mögen Getreide und Victualien auf dem platten Lande einkaufen und zum Wiederverkauf mitnehmen	1756	19	100, 130
Gebürgs-Creiße sind frei von der Einquartirung ;	1744	1	28
—— —— item von der Werbung und Enrollirung {	1742	1	107
	1744	1	28
Gebürgs-Forsten: zur Schonung derselben und Behufe der Bleichen sollen die Bäcker mit Reisicht, die Kalk-Ziegel- und Brandweinbrenner aber mit Torf oder Steinkohlen feuern	1777	15	227
—— zur Schonung derselben werden nicht verstattet neu anzulegende Eisenwerke	——	——	329
—— —— Glashütten ;	——	——	328
—— —— Harzscharren , ;	——	——	330
—— —— Kalköfen ;	——	——	227
—— —— Kohlenbrennereien	——	——	329
—— —— Pechhütten ;	——	——	330
—— —— Pottaschsiedereien	——	——	328
—— —— Theerhütten ;	——	——	330
Gebürgs-Forstbeamte besondere sind anzustellen ;	——	——	323, 335
Gebürgs-Forst-Commission zu Schmiedeberg wird errichtet	——	——	314
—— Benennung der Personen, woraus sie bestehen soll ;	——	——	ibid.
—— item des derselben unterworfenen Forstbezirks ;	——	——	ibid.
Gebürgs-Forst-Diebereien und Contraventiones, wie sie zu bestrafen ;	——	——	332 seq.
—— die deswegen Bestraften haben Recurs an die Cammer	——	——	334
Gebürgs-Forst-Etats sind nach dem Muster des Schafgotschynastischen zu entwerfen, und wie dabei zu verfahren ; ;	——	——	317 seq.
—— sind vor der Approbation dem Forst-Eigenthümer vorzulegen, und dessen Monita zu hören ; ;	——	——	319

Ge.

Ge.

	Jahr.	Band.	Seite
Gebürgs=Forst=Etats find bei allen landschaftl. und gerichtl. De-taxationibus zum Grunde zu legen	1777	15	326
——— ——— ——— wegen des Holzes, in welchen Fällen sie abgeändert werden können	—	—	325
Gebürgs=Forstmeister, deffen Amt und Geschäfte	—	—	336
——— die An= und Abstellung deffelben bleibt dem Eigenthümer des Forstes überlaffen	—	—	324
Gebürgs = Forst = Ordnung	—	—	313
Gebürgs=Forst=Rechnungen, wohin solche einzusenden	—	—	322
Gebürgs=Forst=Servituten find so zu reguliren, daß solche dem Forst zu keinem Schaden gereichen	—	—	326
Gebürgs=Gebäude ansehnliche sollen nicht mehr mit Schindeln gedeckt und von Bindwerk errichtet, sondern gemauert und mit Stroh oder Fachwerk bedacht werden	—	—	330
Gebürgs=Haue, nach welchen Grundsätzen sie zu führen	—	—	340
——— Maasregeln zu deren Wiederbesaamung	—	—	ibid.
Gebürgs=Holz: Bestimmung des Maaßes, wie es einzuschlagen	—	—	350
Gebürgs=Holzpreiße: bei deren Veranschlagung im Etat ist auf die Jahre 1754,55,56. Rücksicht zu nehmen	—	—	324
Gebürgs=Kauf= und Handelsstand: bei deffen Zusammenkünf-ten hat der Landrath des Hirschberg-schen Creißes das Directorium	1742	1	153
Gebürgs=Leeben (kahle Berge) wenn sie zur Huttung entbehrlich, find mit Holz zu bepflanzen	1777	15	331
Gebürgs=Negocianten auf dem Lande mögen fremde Waaren zum Handel einführen	1756	19	143
Gebürgs=Viehtriften, wie sie zu reguliren	1777	15	345 seq.
Gebürgs=Wildbahn und Jagden, wie sie zu behandeln	—	—	353
Gebürgs=Wildpret= und Schieß=Taxe.	—	—	356
Geburts=Briefe: sollen keine andere als gedruckte gelten	1747	2	406
——— wegen des Debits und Verrechnung derselben	—	—	407, 409
——— wegen des Preißes und der Ausfüllung	—	—	408
——— Formular dazu	—	—	410 seq.
——— Formular zum Quartal=Extract	1749	3	486
——— was für Praecautiones bei der Ausfüllung zu nehmen, damit die Copien nicht für Ori-ginalia gelten	1755	6	22
——— Copialia davon sollen nicht vidimirt und außer Landes geschickt werden	1760	6	804
——— davon fließen 12 Gr. der Zuchthaus=Caffe zu	1747	2	461
——— müffen löfen die Handlungsbutsche	1756	6	240

Ge.

	Jahr.	Band.	Seite.
Geburtsbriefe müssen lösen die bezünfteten Maler und Bildhauer	1766	9	100
— — — die Apotheker	—	—	ibid.
— — — die Materialisten	—	—	ibid.
— — — die Specerei-Händler	—	—	ibid.
— — — Meisters Söhne	1755	6	87
— — dürfen nicht lösen die unbezünfteten Maler ec.	—	—	100
— — — die Musicanten	—	—	101
— — — die Müllers und Brauerbursche auf dem Lande	1723	14	23
f. Lehrbriefe, Legitimat. Atteste.			
— — sollen schlechterdings gedruckt oder auf Pergament geschrieben seyn, und letztere nur von der Cammer-Registratur ausgegeben werden	1776	15	2
— — für arme Lehrlinge, deren Kosten sollen die Cämmereien oder andere milde Fonds bestreiten	—	—	3
— — müssen die Gewerksältesten denen auswandernden Gesellen zurück behalten	1778	16	60
— — müssen bis zur Zeit des Etablissements der Lehrlinge in den Zunftladen verwahrt werden	1782	17	307
— — davon sind den auswandernden Gesellen nur beglaubte Abschriften mitzugeben	—	—	ibid.
Taxa dafür	—	—	ibid.
Gefängnisse s. Frohnvesten.			
Gefäße zum Bier, Wein ec. s. Biers Weins Gefäße, item Maas.			
Gegräupe fremdes wird gegen den alten Impost einzuführen erlaubt	1756	6	622
das Uebrige s. Graupe, Victualien.			
Gehege in den Forsten, in wiefern solche zu dulden	—	—	398
— verzäunte zu Hemmung des Wildwechsels sind verboten	—	—	444
f. Wild.			
Geistliche: über die Differentien wegen deren Accidentien kann die Grundherrschaft decidiren	1741	1	90
— Saeculares können testiren; doch unter Einschränkung	1753	4	913
— sollen durch Introducirung der Leichenwagen nichts an ihren Revenüs leiden	1744	1	60
— in den Städten: was deren Wittwen an Gnadengehalt zu genießen haben	1746	5	185
— deren Religions-Gravamina werden beigelegt	1750	5	413, 415 seq.
— wie es mit deren Citation für die Ober-Amtsregierungen zu halten	—	—	427
— sind nicht Sportel-frei	—	—	428
— wie sich dieselben mit der Trauung evangelischer Parochianorum zu verhalten	—	—	431

Geistl

Ge.

	Jahr.	Band.	Seite.
Geiſtliche ſollen ſich keiner weltlichen Strafen oder Zwangsmittel anmaßen,	1752	5	414
—— auch keiner Cognition in Saecularibus	1759	6	767
—— können keine Wechſel ausſtellen, müſſen aber die vorher ausgeſtellten als Geiſtliche bezahlen	1751	4	76
—— der Todesfall der katholiſchen iſt dem Landrath zu melden	—	—	200
—— denſelben wird das Reiſen und die Correspondence außerhalb Landes verboten	1756	6	601, 605
—— ſollen ohne Paß nicht über die Grenze gehen	1757	6	685
—— ſollen auch im Lande ohne Miniſterial-Licenz nicht herum reiſen	1758	6	721
—— ſollen mit dem ausgetretenen Biſchof nicht correspondiren ꝛc.	—	—	733
—— ſollen den 10ten Theil ihrer Revenüs zum Kriege geben	—	—	377, 787
—— ſollen dem päbſtlichen Indult, dem Wiener Hofe den 10ten Theil ihrer Revenüs zum Kriege zu zahlen, kein Gehör geben	—	—	727
—— ſollen, wenn es jenſeitige Vaſallen ſind, auf dieſſeitigem Gebiete nicht geduldet werden	—	—	734
—— wie deren Vergehungen und Exceſſe zu beſtrafen	1760	6	818
—— werden dem König treu zu ſeyn ermahnet. Ein Paſtorale	1764	8	115 ſeq.
—— Oberſchleſiſche ſollen die deutſche Sprache erlernen	—	—	127
—— ſollen an ſuſpendirten Feyertagen ſelbſt arbeiten laſſen ſ. Feyertage.	—	—	158
—— können Antheil an den Praemiis wegen der Seidenbau-Anſtalten nehmen	1771	13	92
—— dürfen keine Chargen-Jura zahlen	1765	19	232
—— ausländiſche werden nicht zu ſchleſiſchen Beneficiis zugelaſſen	1773 1774 1778	14 14 16	25 158 14
—— —— auch nicht als Hofkaplane zu halten verſtattet	—	—	15
—— müſſen zum Antritt dieſes Standes Miniſterial-Licenz haben	1774	14	159
—— von ſämmtlichen wird jährlich eine Deſignation verlangt	—	—	160
—— auf dem Lande ſind bei mäßigen Quantitäten von Wein und Caffee zur eigenen Nothdurft von der Auflage frei	1778	16	55
—— —— werden ebenfalls der Wein- und Caffee-Auflage unterworfen	1779	16	173
—— dürfen zur Zeit der Viehſeuche aus einem geſperrten Ort in einem geſunden nicht zum Kranken gehen	—	—	208
—— können aber aus einem geſunden Ort nach vorhergegangener Praecaution in einen geſperrten gehen	—	—	209

Ge.

	Jahr.	Band.	Seite.
Vorschrift zur zu nehmenden Praecaution	1779	16	209
Geistliche haben bei Kindtaufen in dergleichen Fällen das nemliche zu beobachten	1780	17	59 — —
—— a. d. L sollen keine Fremden beherbergen			96 — —
—— in den Städten, die aus den Cämmereien über 20 Thlr fixirten Gehalt haben, müssen davon Servis zahlen	1786	18	467
f. Pfarrer, Capellane, Prediger, Klöster.			
Gelder und Pretiosa müssen, wenn sie auf der Post verloren gehen, ersetzt werden	1743 / 1746	5 / 2	46 / 360
—— —— auf der Post zu versendende sind richtig anzugeben	—	—	ibid. ibid.
—— —— über die abzusendenden wird ein Empfangschein gegeben	1743 / 1746	5 / 2	46 / 361
—— —— über die angekommenen 2c. eine Quittung	1743	5	55
—— von den außer Landes gehenden sind die Münzsorten anzugeben			47
—— sollen ohne Vorwissen der Cammer Niemand außer Landes verabfolgt werden	1744 / 1750	5 / 3	171 / 863
—— sollen nicht heimlich außer Landes exportirt werden	1756	6	599 seq.
—— das wucherliche Umsetzen derselben wird verboten	1752 / 1781	4 / 17	641 / 52
f. Agiotiren.			
Geld-Beutel und Fässer auf der Post zu versendende, wie schwer sie seyn können	1746	2	361
Geld-Borgen den Unmündigen wird verboten	1749	3	566
—— item den jungen Leuten, denen auch nichts von ihrem Vermögen verabfolgt werden soll	1781	17	52
—— item denen königl. Officianten von ihren Subalternen	1752	4	595
Geld-Plackereien verbotene f. die Beamten; denen solche verboten sind, v. g. Accise, Tabacks-Officianten 2c.			
Geldsorten-Bücher sollen accurat geführet und darinn die Gelder richtig nachgewiesen werden	1769	11	87
Geldspiel wird der breslauschen Garnison verboten	1742	1	4
—— item den jungen Landvolk bei 21tägiger Steckstrafe	1780	17	52
Geldstrafen auf den Aemtern gehören nicht ad fructus Jurisdictionis	1744	1	93
—— in welchen Fällen dergleichen statt finden können	—		96
—— müssen dem Vermögen angemessen seyn	—		ibid.
von Geldern f. das Uebrige, Münzsorten, Goldmünzen, Scheidemünzen, und die specifice genannten unter gehörigen Buchstaben.			
Gemeinheiten: davon wird eine Nachweisung verlangt	1766	9	192

Ge»

Ge.

			Jahr.	Band.	Seite.
Gemeinheiten:	Beſtimmung der Realitäten, ſo dazu gehören		1766	9	194
—	—	ſo nicht dazu gehören	—	—	193
—	—	Reglement wegen deren Aufhebung in Schleſien	1771	13	45
—	—	zu welchem Reſſort das Auseinanderſetzungs-Geſchäfte gehöre		—	50
—	—	vom Schaden derſelben und Vortheil der Aufhebung	—	—	47 ſeq.
—	—	was zur Aufhebung derſelben für Commiſſarien zu gebrauchen		—	51 ſeq.
—	—	wie bei der Auseinanderſetzung zu verfahren		—	54
—	—	dabei zu beobachtende Principia		—	58
—	—	ratione der Schaaftrift ꝛc.		—	59
—	—	— der Häusler oder kleinen Leute		—	60
—	—	— der Huttungs-Gerechtigkeit		—	61
—	—	bei deren Aufhebung ſollen keine Advocaten concurriren		—	63
—	—	Beſtimmung der Inſtanzen, an welche bei vorfallenden Streitigkeiten appellirt werden kann		—	64 ſeq.
—	—	Beſtimmung der Diaeten und wie ſolche zu reguliren		—	66 ſeq.
—	—	das Aufhebungs-Geſchäfte iſt mehr zu beſchleunigen	1774	14	229
Gemein-Koſten	dürfen nur mit Approbation der Grundherrſchaft und des Landraths angelegt werden		1748	3	217
—	Behuf derer gegen die Grundherrſchaften zu führenden Prozeſſe ſollen nicht eigenmächtig collectirt, ſondern darüber vorher Cammer-Approbation nachgeſucht werden		1776	15	29, 39
			1777	15	394
			1780	17	58
	ſ. Prozeſſe.				
Gemein-Rechnungen:	Formular, wie ſie anzulegen		1749	3	695
—	—	ſollen von den Beamten jährlich abgenommen werden	1763	7	509
—	—	deren Abnahme muß in Gegenwart der Grundherrſchaft und des Juſtitiarii geſchehen	1777	15	177
—	—	ſind richtiger abzunehmen, zu revidiren und davon jährlich Bericht abzuſtatten	1780	17	58
General-Fiſcal ſ. Fiſcal.					
General-Landtag ſ. Landtag, Creistag.					
General-Pardon ſ. Pardon.					
Gerber fremde, ſo ſich in Schleſien etabliren, deren Beneficia ſ. Leder-Fabrikanten.			1751	4	99
—	mögen auf dem Lande zu ihrer Profeſſion, doch nicht zum Handel, rohe Leder eintauſchen		1774	14	130

Ge.

	Jahr.	Band.	Seite.
Gerber müssen zum Leder-Einkauf a. d. Lande, ein gerichtliches Attest haben	1774	14	131
— über den Leder-Einkauf Annotations-Bücher führen	—	—	132
Gerber-Wolle darf nicht zu den Zeugeln genommen werden f. Leder, Leder-Fabrikanten.	1769	11	34
Gerichte peinliche, wegen deren Besetzung	1759	6	742
— auf dem Lande f. Dorfgerichte.			
Gerichtsgefälle f. Sporteln.			
Gerichts-Siegel f. Dorfgerichte, item Siegel.			
Gerichts-Tage: wegen ordentlicher Haltung derselben auf den Amtsdörfern	1763	7	506 bis 509
Gesangbuch neues, zu dessen Verlag wird der W. G. Korn privilegirt	1781	17	159
Gesellen ausländische, was die anziehenden für Beneficia zu genießen, wenn sie sich im Lande etabliren	1749	3	449, 452 seq.
	1763	7	513 seq.
	1770	12	6 seq.
	1775	14	369, 378
Gesellen-Aufsetzen bei den Handwerkern wird verboten	1771	13	112
Mehreres f. Handwerksbursche.			
Wenn aber die Handwerksgesellen, als Maurer-Zimmergesellen, item Müller-Brauerbursche 2c. speciatim genannt sind, kommen solche unter eben dem Buchstaben vor.			
Geschoß f. Schießgewehr, Selbstgeschoß.			
Gesetze für das Armenhaus zu Creutzburg; deren Inhalt	1785	18	205
— die alten der neuen Prozeß-Ordnung zuwiderlaufende werden aufgehoben	1781	17	164
— (Provincial-) müssen auch in der Provincial-Sprache abgefaßt seyn	1780	17	47
— nebst allen Rechten, Statuten, Willküren sollen gesammelt und eingereicht werden	—	—	41
Gesetz-Commission wird errichtet, deren Eintheilung, Geschäfte 2c.	1781	17	168
Gesinde-Ordnung für die Stadt Neiße	1753	4	875 seq.
— für die Stadt Breslau.	1752	4	716 seq.
Gesinde zu Breslau: was für eine Art Leute darunter zu verstehen			716
— wie es mit Annehmung und den Kundschaften derselben zu halten	—	—	717
— Bestimmung der Miethzeit und des Miethgeldes für selbige	—	—	723
— ihrer Kost, Livrée, Kleidung 2c.	—	—	730
— der Weihnacht-Neujahrs-Jahrmarktsgeschenke	—	—	733

	Ge.	Jahr.	Band.	Seite.
Gesinde zu Breslau: deren Pflichten gegen ihre Herrschaften		1752	4	725 seq.
— — — item der Herrschaften gegen das Gesinde		—	—	729 seq.
— — — wie es mit Aufkündigung und Entlassung aus dem Dienst zu halten		—	—	735
— — — die Zusammenkünfte und Beherbergung desselben ist verboten		—	—	739
— — — Strafe derer, so Dienstboten verführen		—	—	740
— — — das weibliche soll sich nicht auf eigene Hand in Stuben oder Cammern einsetzen		—	—	742
— — — desselben und auch der Herrschaften Strafen, wenn sie wider die Gesinde-Ordnung handeln		—	—	743
— — — zu welchem Ressort dergleichen Contraventiones gehören		—	—	747
— — — darf nirgends ohne Kundschaft in Dienste genommen werden		1751	4	51
		1747	5	227
		1748	3	ibid.
		1749	3	567
— — — Strafe des Gesindes, die sich ohne Kundschaft vermiethen		1747	5	228
		1764	8	3
— — — Strafe der Herrschaften, so dergleichen ohne Kundschaft annehmen		1749	3	568
		1756	6	591
		1764	8	2
— — — Strafe, wie solche zu vertheilen		1756	6	592
		1764	8	3
		1770	12	87
— — — wie die Kundschaften beschaffen seyn müssen		1756	6	591
		1764	8	2
Gesinde unterthäniges soll ohne Erlaubnißzettel vom Dominio von Niemand in Dienste genommen werden		1744	1	21
		1756	6	590
		1764	8	1
		1757	10	101
— — — soll, wenn es sich auswärts vermiethet, statt der bisherig geschriebenen gedruckte Erlaubnißzettel vom Dominio erhalten		1770	12	85
— — — wie hoch dergleichen zu bezahlen		—	—	86
— — — Formular zu den gedruckten Erlaubnißzetteln		—	—	88
— — — sollen die Erlaubnißzettel gratis erhalten		—	—	86
— — — wie viel für das ohne gedruckte oder mit geschriebenen Erlaubnißzetteln angenommene Gesinde an Strafe zu erlegen		1777	15	230
— — — wie viel die Aussteller der geschriebenen Erlaubnißzettel Strafe erlegen		—	—	231

U 3

Ge

Ge.

	Jahr.	Band.	Seite.
Gesinde unterthäniges: für die ohne gedruckte Erlaubnißzettel angenommene Dienstboten sollen auch die Gerichte des Orts straffällig seyn	1780	17	74
— — — so mit einem Erlaubnißzettel vom Dominio auswärts dienet, kann während der darinn erlaubten Zeit nicht reclamirt werden	1774	14	221
— freies muß sich mit einem Attest von der Obrigkeit, der Eltern, Vormünder oder letzten Dienstherrns seiner Freiheit wegen legitimiren	1770 1756 1764	12 6 8	150 590 2 seq.
— ausländisches muß vor der Annehmung in den Dienst dem Landrath vorgestellet, und von demselben ein Erlaubnißschein erbeten werden. Bei Strafe 5 Thlr. und resp. 2 Thlr.	1777	15	231
— — in Städten sind dergleichen dem Magistrate oder dem Policei-Departement zu sistiren	1764	8	2
— — ohne landräthlichen ꝛc. Consens angenommenes, dafür sollen die Gerichte des Orts die nemliche Strafe, wie der Dienstherr erlegen	1780	17	74
— dienstloses darf ohne Vorzeigung einer Kundschaft nirgends beherberget werden	1747	5	227
— — soll zum Wollespinnen angehalten werden	1778	16	67
— katholisches soll an suspendirten Feyertagen durch Zwangsmittel zur Arbeit angehalten werden	1764	8	123
— soll sich nicht weigern, Kartoffeln zu essen	1765	8	655
— darf von den Herrschaften nicht gemißhandelt werden	1767	10	102
Gesinde-Mäckler, vereidete werden zu Breslau anzusetzen verordnet	1752	4	719
— deren Obliegenheiten	—	—	720 seq.
Gesinde-Ordnung: derselben genauere Beobachtung wird befohlen	1767	10	101
Gesinde-Ordnung-Contraventiones: was zur Verhütung derselben für Maasregeln zu nehmen	1764 1781	8 17	1 186
— — Strafen, und wie solche zu vertheilen	1764 1770	8 12	1 seq. 87 seq.
Gesinde-Sachen: zu welchem Ressort solche gehören	1752	4	747
— in welchen Fällen die eximirte Personen wegen dergleichen bei andern foris zu belangen sind	1756	6	592
Gesindel liederliches s. Vagabonds.			
Gespann, im Kriege verloren gegangenes ist wieder anzuschaffen	1760	6	831
Gesundbrunnen schlesische sind bei deren Versendung Accise- und Zoll-frei	1776	15	67

Ge.

	Jahr.	Band.	Seite.

Ge.

Gesundbrunnen schlesische: Beschreibung der Eigenschaften der
Brunnen zu Altwasser ... ... 1777 | 15 | 215 seq.
    zu Charlottenbrunn ... — | — | 222 seq.
    zu Cudowa ... ... — | — | 209 seq.
    zu Flinsberg ... ... — | — | 227 seq.
    zu Reinerz ... ... — | — | 212 seq.
    zu Salzbrunn ... — | — | 225 seq.

Gesundheits-Pässe wegen der Viehseuche s. Viehseuche.

Gesundheits-Scheine wegen Eintritt in die Wittwen-Verpfle-
gungs-Anstalt, dafür sollen die Medi-
ci nicht mehr als 16 Gr. fordern ... 1776 | 15 | 27
    s. Wittwen.

Getreide darf in denen Städten nicht ohne Vorzeigung des Accise-
zettels gemahlen werden ... 1741 | 5 | 2
—— wegen der Accise davon s. Accise vom Getreide etc.
—— soll nicht auf auswärtigen Mühlen gemahlen werden 1778 | 16 | 35
—— gemengtes soll nicht gemahlen, oder muß nach dem höch-
sten Satz versteuert werden. Ausnahme 1756 | 19 | 108
—— so die Landleute zur städtischen Mühle bringen, muß in gezeich-
neten Säcken und mit einem Paßzettel begleitet seyn 1742 | 5 | 24, 175 seq.
—— ausländsches: Bestimmung der Modalitäten, unter wel-
chen solches auf einländschen Mühlen ge-
mahlen werden darf ... 1785 | 18 | 403, 416
    ohne Beobachtung der vorgeschriebenen Mo-
dalitäten auf einländschen Mühlen vor-
gefundenes ist contreband, und die Con-
travention noch zu bestrafen ... — | — | 405
—— muß regulariter trocken zur Mühle gebracht werden 1756 | 19 | 108
—— Bestimmung des Quellmaßes, wenn es gemahlen wird — | — | 108,109,110
—— soll statt des Schneidens gehauen werden 1764 | 8 | 217
—— der auf das böhmische etc. gelegte Impost wird vermindert 1765 | 8 | 569
—— —— —— wird abgeändert — | — | 777
—— —— —— wird auf 30 pro Cent
erhöhet 1766 | 9 | 105
—— wie es zum Futter- und Kürschnerschrot beschaffen seyn { 1746 | 2 | 247
soll { 1756 | 19 | 114
—— ist gut vom Mutterkorn zu reinigen 1785 | 18 | 389, 407
    s. Mutterkorn.

{ 1746 | 2 | 349, 788
—— soll auf die städtschen Märkte zum öffentlichen Verkauf ge- { 1747 | 2 | 639
bracht werden { 1755 | 6 | 129, 604
{ 1762 | 7 | 101
{ 1786 | 18 | 421

Ge.

	Jahr.	Band.	Seite.
Getreide, so auf die städtischen Märkte gebracht wird, darf nicht in den Vorstädten oder auf den Straßen voraus gekauft werden	1746	2	242
	1778	16	76
Getreide-Aufkauf auf dem Lande ist den Getreidehändlern verboten	1746	5	188
	1756	6	605
	1756	19	100
	1747	5	202, 259
	1750	3	889
——— —— item in den Vorstädten zu Breslau	1746	2	242
——— —— ist auch denen verboten, die sich mit keinem Cammer-Paß legitimiren können	1775	14	514
——— —— der Verbot betrift nur die 4 Sorten Weizen, Roggen, Gerste, Hafer	1750	3	889
——— —— der Dominiorum von ihren Unterthanen ist verboten	1756	19	101
——— —— a. d. Lande ist denen Gebirgsbauern und Fuhrleuten gegen Erlegung der Handlungs-Accise erlaubt	1756	19	100 —
——— —— —— item den Bäckern, Brauern, Brandweinbrennern, Müllern zu ihrem Gewerbe, aber nicht zum Handel	1746	2	242
	1756	19	100 seq.
	1782	17	299
——— —— —— dazu müssen sie ein obrigkeitl. Attest haben, und solches sodann wieder abgeben	1756	19	100 —
	1782	17	299
——— —— —— andere dabei zu beobachtende Modalitäten	—	—	ibid.
——— —— welchen Personen solches ordinarie erlaubt ist	1750	3	890
	1755	6	130
	1756	6	605
Getreide-Ausfuhr wird überhaupt verboten	1746	5	193
	1756	6	602, 617
	1757	6	691 —
	1758	6	719, 735
	1760	6	810, 827
	1761	7	58
	1772	13	224
——— —— wird nach der Mark erlaubt	1752	4	617
	1783	18	94
——— —— doch muß hierzu das Getreide nicht auf dem platten Lande, sondern auf öffentlichen Märkten eingekauft werden	1783	18	95
——— —— dazu ist auch ein Cammer-Paß nöthig			96

Ge

Ge.

			Jahr	Band	Seite
Getreide-Ausfuhr nach der Mark ist nur erlaubt, wenn der Scheffel Roggen in Schlesien 1 Thlr. 10 Sgl. gilt			1783	18	117
—	—	nähere Bestimmung, unter welchen Modalitaeten die Ausfuhr und der Einkauf dazu geschehen darf			118
—	—	*Contraventiones* darüber soll die Cammer erkennen	1781 1784	17 18	149 142
—	—	— des Denuncianten Antheil wird erhöhet	1772	13	224
Getreide-Einfuhr aus andern Ländern wird erlaubt			1746	5	193
—	—	aus Polen gegen Pässe	1747	5	229, 237
—	—	— gegen die Tarifsmäßige Accise	1756	6	622, 586
—	—	— ganz frei		—	611
—	—	— wird verboten	1752	4	708
—	—	unterm 21. Octob. und 1. Dec. 1773. 29. März und 29. Nov. 1774. auch 2. Jun. 1777 ist die Einfuhr des polnischen Getreides ebenfalls unter Confiscation verboten worden. Diese Circularia sind aber nicht in der Edicten-Sammlung befindlich.			
—	—	aus Polen, zur Verhütung derselben soll in jedem Dorfe ein sicherer Mann bestellt werden, der darauf Acht haben soll	1783 1785	18 18	114 329
—	—	die Strafe wird, nebst Confiscation des Getreides, noch auf 3 Thlr. p. Scheffel erhöhet	1783	18	115
—	—	dazu sollen den anziehenden Polen zur Einbringung ihrer Getreide-Vorräthe Freipässe gegeben werden	1782	17	234
		f. infra Getreide-Saisien.			
Getreide-Segen, die aus den österreichischen Landen eingehenten werden mit 30 pro Cent impostirt			1765	8	733
Getreide-Handel wird den Bäckern, Brauern, Brandeweinsbrennern und Müllern a. d. L. verboten			1756 1782	19 17	101 299
—	—	in wiefern solcher den Müllern zu verstatten	1756	19	120
—	—	nach der Probe wird verboten	1746 1747 1756	5 2 6	188 639 604
—	—	— item bei 5 Thlr. Strafe pro Scheffel	1756 1764 1776	19 8 15	100 304 102
—	—	die Strafe wird von 5 auf 1 Thlr. moderirt	1782	17	227

X

Ge.

	Jahr.	Band.	Seite.
Getreide=Handel: bei Untersuchung der Contraventionen soll auf die Vermögens=Umstände der Contravenienten gesehen werden	1782	18	227
Getreide=Händler: wer unter diesem Namen eigentlich zu verstehen	1746	2	242, 244
	1756	19	101
— — in welchem Fall sie Consumtions= und Handlungs=Accise zugleich entrichten müssen	1746	2	242
	1756	19	102
— — müssen ihr Getreide einzig nur auf öffentlichen städtischen Märkten einkaufen	1750	3	889
	1756	19	100
Getreide=Handlungs=Compagnie auf der Elbe wird errichtet	1770	12	32
— — — — auf der Oder	—	—	36
— — — — wird auch auf Schlesien extendirt	—	—	131
— — — — soll das Getreide auf den öffentlichen Märkten einkaufen	—	—	226
Getreide=Lieferung in die königl. Magazine geschiehet für baare Bezahlung	1741	1	23
Getreide=Maas s. Maas.			
Getreide=Mäckelei s. Getreide=Handel nach der Probe supra.			
Getreide=Märkte sollen öfters wegen des mit Mutterkorn vermengten Getreides revidirt werden s. Mutterkorn.	1785	18	382
Getreide=Preiß=Tabelle: Schema dazu	1749	3	687
Getreide=Susien und Contraventions-Fälle über die bei dessen Ausfuhr veranlaßten soll die Cammer, über die bei der Einfuhr vorkommende aber die Regie erkennen	1781	17	149
	1784	18	142
— — bei der Einfuhr von der Regie gemachte: davon fließt die darauf gesetzte Geldstrafe in die Accise=Casse, das Getreide selbst aber fällt unter die Disposition der Cammer	1781	17	178
— — sind an den nächsten Magistrat abzuliefern, plus licitanti zu verkaufen und vorschriftsmäßig zu berechnen	—	—	179
Getreide=Verkauf soll den Unterthanen von ihren Dominiis nicht verboten werden	1759	6	782
Getreide=Vesturanten sollen, wenn sie damit zu Markte fahren, ihren Weg nicht durch ein ausländisches Territorium nehmen	1771	13	124
	1786	18	486
Getreide=Vorräthe sollen zur Abhelfung der Theurung aufgenommen werden	1746	5	198
— — sollen nicht aufbewahret, sondern auf die Märkte gebracht werden	1762	7	101
	1786	18	421

Ge=

Ge. Gi.

	Jahr.	Band.	Seite.
Getreide-Vorräthe: unbefugt eingekaufte sind zu confisciren, und die Aufkäuf r zu arretiren	1781	17	190
Getreide-Vorschüsse aus den königl. Magazins: bei deren Wiedererstattung muß ¼ Metzen p. Scheffel Aufmaas gegeben werden	1782	17	267
— — so Dominia ihren Unterthanen geleistet, wie sie in Concurs-Fällen zu classificiren	1784	18	172
Gevattern: wie viel deren bei der Taufe seyn können	1750	5	453
Gevatter-Briefe schreiben ist willkürlich, und sollen sich die Kirchbedienten dies nicht als ein Recht arrogiren	—	—	ibid.
Gewaltthätigkeiten auf öffentlichen Landstraßen, wie sie zu bestrafen	—	—	574
	1785	18	430
Gewicht: Edikt wegen Einführung eines egalen in Schlesien ꝛc.	1751	4	289 seq.
— das breslausche soll allgemein gebraucht werden			289
— von Stein und Bley ist ab- und statt dessen eisernes anzuschaffen	1751	4	297
	1766	9	292
	1778	16	94
— eine jährliche Revision desselben soll vorgenommen werden	1751	4	308
— die Revisiones desselben sind genauer zu halten	1766	9	292
	1782	17	301
— aller Art ausländsche, so zum einländschen Debit eingeführt werden, mit 50 pro Cent imposirt	1783	18	6
— zu den Goldmünzen s. Goldgewichte, Goldwaagen.			
Gewissens-Freiheit wird allgemein verstattet	1750	5	416
— — haben die Züchtlinge ꝛc.	1747	2	458
— — — item die im Creutzburger Armenhause	1779	16	119
s. Religion.			
Gewitter-Läuten wird abgeschaft	1784	18	160, 185
— nach dessen Abschaffung soll den Schulmeistern dennoch, wie vorhin, die Wettergarbe und das Wetterbrod gereicht werden	—	—	185
Gewohnheitsrechte schlesische ꝛc. sollen gesammelt und eingesandt werden	1780	17	41
Gewürzmühlen fremde werden mit 50 pro Cent imposirt	1783	18	6
Gift: was darunter überhaupt zu verstehen	1786	18	485
	1744	19	28
— sollen die Apotheker und Materialisten nicht unvorsichtig verkaufen	1759	6	752
	1773	14	81
	1786	18	485
— als Fliegenpulver, Kobold sollen die Siebmacher nicht führen	1752	4	714
Gifthändler sollen vereidet werden	1786	18	485
Gips-Boden sollen eingeführt werden. Nutzen davon	1764	4	45

Gips-

Gi. Gl.

	Jahr.	Band.	Seite.
Gips-Boden: Art und Methode, wie solche zu gießen	1764	8	47
— Berechnung der Kosten dazu	—	—	ibid.
Gips-Brüche gehören dem Grundherrn	1769	11	90
Giro-Banco s. Banco.			
Glanz-Cattun-Fabriken: die Anlegung derselben wird gerathen	1768	10	169
	1769	11	276
Glanz-Leinwand-Fabriken sind gemeiner zu machen	—	—	ibid.
Glas böhmisches, der Transito-Zoll davon wird auf 20 pro Cent erhöht	1781	17	190
Glaser böhmische werden nicht zum Etablissement gelassen	1763	7	297
— auf dem Lande sollen nicht hausiren	1756	19	140
Glas-Arbeiter ausländische anziehende zc. deren Praemia	1764	8	250
	1775	14	376
Glas-Händler böhmische können hausiren gehen	1739	19	457
— — — sollen nicht hausiren gehen	1758	6	722
— — — die hausirende sind zu arretiren	—	—	748
— — fremde, item Glasschleifer dürfen nicht Glaser-Arbeit verfertigen, noch mit dazu gehörigen Materialien herumfahren	1756	19	140
— — Formular zu einem Hausir-Licenz-Schein für die einländischen	1751	4	485
— — einländische, Praemia für die, so mit feinen einländischen Glas handeln	1764	8	251
Glas-Hütten, besonders im Gebürge, dürfen ohne besondere Cammer Approbation nicht angelegt werden	1777	15	328
	1756	6	400 seq.
— — an Orten, wo das Holz selten ist, gar nicht	—	—	loc. cit.
— — Carlsthaler wird beibehalten, soll sich aber lediglich auf feines Glas verlegen	1777	15	328
— — Fridrichsgrunder desgleichen	—	—	ibid.
— — Zechlinsche erhält den privativen Debit der cristallenen, vergoldeten, colurten und Kreiden-Gläser	1775	14	582
Glas-Schleifer ausländische anziehende erhalten außer allen für Ausländer bestimmten Beneficiis noch 50 Thlr. Praemium als ein Praecipuum	1770	12	6
	1775	14	376
Glas-Schneider desgleichen	—	—	ibid.
Glas-Vergolder desgleichen	—	—	ibid.
Glas-Waaren österreichische und sächsische werden einzuführen verboten	1764	8	215
— — polnische werden mit 10 pro Cent inpostirt	—	—	216
Glatz die Grafschaft wird an den K. v. Preußen abgetreten	1742	1	90, 159
— — wird in Ansehung der Justiz-Sachen an die breslauische Ober-Amtsregierung verwiesen	—	—	85 seq.

Glatz

Gl. Gn.

	Jahr.	Band.	Seite.
Glatz die Grafschaft, erneuertes Justiz-Reglement für dieselbe	1751	4	68 seq.
— — Contributions-Wesen in derselben wird besser eingerichtet	1781	17	180
— den Einwohnern der Stadt und Grafschaft wird frei gelassen, sich binnen 2 Jahren anderwärts hin zu begeben, ohne Abschoßgeld zu zahlen	1763	7	185
Glauberisches Salz s. Salz.			
Glocken s. Läuten.			
Glogau der Stadt: Feuer-Ordnung	1742	1	100 seq.
— — Armen-Verpflegungs-Anstalten	1744	1	65 seq.
— — werden 3 Viehmärkte verliehen	1743	1	51
Glückstöpfer und Comödianten müssen mit Concession versehen seyn	1747	2	549
	1746	2	279
— und Rittmeisterstecher sollen an Jahrmärkten nicht öffentlich ausstehen	1743	1	12
— — wegen deren Tages-Accise	1746	2	279
Gnaden-Gehalt der geistlichen Wittwen in Städten wird bestimmt	1746	5	185
Gnaden-Kreuze, solche zu verfertigen und zu liefern ist nur dem Hof-Jouwelier Baudesson erlaubt	1773	14	44
Gnaden-Quartal haben die Erben der rathhäuslichen Officianten zu genießen	1742	5	17
— — wird den Erben der Creis Officianten bewilliget s. Sterbe-Monat, Sterbe-Quartal.	1781	17	116
Gnaden-Thaler; solchen müssen die Invaliden im Lande verzehren	1763	7	315
— — zur Erhebung dessen müssen sich die Invaliden alle Monate selbst gestellen	1765	8	399
	1785	18	357
— — was bei Ausstellung der Quittung darüber zu beobachten	1782	17	280
	1785	18	357
— — was zu beobachten, wenn sich die Invaliden wegen Krankheit u. s. w. nicht persönlich stellen können	—		358
— — die deswegen von den Gerichten auszustellende Atteste sind gratis auszufertigen	1784	18	148
— — wird nach praenumerando gezahlt	1765	8	400
— — was bei dem Todesfall eines Invaliden, und fällt einem andern zu	—		ibid.
	1785	18	358
— — item bei erhaltener Versorgung	1765	8	400
— — was für Invaliden und nach welchen Modalitäten sie solchen erheben können	1785	18	401

X 3   Gold;

Go.

	Jahr.	Band.	Seite
Gold: die Ausfuhr desselben wird überhaupt verboten	1756	6	237
	1756	19	150
	1762	7	87, 121
	1764	8	7
	1766	9	251, 297
	1779	19	159
— das alte soll in die Münze geliefert werden	1756	6	238
— — der Aufkauf desselben bleibt den einländschen Gold-schmieden unbenommen	—	—	239
In den vorstehenden allegirten Edikten ist eben das verordnet.			
Gold-Arbeiter müssen von ihrem Gewerbe Fix-Accise bezahlen	1756	19	148
Gold-Fabrikenwaaren: auf die eingehenden ausländischen werden außer der ordinairen Accise noch 25 pro Cent Consumtions-Aufschlag gelegt	1752	4	704
— — — wo und wenn dieser Aufschlag zu erlegen	—	—	705
— — — die wieder ausgehenden sind von diesem Impost frei	—	—	ibid.
— — — wie es bei den transitirenden mit der Ste-gelung	—	—	ibid.
— — — und überhaupt damit zu halten	—	—	706
— — — einländ. müssen jedesmal mit einem Certi-ficat von der Fabrik begleitet seyn	—	—	803
— — — wie es mit Versteuerung und Sie-gelung zu halten	1756	19	148
— — — Bestimmung, nach welchem Ge-halt dieselben ausgearbeitet seyn müssen	1784	18	202
— — — sollen mit dem Gewerks- und Stadt-Stempel gestempelt wer-den	—	—	203
Gold-Gewicht egales wird eingeführt und regulirt	1768	10	320 seq.
— — neues regulirtes, wo es in Kauf zu haben	—	—	327
— — wer in darüber vorkommenden Contraventions-Fäl-len decidiren soll, und wohin die Strafe zu verrechnen	1771	13	34
— — fremdes: die Einbringung bleibt erlaubt, doch wird die Adjustirung derselben befohlen	1773	14	28
— — und Waagen fremde werden einzuführen verboten	1783	18	6
Goldmünzen Braunschweigsche und Mecklenburgsche geringhaltige werden verrufen	1748	3	220

Gold-

Go.

	Jahr.	Band.	Seite.
Goldmünzen Braunschweigsche: wie solche anzunehmen	1752	4	635
— — sollen nicht beschnitten werden	1749	3	427
	1764	8	9
— — sind zur Verhütung des Beschneidens mit einem gekerbten Rande zu versehen	1750	3	856
— — geringhaltige neue werden verrufen, und sind entweder aus dem Lande zu schaffen oder in die Münze zu liefern	1748	3	220
	1751	4	54, 185
— — gute: davon wird nur ein Quantum von 300 Thl. außer Landes zu führen verstattet	1749	3	431 seq.
— — — zur Exportation größerer Summen muß ein Cammer-Paß nachgesucht werden	—	—	431
— — — die auszuführende Summe revidirt das Accisamt	—	—	432
— — — was bei deren Exportation die Postämter zu beobachten	—	—	430
— — was für Sorten im Handel und Wandel, aber nicht in den königl. Cassen anzunehmen sind	1751	4	52
	1764	8	7
— — fremde reducirte sind auszuführen verboten	1766	9	227, 251
— — — unwichtige, wie sie bei der breslauschen Münze gegen wichtige umzusetzen, und die fehlenden Als zu vergütigen	1781	17	148
— — — mögen von Kaufleuten zwar im Handel ꝛc. genommen, doch nicht coursiren, sondern in der Münze umgesetzt werden	1782	17	237
— — — sind den Inhabern derselben abzunehmen, und in die Münze zu geben	1780	17	104
— — von denen außer Land zu führen verbotenen darf ein reisender Kaufmann nicht mehr als für 500 Thlr. mit sich nehmen	1779	16	160
Goldberg der Stadt: Feuer-Ordnung	1742	5	25
— Oberschauamt	1774	14	245
s. Oberschauamt.			
Gorallen: was zu deren Arretirung für Anstalten zu treffen	1767	10	107
— für Ablieferung derselben wird auf jeden Kopf 10 Thlr. Praemium gesetzt	1744	1	112
	1767	10	110
s. Contrebandiers, oder die Sache, womit Contreband-Handel getrieben wird, als Salz, Taback ꝛc. ꝛc.			
Gottesdienst: wegen desselben an suspendirten Feyertagen s. Feyertage.			

Gr.

	Jahr.	Band.	Seite.
Graben an den Landstraßen zum Abzug, wie sie zu machen	1764	8	23, 97
das Uebrige sieh bei Straßen.			
—— sollen nicht verzäunet rc. werden	1746	2	397
Graben=Räumung: Edict dieserwegen	—	—	392
in wiefern die Nachbarn dabei concurriren müssen	—	—	393
—— —— wie solche zu veranstalten	—	—	394
—— wie oft dergleichen vorzunehmen	—	—	395
plura s. Flüsse, Ströhme, Mühlgraben, Wasser.			
Grabebitter s. Leichenbitter.			
Grabscheid s. Graben.			
Grains werden zum bessern Betrieb des Seidenbaues gratis ausgegeben	1780	17	50
Granaten, undächte fremde werden mit 16 Gr. pro Pf. imposirt	1772	13	322
Graserei in Forsten s. Forsten, item Sichelgräserei.			
Gras=Arten s. Futterkräuter.			
Graupe ausländische: deren Einfuhr wird verboten	1783	18	74
Mehr s. Victualien.			
Gräupner=Mittel zu Breslau: dessen Gerechtsame	1746	2	248
soll auf ihren Handmühlen und Stampen weder Graupe noch Hirse, noch für sich, noch für andere machen	—	—	ibid.
Gravamina in Religions=Sachen werden abgethan	1750	5	415 seq.
Greifenberg die Stadt erhält 3 Viehmärkte	1747	2	405
Grenzen müssen durch Ausmessung berichtiget werden	1743	3	53
s. Landmesser, Vermessung.			
Grenz=Receß schlesischer zwischen dem K. v. Preußen und der K. K. v. Ungarn rc. geschlossen	1742	1	312 seq.
s. Schlesien.			
Grenz=Streitigkeiten, in wiefern solche zum alleinigen Ressort der Cammer gehören	1750	5	315
oder zum alleinigen Ressort der Ober=Amtsregierung	—	—	319
oder in wiefern ein Judicium mixtum zu formiren	—	—	315
Greis=Dünger: von dessen Eigenschaft, Nutzbarkeit rc.	1772	13	357
Gröschel s. Münzsorten, Scheidemünze.			
Grossisten s. Kaufleute en Gros.			
Gruben=Berichte s. Aufstand bergmännischer.			
Grüfte s. Begräbnisse.			
Grundbaum bei Wassermühlen s. Fachbaum.			

x

Gr. Gu.

	Jahr	Band	Seite
Grundſtücke bei Städten, von deren Poſſeſſions-Veränderung ſollen die Magiſträte den Accisämtern ratione der Ackerſteuer Anzeige thun	1756	19	166
— — was zu beobachten, wenn man Darlehne darauf mit Sicherheit thun will	1750	5	367
— — bei Verrechnung derer, ſo über 1000 Rle. werth ſind, muß 1 pro Mille zur Zuchthaus-Caſſe gezahlt werden	1747	2	463
Grünberg die Stadt erhält zu den Jahrmärkten auch Viehmärkte	1743	1	408
Gürtler zu Breslau, confirmirte Innungs-Artikel für dieſelben	1751	4	209
Güter adeliche ſollen nicht an Bauern verkauft werden	1749	3	520
— — wenn ſolche den Bauern zufallen, müſſen ſie binnen Jahr und Tag verkauft werden	—	—	535
— — deren Poſſeſſions-Veränderungen ſind jedesmal dem Landrath anzuzeigen	1756	6	581
— — item dem in Schleſien dirigirenden Etats-Miniſtre	1751	4	282 ibid.
— — ſollen keine bürgerliche Perſonen beſitzen	1763	7	225
— — zum Ankauf derſelben wird das Incolat erfordert	1754	5	658
— — zum Ankauf derſelben müſſen bürgerl. Perſonen, wenn ſie auch das Incolat erworben, doch noch eine beſondere königl. Conceſſion haben	1755	6	122
ſ. Incolat.			
— — dürfen ohne Conceſſion nicht mit Schulden beladen werden	1756	6	497
— — dürfen nur auf die Hälfte ihres Werth mit landſchaftlichen Schulden beſchwert werden	1770	12	165
— — in welchen Fällen mehr Pfandbriefe darauf ausgeſtellt werden mögen, und wie dabei zu procediren	1775	14	292
— — deren General-Detaxations-Principia	1770	12	269 ſeq.
	1775	14	319 ſeq.
ſ. Landſchafts-Detaxation.			
— — deren Aufboth und Löſchung der darauf haftenden Schulden wird während des Krieges bewilliget	1756	6	630 ſeq.
— — wenn ſie in Concurs verfallen, ſollen unter Adminiſtration der Cammer ſtehen	1774	14	134
— — Inſtruction, wie es mit Adminiſtration derer in Concurs verfallenen zu halten	—	—	185
— — Beſtimmung derer, ſo der Adminiſtration unterworfen oder nicht	—	—	186
— — welchem Foro die Jurisdiction über die Adminiſtration derſelben competiren	—	—	191

Gü.

	Jahr.	Band.	Seite.
Güter adeliche: die ohne specielle Concession darauf gethanen Darlehne produciren kein Jus reale	1756	6	497, 499
— — was zu thun, wenn Jemand darauf Darlehne mit Sicherheit thun will	1750	5	967
— — wie es zu halten, wenn sie wegen Interessen-Resten von der Landschaft sequestrirt werden	1770	12	234
— — weder ganze noch einzelne Fundi dürfen ohne landschaftl. Consens verdäußert werden	1775	14	296
— — Bestimmung derer, so sich zu den Pfandbriefen qualificiren oder nicht, und was wegen der verschiedenen Arten von Gütern bei Ausstellung der Pfandbriefe zu beobachten	1770	12	168
— — sollen nicht an Ausländer verpachtet, oder dergleichen zur Administration derselben angesetzt werden	1768	10	292
	1778	16	20
— — deren Verpachtung und Administration an sächsische Vasallen wird erlaube	—	—	03
— — item auch an solche Ausländer, die 20 Jahr im Lande gewohnet, und Beweise von ihrer Ehrlichkeit vorlegen können	1779	16	165
— — in wiefern dergleichen bürgerliche Personen besitzen können	1763	7	221
s. Rittergüter.			
— geistliche sollen wegen besserer Bewirthschaftung jährlich einmal vom Landrath revidirt werden	1774	14	237
	1775	14	513
— — die landräthliche Revision ist nur auf solchen vorzunehmen, wo wirklich Vorwerk sind	1779	16	201
— — wie bei deren Revision das Protocoll zu verfahren	1782	17	215
— — von welchen Gütern eigentlich, und wie viel Revisions-Diaeten zu zahlen	—	—	ibid.
— wenn die Bewerthung derer neu acquirirten geschehen soll	1749	3	570
— wie zu verfahren, wenn Jemand dieselben Schulden frei machen will	1750	5	375
— vom Verkauf derselben wird, wenn deren Werth über 1000 Rthlr. ist, ½ pro Mille zur Zuchthaus-Casse gezahlt	1717	2	460
— deren Meliorationen werden nicht versteuert	1748	3	814
— schon seit 1723 wüst gewesne und eingezogene werden nach dem Dominial-Divisor versteuert	—	—	ibid.
— dürfen nicht von Creis-Steuer-Einnehmern gepachtet werden	1779	16	102
— — nicht von Creis-Calculatoribus	—	—	103
— — nicht mehr von den Juden	1780	17	32

Gü

	Gü. Gy.	Jahr.	Band.	Seite.
Güter: wenn die städtische Pachtungen und Administrationes aufhören sollen		1780	17	32
— der Amts-Unterthanen, wie damit zu verfahren, wenn sie in Administration genommen werden		1782	17	510
— sollen den Unterthanen ohne vorher gegangenes gerichtsamtliches Erkenntniß nicht abgenommen werden		1783	18	123
— f. Bauergüter.				
— Beamten und Administratores ausländische sind abzuschaffen		1779	16	165
— Kaufbriefe mit der Clausul: daß solche nur an katholische Besitzer verkauft werden sollen, sind ungültig		1765	8	681
— Mäckeleien werden den Juden verboten		1780	17	33
		1785	18	313
Gymnasia katholische sollen noch ferner unter der Aufsicht der Ex-Jesuiten stehen		1774	19	355
		1776	19	400
— — wie viel Classen seyn, und was in denselben zu dociren		1774	19	357
— — was die darinn aufzunehmenden für Qualitaeten haben müssen		—	—	359
— — vom extraordinairen und Privat-Unterricht		—	—	363
— — was beim Unterricht für eine Methode zu befolgen		—	—	364
— — deren Director, von dessen Bestellung, Amt, Eigenschaften ꝛc.		—	—	383. 390
— — deren Vorsteher, Obliegenheiten derselben		—	—	382
— — deren Rectores, Pflichten derselben und Amt		—	—	412
— — — sollen monatlich Conferenz in Schulsachen halten		—	—	414
— — deren Praefectus, besonders zu Breslau, dessen Obliegenheiten		1776	19	428 seq.
— — deren Lehrer, Eigenschaften, Amt und Pflichten		1774	19	385
— — — Rang-Ordnung derselben		1776	19	411
— — — wer diese Stellen zu besetzen hat		1774	19	384
		1776	19	410
— — — sind blos bei den Wissenschaften zu lassen, wozu sie sich habilitirt haben		1774	19	387
— — — wegen deren Versetzung		1776	19	410
— — — sind vorher zu examiniren		—	—	ibid.
— — — die Lehrstunden sind halbjährig zu reguliren		1774	19	387
— — deren Schul-Commission, aus welchen Personen sie bestehen soll		1776	19	401
— — Bücher sind zu verbessern		1774	19	382. 386
— — Ferien-Bestimmung derselben		—	—	388
— — sollen nicht erweitert werden		1776	19	418

Gy.			Jahr.	Band.	Seite.
Gymnasia katholische:	deren Policei und Aufsicht darüber		1774	19	382 seq.
—	—	deren Prüfungen, wie sie anzustellen. Translocationes ꝛc.	—	—	390 seq.
—	—	deren Sachen, in wiefern darinn Veränderungen vorzunehmen	—	—	384
—	—	deren Uebungen, theatralische werden abgeschaft	—	—	390
		f. Studiren, Universität.			

H.

Ha.

			Jahr.	Band.	Seite.
Haarsieb-Waaren	aus Oesterreich und Böhmen werden einzuführen verboten		1764	8	223
—	—	aus andern Ländern eingehende werden mit 50 pro Cent impostirt	—	—	ibid.
—	—	zu Breslau gefertigte sollen zu besserer Erkennung gestempelt werden	1774	14	157
Haasen-Felle,	deren Aufkauf a. d. L. wird denen Juden verboten		1783	18	128
Habelschwerdt:	der Stadt-Unterthanen Dienst-Reglement		1751	4	64 seq.
Hacken metallene	fremde werden einzuführen verboten, und zum einländischen Debit nur die aus der Wleszner Fabrik erlaubt		1778	16	18
—	—	Kennzeichen derer aus der Wleszner Fabrik	—	—	19
—	—	die fremden bleiben zum auswärtigen Debit einzuführen erlaubt	—	—	ibid.
Hagel f. Schrot.					
Hagel-Schaden:	Remissions-Reglement und Einrichtung		1743	5	122 seq.
—	—	von wem solcher zu untersuchen	—	—	123
—	—	wie die Taxe anzufertigen	—	—	126
—	—	wie die Remission auszumessen	—	—	ibid.
—	—	Schemata dazu	—	—	141 seq.
—	—	wie viel Diaeten die Commissarii erhalten	—	—	139
—	—	die bisherige Untersuchungs- und Liquidations-Art wird abgeschaft und eine neue eingeführt	1764	8	388
—	—	bei Untersuchung desselben soll die Aussaat überhaupt aufgenommen, detaxirt, und dann der Schaden veranschlagt werden	—	—	389
—	—	Schema dazu	—	—	390
—	—	wird nicht bonificiret, wenn die Aecker nicht vorschriftmäßig bewirthschaftet werden	1765	8	641

Ha.

		Jahr.	Band.	Seite.
Hagel-Schaden: die Einschränkung der Remißion d. §. 44. in Abficht des Betrags der monatlichen Steuer wird aufgehoben		1771	13	71
—— —— bei der Unterfuchung ift darauf zu fehen, wie das Getreide vorher geftanden, und auf wie viel Furchen es gefäet gewefen		1772	13	186
—— —— foll vom Landrath felbft oder von einem Creis-Deputirten unterfucht werden		1782	17	282
—— —— auf den Gütern des Landraths ift von einem Membro Camerae zu unterfuchen		—	—	ibid.
—— —— Eides-Formular für die Taxatores deffelben		—	—	283
Halb-Rafche f. Rafche halbe.				
Hamburger Zucker f. Zucker.				
Handel en Baratto f. Baratto.				
— en Detail, was darunter zu verftehen		1742	1	424
— en Gros mit verbotenen fächfifchen Waaren ift nicht erlaubt, ausgenommen nach Breslau		1765	8	658
— wird denen Fuhrleuten a. d. L. verboten f. Fuhrleute.		1756	6	581
— der Sachfen-Gothafchen Kaufleute zum auswärtigen Debit ift nach Breslau frei gegeben		1765	8	704
— mit italienfchen Früchten wird nur der levantifchen Compagnie bewilliget		1766	9	301
Die Specialia müffen bei jeder Sache nachgefucht werden, womit Handel getrieben wird.				
Handlungs-Accife: wie folche von denen von Brandweinbrennern gemäfteten Schweinen zu entrichten		1746	5	196
—— —— von Schweinen und andern kleinen Vieh, deren Sätze werden beftimmt		1748 / 1750	3 / 3	208 / 891
—— —— Reglement, wie es mit Entrichtung derfelben von den aus Polen kommenden Vieh-heerden zu halten		1745	2	35 feq.
Mehreres f. Accife vom Vieh, Getreide ꝛc. ꝛc.				
Handlungs-Bücher, deren Beweiskraft wird eingefchränkt		1753	4	830 feq.
—— —— der Kaufleute find in Banco-Pfunden zu führen		1766	9	242
—— —— wegen Paraphirung derfelben f. Paraphen				
Handlungs-Burfche müffen Lehr- und Geburtsbriefe löfen		— / 1756	— / 6	100 / 240
Handlungs-Diener ausländifche anziehende, deren Beneficia, wenn fie fich im Lande etabliren f. Kaufleute.		1774	14	372
Handdienfte zur Feuer-Societaet-Hülfe a. d. L., wie fie zu reguliren		1750	3	968

Ha.

	Jahr.	Band.	Seite.
Handdienste können mit Gelde quitirt werden, wenn der Ort des gewesenen Brandes über 3 Meilen entfernt f. Feuer-Societaet.	1750	3	969
Handmühlen f. Stampen.			
Handschuhe werden aus Sachsen einzuführen verboten	1765	8	612
—— seidene, wollene, baumwollene ꝛc. zum innern Debit ankommende müssen auf den Packhöfen revidirt werden, ob es ein- oder ausländische sind	1781	17	220
—— die ausländischen sind an das Accisamt abzuliefern	—	—	ibid.
—— zur Untersuchung derselben sollen an den Orten, wo es nöthig, 2 Schaumeister angestellt werden	—	—	222
—— die einländischen sind mit dem Schaustempel und von dem Fabrikanten mit einem besondern Kennzeichen zu bemerken	—	—	223
—— einländische, mit was für einem Kennzeichen sie zu bemerken	1782	17	247
—— die Schau- und Stempelkosten soll die Mittelslade hergeben	—	—	248
—— ausländische aller Art (die dänischen ausgenommen) werden zum einländischen Debit einzuführen verboten	1783	18	6, 13
—— dänische werden mit 50 pro Cent impostirt	—	—	6
Handschuhmacher sollen mit ihren Waaren auswärtige Messen besuchen	1772	13	212
Handwerker auf dem Lande sollen geduldet werden	1743	1	59 seq.
—— —— doch ohne Nachtheil der Städte. Edict dieserwegen	1748 / 1756	3 / 19	239 / 209
—— —— Benennung derer, so unter der Meile zu dulden	—	—	240
—— —— so sich nach dem Jahr 1742 erst angesetzt, sollen in die Städte oder, ausserhalb der Meile ziehen	—	—	ibid.
—— —— von deren Gewerbe der Gutsbesitzer, ein Privilegium speciale oder eine 50 jährige Possession nachweisen kann, mögen geduldet werden	1748	3	241
—— —— unter der Meile müssen in die Städte Quartal-Geld zahlen, und wie es damit zu halten	—	—	243
—— —— wie viel sie Nahrungs-Accise zu entrichten haben	—	—	241
—— —— sollen mit ihren Waaren nicht auf andern Dörfern hausiren	1748 / 1756	3 / 19	243 / 118
—— —— was für welche auch außer der Meile nicht neu angesetzt werden dürfen	—	—	243

	Jahr.	Band.	Seite.
Handwerker a. d. Lande: wie es mit denen zu halten, wo die Städte das Meilenrecht nicht haben	1756	19	244
— — wie viel diejenigen Nahrungsgeld zahlen sollen, die aus den Städten aufs Land ziehen	—	—	ibid.
— — unbezünstete sollen mit ihren Fabricatis nicht an andern Orten auf Jahrmärkten ausstehen	—	:	244
— — aber wohl die, so sich in ein städtisches Mittel einwerben	—	—	ibid.
— — sollen sich in die städtischen Zünfte einwerben, und die gehörigen Praestanda leisten	1775	14	386
— in Städten, was die für Beneficia zu genießen, so vom Lande herein ziehen und sich etabliren	—	—	—
	1749	3	453
— — sollen in Zukunft keine Aecker kaufen, noch Ackerwirthschaft treiben	1763	7	262
— — unter welchen Umständen ihnen solches erlaubt ist	—	—	ibid.
— — noch fehlende sollen angesetzt werden	1756	6	236
— bezünstete in steuer- und accisbaren Städten mögen mit ihren Waaren Jahrmärkte beziehen	1756	19	244
— — was für welche von Frequentirung der Jahrmärkte ausgenommen sind	—	—	ibid.
	1742	1	205
— ausländische ordinaire anziehende, deren Beneficia, wenn sie sich etabliren in Städten	1749	3	445
	1763	7	514
	1770	12	1
f. Fabrikanten.	1775	14	365
— — item auf dem Lande	—	—	379
— — sollen mehrere ins Land gezogen werden	1764	9	225
— — sollen die an der Grenze wohnende Dominia ꝛc. nicht zu ihrer Arbeit gebrauchen	1756	6	236
— — so sich in neu erbauten Kolonisten Stellen a. d. L. etabliren, müssen Nahrungsgeld zahlen	1776	15	77
reliqua vid. Kolonisten.			
— (überhaupt) in wiefern sie Wechsel ausstellen können	1751	4	76
— — sollen von den fremden Meistern, so auf die Jahrmärkte kommen, wegen der unmanirlichen Waaren keine Geldstrafen erpressen			
	1752	4	630 seq.
— — sollen keinen Knaben ohne Schul-Attest in die Lehre aufnehmen	1767	10	5

Ha.

	Jahr.	Band.	Stück.
Handwerker (überhaupt) sollen das Gesellen-Auffehen abschaffen	1770	13	12
— — sollen von den Soldaten nicht in ihrer Nahrung beinträchtiget werden f. Soldaten.	1774	14	166
— — in Lein-Wolle- und Baumwolle arbeitende: deren Vermehrung in Städten wird befohlen	1769	11	195
— — Mittel zu deren Vermehrung in den Städten	1767	10	90
— — denselben wird das Auftreiben, Ausstehen und Austreten verboten	1782	17	307
— — zur Erlernung ihrer Profession find alle Kinder fähig, ausgenommen die Abdecker-Kinder f. Abdecker.	—	11.	311
— — wem wegen des Schimpfens unter ihnen die Judicatur zustehe, und wie dabei zu verfahren	—	—	312
— — verschiedene, wenn sie an einem Ort in geringer Anzahl find, mögen zusammen eine Mittellade constituiren, oder sich zu ihrer eigenen Lade in benachbarten Städten halten	—	—	320
— — mögen so viel Gesellen und Jungen halten, als sie zu ihrem Gewerbe nöthig haben	1783	18	28
— — so mit ihrem Fabricatis Handelschaft treiben, müssen davon Paraphen-Gebühren zahlen	1767	10	106
Ausnahme	—	—	ibid.
— — so ihre Profession niedergelegt, und von ihrem Vermögen leben, müssen noch Nahrungs-Servis zahlen	1786	18	452
— — was sie unter sich für Pflichten zu beobachten	1782	17	344 feq.
Handwerks-Aeltesten: deren Function soll auf gewisse Jahre eingeschränkt seyn	1747	2	473
— — bei Bestellung derselben darf nicht auf den Unterschied der Religion gesehen werden	1786	18	487
— — was sie auf der durchwandernden Gesellen-Kundschaft zur Verhütung des Bettelns bemerken sollen	1771 1779	13 16	32 104
Handwerks-Briefe f. Lehrbriefe, Geburtsbriefe, Kundschaften.			
Handwerks-Bursche: wie das Betteln derselben zu steuern	1747 1771 1777 1779	2 13 15 16	548 31 401 104
— — — wie es mit den Bettelnden zu halten	1747	2	548
— — — den Bettelnden soll Niemand etwas geben, bei 5 Thlr. Strafe	1779	16	104
— — — find in das Creutzburger Armenhaus zu liefern	—	—	106

	Jahr.	Band.	Seite.
Ha.			
Handwerks-Bursche: wie es mit deren Verpflegung in Breslau zu halten	1747	2	577
sollen während des Krieges nicht außer Landes wandern	1778	16	59
müssen zum Wandern in fremde Länder Erlaubniß haben	1752	4	708
erhalten nicht eher das Geschenke, bis sie nach Arbeit umgeschaut	—	—	709
welche keine Arbeit suchen, dürfen nicht länger als 2 Tage an einem Ort beherberget werden	1779	16	104
und sind mit einem Zehrpfennig weiter zu fördern	—	—	105
was sie zum Auswandern für Requisita haben müssen	1782	17	335
wie lange deren Wander-Jahre dauern sollen	—	—	336
wie sie sich während ihrer Wanderschaft und Gesellen-Zeit zu verhalten. Deren Schuldigkeit, Verhältniß, Behandlung 2c.	—	—	335
deren Eltern sollen während ihrer Wanderschaft alle Viertel-Jahre von dem Orte ihres Aufenthalts Nachricht an den Magistrat geben	1778	16	60
sollen ihre Wanderschaft in den königl. Ländern halten	1782	17	259
die in auswärtigen Ländern wandernde sind zurück zu rufen	1764 / 1782	8 / 17	17 / 260
wie und von wem die angeschuldigten abzustrafen	—	—	309, 315
wie die aufrührerischen zu bestrafen	—	—	312
wie die Strafgelder zu verwenden	—	—	316
wie es mit Aufkündigung der Arbeit zwischen ihnen und den Meistern zu halten	—	—	308, 337
dürfen kein Brüderschafts-Siegel mehr führen	—	—	314, 340
denenselben soll es nicht nachtheilig seyn an weiterer Beförderung, wenn sie auch in herrschaftliche Dienste getreten	—	—	317
item auch nicht, wenn nebst ihnen Weibspersonen in der Werkstatt arbeiten	1783	18	28
verschiedene Mißbräuche derselben werden abgeschaft	1782	17	339
desgleichen das Gesellen-Aufsetzen	1771	13	112

Z

	Jahr.	Band.	Seite.
Ha.			
Handwerks = Bursche: verschiedene Mißbräuche derselben werden abgeschaft: auch die Grüße	1782	17	316
—— wie sie ihre Gesellen = Auflage halten sollen	—	—	340
—— ausländsche, deren Beneficia s. Gesellen			
Handwerks = Correspondenz mit auswärtigen Zünften ist verboten	—	—	314
Handwerks = Gebräuche verschiedene sollen abgestellt seyn	—	—	316
Handwerks = Geheimnisse; zu deren Verschweigung sollen junge Meister nicht verbunden seyn			319
Handwerks = Generalia: deren neuer Abdruck wird angekündiget, und die Exemplaria anzuschaffen befohlen			104
—— deren, und anderer die Handwerker angehenden Verordnungen, Abdruck	—	—	305 seq.
Handwerks = Geschenke für die wandernden Gesellen wird bestimmt			315
Handwerks = Jungen s. Lehrjungen.			
Handwerks = Lade: deren Unterscheid zwischen Haupt = und Neben = Laden, und die Provocation auf erstere wird aufgehoben			313
Handwerks = Meister s. Meister, Meisterrecht, Meisterstücke rc.			
Handwerks = Mißbräuche einige, ratione des Meisterstücks, werden abgeschaft	1747 / 1756 / 1782	2 / 6 / 17	466 / 219 / 323
Handwerks = Sachen gehören zum Ressort der Cammer	1750	5	310
—— in wiefern darinn an die Oberamtsregierung appellirt werden kann			313
Handwerks = Siegel soll verschlossen und ohne Vorwissen des Assessoris nicht gebraucht werden	1759	6	772
Handwerks = Stöhrer s. Pfuscher.			
Handwerks = Unredlichkeiten, Benennung derjenigen, so abgeschaft seyn soll	1782	17	320 seq.
Handwerks = Wittwen: unter welchen Bedingungen sie das Gewerbe fortsetzen dürfen	—	—	346
—— so das Gewerbe fortsetzen, müssen davon Nahrungs = Servis zahlen	1780	18	454
Handwerks = Zusammenkünfte, wenn, wie und warum sie zu halten	1782	17	347
—— müssen unter dem Vorsitz eines Magistrats Deputirten geschehen	—	—	306
Die Zunft = Artikel einiger Handwerks = Innungen zu Breslau s. Zunft = Artikel.			
Hanfbau soll fleißiger betrieben werden. Vertheile davon	1764	8	162
Hanswurst (Possenreißer) wird Marktschreiern und Operateurs untersagt.	1785 / 1786	18 / 18	395 / 424

Hars

Ha.

			Jahr.	Band.	Seite.
Harken fremde, deren Einfuhr wird verboten			1783	18	5
Hartstein (Eisenstein) ist einzuführen erlaubt			1764	8	354
Harz österreichsches wird bei der Einfuhr mit 5. pro Cent impostirt			1765	8	741
Harzscharren im Gebirge wird verboten			1777	15	330
Haue: in dergleichen sollen die Wälder und Forsten eingetheilt werden			1756	6	393
— junge sind zu schonen					402
— in den Waldungen müssen gut aufgeräumet werden			1781	17	208, 225
Häuser im Kriege ruinirte sollen wieder hergestellt werden			1763	7	234, 470
— in den Städten sind mäßig zu bauen			—	—	162, 317
— sind mit Ziegeln zu decken			1766	9	238, 271
Mehr s. Ziegeldach.					
— sind bald nach angefangenen Bau zu catastriren			1771	13	131
Mehr s. Feuer-Societ. Catastr.					
— Vorschrift, wie sie zur Einhebung des Servis zu classificiren			1786	18	438
— worauf bei der Nutzungs-Classification vorzüglich zu sehen			—	—	440
— — leere	deren Retablissement sollen die Magisträte besorgen		1746	2	322
— — wüste		1766	9	300
— — baufällige		1769	11	251
— — was die einländischen Acquirenten und Bebauer dergleichen Häuser für Beneficia zu geniesen haben		1746	2	322
			1749	3	450, 452
			1755	6	89
			1742	1	207
— — item die anziehenden und sich etablirenden Ausländer		1749	3	449 seq.
			1763	7	513 seq.
			1770	12	5 seq.
			1775	14	368, 374 seq.
s. Bau-Beneficia.					
— — wie es mit denen auf dergleichen Häusern haftenden Schulden und Resten zu halten		1746	2	323
			1749	3	450
			1775	14	368
— — die, so von der Natural-Einquartirung befreiet sind, müssen ⅔ von der veranschlagten Hausnutzung an Servis zahlen		1786	18	447
— in den Vorstädten, wie sie zu catastriren			1782	17	270
— auf dem Lande s. Bauergüter, Gärtnerstellen, Häuslerstellen, Kolonien, item Gebände, Stellen.					
Häusler ausländsche, auf neu erbauten Stellen angesetzte sind von allen Oneribus und Landes-Praestationibus frei			1776	15	77
— — sollen die Stellen erblich besitzen und freie Leute bleiben			—	—	ibid.

Hä.

	Jahr.	Band.	Seite.
Häusler ausländische sind Werbe- und Enrollirungs-frei	1776	15	77
— — müssen sich der Vieh-Assecuranz und Feuer-Societaet unterziehen	—	—	ibid.
Häusler-Stellen neue a. d. L. (Kolonistenhäuser) denen Dominiis, so dergleichen erbauen, werden 70 bis 100 Thlr. für jede Stelle Beneficien-Gelder verheißen	1774	14	283
— — deren Fundus darf, wenn solcher vorher keiner Contribution unterworfen gewesen, nicht versteuert werden	1776	15	103
— — wenn deren Fundus vorher steuerbar gewesen, so wird solcher noch künftig, doch nur nach dem Rustical-Divisor, versteuert	—	—	104
— — Bestimmung: wie viel sie Feuer-Societaet Hülfe erhalten	1782	17	290
— — wie hoch sie dazu concurriren müssen	—	—	291
— — insofern solche ein ganzes neues Dorf ausmachen s. Kolonie.			
— — wegen deren Nahrungssteuer-Remission	1753	4	828
Haus-Kapläne (Hofkapläne) ausländische dürfen die einländischen Herrschaften nicht halten	1775	16	15
— s. Geistliche.			
Hausleinwand-Weberei soll allgemeiner gemacht werden	1769	11	228
Haus-Nutzungs-Servis: Benennung derer, so davon entweder ganz oder zum Theil befreiet sind	1756	18	442
Haus-Praeceptores sollen nicht nebenbei andere Kinder unterrichten	1765	8	792
— — müssen vor ihrer Reception geprüft werden, oder Atteste ihrer Geschicklichkeit vorzeigen	—	—	793
Haus-Visitationes, wenn und von wem sie Verdachts wegen in Accise-Defraudationen zu halten	1756	19	76
— — wegen der Vagabonds ꝛc. s. Land-Visitationes.			
Hausiren mit allerhand Kramwaaren: Edict wider dasselbe	1750	3	971
— a. d. L. zur Verhütung dessen sollen die Waaren in Paquets von den Accise-Aemtern versiegelt werden	—	—	983
— dazu wird schlechterdings ein Cammer-Paß erfordert	1752	4	692
— die Licenz-Scheine dazu werden lediglich von der Cammer ausgefertiget	1750	3	984
— was gegen die Mißbräuche mit den Licenz-Scheinen für Praecautiones zu nehmen	—	—	985
— darauf sollen besonders die Landdragoner invigiliren	1755	6	125
— Formular zu einem General-Licenz-Scheine	745	2	92
— wird generaliter verboten	750	3	972
— außer den Jahrmärkten	1739	19	467, 477

Haus

Ha.

	Jahr.	Band.	Seite.
Haufiren wird specialiter verboten			
zu Breslau mit Victualien	1752	4	754
den Juden überhaupt {	1744	1	56
	1750	3	972
— mit Leder a. d. Lande	1776	15	57
— mit Zitz und Cattunen a. d. L.	—	—	92
— wegen Auskauf der Haasenfelle	1783	18	128
den Fenstermachern a. d. L.	1751	4	196
den Glasern a. d. L.	1763	7	297
den Bäckern			
den Brandweinbrennern { a. d. L.	1756	19	118
den Fleischern			
den fremden Olitäten-Krämern {	1750	3	973
	1753	4	919
den sämmtl. Handwerkern a. d. L.	1748	3	244
den Krämern außer Jahrmarktzeit	1764	8	34
den Lingenschen Messerträgern	1786	18	520
den böhmischen Siebmachern	—	—	ibid.
den fremden Schleifern	1756	6	750
mit Eisen auf dem Lande {	1753	4	829
	1756	19	140
	1776	16	61
mit Taback	1756	19	140
mit Glas, Olitäten, Medizin-Waaren {	—	—	139
	1765	8	540
mit Tüchern	—	—	510
mit fremden Schu- und Pantoffelhölzern	1773	14	51
mit fremden Leisten und Stiefelbrettern	—	—	ibid.
mit fremden Bruch- Quader- und Wetzsteinen	1783	18	72
mit fremden Compositions-Steinen	—	—	124
— wird unter gewissen Modalitäten erlaubt:			
den Bilderkrämern	1750	3	974. 977
den Hecheltägern	—	—	ibid.
den Optischen und Wettergläserhändlern	—	—	ibid.
Formular zum Licenz-Schein für dieselben	1751	4	485
den böhmischen Glashändlern	1739	19	467
den Pferde- und Viehschneidern	1750	3	976
Formular zum Licenz-Schein für solche	1751	4	487
den einländschen Krämern zur Jahrmarktzeit	1750	3	974

Ha. He.

	Jahr	Band	Seite
Haufiren wird unter gewiſſen Modalitaeten erlaubt:			
— ben einländſchen Siebmachern	1750	3	976
— Scheerenſchleiſern	—	—	ibid.
Formular zum Lic. Schein für ſolche	1751	4	488
wie die beim Hauſiren der Siebmacher und			
Schleifer vorfallenden Unterſchleife zu			
coupiren	1771	13	125
— ben Zülzer und Hozenplozer Juden {	1750	3	977
	1756	19	141
— mit Wildpret und Zitronen zu Breslau	1752	4	755
Hauſirer fremde ſollen nicht eher herum gehen, bis ſie den Licenz-			
Schein gelöſet	1756	19	141
— die, ſo mit keinem Licenz-Scheine verſehen, ſind anzu- {	1746	2	262
halten	1756	19	138
ſ. Licenz-Schein.			
Häute rohe ſ. Leder rohe.			
Haverey-Ordnung	1766	19	266 ſeq.
— was überhaupt barunter verſtanden werde	—	—	313
— ordinaire und beſondre, was babel zu beobachten	—	—	ibid.
— item bei der groſſen und extraordinairen	—	—	316
— Weſen und Eintheilung derſelben	—	—	313
— Seewurf, und wie der Schade zu beſtimmen	—	—	322
— Berechnung und Vertheilung derſelben	—	—	327
— Dispacheurs, Schiedsrichter ꝛc. deren Pflichten, Geſchäfte ꝛc.	—	—	313 ſeq.
— Beſtimmung verſchiedener Begebenheiten und Zufälle, die			
über Bord geworfenen Güter betreffend, ſo {	—	—	316, 319
zur Haverei gehören oder nicht	—	—	320 ſeq.
Mehr ſ. Aſſecuranz.			
Hazard-Spiele mit Würfel und Karten werden verboten {	1763	7	229
	1774	14	281
— — Strafe derer, die dergleichen Spiele hegen	—	—	282
— — das Edict gegen dieſelben ſoll alle 3 Monate {	1763	7	230
von den Kanzeln verleſen werden	1774	14	282
Hebammen müſſen ſich examiniren laſſen	1744	19	32
— — wegen Anſehung derſelben in den Dörfern	—	—	ibid.
— — wie ſie ſich in ihrem Amte zu verhalten	—	—	ibid.
— — ſollen die Zumuthungen wegen Abtreibung der Geburt			
der Obrigkeit anzeigen	—	—	34
— — ſollen ſich nach der Medicinal-Ordnung richten	—	—	35
— — Eides-Notul für dieſelben	—	—	36
— — ſollen ohne Noth keine Nothtaufe verrichten	—	—	35
Hebammen-Schule zu Breslau wird errichtet	1773	14	55

He.

	Jahr.	Band.	Seite.
Hebammen: wenn und wie viel derselben jedesmal zum Unterricht nach Breslau zu schicken	1773	14	56, 60
— — wie viel denen im Unterricht begriffenen täglich zum Unterhalt zu reichen, und aus welchem Fond	—	—	57
— — wie die dazu erwählenden Personen qualificirt seyn müssen	—	—	58
— — die Lernenden sollen zu Geburten in Hospitälern rc. rc. zugelassen werden	—	—	61, 67
— — müssen bei der Eröfnung der in der Schwangerschaft oder in Geburten verstorbenen Weibspersonen zugegen seyn	1776	15	32
— — dürfen keine Arzneien zum innerlichen Gebrauch ausgeben	1785	18	338
Hecheln fremde, deren Einfuhr zum innern Debit wird verboten	75	18	15
Hechelmacher fremde, was für Waaren sie führen dürfen	1751	19	139
— dürfen keinen Gesellen ohne besondern Licenz-Schein mit sich herum führen	—	—	ibid.
Hechelträger: Hausir-Licenz-Schein-Formular für dieselben {	1751	4	455
	1753	4	ibid.
— — wegen deren Haufiren s. Haufiren			
— — müssen einen Hausir-Licenz-Schein nachsuchen	1778	16	5
— — die im Lande nicht etablirt sind, dürfen weder Jahrmärkte beziehen, noch hausiren	—	—	ibid.
Mehr wegen deren Etablissement s. Bilderkrämer.			
Hecken: deren Anlegung wird befohlen {	1756	6	224
	1763	7	206, 213
— von Berberis-Beeren sollen angepflanzt werden	1765	8	415
— wie die Beschädiger derselben zu strafen	1756	6	598
Mehr davon s. Alleen.			
Heeringsfang: Compagnie zu Embden wird errichtet; deren Octroy	1769	11	230
— — derselben soll auch der übrige Fischfang frei stehen	—	—	ibid.
— — Werth ihrer Actien	—	—	231
— — Beschreibung von deren Einrichtung auf holländischen Fuß	—	—	235
Heerings-Bedarf für Schlesien pro 1781, woher solcher zu verschreiben	1781	17	188
Heeringe fremde eingehende oder transitirende werden mit 1 Thlr. pro Tonne importirt	1780	17	22
— — transitirende, deren Transito-Impost wird von 1 Thlr. auf 6 Gr. pro Tonne moderirt	1781	17	156
— — davon sollen die schles. Kaufleute eine bestimmte Quantität der Embdner Compagnie abnehmen	1785	18	323

Hc.

	Jahr	Band	Seite
Hege=Wische: wie sie anzustecken. Strafe der Beschädiger derselben	1768	10	220
Heidebrenner: deren Strafe	1746	6	409
	1768	10	218
Hembdeknöpfe allerlei metallene: die fremden werden einzuführen verboten	1783	18	6
Hengste s. Beschäler.			
Herbergs=Wirthe s. Gastwirthe, Dorfkretschmer.			
Herrschafts=Sachen: die Post=Freiheit derselben genießen nicht die Monitoria wegen vernachläßigter Berichte	1770	19	351
	1771	13	18
——— in welchen Fällen die Monitoria dergleichen genießen	—	—	19
——— müssen auf den mit der Post zu versendenden Paquets specifice benannt werden	1767	10	81
	1783	17	65
Herrschafts=Siegel soll nicht zu den Post=Defraudationibus gemißbraucht werden	1771	13	4
——— sollen die Officianten nicht zu ihren Privat-Vorstellungen an des Königs höchst eigene Person gebrauchen	1776	15	27
Heu, verschlemmt gewesenes muß zur Viehfutterung vorher klein geschnitten und gebröhet werden	1785	18	415
—— zur Cavallerie-Verpflegung zu lieferndes, nähere Bestimmung des Gewichts ratione der Strohseile und der darüber zu ertheilenden Quittungen	1774	14	242
Heu=Lieferung zur Cavallerie-Verpflegung: in wiefern die kleinen Ackersleute dazu concurriren müssen			177
—— wie solche auf das catastrirte Wiesewachs zu repartiren	1782	17	298, 358
Heu=Aufkauf auf dem Lande wird denen, die sich mit keinem Kammer=Paß legitimiren können, verboten	1775	14	514
Heu=Vorräthe sollen außer der Stadt aufbewahrt, und in einem Hause blos der Bedarf auf wenige Tage geheget werden	1776	15	109
Heu=Steuer s. Wiesensteuer.			
Heurathen: in wiefern dazu denen Kindern der Consens ihrer Eltern nothwendig ist	1747	2	476
—— wegen derer von Kindern ohne elterlichen Consens geschlossenen können dieselben bis auf die Häife der Legitimae enterbet werden	—	—	477
—— sollen den Unterthanen nicht erschweret werden	1744	1	22
	1761	7	58
	1765	8	656

Heu=

He. Hi. Ho.

	Jahr.	Band.	Seite.
Heuraten der Cantonisten, mögen ohne Erlaubniß des Regiments und des Landraths vollzogen werden	1763	7	208
	1764	8	52
— die Ausfertigung der Trauscheine zum Heurathen der Unterthanen kommt lediglich deren Dominio zu	1760	6	830
— die Trauscheine dazu sind den Unterthanen gratis zu geben	1748	3	239
	1760	6	830
— dazu sollen die Knechte a. d. L. nicht eher Erlaubniß erhalten, biß sie sich durch ein Attest wegen Uebung im Garnisonen legitimirt haben	1763	7	291
	1761	7	13, 294
wer diese Atteste ausstellen soll	—	—	14
— soll den oberschlesischen Unterthanen nicht eher erlaubt werden, biß sie die deutsche Sprache erlernet haben	1764	8	171
— Edict gegen die ungleichen und schändlichen Heurathen der Adelichen	1765	19	262
— mit was für Weibspersonen die Adelichen dergleichen nicht schließen dürfen	—	—	264
— Bestrafung der Adelichen, so dergleichen schließen	—	—	263
— wie die aus den ungleichen Heuraten erzeugte Kinder zu behandeln	—	—	262
— in wiefern ungleiche Heuraten nachgegeben werden	—	—	265
Mehreres kommt bei Ehen vor. s. Trauungen.			
Hirschberg der Stadt Feuer-Ordnung	1742	1	117
Hirschgeweihe: die Ausfuhr derselben außer Landes wird verboten	1760	6	811
Hirse: die Ausfuhr desselben wird erlaubt	1776	15	33
— gestampfter: die Einfuhr des polnischen wird verboten	1780	17	2
s. Gegrütze, item Victualien.			
Hirten für die Gemeine (Gemeingärten) sollen angestellt werden	1756	6	397
— sollen die Alleen und Obstbäume an den Landstraßen in Obsicht nehmen, und dafür ein gewisses Douceur genießen	1764	8	25
— sollen die Oder-Dämme nicht durch das Vieh beschädigen lassen	1786	18	489
Hirten-Häuser gehören nicht zur Feuer-Societaet	1750	3	965
Hochzeitbitter: dazu sollen Invaliden employrt werden	1781	17	122
Höcker-Ordnung für die Stadt Breslau	1751	4	751 seq.
Höcker zu Breslau, deren Anzahl, Qualitäten und Vorschrift ꝛc.	—	—	756
— Formular zu einem Einkaufs-Paß für dieselben auf dem Lande	—	—	807
— in wiefern ihnen erlaubt ist, Victualien einzukaufen	1756	19	130
— auf dem Lande s. Dorfkrämer, plura s. Victualien-Händler.			
Hofedienste der Unterthanen: dabei findet keine Surrogation statt	1749	3	524
— — sollen auf gemessene gesetzt werden	1763	7	293

Aa

Ho.

	Jahr.	Band.	Seite.
Hofdienste sind denen durch Brand verunglückten Unterthanen zu entlassen	1761	7	59
— — wie die Modalitaeten dabei zu bestimmen	1780	17	18
— — sollen den Unterthanen nicht an suspendirten Feyertagen aufgebürdet werden	1773	14	9, 30
s. Feyertage.			
— — in welchem Fall solche von einem kranken oder arretirten Amts-Unterthan mit Gelde zu vergüten	1783	18	36
— — nach welchen Grundsätzen die darüber entstandenen Streitigkeiten zwischen Herrschaften und Unterthanen in Niederschlesien und der Grafschaft Glatz zu reguliren	—	—	99 seq.
— — item die in Oberschlesien	—	—	105
— — Handdienste müssen die Unterthanen ihren Dominiis im Kriege so wie im Frieden leisten	1778	16	80
— — Roßdienste und Fuhren müssen den Dominiis ohngeachtet der königl. Transport-Fuhren geleistet werden	1766	7	258
— — — herrschaftl. sind den Bauern, welche Kriegsfuhren thun, nach Proportion derselben vom Dominio zu erlassen	1778	16	80
Hof-Kapläne s. Hauskapläne.			
Hof-Lagen (Situationes) sollen bei vorkommenden Amtsvorwerks-Bauten zugleich mit aufgenommen werden.	1748	3	22
Holländsche Räder s. Räder.			
Holz vom geschrotenen ist zu bauen verboten	1756	6	241
	1763	7	214
	1771	13	1
s. Bauart, Gebäude.			
— wie dasselbe aus den Forsten zum Verkauf anzuweisen	1756	6	418
— wie weit es über der Erde abgehauen oder geschnitten werden soll	—	—	397, 420
— ist in den Anschlägen und bei Einholung der Assignation nach der Länge und Stärke genau zu bestimmen	—	—	403
— muß zu rechter Zeit aus dem Walde geschafft werden	—	—	414
— Vorschriften wegen Einschlagung und Fortschaffung desselben	—	—	392, 394, 400
— darf ohne Cammer Assignation Niemanden angewiesen werden	—	—	423, 418, 421
— wie es mit dem Deputat-Holz der Pächter und Beamten zu halten	—	—	420
— wie bei der Anweisung des einzuschlagenden zu verfahren	—	—	419
— item bei Anweisung des zu verkaufenden	1756	6	421
	1768	10	225

Ho.

	Jahr.	Band	Seite
Holz darf von den Beamten, Pächtern, Müllern, Schäfern ꝛc. nicht eigenmächtig aus dem Walde gehauen werden	1756	6	420
— wie es mit der Anweisung zu halten, wenn in der Aſſignation keine Sorten benannt ſind	—	—	423
— wird nach Sachſen auszuführen verboten	1762	7	285
	1763	7	118
— item nach Polen	—	—	153
	1764	8	380
— item nach fremden Landen überhaupt	—	—	305
— wird aus dem Glätziſchen nach Böhmen auszuführen erlaubt	—	—	291
— muß ſo niedrig als möglich abgehauen werden	1763	7	214
— zu Schwellen an Gebäuden, dazu iſt kiehnenes zu nehmen	1756	6	424
— ſoll wieder nach der an jedem Orte vor dem Kriege üblich geweſenen Taxe verkauft werden	1764	8	285
— wie viel zu einem Gebäude zu nehmen	1767	10	68
— ſoll in den Waldungen mit der Säge abgeſchroten werden	1781	17	208, 225
— beſonders dasjenige zum Klafterſchlage	1782	17	265
— lebendiges, wie ſolches am beſten zu nutzen	1756	6	394
— —— (Reiſicht) wird den Schäfern zu hauen verboten	—	—	407
— —— ſoll in ordentliche Haue eingetheilt werden	1756	6	391, 402
	1763	7	811
— —— wie es zu ſchonen und anzubauen	1756	6	389, 391 ſeq.
— beſonders in königl. und Cämmerei-Forſten	—	—	402, 407
— im Kriege ruinirtes iſt wieder zu hegen. Vorſchrift	1763	7	810
— bruchenes ſollen die Müller zu Schaufeln nehmen	1756	6	393
— eichenes: davon ſind die abgeſtorbenen Stämme einzuſchlagen, die guten aber zu ſchonen	—	—	ibid.
— kiefernes, fichtenes, tannenes paſſiren beim Freiholz für einerlei	—	—	424
Holz-Abraum und Späne werden zur Bau-Caſſe verrechnet	1765	8	709
— —— vom Accis-freien Bauholz, wie dergleichen zu veracciſen	—	—	409
Holz-Anpflanzung wird überhaupt befohlen	1756	6	389
— —— ſoll mit mehrerm Eifer betrieben werden	1763	7	441
	1764	8	137, 566
— —— Bericht, wie dabei mit den verſchiedenen Arten zu procediren	1763	7	441
— mit Birken	—	—	444, 447
— mit Buchen (Hage- oder Weisbuchen	—	—	443, 446
— item May-Buchen	—	—	441, 446
— mit Eichen	—	—	441, 444
— mit Elſen	—	—	444, 447
— mit Eſchen	—	—	443, 446

Ho.

	Jahr.	Band.	Seite.
Holz=Anpflanzung: Bericht, wie dabei mit den verschiedenen Arten zu procediren			
— mit Hagedorn	1763	7	443, 446
— mit Linden	—	—	447
— mit Tannen und Kiefern	—	—	443, 446
— mit Weiden, Pappeln, Abehlen	—	—	447
Holz=Anpflanzungs=Oerter müssen eingezäunet werden	1756	6	392
wie sterile Berge Brüche Lachen ꝛc. item kahle Flecke ꝛc. dazu tauglich zu machen			401
			398
Holz=Arbeiter sollen nicht mit Feuer=Arbeitern zusammen wohnen	1776	15	110
— sollen ihre Späne wohl verwahren	—	—	ibid.
Holz=Assignationes sind mit Zuziehung des Ober=Forstmeisters auszufertigen	1756	6	440
Holz=Deput-e für Pächter und Beamte, wie es damit zu halten	—	—	420 seq.
— die Empfänger sollen davon nichts verkaufen	—	—	424
— dazu sind auch die Stöcke, Stubben und das Reisicht anzuwenden	1763	7	463
Holz=Diebe betroffene müssen Pfandgeld erlegen	1764	8	256
Holz=Diebereien: Anstalten zu deren Verhütung	1765	10	170
	1756	18	419
— wie solche zu bestrafen	1756	6	425, 428
Mehreres f. Forst=Defraudation.			
Holz=Flößen, was dabei zu beobachten	1756	6	457
— dazu soll das Holz vorher gezählet werden	—	—	419
— für die Unterhaltung der dazu erforderlichen Bäche, Schleußen, Canäle ꝛc. müssen die Cammern sorgen			456
— Strafe derer, die muthwillig eine Schleuße beschädigen	—	—	458
— item derer, die ohne Noth das Holz aufhalten	—	—	ibid.
— item derer, die das Holz daraus entwenden	—	—	457
— Wer die Räumung der Bachen zu besorgen	—	—	458
— durch solche soll Niemand Vieh treiben	—	—	459
— wie viel dafür an Zoll zu erlegen, wenn das Holz durch den Bromberger Canal passirt	1776	19	394
Holz=Flößer und Verbinder: deren Obliegenheiten	1756	6	457
Holz=Gehege und Eichen=Cämpe, wie sie in königl. und Cämmerei Forsten anzulegen	—	—	407
Holz=Gelder königl. müssen auf den Tag des Verkaufs notirt werden	1768	10	225, 227
— wenn sie zur Forst=Casse abzuführen	—	—	228
— Strafe wegen willkührlicher Disposition mit solchen	—	—	229

Holz=

Ho.

	Jahr.	Band.	Seite.
Holz-Handel ist den königl. Amts-Unterthanen verboten	1768	10	171, 221
— was deswegen zu beobachten	—	—	256
Holz-Händler dürfen weder eichene Bretter noch anderes Nutzholz auswärts führen, wenn sie solches nicht von denen zu dessen Einschlagung concessionirten Dominiis gekauft haben	1776	15	24
Holz-Hucken (Bürden) so zu Breslau vom dortigen Holzplatz ein-pasiren, sollen confisciret werden	1785	18	356
Holz-Lesen, in wiefern solches den Amts- und Cämmerei-Unter-thanen zu erlauben	1756	6	422
— die dazu berechtigten Amts- ꝛc. Unterthanen sind jähr-lich zu specificiren	—	—	ibid.
— — ihnen dazu Zettel zu ertheilen	—	—	ibid.
— — ihnen dazu gewisse Tage auszusetzen	—	—	ibid.
— sollen mit dem aufgelesenen nicht handeln	—	—	423
Holz-Menage-Mittel, wie dergleichen geschehen kann	1756	6	223
	1762	7	213, 456
Holz- (Mast und Jagd) Ordnung neu revidirte und vermehrte	1756	6	357
Holz-Planteurs-Instruction für dieselben	1765	10	160
— deren ausgesetzte Diaeten	—	—	165
f. Planteur.			
Holz-Preise sollen, wo sie zu hoch, wieder herunter gesetzt werden	1763	7	472, 485
Holz-Saamen soll in verschiedenen Forsten zum Anbau gesammelt und davon jährlich eine Designation eingereicht werden	1765	8	718
— Schema zur Designation	—	—	720
— —	—	—	ibid.
— die Sammlung einer gewissen Quantität jährlich wird auch bei den Forstbeamten befohlen	1766	9	302 sqq.
— mit Reinmachung desselben müssen die Forstbedien-ten nach Beckmanns Anweisung verfahren	—	—	302
— die Sammlung dessen, wegen denen Forstberechtig-ten ob	1765	8	566
	1785	18	333
— wie viel für den nicht gesammelten pro Scheffel Strafe zu erlegen	1766	9	304
— wie viel jährlich von jeder Gattung zu sammeln und ans Forstamt abzuliefern	1785	18	542, 533
	1786	18	535
Holz-Saamen-Bäume und hohe Stämme sollen so viel als möglich in jedem Amte gelassen werden	1756	6	352
Holz-Säung für die best veranstaltete werden 3 Praemia a 20. 15 und 10 Thlr. ausgesetzt	1777	15	403
Holz-Schläger sollen das Holz nicht verschleppen und entwenden	1785	18	335
Holz-Stamm- und Pflanzgeld wird bestimmt, und wie es zu berechnen	1756	6	428

Ho.

	Jahr	Nro.	Seite
Holz: Stamm- und Pflanzgeld wird von allem Freiholz, aber nicht von dem zu Amts- und Cämmerei-Bauten angewiesenen gegeben	1756	6	429
Holz: Stöcke sollen gerodet und zur Feuerung gebraucht werden	—	—	397, 400
— — sind nie über ¼ Elle zu machen	1781	17	208, 225
Holz: Taxe für die königl. Amts- und Cämmerei-Forsten	1756	6	416
Holz: Verkauf: in wiefern solcher den Dominiis, Unterthanen und Cämmereien erlaubt ist	—	—	389
— — durch übermäßigen sollen die Güter nicht ruinirt werden	—	—	ibid.
— — des Schiff- und Stabholzes darf nicht ohne Cammer-Approbation geschehen	—	—	ibid.
— — des Schiff- und Stabholzes auf geistlichen Gütern wird eingeschränkt	—	—	391
das Uebrige s. Schiff-Bau: item Stabholz.			
Holz: Verwüstungen: darauf soll Fiscus attendiren	1756	6	390
	1765	8	712
— — werden bei harter Strafe verboten	1763	7	460
	1765	8	709
Holz: Vecturanten müssen, wenn sie damit zu Markte kommen, einen Beglaubigungs-Schein vom Eigenthümer des Holzes mitbringen, und solchen dem Thorschreiber vorzeigen	1786	18	420
— so dergleichen Schein nicht haben, sind als Holzdiebe anzuhalten und zu bestrafen	—	—	ibid.
— wie die Strafe zu vertheilen	—	—	ibid.
Holz: Visitatores zu Breslau: Instruction für dieselben	1746	2	182
Holz: Waaren sächsische, wie sie zu Breslau zu veraccisen	1765	8	779
— wie bei deren Verpfändung ohne die Natural-Uebergabe zu verfahren	1785	18	373
Holz: Wände verblendete: dabei sind keine Feuer-Mauern zu dulden	1776	15	106
Holz: Wärter bei den Ablagen, dessen Pflichten und Emolumenta	1756	6	456 seq.
— denselben darf sich Niemand widersetzen	—	—	456
— dazu sind Invaliden anzustellen	1779	16	188
	1780	17	107
s. Brennholz, Bauholz, Nutzholz etc. Forsten, Waldung.			
Homagium wird von den Adelichen nach ihrem 21sten Jahre geleistet	1756	6	584
Homicidium s. Mord.			
Honig polnischer: wie solcher zu veraccisen	1764	8	34
Hopfen: wie viel zu einem Gebräude zu nehmen	1767	10	67
Hopfen-Anbau soll befördert, und jährlich eine Designation davon eingesendet werden	1756	6	235
	1760	6	806

Ho. Hu.

	Jahr.	Band.	Seite.
Hopfen-Anbau: deſſen beſſere Betreibung bei den königl. Aemtern wird befehlen	1774	14	156
Hopfen-Maaß: wie ſolches beſchaffen ſeyn ſoll	1751	4	304
Hoſpital-Caſſen ſollen zur Unterhaltung des Creutzburger Armenhauſes concurriren	1779	16	98
Hoſpital-Gelder, müßig liegende ſind zinsbar bei der Banco zu elociren	1769	11	74
— — die dahin einzuſendende ſind Poſt-frei	—	—	76
— — bei deren anderwärtiger Elocation iſt auf Sicherheit zu ſehen	1775	14	490
— — von denen ausgeliehenen wird eine Nachweiſung über deren Sicherheit verlangt	—	—	ibid.
Holz-Revenüs ſollen beſſer verwaltet werden	1749	3	516
Huldigungs-Convocations-Patent zur Landes-Huldigung in Niederſchleſien	1741	1	130 ſeq.
— — — — in der Grafſchaft Glatz	1742	1	9 bis 25
— — — — im Fürſtenthum Neiß, mittägl. Seits	—	—	61 ſeq.
— — — — in Oberſchleſien	1743	1	8 ſeq.
— — die Fürſtenthümer Schweidnitz und Jauer ſuchen um die Local-Huldigung nach	1741	1	136 ſeq.
— — königl. Antwort-Schreiben darauf	—	—	138
Hülfsmittel müſſen ſchleunig bei verunglückten Perſonen angewandt werden	1775	14	525
— — darauf geſetztes Douceur und Koſten-Vergütigung	—	—	527
— — Vorſchrift, wie zu verfahren bei Ertrunkenen	—	—	530 ſeq.
— — — — item bei Erhängten	—	—	533 ſeq.
— — — — item bei Erſtickten, Betäubten	—	—	535 ſeq.
— — — — item bei Erfrornen	—	—	537 ſeq.
Hunde: das Herumlaufen derſelben wird eingeſchränkt	1761	7	40
— ohne Knippel in Heiden und Gehegen herumlaufende ſollen todtgeſchoſſen werden	1756 / 1767	6 / 10	445 / 42
— — Beſtimmung des Schießgeldes für dieſelben	1756	6	445
— — davon ſind Jäger-Hunde ausgenommen	1779	16	199
— — der Eigenthümer deſſen muß 1 Thlr. Schußgeld zahlen, oder 14 Tage Arreſt halten	—	—	ibid.
— — oder mit einem nicht vorſchriftmäßigen herumlaufende, deren Eigenthümer muß 1 Thlr. Strafe erlegen	—	—	ibid.
— wie ſtark der ihnen anzuhängende Knippel ſeyn ſoll	—	—	ibid.
— Wiederholung aller deswegen ergangenen Verordnungen	1781 / 1786	17 / 18	213 / 522

Hun-

	Jahr.	Band.	Seite.
Hu.			
Hunde der Schäfer und Bauern zum Wildkehren dürfen nur an Stricken losgelassen werden	1756	6	446
— müßen zur Zeit einer Viehseuche angekettet oder eingesperrt gehalten werden	1779	16	200
f. Viehseuche.			
— die in denen wegen der Viehseuche gesperrten Höfen ꝛc. nicht angekettet ꝛc. sind todtzuschlagen	1783	18	34
— dürfen nicht mit auf der Post genommen werden	1782	17	451
— denselben soll der Tollwurm geschnitten werden {	1767	10	39
	1769	10	209
das Uebrige f. Tollwurm.			
Hürdler zu Breslau, was sie zu beobachten	1744	1	90
Hüte werden aus Sachsen einzuführen verboten	1765	8	577
Hütten auf Bergwerken, deren Gerechtsame und der Gewerke Obliegenheiten in Ansehung derselben werden bestimmt	1769	11	145 seq.
— was bei Bearbeitung derselben zu beobachten	—	—	147
Hütten-Beamte sollen nicht Verwandte ihrer Subalternen seyn	—	—	154
Mehr von denselben f. Berg-Beamte.			
Hütten-Meister, dessen Amt und Pflichten	—	—	150
Hütten-Probe: wie solche mit den Erzten anzustellen	—	—	151
Hütten-Schmiede: deren Privilegium, und was wegen ihrer zu beobachten	—	—	154
deren Pflichten	—	—	156
Hütten-Schreiber: deren Amt und Pflichten	—	—	148
was einer beim Silberabtreiben zu thun hat	—	—	153
Hütten-Stätte muß beim Ober-Bergamt gemuthet werden, und wie	—	—	144
reliqua videatur Berg-Wesen.			
Huttung im Gehege unerlaubte, wie sie zu bestrafen	1756	6	405
— in den jungen Hauen wird verboten	—	—	395 seq.
— dazu sollen den Forstberechtigten die Oerter in den Forsten angewiesen werden	1769	10	216
— davon ist in den Forsten der 10te Theil zum Behuf der Holz-Anpflanzung dem Berechtigten zu entziehen	1756	6	398
— bei Dörfern sind mit Bäumen zu bepflanzen	1763	7	211
— wie solche zu vermessen und zu registriren	1748	3	55
— einzelne in den Forsten ist verboten, Strafe	1769	10	216
Huttungs-Berechtigte in den Forsten sollen Holz-Saamen sammeln und Holz anpflanzen {	1765	8	566
	1785	18	333
f. Holz-Saamen.			
— gemeine f. Gemeinheit.			

Hy.

	Jahr.	Band.	Seite.
Hypotheken = Ordnung für Schlesien allgemeine	1750	5	348 seq.
— — — Declaration über dieselbe	—	—	578 seq.
Hypotheken = Buch muß bei allen Gerichten gehalten werden	—	—	348
— — — wie dasselbe anzufertigen und zu führen	—	—	349 seq.
— — — Formular dazu	1742	1	517
	1750	5	376
— — — darein sind einzutragen:			
Jura realia et Dominia reservata	1750	5	358
Fidei Commissa familiae und Majorate	—	—	359, 361
Verpfändungen derer Immobilium ꝛc.	—	—	360
Pacta, so einer Haupt = Verschreibung beigefüget werden, und werden solche ex officio inserirt	—	—	361
Onera realia, als Erbzinsen, wiederkäufl. Zinsen, Canones annui Reditus ꝛc. ꝛc.	—	—	362
Servitutes personales, als usus fructus ꝛc. aber nicht die herrschaftl. Praestationes ꝛc.	—	—	ibid.
Cautiones und Bürgschaften, so für Rechnungs = Beamte und Pächter mit Immobilibus gemacht werden	—	—	363
Erbgelder, so auf einem Gute für einen Erben haften bleiben	—	—	364
Dotal - Paraphernal - und Receptitien-Gelder	—	—	ibid.
Hypothecae tacitae	—	—	365
Vater = oder Muttertheil, so den Kindern ausgemacht wird	—	—	ibid.
Vormundschaftliche Caution	—	—	ibid.
Cessiones einer in das Landbuch eingetragenen Obligation	—	—	366
Jura Fisci in dem Vermögen und Gütern der Cassen = Bedienten und Domainen-Pächter	1785	18	260
Hypotheken = Scheine (General-): wie solche einzutragen, und wenn	1750	5	360
Formular dazu	—	—	376
— — — von deren Ausfertigung soll keine Schuld (ausgenommen Hypothecae tacitae) eingetragen werden	—	—	369
— — — wie es zu halten, wenn an einem Tag mehrere auf ein Immobile eingetragen werden sollen, ratione der Priorität	—	—	368

Db

Hy=

Hy.

	Jahr.	Band.	Seite.
Hypotheken-Scheine: wie es zu halten, wenn Jemand auf einen Schein bei mehrern Creditoribus Geld leihet	1750	5	369
— — — wie deren Ausfertigung nachzusuchen	—	—	370
— — — wie mit Ausfertigung derselben zu verfahren	—	—	367 seq.
— — — item mit der Intabulation	—	—	369
— — — müssen vor der Intabulation ausgefertigt werden	1752	4	620
— — — wie es mit der Intabulation der außergerichtlichen zu halten. Declaration des §. 36. der Hypotheken-Ordnung	—	—	619 seq.
— — — item mit den Pfand-Verschreibungen	—	—	ibid.
— — — wie es mit Löschung derselben zu halten	1750	5	372 seq.
— — — was bei der Löschung zu beobachten, wenn das Instrument verloren gegangen	—	—	372
— — — item wenn Creditores die Scheine nicht herausgeben wollen	—	—	373,
— — — auf Bergwerke, wo und wie sie auszufertigen	1769	11	169
— — — zum Nachtheil der fiscalischen Vorrechte eingetragene sind ungültig	1785	18	261
— — — wie es zu halten, wenn die ausgefertigten in Pfandbriefe umgeschrieben werden	1770	12	218
s. Darlehne. s. Pfandbriefe. s. Güter.			

J.

Ja.

	Jahr.	Band.	Seite.
Jagd unbefugte: welche dafür zu achten	1756	6	435
— — Verordnungen dagegen	—	—	ibid.
— — wie die auf solcher betroffene zu bestrafen	—	—	442
— — item die mit Schießgewehr außer der Landstraße betroffene	—	—	337
— städtische soll nicht an Bürger oder Bauern verpachtet werden	1765	8	766
— wer bei Verpachtung derselben das Vorzugsrecht habe, und unter welchen Bedingungen es ihm competire	1756	6	448
Jagd-Contraventiones: Bestimmung der Strafe nach Verschiedenheit der Fälle	—	—	442 seq.
Jagd-Hunde, wenn sie todt zu schießen oder zu pfänden sind	—	—	438
Jagd-Körnungen auf Helden sind verboten	—	—	439
Jagd-Ordnung für Schlesien	1750	3	902 seq.
	1756	6	387 seq.
s. Forst-Ordnung.			

	Jahr.	Band.	Seite.
Ja.			
Jagd-Ordnung für das schlesische Gebürge und die Grafschaft Glatz	1777	15	314 seq.
f. Gebürgs-Forst.			
Jagd-Prozesse: Bestimmung des Fori in denselben	1756	6	461 seq.
Jäger unbefugte (Raubschützen) sind anzugreifen	—	—	437
— wie die sich widersetzende zu behandeln	—	—	ibid.
Jäger und Schützen: Eigenschaften derer, die sich die Magisträ-te und Dominia halten sollen	—	—	438
Jäger-Bursche: Maaßregeln gegen das Herumlaufen der fremden	1755	6	21
f. Wildbahn, Wildpret.			
Jahrmärkte: an solchen soll das Standgeld richtig eingehoben werden	1738	19	145
— — werden nur durch eine specielle Concession erlangt	1747	5	207
— — darauf soll denen Schustern und andern städtschen Professionisten das Ausstehen nicht verwei-gert werden		—	210
f. Schuster, Töpfer, Handschuhmacher u. s. w.			
— — wem und welchergestalt mit Waaren darauf auszuste-hen erlaubt ist	1750	3	971
— — wie die Losungs-Accise darauf zu erheben	1756	19	47, 142
— — wie es an solchen mit dem Feilhaben der pein-ischen Ju-den zu halten	1765	8	549
Jahrmarkt zu Polkwitz wird verlegt	1742	1	401
— zu Liebau desgleichen	1743	1	107
— der 3te wird der Stadt Löwenberg verliehen	1752	4	805
Jahrmarktzieher sollen von den einheimischen Professionisten nicht chicaniret werden	—	—	630
— einländsche müssen irgendwo im Lande etablirt seyn und Onera civica tragen	1756	6	234
— ausländsche dürfen keine Niederlagen im Lande hal-ten, außer wenn sie das Bürgerrecht in einer accisbaren Stadt gewinnen	—	—	593
— deren Waaren sind bei ihrer Rückkehr zu versiegeln	1764	8	30 seq.
— die mit ihren Waaren von einem schlesi-schen Markt zum andern ziehen wol-len, müssen sich im Lande etabliren	—	—	31
f. Bilderkrämer.			
— aus den österreichschen Landen werden blos in Bres-lau zugelassen	—	—	108
— aus den österreichschen Landen von eben der Art wer-den in Schlesien gar nicht admittirt, von wel-cher die schlesischen Jahrmarktzieher in den jenseitigen Landen auch nicht zugelassen werden	—	—	ibid.

	Jahr.	Band.	Seite.
Je. Jl. Jm.			
Jahrmarktzieher aus Sachsen werden mit ihren Waaren auf schlesischen Märkten nicht zugelassen	1765	8	653
— — aus andern schlesischen Städten mögen mit den Einheimischen ihre Waaren zu gleicher Zeit auslegen	1772	13	408
— — jüdische müssen zum Jahrmarkts-Handel tolerirt seyn	1749 / 1756	3 / 6	458 / 235
Jesuiten sollen sich nach Aufhebung ihres Ordens gänzlich der Erziehung der Jugend widmen	1776	19	400
— behalten ihre Güter in Schlesien	—	—	ibid.
— deren Apotheken sollen eingehen	1763	7	233
Illata f. Vermögen eingebrachtes.			
Immobilia f. Güter, Grundstücke.			
Impedimentum canonicum: in wiefern bei Trauungen ein Attest de non obstante erforderlich	1750	5	445
f. Trauungen, Aufgeboth.			
Impost: der ehemalige wird aufgehoben:			
von den rohen weissen ausgehenden Tüchern	1770	12	344
von denen aus Schlesien nach andern königlichen Provinzen ausgehenden Ledern	1772	13	238
von dem aus Schlesien nach Berlin ꝛc. gehenden Weizenmehl	1781	17	155
Impost soll erleget werden:			
von ausländ. Gold- und Silber-Fabriq. Waaren 25 p. Ct.	1752	4	704
vom polnischen Vieh zum Schlachten 5 Thlr. p. Stück	1761	7	8
— Schaaf-Schlachtvieh 12 Gr.	1780	17	2
— Getreide, nach resp. Sätzen	1764	8	125
— Glaswaaren 10 pro Cent	—	—	215
vom böhmischen ꝛc. Getreide statt der sonstigen 30 nur 10 pro Cent	1765	8	569
— — wird wieder erhöhet auf 30 p. Ct.	1766	9	105
von österreichischen Getreide-Zegen 30 pro Cent	1765	8	733
— Harz			
— Riehn-Oehl			
— Scheidewasser			
— Streusand			
— Terpentin-Oel } 5 pro Cent	—	—	741
— Wacholder-Oel			
— Wacholder-Beeren			
— Wagenschmeer			
— Wetzsteine			
— Spillen 10 pro Cent	—	—	ibid.
— Rade-Felgen 30 pro Cent	—	—	ibid.

Lw

Im.

	Jahr.	Band.	Seite.
Impoſt ſoll erleget werden:			
von fremden wolln. Strümpfen, Camaſchen ꝛc. reſp.	1764	8	157
—— Haarſiebwaaren 50 pro Cent	—	—	223
—— Bley- und Rothſtiften 50 pro Cent	—	—	335
—— Wachs-Tapeten 25 pro Cent	1765	8	408
—— Wald a 2 Thlr. pro Centner	—	—	442
—— unächten Granaten und Schmelz 16 Gr. p. Pf.	1772	13	322
—— geriſſenen Fiſchbein 12 Gr. pro Pf.	1774	14	219
—— Meßing-Schnallen 4 Gr. pro Dutz.	1775	14	521
—— Taffent-Bänder 4 Gr. pro Pf.	1777	15	312
—— Heeringen 1 Thlr. pro Tonne	1780	17	22
—— Blechenen ꝛc. Spiegeldoſen 5 pro Cent	1781	17	204
—— allerhand Metall 5 pro Cent	—	—	ibid.
—— Pergament- und Schreibtafeln 50 pro Cent	1782	17	274
—— lackirten Waaren 25 pro Cent	—	—	278
—— Scheidewaſſer 50 pro Cent	—	—	288
—— Vitriol-Oel 50 pro Cent	—	—	361
—— Floret- und Friſoletſeid. Bänder 2 Thlr. p. Pf.	—	—	499
—— Agrements ſeidene ꝛc. 50 pro Cent	1783	18	6
—— Einſatz-Gewichten			
—— Fächern			
—— Feder-Putzwaaren 50 pro Cent	—	—	ibid.
—— Gewürz- und Caffeemühlen			
—— Nehnadeln			
—— Siegellack 25 pro Cent	—	—	ibid.
—— Lederwaaren 30 pro Cent	—	—	51, 59
—— Lackmus 25 pro Cent	1786	18	488
—— Krepp- und Milchflor 30 Gr. pro Elle	—	—	506
—— feinen Stahl 30 pro Cent	—	—	424
—— Gold-Silber- u. Tombac.Uhren 30 p. Cent	—	—	515
—— Uhr-Zifferblättern 2 Thlr. pro Stück.	—	—	ibid.
—— Uhr-Federn 2 Thlr. pro Dutz.	—	—	ibid.
von däniſchen Handſchuhen 50 pro Cent	1783	18	6
von Crefelder ſeidenen Tüchern 25 pro Cent	1780	17	110
von engliſchen Stahlfedern 50 pro Cent	1781	17	150
—— lackirten Waaren 50 pro Cent	1786	18	521
von Nürnberger dito 30 pro Cent	—	—	ibid.
von italieniſchen ꝛc. Früchten	1766	9	302
von ſchwediſchen Eiſen 1 Thlr. pro Centner	1768	10	304
von türkiſchem Garne	1770	15	67
Impoſt von dem Holz ſ. Feuerungs-Impoſt.			
Impoſt (Auflage) neuer vom Wein, Caffee, Liqueur wird eingeführt	1772	13	212

Im.

Im. In.

	Jahr.	Band	Seite
Impoſt (Auflage) wird nach breslauer Maaß und Gewicht reducirt	1772	13	315
— — wo ſolcher von den Weinen ꝛc. zu erlegen, die von Particuliers a. d. L. directe verſchrieben werden	—	—	218
ſ. Wein, Caffee.			
Und ſo kommt ratione der Modalitaeten beim Impoſt Meh: reres bei jeder demſelben unterworfenen Sache ſelbſt vor. Auch kann sub rubr. Zoll nachgeſehen werden.			
Incident-Punkte: darinn findet keine Appellation ſtatt	1750	5	527
— — außer wenn ſie der Hauptſache praejudiciren	—	—	ibid.
— — deren Reviſion ſoll niemals zuläßig ſeyn	—	—	561
— — darüber ſollen keine Neben: Proceſſe mehr ſtatt finden	1780	17	82
ſ. Proceß.			
Indulat: erneuertes Edict dieſerwegen	1754	5	657
— ſchleſiſches iſt zum Ankauf ſchleſiſcher Rittergüter erforderlich	—	—	658
— bürgerliche Perſonen, ſo ſolches erlangen, mögen mehrere adeliche Güter an ſich kaufen, nicht aber die, ſo nur eine Conceſſion haben	—	—	660
— ſolches haben nicht die von Extraneis mit ſchleſiſchen adeli chen Frauen erzeugten Kinder, wenn deren Väter es nicht ſpecialiter gelöſet	—	—	662
— kommt aber denen Wittwen landesfähiger Männer zu ſtatten	—	—	ibid.
— iſt auch zu Erlangung ſchleſiſcher Canonicate nöthig	—	—	663
— aber nicht zum Beſitz rittermäßiger Scholtiſeien	—	—	ibid.
— bürgerliche Perſonen, ob ſie gleich ſolches haben, müſſen dennoch zum Ankauf adelicher Güter noch eine be: ſondere königl. Conceſſion dazu nachſuchen. *De: clar.* über das Edict	1755	6	122
— — wird den ausländiſchen anziehenden Adelichen verſprochen	1770	12	2
	1775	14	365
Injurien-Sachen: wie dabei zu verfahren, wenn an das Ober: Appellations-Gericht provocirt wird	1745	2	29
— — darinn ſoll genauer nach der Vorſchrift des Codicis Fridr. procedirt werden	1754	5	603
— — zu den dabei vorkommenden Urteln, Contumacial-Reſolutionen und Ehren: Verſorgen dürfen, wenn der Haupt: Gegenſtand unter 10 Thlr. iſt, nur Stempelbogen a 4 Gr. adhibirt werden	1785	18	409
Inoculation der Viehſeuche wird empfohlen	1765	8	423
— — wie dabei zu procediren	—	—	425
— der Blattern: darauf wird eine Praemie geſetzt	1770	12	48, 50

In.

	Jahr.	Band.	Seite.
Inquisiten weibliche, die verdächtigen sind zu besichtigen	1744	19	35
—— mit säugenden Kindern, denselben darf die Zucht-hausstrafe nicht zuerkannt werden	1755	6	117
—— sind eher ins Arbeitshaus abzuliefern	1759	6	741
—— sollen ohne 4 wöchentlichen Alimentations-Vorschuß nicht an die Inquisitores abgeliefert werden	—	—	747
—— haben an Atzungs-Kosten täglich 1 Gr. zu erhalten	1763	7	405
—— oder statt dessen 2 Pf. Brod	—	—	468
—— deren Sitzgebühren werden auf 1 Gr. täglich vestgesetzt	1754	5	650
—— denenselben ist die Wichtigkeit eines Eides vorher zu erklären	1776	15	56
reliqua Atzungskosten, Sitz-Gebühren, *Delinquenten.*			
—— *Tabellen:* Schema dazu	1743	5	119
Inquisitions-Acta: wegen deren Einsendung	1750	5	572
Inquisitions-Kosten bei den Domainen-Aemtern, woher solche zu bestreiten	1744	1	94
—— wenn solche der öffentliche Fond fourniren soll ⎰	1747	2	566
	1754	5	643
—— oder Particuliers zu tragen haben	1747	2	567
—— neuere Taxe derselben	1750	5	473
—— die aus dem öffentlichen Fond verausgabt werden, binnen welcher Frist die Liquidation einzusenden	1751	4	166
—— sind bei unvermögenden Inquisiten zu moderiren	—	—	283
—— in welchen Fällen die Creis-Physici, Chirurgi re. re. dergleichen für ihre Bemühung liquidiren können	1753	4	817 seq.
—— wie viel die Creis-Physici re. liquidiren dürfen	1750	5	478
—— item andere bei dergleichen Prozeß vorkommende Personen an Diaeten	—	—	478
—— Bestimmung derer in *Delictis publicis*	1756	6	577
Inquisitions-Processe: was dabei resp. für Stempelpapier zu gebrauchen	1741	1	187, 188
—— sollen beschleuniget werden	1743	5	118
—— wie solche zu instruiren	1759	6	742
—— wegen der gegen die fremden Werber anzustellenden	1743	1	65
Inquisitores publici: Reglement wegen Anstellung derselben	1750	5	471 seq.
—— wo und für welche Creise dergleichen bestellet worden	—	—	472
—— von wem sie zu examiniren und anzustellen	—	—	473
—— werden aus den Cämmereien der Immediat-Städte salarirt, und wie hoch	—	—	474

In-

Jn.

	Jahr.	Band.	Seite.
Inquisitores publici: die Beschwerden über sie müssen die Inquisiten bei den O. A. Regierungen anbringen	1750	5	476
—— —— wie viel sie auf die Inquisiten täglich liquidiren mögen	—	—	477
—— —— sollen nicht unnöthige Reisen vornehmen, und Kosten verursachen	—	—	ibid.
—— —— sollen jedesmal anzeigen, ob das Dominium, so einen Inquisiten einsendet, die Obergerichte habe	1751	4	250
—— —— deren Rang wird bestimmt	1782	17	246
—— —— zu Oelteg und Jauer: Bestimmung ihrer Gebühren pro publicatione sententiae von denen nur Custodiae gratia in die Arbeitshäuser daselbst gebrachten Inquisiten	1759	6	766
Insinuationes sind bei den Vorträgen in Contumaciam zu dociren	1750	5	538
Inspections- und *Presbyterial-Ordnung* evangelische	1742	1	182 seq.
Inspectores: deren Obliegenheiten gegen Kirch- und Schulbediente	—	—	183
—— —— —— wegen Verbesserung der Schulen	—	—	184
—— —— —— bei Introduction neuer Prediger	—	—	185
—— —— —— bei Local-Kirch- und Schul-Visitationibus	—	—	186
—— was sie zu thun, wenn sie gegen einen Prediger Verdacht wegen irriger Lehre haben	—	—	187
—— sollen auf die Lehre und den Wandel der Candidaten genau invigiliren	—	—	189
—— sollen die Ehe-Streitigkeiten in prima instantia beilegen, oder davon weitern Bericht abstatten	—	—	188
—— sollen bei Kirch-Visitationen zugleich mit die Seidenbau-Anstalten untersuchen und davon einberichten	1768	10	237
—— Instruction für dieselben, wie es mit den vorzunehmenden Kirch- und Schul-Visitationibus zu halten {	1748	5	260 seq.
	1748	3	187 seq.
—— erhalten hierzu von den Dorfgemeinen Vorspann	—	—	189
—— item Diaeten aus dem Kirch-Aerario, und wie viel	—	—	193
s. Kirchen, Schulen ꝛc. ꝛc.			
Instanzen: wie solche bei denen Cammern in Justiz-Sachen regulirt sind	1750	5	316, 318
—— item bei denen schlesischen Judiciis überhaupt	—	—	567. 574
Instrumente musicalische aus Sachsen kommende, deren Accise-Satz zu Breslau	1765	8	779
Intelligenz-Blätter: von deren Einführung	1742	5	17 seq.
s. *Address-Comtoir.*			
—— Benennung der Sachen, so in solche zu inseriren sind	—	—	18

Is.

In.

	Jahr.	Band.	Seite.
Intelligenz-Blätter: wie die Avertissements einzurichten	1742	5	18 seq.
— Satz: wie viel für die Insertion eines Avertissements nach Mehrheit derer Zeilen zu zahlen	—	—	22
	1775	14	383
— die Insertions-Gebühren sind sogleich mit einzusenden	1742	5	22
	1775	14	384
— sind, wenn Citationes, Subhastationes, Proclamata rc. rc. darinn enthalten, ad acta zu nehmen	1756	6	711
— erhalten einen œconomischen Anhang	1765	8	846
— sollen von den Landräthen gehalten, aus der Creis-Casse bezahlt, und in der Creis-Registratur aufbewahret werden	—	—	847
— denselben dürfen außergerichtliche Käufe nicht inseriret werden	1771	13	43
— darinn mögen verschiedene kleine Capitalia unter 50 Thlr. in ein Avertissement zusammen gesetzt werden	1775	14	384
— item auch Citationes der Abwesenden, wenn sie nicht 50 Thlr. im Vermögen haben	—	—	ibid.
Interessen landschaftl. s. Pfandbriefe, item s. Zinsen.			
Interims-Empfang-Scheine über zur Banco ausgethane Gelder müssen nach erhaltener Obligation sogleich retour gesandt werden	—	—	387
s. Banco.			
Interlocute finden nach der neuen Proceß-Ordnung nicht mehr statt	1780	17	82
s. Proceß-Ordnung.			
Invaliden: deren Todesfall ist der Cammer anzuzeigen	1756	19	222
— sollen sich im Lande aufhalten	1763	7	315
— qualificirte sollen mit Civil-Bedienungen versorgt werden	—	—	323
— die übrigen sich aufs Wollespinnen befleißigen	—	—	ibid.
	1764	8	369
— können, ohne sich etablirt zu haben, mit Bildern, Liedern, Hecheln rc. hausiren, auch Jahrmärkte beziehen, müssen aber einen Licenz-Schein lösen	1778	16	6
— sollen zu { Landreuter- Executor- Canzleiboten- } Diensten employrt werden	1769	11	194
— item zu { Land-Schulmeister- Holzwärter- Nachtwächter- Feldhüter- Gemeinhirten- } Diensten	1779	16	188
	780	17	107

In. Jo. Ir.

	Jahr.	Band.	Seite.
Invaliden sollen zu { Küster= / Hochzeitbitter= / Leichenbitter= } Diensten employrt werden	1781	17	122
— dürfen nicht an ihren ehemaligen Garnisons=Orten employrt werden	—	—	205
— ledige sind zu verheurathen und als Kolonisten anzusetzen {	1779	16	132
	1780	17	107
— bettelnde sind aufzugreifen und ans Creutzburger Armenhaus zu liefern	—	—	70
— zu Bedienungen unfähige sind eben daselbst anzunehmen, item in andere Armen=Anstalten	1785	18	281, 399
			ibid.
— bei deren Versorgung soll vorzüglich auf die im siebenjäh= rigen Kriege blessirten Bedacht genommen werden {	1782	17	289
	1785	18	399
— denenselben wird bei ihrem Employ ihr Versorgungs=Schein abgenommen	1782	17	295
— deren Employ oder Todesfall muß sogleich dem Accisamt ge= meldet werden, wo sie bisher den Gnadenthaler erhoben haben	—	—	281
— welche Kolonisten=Stellen acquiriren, zahlen keine Sporteln	1783	18	3
— item auch nicht beim Ankauf einer Stelle in Städten	—	—	4
— von denen, so sich in neue Häuslerstellen ansetzen, sollen die Dominia ein sehr mäßiges Kaufgeld fordern	1782	17	500
— auch einen leidlichen jährlichen Zins ohne andere Natural= Dienste	—	—	501
s. Kolonisten.			
— sollen nicht betteln, auch nicht den König antreten	1785	18	380, 399
— was wegen deren Gnadenthaler verordnet s. Gnadenthaler.			
Invasions=Schulden der Städte, wie sie zu untersuchen und zu be= zahlen	1763	7	231
Inventarien=Stücke auf geistlichen Gütern sind wieder herbei zu schaffen	1764	8	379
— bei den Stellen der Amts Unterthanen sollen jedesmal dem Kaufbrief inseriret werden	1752	17	502
Inventur, wenn solche nicht statt hat, muß Specificatio jurata ge= geben werden	1750	5	508
Investitura der Lehne in den Fürstenthümern Schweidnitz und Jauer sind zu rechter Zeit nachzusuchen	1759	6	786 seq.
Jouwelen: wie es mit deren Versteuerung und Siegelung zu halten	1756	19	148
Irren: was denen an die briegsche Irren=Anstalt abzuliefernden für ein Attest von den Creis=Physicis mitzugeben	1764	18	333
— dahin abzuliefernde müssen gut bekleidet seyn	—	—	334

Iser=

Iſ. Ju.

	Jahr.	Band.	Seite.
Iſerloher Nehnadeln ſ. Nehnadeln.			
Juchten polniſcher: wie ſolcher nach aufgehobenem bisherigen Baratto-Beneficio zu veraccſen ſ. *Baratto.*	1764	8	34
Juden zu Breslau: Declaration, wie es mit denſelben zu halten	1744	1	41 ſeq.
— — die unnützen werden expellirt, und nur 12 privilegirte Handelsjuden geduldet	—	—	42, 49
— — denen nicht tolerirten ſoll bei 100 Ducaten Strafe kein Aufenthalt verſtattet werden	—	—	43, 48
— — fremde ſind nicht einzulaſſen, wenn ſie nicht 50 Thlr. Geld oder für ſo viel Waaren bei ſich haben	—	—	44
— — wirkliche polniſche Handels-Juden werden admittirt	—	—	42, 47
— — zu welchen Thoren nur die fremden einzulaſſen, und wie lange täglich	—	—	44
— — fremde dürfen nur 3 Tage in der Stadt bleiben	—	—	45, 47
— — erhalten gegen Erlegung des Entree-Geldes ein Billet, und was dabei zu beobachten	—	—	45 ſeq.
— — zahlen 1 Thlr. Entree-Geld, (excl. der polniſchen)	—	—	46
— — wo ſie außer der Meßzeit logiren müſſen	—	—	48
— — privilegirte: Benennung der Waaren, womit ſie außer der Meßzeit handeln dürfen	—	—	49 bis 52
— — können zur Meßzeit 3 Tage vor und 3 Tage nach dem Markt öffentlich mit allen Waaren handeln	—	—	50
— — deren Privilegium ceſſirt mit dem Tode	—	—	51
— — dürfen nur 1 Kind in der Stadt verheurathen	—	—	52
— — Benennung derjenigen Juden, ſo außer den privilegirten noch ſonſt in Breslau tolerirt werden	—	—	ibid.
— — die nur tolerirten aber nicht privilegirten dürfen keinen Handel treiben	—	—	53
— — wie viel die reſp. privilegirten und tolerirten ſich Familz-Perſonen halten können	—	—	54 ſeq.
— — die Familz-Perſonen ſollen nicht verheurathet ſeyn, auch nicht handeln	—	—	55
— — wie viel ſie Zinſen von einem Capital nehmen dürfen	—	—	56

		Jahr.	Band.	Seite.
Ju.				
Juden zu Breslau:	wie sie sich zu verhalten, wenn gestohlne Sachen zum Verkauf gebracht werden	1744	1	57
—	mögen einen Begräbniß-Ort anlegen; wie viel Canon dafür	—	—	ibid.
—	item eine Synagoge	—	—	58
—	item 2 Vorsteher erwählen, haben aber keine Jurisdiction	—	—	ibid.
—	stehen ratione ihrer Reception unter der Cammer, in Civilibus und Criminalibus aber unterm Magistrat	—	—	ibid.
Juden in Schlesien (excl. der Städte Breslau und Glogau):	Reglement für dieselben	1751	4	252 seq.
—	nähere Vorschrift darüber wegen der Toleranz	1755	6	5 seq.
—	neue Familien dürfen ohne Cammer-Approbation nicht angesetzt werden	1751	4	253
—	der Anzug der fremden sowohl als die Veränderung des Domicilii der einheimischen ist binnen 14 Tagen dem Landrath und dem Toleranz-Amt anzuzeigen	1755	6	254 / 10
—	wie die Wirthe zu bestrafen, die einen eingeschlichenen verhehlen, und wie die Strafe zu vertheilen	1751	4	255
—	müssen zu ihrem Etablissement auf dem Lande bis 300 in den Städten aber bis 500 Thlr. im Vermögen haben	—	—	ibid.
—	die fremden anziehenden, wenn sie sich im Lande etabliren wollen, müssen 2000 Thlr. mit ins Land bringen	1750	3	980
—	wird auf 3000 Thlr. erhöhet, ohne die Meubles	1755	6	8
—	was wegen eines anziehenden fremden zu untersuchen	1751	4	256
—	dürfen in Oberschlesien den Brandwein-Urbar und das Backen unumschränkt, den Brau-Urbar aber nur unter gewissen Einschränkungen pachten	—	—	258
—	wie es mit Confirmation des Pacht-Contracts darüber zu halten	1751 / 1753 / 1755	4 / 4 / 6	259, 268 / 946 seq. / 12
—	die Pacht-Contracte mit ihnen sollen nur auf 3 Jahre geschlossen werden	1751	4	259
—	wie viel das Pacht-Quantum betragen soll	1755	6	5 seq.
—	in wiefern sie zu keiner Arrende zuzulassen			7

Ju.

Ju.

				Jahr.	Band.	Seite.
Juden in Schlesien: Societaets-Contracte mit ihnen sind verboten				1755	6	7
—	Christen haben bei Pachtungen ꝛc. für ihnen den Vorzug			—	—	ibid.
—	sollen nicht Viehzölle, weder Viehnutzungen pachten			1751	4	259
—	sollen nicht Bauergüter und Gärtnerstellen pachten			—	—	261
—	sollen nicht andere erbliche Grundstücke a. d. L. besitzen			1752	4	665
				1768	10	129
—	sollen nicht Häuser ankaufen			1755	6	12
—	sollen nicht mit Garn und Leder handeln			—	—	ibid.
—	sind dem Juri detractus unterworfen			1751	4	262 seq.
—	müssen, wenn sie 1 Jahr 6 Wochen im Lande gewohnet und wieder emigriren, 10 pro Cent Abschoß zahlen			1748	3	245
	s. Abschoß.					
—	können von den Grundherrschaften ohne Cammer Approbation weder angenommen noch expelliret werden			1751	4	265
—	dürfen daher auch den Dominiis kein Schutzgeld zahlen			—	—	ibid.
—	sind öfters zu revidiren			1755	6	10, 17
—	sollen mit Dieben keine Gemeinschaft haben, weder gestohlne Sachen kaufen			1747	2	566, 401
—	sollen die zum Verkauf gebrachten verdächtigen Sachen anzeigen			—	—	401
—	wie die zu bestrafen, die gestohlne Sachen kaufen			—	—	402
—	für die unvermögenten Contravenienten soll die ganze Judens-Gemeine haften			—	—	ibid.
—	nähere Bestimmung der Fälle, in denen die ganze Judens-Gemeine für die Vergehungen einzelner Mitglieder haftet			1778	16	11
—	arme bettelnte, so sich einschleichen wollen, sind an der Grenze zurück zu weisen			1748	3	249
				1755	6	11
—	deren Anverwandte, so sich bei ihnen aufhalten, sind als Famulitz-Personen anzusehen			—	—	10
—	— über 65 Jahr alte werden nicht gerechnet			—	—	ibid.
—	unter welches Forum die in denen resp. Städten gehören			1750	5	316
—	sind bei muthwilligen Banqueronts ohne Nachsicht zu bestrafen			1755	6	123
—	Beneficia für diejenigen, so sich in oberschlesischen Städten mit Crämereien etabliren			1750	3	979
—	item für die, so wüste Stellen bebauen, oder ein leeres Haus kaufen und einen Kramhandel anlegen			—	—	979

Jtt.

	Jahr	Band	Seite
Juden: womit sich die bei Landes-Visitationen ec. anderwärts betroffene Stamm- und Famulitz-Juden legitimiren sollen	1747 1755	2 6	566 17, 20
——— wie sie bei Accise-Contraventionen noch besonders zu bestrafen	1756	19	207
——— sollen außer Jahrmarktzeit in Städten, wo sie wohnen, keine Waaren en detail verkaufen	—	—	148
——— wegen deren Handel mit alten Sachen und Versteuerung dessen	—	—	ibid.
——— denenselben ist das Hausiren überhaupt verboten	1741 1750	1 3	56 972
——— item das Hausiren wegen Aufkauf roher Leder	1776	17	57
——— ——— mit Zitz und Cattunen			92
——— ——— wegen des Geldwechseins	1781	17	217
——— ——— wegen Aufkauf der Hasenfelle	1783	18	128
——— derer mit Leder hausirenden Pässe sind zu untersuchen, ob sie auch wirkliche Fabriken-Commissionaires sind	1784	18	170
——— die zur Frankfurter Messe reisenden sollen unterweges nicht mit Kürschnerwaaren hausiren	1769	11	252
——— von Zülz und Hotzenplotz, unter welchen Modalitäten sie hausiren gehen mögen	1750 1751	3 4	978 267
——— wie es mit deren Verheurathung zu halten	1755	6	13
——— außer Landes heurathende müssen Abschoß-Geld zahlen	1768	10	298
——— ——— item Trauscheine lösen	—	—	ibid.
——— ——— f. Trauschein.			
——— wegen Paraphirung der Handels-Juden f. Paraphen.			
——— wegen des zu ihren Sachen nöthigen Stempelpapiers f. Stempelpapier.			
——— wie viel sie von ihren Privilegien, Concessionen, Prädicaten ec. ec. Chargen-Jura entrichten müssen	1765	19	219, 261
——— so beneficirt, privilegirt ec. werden, oder irgend eine Concession erlangen, müssen aus der Berliner Fabrike ein gewisses Quantum nehmen	1783	18	7
——— ——— sollen dieses Porcellän nicht in sondern außerhalb Landes debitiren	—	—	8
——— Instruction wegen des Feilhabens der polnischen auf schlesischen Märkten an die Accise und Zollämter	1765	8	549
——— sollen nicht mit schlesischer Wolle handeln	—	—	456
——— fremde dürfen auf den Dörfern um Breslau nur eine Nacht beherberget werden	—	—	714
——— ——— müssen ohne Ausnahme beim Eingang am Thore Pfand einlegen	1775	14	541
——— ——— deren Beherberger müssen bei 1 Thlr. Strafe die			

Ju.

	Jahr.	Band.	Seite.
Ankunft eines fremden Judens dem Policei- und Tagegebühr-Rendanten anzeigen	1775	14	542
Juden fremde werden nur 2 Tage in einer Stadt geduldet	1776	15	87
— mögen die ins Land gebrachten Federn, wenn solche vorher bestellet worden, a. d. L. verkaufen	1777	15	187
— auf sie soll wegen Einschleppung der verbotenen Schnitt- und Kramwaaren zum Schleichhandel genau invigilirt werden	1784	18	115
— dürfen während des Etats-Jahres ihr Domicilium nicht ändern	1776	15	59
— werden auf der deutschen Oder-Seite nur in Brieg und Glogau geduldet, anderwärts aber fortgeschaft	—	—	69
— die, so im Lande bleiben wollen, müssen auf die polnische Oder-Seite ziehen, widrigenfalls gar emigriren	—	—	ibid.
— sind aus den Gebürgsstädten und Gegenden fortzuschaffen {	1776	15	93
	1785	18	326
— können auf der polnischen Oder-Seite allenthalben, wo kein Jus prohibendi statt findet, wohnen und ihr Gewerbe treiben	1780	17	34
— sind auch vom platten Lande fort und in die Städte jenseits der Oder zum domiciliren zu verweisen	1781	17	198
— Benennung der Städte, wo sie sich niederlassen können oder nicht	—	—	199
— mögen an ihren alten Begräbniß-Orten bleiben, sollen aber daselbst kein Gewerbe treiben	—	—	200
— dürfen zwar nicht Feuer löschen helfen, müssen aber statt dessen 8 Gr. per familie bezahlen	1776	15	137
— getaufte, so betteln gehen, sind aufzugreifen und nach Creutzburg ins Armenhaus zu liefern	1779	16	106
— sollen sich nicht mehr mit Pachtungen und Administrationen der Landgüter und Urbaren, sondern nur mit dem Commerz beschäftigen	1780	17	31, 55
— sollen auch nicht mehr als Mäckler beim Güter-Verkauf gebraucht werden	—	—	33
	1785	18	313
— von denen auf der Post reisenden müssen die Postämter den Leib-Zoll einfordern	1782	17	455
— tolerirte sollen zu ihrer Legitimation die Toleranz-Zettel stets bei sich tragen	1784	18	231
— deren Strafe, so Schleich- und Contreband-Handel treiben	1785	18	312
— ihnen dürfen die Pässe nur auf eine bestimmte Zeit ertheilt werden, und sind ihnen sodann wieder abzunehmen	1786	18	427
— in den Städten müssen von ihrem Gewerbe Nahrungs-Servis zahlen	—	—	455 seq.
— wie deren Nahrungs-Servis zu eruiren und zu classificiren	—	—	ibid.

Ju.

	Jahr.	Band.	Seite.
Juden einheimische müssen Personal-Mauth-Zoll erlegen	1739	19	441. 454
— polnische sind davon frei	—	—	ibid.
— einheimische nicht privilegirte erlegen bei der Einfuhr den Zoll doppelt	—	—	458
— — In wiefern sie auch den Ausfuhr-Zoll doppelt zahlen müssen	—	—	474 seq.
— polnische sind in Rücksicht der aus Rußland und Polen kommenden eximirten Waaren vom Einfuhr-Zoll frei	—	—	458
— — item auch vom Ausfuhr-Zoll	—	—	478
Juden, Hof-Juden 2c. müssen einheimische seyn und Praestanda leisten	1751	4	266
Juden-Aeltesten (Vorsteher) dürfen keine Gerichtsbarkeit ausüben	1744	1	58
— deren Amt	—	—	ibid.
Juden-Amt zu Breslau wird etablirt	1744	1	46
— stehet unter dem Cammer-Ressort	—	—	ibid.
Juden-Aufseher zu Breslau, worauf sie invigiliren sollen	—	—	45
— deren übrigen Obliegenheiten	—	—	46
Juden-Famulitz-Personen fremde beweibte sollen nicht angenommen werden	1751	4	257
— die angenommenen sind beim Toleranz-Amt anzuzeigen	—	—	ibid.
— Formular zu einem Toleranz- und Abzugs-Paß für sie	1755	6	19, 20
— Principia wegen derselben, Einschränkung	—	—	8 seq.
— werden nur zu Ostern und Michaelis angenommen	—	—	16
— dürfen erst nach dem Etats-Jahre zu einem andern Brodherrn ziehen	1776	15	60
— deren Abzug ist vorher dem Toleranz-Amt zu melden	—	—	ibid.
— sollen die Toleranz-Pässe zu ihrer Legitimation stets bei sich tragen	1784	18	231
— wie es mit ihnen bei der Dienst-Entlassung und Annahme zu halten	1785	18	327 seq.
Juden-Praeceptor: von dessen Annahme ist das Toleranz-Amt zu benachrichtigen	1751	4	254
Juden-Quittungs-Bücher werden eingeführt, und wie es damit zu halten	1776	17	69
— — — Formular dazu	—	—	71
Juden-Rabbiner zu Breslau hat keine Jurisdiction	1744	1	54
Juden-Schammes zu Breslau, worauf sie attendiren sollen	—	—	46
Juden-Tage-Gebühren: Instruction, wie es mit Einhebung derselben zu halten	1748	3	245 seq.

Ju.

	Jahr.	Band.	Seite.
Juden-Tage-Gebühren: solche müssen alle fremde Juden erlegen, die über 15 Jahr alt sind	1748	3	246
— — — bestehen in 3 Xr. täglich und 1 Xr. Personal-Accise	—	—	ibid.
— — — zur Sicherstellung derselben sollen die einpaßirenden Juden am Thore Pfand einlegen	—	—	248
— — — wer solche in unaccisbaren Städten ꝛc. einheben soll	—	—	ibid.
— — — davon sind die aus Oesterreich-Schlesien und Polen kommenden wirklichen Handels-Juden frei	—	—	247
— — — in wiefern auch andere fremde zu Messen und Märkten reisende Juden davon befreiet sind oder nicht	1751	4	266 seq.
— — — an welchen Tagen alle Juden ordinarie dieselben nicht zahlen dürfen	—	—	267
— — — für deren Berichtigung sollen die Magisträte haften	1776	15	88
Juden-Tage-Gebühren-*Defraudationes*: davon erhalten die Accise-Visitatores in offenen Städten, wenn sie dergleichen entdecken, 1 Gr. p. Thaler	—	—	34
Juden-Tage-Gebühren-*Extracte* und Rechnungen, wenn sie einzusenden	1748	3	250
— — — Formular dazu	—	—	252 seq.
Juden-Tage-Gebühren-*Rendanten*, was sie an Tantieme erhalten	—	—	250
— — — müssen mit allen Vorschriften versehen seyn	1775	14	540
Juden-Toleranz-Aemter zur Collection derer Gefälle werden errichtet	1751	4	264
— — — Instruction für dieselben, wie sie bei Classification derer Juden verfahren sollen	—	—	268 seq.
— — — item ratione der Arrendatorum ꝛc.	1755	6	14 seq.
— — — sollen den Landräthen jährlich eine Designation derer im Etat aufgeführten Juden zufertigen	—	—	10
— — — desgleichen auch denen Zollbereutern	—	—	17
Juden-Toleranz-*Classification*, was dabei zu beobachten	1751 1755	4 6	263 15
— — — item in Ansehung des Famulitz derer Arrendatorum	—	—	14 seq.
Juden-Toleranz-Einnehmer: deren Tantieme ist Servis frei	1785	18	458

	Jahr.	Band.	Seite.
Ju.			
Juden = *Toleranz* = Einnehmer: deren Tantieme ist 3 Gr. p. Thlr.	1751	4	265
Juden = *Toleranz* = Etats- und Classifications - Protocolle, wie sie anzufertigen	—	—	264
Schemata dazu	—	—	275 seq.
Juden = *Toleranz* = Gefälle: wie sie zu berechnen	—	—	264
— — — wohin solche fließen sollen	—	—	262
— — — wie es damit zu halten, wenn ein Jude sein Domicilium verändert	—	—	ibid.
— — — für die eines jüdischen Pachters muß der Verpachter haften	—	—	260
	1755	6	7
— — — Anweisungs = Tabelle: wie viel die Arrendatores respectu ihres Pacht=Quanti erlegen sollen	1751	4	274
— — — über die gegen den Etat mehr eingehobenen oder ausgefallenen muß quartaliter Approbation und Decharge nachgesucht werden	1776	15	58
— — — Bestimmung der Fälle, wenn gegen den Etat ein Minus statt finden kann	—	—	59
Juden = *Toleranz* = Tabellen sind quartaliter an die Cammer einzusenden	1751	4	263
	1755	6	10
Schemata dazu	1751	4	275 seq.
Juden = *Toleranz* = Zettel, wem und wie solche zu ertheilen	—	—	264
Formular dazu	1750	3	1027
Jung = Mühlscher s. Müllerbursche.			
Jüngsterei angehender Meister s. Meister.			
Jura Stolæ s. Stohl=Taxe.			
Juramentum fidelitatis sollen die Geistliche und Schulbedienten für Antritt eines Beneficii leisten s. Eyd.	1768	10	213
Jurisdiction der Ober = Amtsregierungen wird bestimmt s. Ober=Amtsregierung, item *Criminal* = Wesen	1742	1	20
—— über beurlaubte Soldaten competirt den Regimentern allein	1763	7	491
—— in Civilibus: darinn soll das Militare nicht vorgreifen	1764	8	189
Jus reluendi wird abgeschaft	1750	5	562, 565
Justitiarii bei den Städten müssen von ihren Revenüs Servis zahlen	1786	18	465
—— bei Aemtern werden bei der O. A. R. examinirt reliqua s. Aemter, *Justitiarii*.	1750	5	309
Justiz = Beamte: von ihnen soll eine Conduiten-Liste geführt werden	1780	17	43
Justiz = Collegien deren Membra sollen mit den Advocaten nicht genau conversiren	1750	5	533
—— —— deren Membra können bei andern Justiz - Collegiis belangt werden	—	—	534

	Jahr.	Band.	Seite.
Ju.			
Juſtiz-Collegia: Inſtruction für dieſelben, wie ſie die Dienſt-Streitigkeiten zwiſchen Dominiis und Unterthanen ſchlichten ſollen, und zwar in Niederſchleſien und der Grafſchaft Glatz	1783	18	99 ſeq.
— — item in Oberſchleſien	—	—	105 ſeq.
— — deren Verfügungen ſoll promter Gehorſam geleiſtet werden	1784	18	212
Juſtiz-Commiſſarii in Oberſchleſien: Ernennung derſelben	1782	17	240
Juſtiz-Commiſſions-Räthe müſſen von ihren Salariis Servis zahlen	1786	18	466
Juſtiz-Inſtruction für die breslauſche Ober-Amtsregierung und den Praeſidenten	1747	5	239 ſeq.
ſ. Ober-Amtsregierung.			
Juſtiz-Räthe: Reglement für dieſelben	1750	5	492 ſeq.
— — werden bei den O. A. R. examinirt, vom Hofe confirmirt	1747 / 1750	5 / 5	217 / 494
— — zu welchen Actibus ſie zu gebrauchen	1747 / 1750	6 / 5	219 / 495 ſeq.
— — nähere Beſtimmung ihrer Amtsgeſchäfte	1747 / 1750	5 / 5	221 / 499
— — wegen deren Vereidung	1750	5	505
— — was ſie für Diaeten und Competentien zu erhalten	1747 / 1750	5 / 5	225 / 502
— — wie es mit deren Liquidation und Aſſignation zu halten	—	—	503
— — Strafe derjenigen, ſo mehreres fordern	1747 / 1750	5 / 5	226 / 504
— — ſind als Commiſſarii perpetui der Ober-Amtsregierungen anzuſehen	1747	5	215
Juſtiz-Reglement erneuertes für die Grafſchaft Glatz	1751	4	68
ſ. Glatz.			
Juſtiz-Secretarii: wer hierzu zu beſtellen	1747 / 1750	5 / 5	217 / 494
— — bei welchen Geſchäften ſie zu gebrauchen	—	—	495
— — Beſtimmung ihrer Gebühren	1747 / 1750	5 / 5	226 / 502
Juſtiz-Verfaſſung: beſſere Einrichtung derſelben in Acciſe- und Tabacs-Sachen	1783	18	16 ſeq.
— — wegen beſſerer Adminiſtration auf den Aemtern	1744	1	92 ſeq.
— — die neue im Codice Frid. vorgeſchriebene ſoll auch bei den Untergerichten eingeführt werden	1748	3	223
Juſtiz-Weſen in geiſt- und weltlichen Sachen: Notifications-Patent wegen deſſen Einrichtung in Schleſien	1742	1	16 ſeq.

Dd 2

Ju.

	Jahr.	Band.	Seite.
Justiz-Wesen: Vorschrift wegen deffen befferer Einrichtung. Ein königl. Cabinet-Schreiben	1780	17	43 feq.
—— Regulirung deffelben in Oberschlesien	1782	17	239 feq.
Specialiora davon f. *Appell.tion. Criminal*, Ober-Amts-regierung, Prozeffe, Aemter königl. ꝛc. ꝛc.			

K.

Ka.

	Jahr.	Band.	Seite.
Kalbfelle rohe: Erneuerung des Verbots wegen Aufkauferei derselben auf dem Lande	1755	6	4
—— —— wie fie mit eichenen Sägespänen zu bearbeiten	1766	9	33
Generaliter kommt davon mehr fub rubr. Leder vor.			
Kalk: das Bleichen damit wird bei Karren-Strafe verboten	1742	1	150
—— das Düngen damit ift ebenfalls verboten	1760	6	803
	1763	7	335
Kalk-Brennereien follen mit Steinkohlen bearbeitet werden	1756	6	597
	1765	8	572, 834
f. Steinkohlen.			
—— —— wie dabei mit der Steinkohlen-Feuerung zu verfahren	1765	8	338
—— —— neue dürfen im Gebürge nicht angelegt werden, ausgenommen zur Steinkohlen-Feuerung	1777	15	227
—— —— davon wird eine Nachweifung verlangt	1765	8	572
Kalk-Dünger, wie folcher zuzubereiten	1772	13	340
Kalk-Maas: wie folches befchaffen feyn muß	1751	4	304
Kalk-Ofen zur Steinkohlen-Feuerung ift nach dem Modell des Ofens zu Ofchatz einzurichten	1765	8	572
—— wie viel in einem zur Steinkohlen-Feuerung gebrannt werden kann	1774	14	165
Kalk-Steinbrüche gehören dem Grundherrn	1765	11	90
Kämme fremde aller Art werden einzuführen verboten	1764	8	174
—— die Elfenbeinernen desgleichen insbefondere	1772	13	325
—— eiferne follen nicht zum Rauhen der Tücher gebraucht, und die Tuchbereiter deswegen vereidet werden	1774	14	169
Kämmerei f. Lit. C.			
Kämmmacher- und Rofarienmacher, deren Innungs-Artikel	1755	6	44 feq.
Kanten werden aus Sachfen einzuführen verboten	1765	8	612
—— fremde, deren Einfuhr zum einländifchen Debit wird generaliter verboten	1765	11	10
	1779	16	121

Ka.

	Jahr.	Band.	Seite.
Kanten fremde: zur Verhütung der Einfuhr derselben sollen alle ingländische mit dem Ephraimschen Fabriquen- und mit dem Accise-Siegel gestempelt werden	1786	18	423
Kanten-Fabriken- und Knüppelschulen sollen im Lande mehrere angelegt werden	1769	11	10
Karten: die Stempelung derselben wird in Schlesien eingeführt	1742	I	1, 25
—— Bestimmung der Preiße der gestempelten	—	—	2
—— mit ungestempelten soll Niemand spielen. Strafe	—	—	ibid.
—— die gestempelten passiren Accise- und Zoll-frei	—	—	4
—— ungestempelte fremde sollen nicht ins Land gebracht werden	1763	7	238
—— deren Taxe wird von französischen auf 6, von den deutschen auf 4 Gr. pro Spiel gesetzt	1766	9	151
—— zum Solo-Spiel ohne Duo's werden verboten	1769	11	208
Karten-Contraventiones: Maaßregeln zu deren Verhütung	1766	9	130 seq.
—— —— wie solche zu bestrafen	—	—	ibid.
Karten-Depots in denen Städten, wer solche halten soll	1742	I	5
Karten-Depot-Rendanten: Instruction für dieselben	1766	9	170, 180
Karten-Handel mit ungestempelten in ganzen Quantitäten zum auswärtigen Debit ist erlaubt	1742	I	2
—— mit alten wird bis 5 Thlr pro Spiel verboten	1769	11	279
Karten-Mahler (Kartenmacher): an wen sie ihre Karten nur verkaufen dürfen	1742	I	3
Karten-Reglement erneuertes und bestimmtes	1766	9	107 seq.
—— wegen des alleinigen Verkaufs der gestempelten	—	—	130 seq.
Karten-Spiel um Geld s. Geldspiel, Hazard-Spiel.			
Käse s. Victualien.			
Katholiken sollen zur Einigkeit mit den Evangelischen angehalten werden	1742	I	171
—— erlangen kein geistl. Beneficium, wenn sie nicht zu Breslau studiret haben	1779	16	178
—— deren Geistliche s. Geistliche, Pfarrer, Caplane, Klöster ec.			
—— deren Feyertage s. Feyertage.			
—— Generaliter s. Mehreres bei Religion.			
Katzen, so ins Feld laufen, sind abzuschaffen oder todtzuschließen	1756	6	446
—— Schußgeld dafür	—	—	ibid.
Käufe außergerichtliche dürfen den Intelligenz-Blättern nicht inserirt werden	1771	13	43
—— verschiedene kleine unter 50 Thlr. können in den Intelligenz-Blättern in ein Avertissement zusammen gesetzt werden	1775 / 1782	14 / 17	384 / 301
—— s. Intelligenz-Blätter.			
Kaufbriefe mit der Clausul: daß Güter nur an Katholiken verkauft werden sollen, sind ungültig und umzuändern	1765	8	681

Do 3

Ka.

	Jahr.	Band.	Seite.
Kaufbriefe über Güter der Amts-Unterthanen, denselben müssen jedesmal die Inventarien-Stücke inserirt werden	1782	17	502
—— —— sind denen Unterthanen von ihren Dominiis ohne Anstand auszufertigen	1783	18	123
Kauf-Confirmationes herrschaftl.: dazu ist ein Stempelbogen à 4 Gr. zu nehmen, und wenn solche blos in Dorso des Kaufbriefs geschrieben werden, um denselben umzuschlagen zc.	1770	12	317 seq.
Kauf-Contracte über Häuser und Gärten zc. à 50 Thlr. und drüber,	1765	8	581
was dazu für Stempelpapier resp. des Kauf-Pretii zu adhibiren	1766	9	110
	1770	9	293 seq.
—— —— über jeden Gegenstand à 30 bis 50 Thlr., dazu ist absolute ein Stempelbogen à 4 Gr. zu gebrauchen	1781	17	215
—— —— die Generalia davon s. *Contracte*.			
	1749	3	453
Kaufleute fremde, was die, so sich im Lande etabliren, für Beneficia zu geniessen haben	1763	7	515
	1770	12	7
	1775	14	371
—— —— denselben wird Beförderung ihrer Kinder zu ansehnlichen Kriegs- und Civil-Bedienungen zugesagt	1770	12	7
	1775	14	372
—— —— en Gros mit woll- und baumwollenen Waaren handelnde werden auf dem Lande geduldet	1749	3	439
—— —— auswärtige dürfen ausser der Jahrmarktzeit an andern Orten nicht handeln, ausgenommen: sie geben einem Einheimischen ihre Waaren in Commission	1746	2	265
	1756	19	143
—— —— einländische dürfen desgleichen ausser Jahrmarktzeit extra locum ihres Domicilii keine Waaren en detail verkaufen	—	—	142
—— —— wie viel die fremden von ihren mitgebrachten Waaren Accise entrichten müssen	—	—	ibid.
—— —— in welchen Fällen die fremden bei Versteurung ihrer Waaren als einheimische anzusehen	—	—	ibid.
—— —— s. Accise.			
—— —— jüdische polnische sind auf ihren Reisen in den Wirthshäusern gut aufzunehmen	1762	7	109
—— —— Sachsen-Gothaische, denenselben ist der Handel zum auswärtigen Debit nach Breslau frei gegeben	1765	8	704
—— —— Türkische und Griechische, unter welchen Bedingungen die transitirenden von ihren Waaren keinen Transito-Zoll entrichten dürfen	—	—	764

Ka.

	Jahr.	Band.	Seite.
Kaufleute märkische sind zur Annahme der Strümpfe ꝛc. aus Schlesien angewiesen	1765	8	744
— schlesische sollen mehrere Fabriken anlegen	—	—	403
— — sollen bessern Debit ihrer Waaren auswärts suchen, durch Versendung ihrer Probe-Charten	1768	10	168, 287
— — sollen ausländische Messen frequentiren	—	—	ibid.
— — sollen mehr Antheil an der Berliner Assecuranz-Compagnie nehmen	1769	11	20
f. Assecuranz.			
— — sollen eine bestimmte Quantitaet Heeringe von der Embdner Compagnie zum Debit nehmen	1785	18	323
— — sollen für einen jeden Neben-Artikel in ihrer Handlung besondern Nahrungs-Servis zahlen	1786	18	450
— — sollen ihre zur Frankfurther Messe gebrachte Waaren und deren Verkauf zeitig bei der Commerz-Commission declariren	—	—	482
— breslauische können allein fremde seidene Waaren zum fernern auswärtigen Debit einführen	1772	13	194
Kaufmanns-Diener ausländische, so sich im Lande etabliren, geniessen die Beneficia wie die Kaufleute (ut supra)	1770 / 1775	12 / 14	7 / 372
Kaufmanns-Frauen: in wiefern sie von einer Edition Specificationis juratae frei sind	1750	5	509
— — — in wiefern sie Wechsel-ausstellen können	1751	4	77
f. Handel, Handlung.			
Kaufmanns-Güter von Breslau außer Landes gehende werden von der Accise bonificirt	1742	1	29
— — — aus Armenien, Moskau, Polen ꝛc. zum Baratto-Handel eingehende sind Accise frei	—	—	32
f. Baratto.			
— — — wie und wo die Revision der angekommenen geschehen soll	1746 / 1756	2 / 19	258 seq. / 135
— — — die, so gesiegelt werden können, sollen gesiegelt seyn	—	—	136
— — — was beim Assecuriren darunter nicht zu rechnen	—	—	273
f. Assecuranz.			
— — — neuere Accise-Einrichtung wegen derselben	1766	9	82 seq.
— — — Reglement: wie es mit der Ausfuhr und bei der Ankunft mit der Declaration derselben gehalten werden soll	1770	12	321
— — — Bestimmung derer Landstraßen, auf welchen die Ausfuhr derselben außer Land nur erlaubt ist	—	—	322

Ka. Re. Ri.

	Jahr	Band	Seite
Mehreres davon f. Waaren: die Specifica kommen unter eigenem Buchstaben vor, f. v. g. Caffe, Wein, Zucker, Gerberzeuge rc.			
Kaufmanns-Wechsel, Bücher rc. find in Banco-Pfund zu ftellen	1750	5	509
	1766	9	242
Raulen f. Hartftein.			
Keffel eiferne werden einzuführen verboten f. Eifenwaaren, Kupferwaaren rc.	1756	19	166
Kiehn darf nicht auf dem Ofen gedorret werden	1765	8	617
	1784	18	163
— foll den Theerfchweelern auf ihrem Reviere nicht genommen werden	1756	6	413
Kiehn-Gruben find wieder mit Erde zuzuwerfen	—	—	412, 414
Kiehn-Oel öfterreichfches wird mit 50 pro Cent impoftirt	1765	8	741
Kinder: in wiefern fie zur Verheurathung den Confens ihrer Eltern nöthig haben	1747	2	476
— follen nicht zum Heurathen gezwungen werden	—	—	ibid.
— follen aber auch nicht ohne Bewilligung der Eltern rc. heurathen	—	—	ibid.
— fo aus denen ohne elterlichen Confens gefchloffenen Ehen erzeugt find, können bis auf die Hälfte der Legitimae enterbet werden	—	—	477
— follen bis ad annos difcretionis in der Religion ihrer verftorbenen Eltern erzogen werden, auch wenn diefe auf dem Sterbebette ihre Religion verändert	1750	5	417
	1752	4	796 feq.
— denenfelben find auch Vormünder von der Religion ihrer verftorbenen Eltern zu fetzen, wenn nicht etwa per teftamentum ein anders verordnet worden f. Religion.	1750	5	418
— follen nicht außerhalb Landes erzogen werden	1756	6	244
— unterthäniger Eltern, in wiefern fie zugleich mit den Eltern loßgegeben werden müffen	1748	3	236 feq.
— freie verfallen wegen 10 jährigen Aufenthalt bei ihrer unterthänigen Mutter nicht in die Unterthänigkeit des Dominii derfelben	1771	13	116
— adeliche aus ungleichen Ehen erzeugte, wegen derfelben Erbfolge f. Heurathen.	1765	19	262
— find zur Erlernung nützlicher Handwerke anzuhalten	1766	9	267
— über 8 Jahr follen von Georgii bis Martini Sonntags nach der chriftlichen Lehre 2 Stunden der Schule mit Lefen und Schreiben beiwohnen	1769	11	2
— auch die Aeltern follen die Schule frequentiren	1767	10	2

Ki.

	Jahr.	Band.	Seite
Kinder sind mit Nachdruck zur Schule anzuhalten	1768	10	152
f. Schule.			
—— weibl. Geschlechts, so zur Erziehung in die Jungfern-Klöster gegeben werden, sind nach zurückgelegtem 15ten Jahre daraus zu entlassen	1766	9	165
f. Klöster.			
Kind-Taufen, wie viel dabei Gevattern zuläßig	1750	5	453
—— wie es damit in einem wegen der Viehseuche gesperrten Dorfe oder Hofe ratione des Geistlichen und der Gevattern zu halten	1780	17	59
Mehr f. Taufe.			
Kirchen, wem nach gegenwärtiger Verfassung die Aufsicht darüber competire	1750	5	326
—— in denen Immediat-Städten stehen quod Oeconomica unter der Aufsicht der 2c. Cammern	—	—	327
Kirchen-Bauten: wie es mit den vorfallenden zu halten	1748	3	428 / 44
—— in wiefern Patronus und Parochiani dabei concurriren müssen	1750	5	423
Kirchen-Bediente werden lediglich von den Patronis oder Grund-Obrigkeiten angesetzt	1741	1	82, 90
—— dürfen keine Chargen-Jura zahlen	1765	19	232
f. Küster, Schulmeister, Pfarrer.			
Kirchen-Bedienungen: wie solche in den Aemtern, Immediat-Städten, oder wo sie sonst regiae Collationis sind, zu besetzen	1750	5	327
Kirchen-Gelder sollen ohne Einwilligung des Ober-Consistorii nicht an die Patronos verliehnet werden	1752	4	592
—— müßig liegende sind zinsbar bei der Banco zu elociren	1769	11	74
—— die bei der Banco ein- und abgehenden genießen Post-Freiheit	—		76
Kirchen-Höfe katholische: die Beerdigung auf denselben ist auch den evangelischen Leichen zu verstatten	1742	1	43
—— item reciproce den kathol. Leichen auf evangelischen Kirchhöfen	1750	5	427
Mehreres f. Begräbnisse.			
Kirchen-Ordnung renovirte für das Militare	—	—	271
Kirchen-Rechnungen evangelische, deren Abnahme soll bei den Kirchen-Visitationibus geschehen	1748	3	191 seq.
—— katholische: wie und wenn solche zu legen und abzunehmen	1750	5	424
—— auf den Amtsdörfern müssen die Beamten jährlich richtig abnehmen	1763	7	506, 509

Ki. Kl.

	Jahr.	Band.	Seite.
Kirchen-Sachen: darinn darf ohne höhere Genehmigung keine Aenderung vorgenommen werden	1741	1	82
Kirchen-Visitationes: Instruction für die Inspectores wegen Haltung derselben	1748	3	187 seq.
	1748	5	260 seq.
—— —— zu welcher Zeit solche anzustellen	—	3	188
		5	261
—— —— ist 4 Wochen vorher bekannt zu machen	—	—	ibid. ibid.
—— —— wo sie zu halten, wenn 2 Matres mit einander verbunden sind	—	3	188
		5	261
—— —— was dabei ratione des Gottesdienstes zu beobachten	—	3	189
		5	262
—— —— item ratione der Kirchen-Bücher, Geräthe ꝛc	—	3	190
		5	263
—— —— —— —— des Kirchen-Vermögens	—	3	191 seq.
		5	264 seq.
—— —— sind, wo es möglich, mit einem Tage zu beendigen	—	3	193
		5	265
—— —— Diaeten des Inspectoris für jede Kirche	—	3	193
		5	265
—— —— die zu visitirenden Gemeinen geben das Vorspann	—	3	189
		5	262
—— —— das darüber geführte Protocoll ist an das Ober-Consistorium einzusenden	—	3	194
		5	266
—— —— dabei sollen zugleich die Seidenbau-Anstalten der Pfarrer und Schulmeister untersucht werden	1768	10	237
Kirchweih-Märkte s. Ablaß-Märkte.			
Klee (Kleewer) rother spanischer, vom Anbau und Nutzung desselben	1758	6	707 bis 711
	1763	7	307 seq.
	1760	9	55 seq.
—— —— weißer, von dessen Anbau und Nutzung	—	—	53
—— —— wie beim Säen des weißen und rothen zu procediren	—	—	54
—— der Bau desselben soll in den Brachfeldern statt der Eichelgräßerei betrieben werden	1764	8	229, 236
Klempener: wie sie verzinnen sollen (s. Verzinnung.)	1768	10	192
Kleyen: wie viel ein Müller vom Scheffel Getreide gewähren muß	1777	15	304
Klopfgeld wird den Forstbedienten bei Immediat-Städten bewilliget, und wie viel	1782	17	236
Klöster: darein darf Niemand ohne Cammer-Licenz aufgenommen werden	1746	2	186, 188
—— dürfen ohne Cammer-Consens weder Immobilia acquiriren, weder alieniren, noch Gelder außer Landes schicken	1747	2	537 seq.

Klös-

Kl. Kn.

	Jahr.	Verol.	Seit.
Klöster: Bestimmung der Dotis, so denenselben zugebracht werden kann	1753	4	917
— Strafe derer, die sich mehr pro Dote zahlen lassen	—	—	ibid.
— jungfräuliche müssen ihre Kostgängerinnen nach deren zurück gelegten 15ten Jahre entlassen; bei 50 Thlr. Strafe	1766	9	165
— — sollen quartaliter eine Designation von ihren Kostgängerinnen einreichen. Vorschrift dazu	—	—	166
— die, so zum Feuerlöschen keine Leute geben, müssen dafür 1 Thlr. zur Feuer-Casse zahlen	1776	15	137
— auf dem Lande sind der erhöheten Wein- und Caffee-Auflage unterworfen	1779	16	193
Kloster-Gebäude auf dem Lande gehören nicht zur Feuer-Societaet, aber wohl deren Güter	1742	1	218
Kloster-Güter, wie es damit ratione der Feuer-Societaet zu halten reliqua s. Güter geistliche.	—	—	222
Kloster-Obere: zu diesen und andern klösterlichen Officiis dürfen keine Ausländer genommen werden	1774	14	158
	1778	16	14 seq.
— — müssen vor ihrer Erwählung des Ministre Excellenz praesentirt werden	—	—	15
Kloster-Ordenspersonen können weder testiren noch Erbschaften acquiriren	1750	4	912
Kloster-Sammler, { barmherzige Brüder, Capuziner, Carmeliten, Dominicaner, Franziskaner, Minoriten } einländsche dürfen noch wie sonst Allmosen sammeln	1779	16	106
Die Generalia von Geistlichen überhaupt s. Geistliche &c.			
Knaben sollen ohne Attest wegen gehörig frequentirter Schule nicht zu Handwerken aufgenommen werden	1767	10	3
Knappschafts-Casse für die schlesischen Bergleute, Instruction wegen Einrichtung und Führung derselben &c.	1769	11	285 seq.
— — — wie viel darein zu zahlen	—	—	ibid.
— — — wie mit den Ausgaben zu gebahren	—	—	286
— — — der müßige Bestand ist zinsbar anzulegen s. Bergleute.	—	—	287
Knechte ausländsche, was die ins Land ziehenden für Freiheiten zu genießen	1762	7	185
	1763	7	158
	1770	12	14
	1775	14	381

Kn. Ko.

	Jahr.	Band.	Seite.
Knechte sollen nicht eher Erlaubniß zum Heurathen erhalten, bis sie sich durch ein gerichtliches Attest wegen gnugsamer Uebung im Garnspinnen legitimiret haben	1761 / 1763	7 / 7	13 / 291
— item in Oberschlesien wegen erlernter deutschen Sprache	1764	8	171
f. Gesinde, Unterthanen.			
Kniestreicher = Arbeit bei seinen Tüchern: Maasregeln, wie solche mehr empor zu bringen	— / 1765	— / 8	316 / 484.
— — — die Einführung derselben wird wiederholt geboten	1768	10	258
— — — darauf wird eine Praemie gesetzt	1763	7	501 seq.
— — — diese Praemie wird wieder aufgehoben	1774	14	126
Kniestöcke eichene: zu deren Ausfuhr muß ein Exportations-Paß nachgesucht, solche auch vorher von einem Forstbedienten nachgezählt und attestirt werden plura f. Schiffbauholz, Nutzholz.	1776	15	22
Knopfmacher in den Städten, unbezünstete sollen nicht zum Bürgerrecht gelassen werden	1773	14	112
Knippel = Dämme sind abzuschaffen	1756	6	394
Knippel = Schulen f. Banken = Fabriquen.			
Kobold gehört zum Bergwerks = Regale	1769	11	90
Kobold = Bergwerk zu Kunzendorf, dessen Kurse werden ausgeboten das Uebrige f. Blaufarbe.	1774	14	202
Köhler: was sie bei dem Modern zu beobachten	1756	6	412
Kohlen: statt derselben soll im Gebürge an inaccessiblen Orten Asche gebrannt werden	—	—	401
— zum Brennen derselben soll das Holz den Schweelern nicht Baum = sondern Klafterweise verkauft werden	—	—	414
— deren Ausfuhr nach Sachsen wird verboten	1762 / 1763	7 / 7	118 / 285
Kohlen = Brennereien für die Schmiede werden im Gebürge nicht mehr geduldet	1777	15	329
f. Steinkohlen.			
Kolonie = Dörfer neue sollen erbauet werden	1773	14	83
— — Bestimmung der Oerter und Gelegenheiten, wo sie am schicklichsten zu bauen	—	—	84 seq.
— — aus wie viel Stellen wenigstens eine Kolonie bestehen, und wie viel zu jeder Stelle Ackerland zu schlagen	—	—	85
— — wie die Possessiones beschaffen seyn müssen	—	—	85 seq.
— — sind mit Ausländern, in deren Ermanglung aber mit noch unpossessionirten Einländern zu besetzen	—	—	86

Ko:

Ko.

	Jahr	Band	Seit.
Kolonie=Dörfer für die vorschriftmäßig erbaueteten erhält der Eigenthümer 150 Thlr. pro Stelle Bonification	1773	14	87
—— —— wie es mit der Versteuerung des Lundi zu halten	——	——	87 seq.
—— —— müssen sich ratione des Biers und Brandweins	——	——	88
Ausschreis nach dem Haupt=Gute richten	1774	14	236
Ausnahme deswegen	——	——	ibid.
—— —— in wiefern daselbst ein eigner Kretscham und Mühle anzulegen erlaubt	1773	14	89
—— —— mögen sich ihren Pfarr=Ort selbst wählen, und wie es bei darüber entstandenen Streitigkeiten zu halten	——	——	ibid.
—— —— darinn sollen eigene Scholz und Gerichte angesetzt werden	1782	17	232
Kolonie=Häuser einzelne in alten Dörfern erbaute s. Häuslerstellen neue.	——	——	——
Kolonisten ausländische anziehende sind Werbe=frei s. Ausländer.	1763	7	158
—— polnische, so ein neues Dorf anlegen, deren Beneficia	1775	14	380
—— müssen, wenn sie anderwärts unterthänig, sich vorhero losmachen	1773	14	86
—— sollen freie Leute bleiben und die Stellen erblich besitzen	——	——	87
—— sollen eine 10jährige Nahrungs= und 5jährige Landes=Praestations=Freiheit genießen	——	——	88
—— auf welchen Bedingungen noch die seit 1773 angesetzten stehen sollen	——	——	99
—— sind während ihrer Freiheits=Jahre auch Sportel=frei	1770	12	333
—— als solche sind die Invaliden anzusehen s. Invaliden.	1779	16	132
—— Bestimmung, wie viel die Kolonisten in den neuen Dörfern an Feuer=Societaets=Hülfe erhalten	1782	17	290
—— item wie viel sie beitragen müssen	——	——	291
—— ausländische (item invalide Soldaten) dürfen bei der ersten Acquisition ihrer Stellen keine Sporteln zahlen	1783	18	3
—— sind der Jurisdiction der Grundherrschaft unterworfen	1784	18	228
—— in wiefern sie zu einigen herrschaftlichen Diensten verbunden	——	——	229
—— nur die ersten, so eine Kolonie= oder Häuslerstelle acquiriren, sind Stempel=frei, die übrigen folgenden Acquirenten aber nicht	1785	18	360
—— mehrere sollen ins Land gezogen werden	1766	19	225
—— auf einzelnen neu erbauten Häusern in alten Dörfern s. Häusler.			
Kolonisten=Sachen gehören zum Ressort der Cammern	1750	5	310

Et 3

Korb=

	Jahr.	Band.	Seite.
Ko. Kr.			
Korbmacher-Waaren fremde werden zum einländschen Debit einzuführen verboten	1783	18	5
Korkstöpfel fremde desgleichen	—	—	ibid.
Korn-Segen fremde desgleichen	—	—	ibid.
Korn-Handel: landesherrliche Concession dazu für die Getreides Handlungs-Compagnie auf der Elbe	1770	12	32 seq.
— item für die auf der Oder	—	—	36 seq.
f. Getreide-Handel.			
Krämer auf dem Lande f. Dorfkrämer.			
— Beneficia für diejenigen, so sich in Oberschlesischen Städten etabliren	1750	3	979
— jüdische und christliche in Oberschlesien, unter welchen Bedingungen sie auf Verlangen Waaren auf das Land oder in andere Städte verkaufen können	—	—	980
— in unaccisbaren Städten müssen ihre Waaren aus accisbaren Städten nehmen	—	—	985
	1756	19	144
— dürfen Jahrmärkte besuchen, und mit allem handeln	—	—	loc. cit.
Kram-Handel auf dem Lande wird eingeschränkt	1751	4	261
Kram-Waaren, auf deren Einschleppung von fremden Juden zum Schleichhandel ist genau zu invigiliren	1784	18	215
Mehreres f. Kaufleute, Waaren, Kaufm. Güter.			
Kranmeister beim Ober-Accisamt zu Breslau, Instruction für denselben	1746	2	174
Krankheiten epidemische: Praeservativ- und Curativ-Mittel dagegen	1758	6	702
f. Contagion.			
Kranke sterbende, wie sie zu behandeln	1781	17	121
f. Leichen.			
Kranken-Besuch zur Zeit einer Viehseuche f. Geistliche, auch Viehseuche.			
Krapp: wegen dem Anbau desselben	1756	6	226
	—	—	226 seq.
Kräuter zur Fütterung, wegen nützlichem Anbau derselben	1766	9	44 seq.
f. Futter-Kräuter.			
Kraut-Fütterung, was dabei wegen der Vergiftung für Praecautiones zu nehmen	1782	17	352
Kräuer fremde: deren Einfuhr wird verboten	1764	8	174
Kratz-Bürsten Nürnberger, von Messing- oder Eisendrath desgleichen	1782	17	354
Kreppflor f. Flor.			
Kretschmer in Städten f. Gastwirth.			
— auf dem Lande f. Dorfkretschmer.			
Kretscham f. Dorfkretscham, Schankhäuser.			

Kries

Kr. Ku.

	Jahr	Band	Seite
Kriebel-Krankheit entstehet vom Genuß des Mutterkorns s. Mutterkorn.	1785	18	389
Kriegs-Artikel für die Unteroffiziers und Gemeinen. Eyd	1749	3	51 seq.
Kriegs-Caſſe soll die sonstige Ober-Steuer-Caſſe heißen	1773	14	51
Kriegs-Fuhren: Repartition, wie nach solchen den Bauern die herrschaftl. Hofedienste zu erlaſſen seyn s. Hofedienste, Transport-Fuhren.	1778	16	80
Kriegs-Gefangene, wegen Auswechselung derselben zwischen Preußen und Oesterreich	1741	1	91 seq.
Kriegs-Rüstungen (Wehr- und Waffen) werden aus- und durchzuführen verboten	1757	6	637
Kron-Rasch s. Rasche, oder Zeuge.			
Krug s. Dorfkretscham.			
Krummholz eichenes zu Schiffs-Prangen ist nur mittelst eines Exportations-Paſſes auszuführen erlaubt, und muß vorher von einem Forstbedienten revidirt, auch attestirt werden s. Schiffbauholz.	1776	15	23
Kuchen und Backwerk vom Lande erlegt beim Einbringen den einfachen Impost	1756	19	117
Kühe gelbe sind auch auf den Salz-Consumtions-Anschlag zu bringen	1772	13	379
Kümmel soll mehr angebauet werden	1756	6	226
Kundschäften in Schlesien sollen keine andere als gedruckte gelten	1747	2	406 ... 412
— — Formular der gedruckten	1782	17	308
— — davon kömmen 3 Gr. zur Zuchthaus-Caſſe	—	—	461
— — Formular zum Quartal-Extract über dieselben	1749	3	686
— — sollen nicht an Gesellen und Lehrjungen, sondern einzig an die Zunftältesten ꝛc. verkauft werden	1752	4	589
— — dergleichen muß auch das Gesinde haben s. Gesinde.			717
— — ohne solche darf keinem Gesellen Arbeit gegeben werden	1763 / 1782	7 / 17	262 / 310, 337
— — müssen auch die Walkergesellen lösen	1755	6	120
— — sollen den Gesellen ohne Vorzeigung des Wanderpaſſes nicht gegeben werden	1770 / 1778	12 / 15	128 / 61
— — Landmeister dürfen keine ausfertigen	1771	13	127
— — die von einwandernden Gesellen sind sogleich dem Gewerksältesten vorzuzeigen, und was derselbe darauf notiren soll	1779	16	104
— — bei jeder weiter Wanderung ist den Gesellen eine neue zu ertheilen	1782	17	307, 309

Ku.

	Jahr.	Band.	Seite.
Kundschaften: Wie viel die Gesellen für die Ausfertigung zahlen	1782	17	307, 309
müssen, wenn ein Geselle auch nicht Arbeit bekommt, dennoch vom Gewerksältesten unterzeichnet werden	—	—	310, 337
— wie es mit deren Verkümmerung (Vorenthaltung) zu halten	—	—	310, 341
f. Handwerksbursche.			
Künstler Handwerk treibende, wegen deren Paraphirung	1767	10	106
reliqua f. *Paraphen.*			
— ausländische anziehende, deren Beneficia f. Fabrikanten.			
Kunstpfeifer sollen auf den Thürmen auf das Feuer wachtsam seyn	1776	15	128
— wer sich derselben bei Hochzeiten zur Music zu bedienen verbunden sey	1766	9	133
reliqua f. Musikanten.			
Kunst-Spieler dürfen ihre Stücke ohne königliche eigenhändig vollzogene Concession nicht aufführen	1781	17	196
f. Comödianten, Marionettenspieler, Seiltänzer.			
Kupfer: der Aufkauf und die Ausfuhr des alten wird verboten {	1756 / 1765	19 / 8	166 / 721
— bleibt den Kupferschmieden erlaubt	1773	14	110
— die Einfuhr des fremden wird verboten	1768	10	191
— zur Beförderung des Debits des Rothenburgschen soll jährlich ein gewisses Aversional-Quantum davon genommen werden	—	—	287
— die Einfuhr des fremden wird gegen ein zu nehmendes Aversional-Quantum vom Rothenburgschen wieder erlaubt	1769	11	88
— das zu nehmende Aversional-Quantum und der Handel damit wird der Breslauschen Kaufmannschaft accordirt	1773	14	45
— der Handel damit wird andern Kaufleuten verboten	—	—	46
— wird dem Kaufmann Löhnis allein überlassen	—	—	97
— en Gros wird dem Ober-Bergamt übertragen	1784	18	144
— fremdes wird gänzlich einzuführen verboten	—	—	ibid.
— bleibt zum Transito-Handel einzuführen erlaubt, muß aber bis zur weitern Beförderung auf den Packhöfen liegen	—	—	145
Kupferschmiede zu Breslau, deren confirmirte Innungs-Artikel	1756	6	196 seq.
— haben Freiheit, die Märkte zu beziehen	1765	8	755
— soll nicht mit Bley-Zusatz verzinnen	1768	10	194 seq.
f. Verzinnung.			
— dürfen zwar noch das alte Kupfer kaufen, solches aber nicht auf Hämmern verarbeiten lassen	1773	14	110

Ku:

Kil.

	Jahr.	Band.	Seite.
Kupferwaaren werden aus Sachsen einzuführen verboten	1765	8	577
Kürschner-Schrot, wie das Getreide dazu beschaffen seyn soll {	1746	2	247
	1756	19	114
Kürschner-Waaren, damit sollen polnische Juden in Schlesien nicht haufiren	1769	11	252
Kürschner-Wolle soll nicht zu den Zeugeln gebraucht werden	—		34
Kutschen-Blätter fremde lackirte werden einzuführen verboten	1781	17	219
Küster: dazu sollen Invaliden employrt werden			122
Kuxse: deren sollen 28 in einer Bergwerks-Gewerkschaft seyn	1769	11	117
—— wie viel davon der Grundherr und die Knappschaft frei haben soll	—	—	ibid.
—— wie es mit den retardirten und caducirten zu halten	—	—	123
—— was bei deren Ab- und Zuschreibung zu beobachten	—	—	125
—— des Kobold-Bergwerks zu Kunzendorf werden ausgeboten	1774	14	202

L.

La.

	Jahr.	Band.	Seite.
Laboranten sollen keine Medicamente zum innerlichen Gebrauch verkaufen	1785	18	394
—— sollen an Jahrmarktzeiten nicht mit Possenreißern in öffentlichen Boutiquen ausstehen	—	—	395
—— sollen ihre Ankunft an einem Ort nicht durch Drommeln bekannt machen	—	—	ibid.
—— können zwar an Jahrmärkten ausstehen, sollen aber nur Arznei zum äußerlichen Gebrauch verkaufen	—	—	425
Lack, Wiener und Florentiner, item dergleichen Farbewaaren werden einzuführen verboten	1777	15	178
lackirte Waaren, in genere f. Waaren.			
Lackmus fremder zur innern Consumtion eingehender wird mit 25 pro Cent impolitirt	1786	18	488
Lackeien bettelnde sind aufzugreifen, und nach Creutzburg ins Arrmenhaus zu liefern	1779	16	106
f. Livree-Bediente.			
Lämmer: Vortheil von deren späterer Scheerung	1766	9	15
Mehr f. Schaafe.			
Landes-Abgaben f. Accis, Servis, Steuern.			
—— und Revenüs der Städte, davon wird ein 20 jähriger Extract verlangt	1741	I	123, 201
—— wegen Abführung derselben zu den königl. Cassen sollen sich die Unterthanen nicht durch			

Ff

	Jahr.	Band.	Seite.
La.			
die feindlichen Manifeste ꝛc. ihre machen lassen	1757	6	{ 686, 692 { 694, 697
Landes-Aelteste: deren Wahl und Dienst-Verrichtungen	1770	12	188
ihnen mögen, ohne vorher gesuchte Approbation der Cammer Abschriften und Extracte, Behuf der landschaftlichen Detaxationen aus dem Steuer-Cataltro verabfolgt werden	1773 1781	14 17	98 152
f. Landschafts-Aelteste.			
Land-Brauer f. Brauer auf dem Lande.			
Land-Beschädiger: wer darunter zu verstehen	1756	6	577
Landes-Collegia: deren Mitglieder sind von der doppelten Taxa stolae frei	1750	5	469
f. Cammern, Ober-Amtsregierung ꝛc.			
Landdragoner sollen auf die Accise-Zoll-Salz-und Policei-Contraventiones mit invigiliren	1755	6	125
— — sollen nicht eigenmächtig strafen	1766	9	100
— — sollen bei Bereisung des Creises auf eigene Kosten zehren	1777	15	380
— — sollen sich aller Plackereien enthalten	—	—	ibid.
— — sollen die Garn-Bestände bei den Garnsammlern öfters revidiren	—	—	381
— — sollen die ihnen anbefohlne Revisiones selbst vornehmen	—	—	ibid.
— — sind in Ansehung ihres Gehaltes Servis-frei	1786	18	467
Landeskinder: Edicte gegen das Austreten derselben	1744	1	17 seq.
	1747	2	520
— — schlesische entwichene sollen ihres Vermögens verlustig erklärt werden	1743 1747 1769	1 2 11	65 520 8
— — — — wie deren Eltern zu bestrafen	1747	2	521
— — ausgetretene, deren Vermögen fällt der Arbeitshaus-Casse zu	1744 1764	1 8	19, 171 246
— — aus Furcht der Werbung ausgetretene werden laut dem Cartel mit Braunschweig gleich den Deserteurs ausgewechselt	1745 1751 1757	2 4 6	54 61 667
— — nach Polen entwichene, wegen des bei verweigerter Auslieferung derselben zu beobachtenden Reciproci	1752	4	643
— — im Austreten ergriffene sind mit Zuchthausstrafe zu belegen	1769	11	7
— — den austretenden soll Niemand Vorschub leisten	—	—	8
— — was gegen das Austreten derselben für Precautiones zu nehmen	1764	8	54
— — dürfen ohne Erlaubniß des Canton-Regiments heuraten	1744	1	21
f. Cantonisten.			

La.

	Jahr.	Band.	Seite.
Landeskinder sollen sich nicht außer Landes vermiethen	1777	15	384
— — sollen nicht außer Landes wandern	—	—	ibid.
— — sollen ihre Wanderschaft in den königl. Ländern verrichten	1782	17	259
— — sollen von ihrem Aufenthalt während der Wanderschaft ihren Eltern, diese aber den Magistrat alle Vierteljahr Nachricht geben	1778	16	60
— — die auf der Wanderschaft in fremden Ländern befindlichen sollen zurück berufen werden	1764 / 1782	8 / 17	17 / 260
— — item die auf ausländschen Schulen studirenden s. Universität.	—	—	ibid.
— — auswärts ordinirte sind von allen geistlichen Beneficiis ausgeschlossen	1751 / 1773 / 1778	4 / 14 / 16	204 / 26 / 13
f. Unterthanen, Vasallen.			
Landkrämer f. Dorfkrämer.			
Landkutscher: Reglement für dieselben	1743 / 1766	1 / 9	98 / 188
das Uebrige f. Fuhrleute.			
Landleute dürfen weder Wein noch Caffee directe verschreiben, sondern müssen solche aus accisbaren Städten nehmen	1779	16	173
f. Wein, Caffee.			
— sollen nicht um Geld spielen bei Stock-Strafe	1780	17	52
— den jungen Burschen soll nichts gelichen, weder von ihrem Vermögen verabfolgt werden, bis sie sich possessioniren	—	—	ibid.
f. Bauern, Gärtner ꝛc. Unterthanen ꝛc.			
Land-Meister sollen keine Kundschaft ausfertigen	1771	13	127
— müssen das Legitimations-Attest für ihre Lehrbursche beim Landrath nachsuchen	1772	13	164
f. Legitim. Attest.			
— — wenn dergleichen specifice benannt werden, als Bäcker, Brauer, Fleischer ꝛc. so ist gehörigen Ortes nachzuschlagen			
Land-Messer: Reglement für dieselben	1748	3	1 seq.
— — wie deren Meßkette beschaffen seyn soll	—	—	52
— — wie sie bei Vermessung derer resp. Fundorum verfahren sollen, und was sonst dabei zu beobachten	—	—	53 seq.
— — wie viel sie für das Ausmessen erhalten sollen	—	—	58
— — deren besondere Diaeten	—	—	59
— — erhalten auch Vorspann und Leute zum Ketteziehen	—	—	ibid.
f. Vermessung.			
Land-Militz: Declaration wegen Errichtung derselben	1744	1	27

La.

	Jahr.	Band.	Seite.
Land-Müller s. Müller auf dem Lande.			
Landräthe: Anstellung der ersten im Lande und Benennung der ersten	1741	1	179
—— sollen vom Creiße keine Bittfuhren oder Frohndienste verlangen	1763 / 1764	7 / 8	347 / 297
—— sollen bei Strafe mit Vestungs-Arrest eigenmächtig keinen Soldaten verabschieden	—		241
—— sollen für sich in Privat-Sachen keine Currenden im Creiße circuliren lassen	1778	15	65
—— sollen die Currenden in Extenso communiciren	—	—	ibid.
—— was sie für sich zur Verhütung der Desertion beurlaubter Soldaten zu thun haben	1764	8	279
—— was sie zur Bewirkung des Retablissements wüster Stellen für Maasregeln ergreifen müssen	1765	8	738
—— in welchem Fall Fiscus in dem Vermögen derselben ein Vorrecht hat	1785	18	262
—— sind in Ansehung ihres Gehalts Servis-frei	1786	18	467
s. Creis-Beamte.			
Landrenthei-Casse erhält den Namen Domainen-Casse	1773	14	53
Land-Reuter s. Amtspfänder.			
Landschafts-Credit-System: vorläufiger Plan wegen Einrichtung desselben, ein königl. Cabinet-Schreiben	1769	11	254 seq.
—— —— Reglement wegen dessen Einrichtung	1770	12	162 seq.
—— —— was für Güter überhaupt dazu qualificirt, oder davon ausgeschlossen sind	—	—	168
—— —— davon sind insbesondere die Cämmerei-Güter eximirt	—	—	170
Landschafts-Aelteste: deren Obliegenheiten	—	—	290
s. Landesälteste.			188
—— —— Eydes-Notul für dieselben	—	—	194
Landschafts-Ausschuß engerer, dessen Endzweck, Beschäftigungen rc.	—	—	180
Landschafts-Boten: Eydes-Notul für sie	—	—	179, 199
Landschafts-Canzelist: dessen Amt, Obliegenheiten rc.	—	—	197 seq.
—— —— dessen Eydes-Notul	—	—	179
Landschafts-Cassirer: dessen Verrichtungen, Pflichten	—	—	198
Landschafts-Collegia und Commission: deren innere Einrichtung rc.	—	—	170, 172
—— —— deren Verrichtung und Geschäfte	—	—	174
—— —— soll sich auch die Auseinandersetzung der Gemeinheiten angelegen seyn lassen	1771	13	51
Landschafts-Controlleur: Eydes-Notul für solchen	1770	12	178

La.

	Jahr.	Band.	Seite
Landschafts-Creis-Tage: wenn solche zu halten, wer dabei concurrire, und was an solchen zu verhandeln . . .	1770	12	202
f. Creistage.			
Landschafts-Darlehne, wie bei Aufnehmung auswärtiger zu verfahren . . .	—	—	256 seq.
Landschafts-Deposita, was darunter zu verstehen, und wie bei deren Administration zu verfahren . . .	—	—	262 seq.
Landschafts-Detaxations-Principia, ratione des Einnahme-Anschlages beim Ackerbau, Säewerk u.	1770	12	269
Getreide	1775	14	320
bei Bienen-Nutzung	1770	12	284
	1775	14	347
— Bleichen .	1770	12	284
	1775	14	345
— Brau- und Brandweins-Urbar .	1770	12	282
	1775	14	342
— Eisen-Erzen .			346
— Eisenhämmer und Werken .	1770	12	284
	1775	14	345
— Fabriken 2c. .	1770	12	285
	1775	14	348
— Fischerei wilde .	1770	12	281
	1775	14	342
— Forst- und Wald-Nutzung	1770	12	275
	1775	14	332
— Gefällen fixirten	1770	12	283
	1775	14	344
— — unbeständigen	1770	12	284
	1775	14	344
— Glashütten .	1770	12	284
	1775	14	346
— Hopfen-Gärten und Wiesewachs .	1770	12	275
	1775	14	332
— Jagd-Nutzung .	1770	12	280
	1775	14	338
— Jurisdictions-Gefällen	1770	12	282
	1775	14	343
— Kohlenwerken .	1770	12	255
	1775	14	347
— Metallen, Mineralien	1770	12	285
	1775	14	348

La.

	Jahr	Band	Seite
Landschafts-*Detaxations*-*Principia*, *ratione* des Einnahme-Anschlages bei Mühlen allerlei	1770	12	285
	1775	14	348
bei Obstgärten und Weinbergen	1770	12	275
	1775	14	331
— Oder-Fähren	1770	12	282
	1775	14	342
— Privat-Zöllen	1770	12	284
	1775	14	345
— Schäfen-Nutzung	1770	12	281
	1775	14	342
— Seidenbau-Anstalten	1770	12	285
	1775	14	347
— Stein-Marmor ꝛc. Brüchen	1770	12	285
	1775	14	348
— Teich-Nutzung	1770	12	280
	1775	14	348
— Viehzucht	1770	12	274
	1775	14	329
— Wohngebäuden	1770	12	286
	1775	14	352
— Ziegeleien-Pottaschsiedereien	1770	12	284
	1775	14	347
— denen Ausgaben	1770	12	286 seq.
	1775	14	348 seq.
Landschafts-*Detaxation*: wie bei Verfügung derselben zu verfahren	1770	12	219
Landschafts-*Director* fürstenthüml., wie solcher zu erwählen	—	—	183
— — — — dessen Pflichten, Qualitaeten ꝛc.	—	—	185
— — — — Eydes-Notul für solchen	—	—	187
Landschafts-*Fond*: woraus solcher bestehet, und wie zu administriren	—	—	258
Landschafts-*Pfandbriefe*, wo, und wie solche zu suchen und auszufertigen (s. Pfandbriefe.)	—	—	201
Landschafts-*Praesident* (General) dessen Macht und Pflichten	—	—	171
Landschafts-*Publicanda*: in welchen Fällen solche durch die Landräthe oder durch die Cammern zu publiciren	1771	13	76
Landschafts-*Registrator*: Eydes-Formul für denselben	1770	12	178
Landschafts-*Registratur*: woraus sie bestehen soll	—	—	199
Landschafts-*Register*: was dabei zu merken	—	—	200
Landschafts-*Rendant*: dessen Verrichtungen ꝛc.	—	—	174
— — — Eydes-Formul für solchen	—	—	177
Landschafts-*Repraesentant*: Eydes-Formul desselben	—	—	176

La.	Jahr.	Band.	Seite.
Landschafts-Subalternen: was für welche nothwendig sind	1770	12	173, 197
Landschafts-Syndicus: dessen Wahl, Amt, Eigenschaften ꝛc.	—	—	195
Eydes-Formular für denselben	—	—	177
Landschafts-Tag (General-) wenn, wie, warum solcher zu halten, und wer dabei erscheinen muß ꝛc. ꝛc.	—	—	204 seq.
— — — Einige nähere Bestimmungen über das Reglement de 1770, und zwar wegen der Güter-Verschuldung	1775	14	292
wegen dem landschaftlichen Sitze	—	—	294
wegen Veräußerung der Güter ꝛc.	—	—	296
wegen der Forst-Bewirthschaftung	—	—	ibid.
wegen Erscheinung bei den Creistagen	—	—	299
wegen der Rang-Ordnung der Stände	—	—	300
wegen den zur Detaxations-Commission zu erwählenden Personen	—	—	302
wegen unrichtigen Detaxationen	—	—	303
wegen Revision u. Censur der Detaxation	—	—	304
wegen verloren gegangenen Pfandbriefen	—	—	309
wegen dem Sequestrations-Douceur für die Curatores der Güter	—	—	ibid.
wegen Administration der Depositorum.	—	—	311
Landes-Schulden sollen specificirt und bezahlet werden	1741	1	18
die Englischen werden von Preußen zu bezahlen übernommen	1742	1	91, 161
Land-Schuster s. Schuster auf dem Lande.			
Land-Schulen s. Schulen auf dem Lande.			
Land-Straßen s. Straßen.			
Land-quenet-Spiel wird wiederholt verboten	1774	14	281
Land-Visitationes: Instruction wegen Anstellung der allgemeinen zu Ausrottung der Vagabonds	1747	2	552
— — wie oft dergleichen zu halten	—	—	553
— — was die Magisträte und Gerichts-Obrigkeiten dabei zu beobachten	—	—	553, 557
— — was dabei für Vorkehrungen zu treffen	—	—	554, 557
— — item Gerichtspflege	—	—	555
— — die betreffenden Vagabonds sind sogleich zu arretiren	1747 / 1772	2 / 13	556 / 208
— — wie es mit denen vorgefundenen Reisenden zu halten	—	—	558
— — was dabei in Ansehung der Wirthe zu thun	—	—	561
— — Speciales et locales: Instruction wegen Anstellung derselben	—	—	203 seq.

Land-

La. Le.

	Jahr.	Band.	Seite.
Land=Visitationes sollen so oft als nöthig gehalten werden	1747	2	261, 263
— — sollen quartaliter wenigstens einmal	1772	13	206
— — dazu ist das Militare zu requiriren	—	—	ibid.
— — wenn und wie die Berichte davon einzusenden	—	—	207
Landes=Zustand des platten, Schema zur Tabelle desselben	1742	1	457
Ländereien städtische, seit 1741. neu urbar gemachte, davon wird eine Designation verlangt	1771	13	121
— — Schema dazu			123
— — neu urbar gemachte sind Servis-frei	1773	14	78
— auf dem Lande desgleichen sind Contributions-frei	1771	13	122
Laternen: statt der hölzernen sind blechene anzuschaffen, und deshalb öftere Revisiones anzustellen	1764	8	615
	1784	8	164
— die schadhaften sollen bald ausgebessert werden			165
Laub=Bäume sind zu verkaufen, und wenn sie eingehen, an deren statt junge zu pflanzen	1756	6	407
Laudemien-Gelder: wegen Erlegung derselben bei Käufen	1753	4	834
— davon sollen sich die Magistrate keine Sporteln abziehen	1760	6	825
Läuten mit katholischen Glocken bei evangelischen Begräbnissen soll verstattet werden	1742	1	192
— — beim evangel. Gottesdienst, in wiefern es statt hat	1750	5	469
— — beim Gewitter wird abgeschaft s. Gewitter.	1784	18	160, 185
Lazareth=Gebäude: deren Reparatur ist in Zeiten zu besorgen	1774	14	154
Lazareth=Kosten: Vorschrift wegen deren Monagirung	—	—	152
Lebensmittel s. Victualien.			
Leder rohe: die Aufkauferei derselben auf dem Lande wird verboten	1742	5	33
	1743	5	34
	1750	3	755, 981
	1755	6	4
	1759	6	763
	1763	7	295
	1774	14	129 seq.
	1779	16	168
— davon sind aber die Schaaffelle ausgenommen	1743	5	34
	1750	3	756
	1756	19	162
	1759	6	765
	1774	14	225
— — mögen die Land=Schuster einkaufen	1750	3	806
	1759	6	764
— — auch selbst ausarbeiten	1756	19	162

	Jahr.	Band.	Seite.
L.			
Leder rohe: doch nicht zum Handel, sondern zur eigenen Verarbeitung	1749	3	535
— — darüber müssen sie ein Annotations - Buch führen {	1744	14	132
	1759	6	764
— — werden auszuführen erlaubt {	1742	5	33
	1759	6	765
— — werden auszuführen verboten	1786	18	432
— — sollen nur in unactisbaren Städten verkauft, oder durch die Schuster und Gerber selbst vom Lande geholt werden {	1774	14	131
	1756	19	161
— — zum Einkauf derselben auf dem Lande müssen die Schuster und Gerber ꝛc. ein von ihrem Magistrat ausgefertigtes und vom Accisamt besiegeltes Attest haben	1774	14	130 seq.
— — was ratione dieses Attests zu bemerken			131
— — ein gleiches gerichtliches Attest müssen auch die Landschuster haben, wenn sie Leder auf andern Dörfern kaufen		—	ibid.
— — sollen in den Städten öffentlich feil geboten, doch nicht an Leder-Fabrikanten aus andern Städten ohne Vorzeigung eines legalen Attests verkauft werden	1779	16	169
— — der Aufkauf und das Hausiren darum auf dem Lande wird den Juden verboten	1776	15	57
— — auf die jüdischen Aufkäufer derselben, die einen jüdischen Paß vorzeigen, ist genau zu invigiliren	1780	17	71
— — polnische: das bisherige Baratto-Beneficium davon wird aufgehoben, und die gewöhnl. Accise eingeführt, wie viel	1764	8	34
— — können auf schlesische Walkmühlen gebracht werden	1771	13	142
— — wie sie mit Sägespänen zu gerben	1766	9	32
— Vorschrift, wie dem Einschleppen der fremden vorzubeugen	1756	19	161
— schlesische passiren nach andern königl. Ländern Impost-frei	1772	13	238
Leder-Fabrikanten ausländische anziehende, Beneficia für dieselben {	1751	4	90
	1756	6	220
	1763	7	292, 519
	1770	12	11
	1775	14	376
— — städtische müssen zum Aufkauf der rohen Häute auf dem Lande ein Attest von ihrem Magistrate haben {	1774	14	131
	1779	16	168

Le.

	Jahr.	Band.	Seite.
Leder-Fabrikanten erhalten dies Attest gratis, und ist so lange gültig, bis sie den darauf bemerkten Leder Bedarf gekauft haben	1774	14	196
Leder-Fabriken sollen im Lande vermehret werden. Vortheile davon	1761	7	27
	1765	8	638
Leder-Fabriken-Inspector wird angesetzt; dessen Amt	1783	18	58
—— Instruction, was derselbe bei Revision der Lohgerber und Leder-Fabriken zu bemerken hat	—	—	59 seq.
Leder-Waaren sächsische werden gänzlich einzuführen verboten	1765	8	577
	1783	18	51
—— andere ausländische zum innern Debit eingehende werden mit 30 pro Cent impostirt	—	—	59 seq.
—— alle ausländische werden indistincte einzuführen verboten	1786	18	432, 514
Legata testamentarische s. Vermächtnisse, Testament.			
Legitimations-Atteste für Landmüller, und Landbrauer, Lehrlinge sind bei den Landräthen nachzusuchen und auf einen Stempelbogen a 4 Gr. auszufertigen	1772	13	164
—— Kosten, so wie die Geburts- und Lehrbriefe, 2 Thlr. zusammen	—	—	ibid.
—— diese Gebühren dafür werden gleich bei der Aufnahme auf einmal erlegt	—	—	313
—— Termine, wenn diese Gebühren einzusenden	1773	14	24
—— gelten bei gedachten Lehrlingen statt der sonst gedruckten Lehr- und Geburtsbriefe s. Geburtsbriefe, Lehrbriefe.			23
Lehmgruben sollen an den Landstraßen nicht angelegt werden	1767	10	29
Lehrbriefe sollen keine andere als gedruckte gelten. Edict	1747	2	206
—— Formular dazu	—	—	410
—— wegen dem Debit und Verrechnung derselben	—	—	407, 409
—— wegen dem Preis und der Ausfüllung	—	—	408
—— davon kommen 12 Gr. zur Zuchthaus-Casse	—	—	461
—— Formular zu einem Quartal-Extracte über die debitirten	1749	3	686
—— Copialia davon sollen nicht vidimirt und außer Landes geschickt werden	1760	6	804
—— müssen auch lösen die Handlungsbursche	1756	6	240
—— —— die Meister-Söhne	1755	6	87
—— —— die Materialisten und Specerei-Händler	1766	9	100
—— —— Bildhauer und Mahler, wenn sie bezünftet sind	—	—	101

Lehr-

	Jahr.	Band.	Seite
Le.			
Lehrbriefe dürfen nicht lösen die Apotheker, und erhalten statt deren Testimonia	1766	9	101
—— —— — die unbezünfteten Bildhauer u. Mahler	—	—	100
—— —— — die Musicanten desgleichen	—	—	101
—— —— — die Müller und Brauerbursche vom Lande, weil sie statt derselben Legitimations-Atteste erhalten	1773	14	23
s. Müller, Brauer, Legitimations-Atteste.			
—— dergleichen können die ins Land gezogene polnische Fabrikanten für ihre dort aufgenommene Söhne bei polnischen Zünften lösen	1773	19	353
—— sollen entweder gedruckt oder auf Pergament geschrieben seyn, und letztere allein von der Cammer-Registratur ausgegeben werden	1776	15	2
—— für arme Lehrlinge, deren Kosten sollen die Cämmereien oder andere milde Fonds bezahlen	—	—	3
—— werden den auswandernden Gesellen zurück behalten,	1778	16	60
—— und bis zur Zeit ihres Etablissements in der Zunftlade verwahrt	—	—	307
—— ihnen aber beglaubte Abschriften davon auf die Wanderschaft mit gegeben	—	—	ibid.
—— Taxa dafür	—	—	ibid.
Lehrgeld, wenn Maurer und Zimmerleute die Weber-Profession, et vice versa erlernen, wird bestimmt	1770	12	45
Lehrjahre derselben desgleichen	—	—	ibid.
Lehrjungen: wie lange sie bei denen respective Handwerkern lernen müssen	1782	17	333
—— — deren Pflichten, und wie sie zu behandeln	—	—	ibid.
—— — Bestimmung ihres Lehrgeldes	—	—	334
—— — wie es mit deren Aufnahme zu halten, und was für Requisita erforderlich	—	—	332
—— — was bei Freisprechung derselben zu beobachten	—	—	335
—— — der Landbrauer und Landmüller müssen zu ihrer Reception Erlaubniß vom Landrath haben	1771	13	126
—— — der Tuchmacher desgleichen, die aus den Städten vom Steuerrath	1785	18	344
—— — die v. Lande vom Landrath	1778	16	84
—— — der Papiermacher einländische erhalten nach ausgestandener Lehre ein Douceur a 25 Thlr. aus dem Manufactur-Fond	1785	18	342
—— — die ohne Erlaubniß des Land- oder Steuerraths zur Tuchmacherei angenommene sind nicht Werbefrei	1778	16	85
	1785	18	344

Le.

	Jahr.	Band.	Seite.
Leichen f. Verstorbene.			
Leichen-Bitter, dazu sind Invaliden zu employren	1781	17	122
Leichen-Wagen, Reglement wegen Introducirung desselben zu Breslau und in andern Städten	1744	1	60 seq.
— die Introducirung desselben soll der Geistlichkeit ꝛc. nicht an ihren Accidentien schaden	—	—	60, 63
Leih-Amts-Ordnung für die Stadt Breslau	1743	1	144
— erneuerte	1749	3	549
Leih-Banquen (Lombards) sollen in den Städten errichtet werden	1756	6	376
— königl. Reglement wegen Einrichtung derselben zu Breslau	1765	8	700
	1766	9	239
— was für Sachen u. Wechselbriefe darin anzunehmen	1765	8	700
	1766	9	248
— wie viel darinn auf Gold und Silber vorgeschossen wird	1765	8	701
	1766	9	249
— wenn die darinn versetzten Sachen längstens wieder einzulösen	1765	8	702
— Terminus der Einlösung darf nicht prolongirt werden	1766	9	250
— bei Cämmereien, Bestimmung der Paraphen-Gebühren davon	1767	10	36
— sollen von unbekannten Personen keine Pfänder annehmen	1776	15	94
— sollen aus den Intelligenz-Blättern fleißig Notiz von den gestohlnen Sachen nehmen	—	—	95
— was solche zu thun, wenn gestohlne Sachen zum Versatz gebracht werden	—	—	ibid.
f. Banco.			
Leih-Kaufgelder sind bei Veräußerungen derer Immobilien bei Städten gewöhnlich	1751	4	199
Leim: die zu dessen Verfertigung dienliche Materien werden außer Landes zu führen verboten	1763	7	393
Leim-Patzen: Beschreibung und Bauart derselben	1764	8	175
f. Wäller-Arbeit.			
Leinen-Damast-Fabriken zu Hirschberg, Schmiedeberg, Bunzlau und Tiefhartmannsdorf werden octroyrt, und eine dergl. Handlungs-Compagnie daselbst errichtet	1772	13	326
Leinen-Damast-Handlungs-Compagnie: deren Waaren sind Zollfrei	—	—	329
— derselben wird für ihre auswärts debitirte Waaren 6 p. Cent Douceur bewilliget	—	—	ibid.

Le.

	Jahr.	Band.	Seite.
Leinen-Damaſt-Waaren fremde werden dießseits der Weſer einzuführen verboten	1772	13	329
Leinen-Damaſt-Weber ausländiſche anziehende, deren Beneficia	1763	7	516, 518
	1770	12	8, 10
	1775	14	372, 375
Lein-Oel fremdes wird einzuführen verboten	1783	18	5
Leinſaamen: der Handel damit auf dem Lande wird eingeſchränkt	1749	3	435
	1756	6	607
— — darf von Dorfkrämern nur Metzen- und Scheffelsaber nicht Tonnenweise im ganzen verkauft werden	1755	6	128
	1756	6	607
	1776	15	156
— — kann ſich jeder Landwirth zu seinem Gebrauch directe verſchreiben	1755	6	128
— — wie ſich die Fuhrleute beim Transport zu verhalten ꝛc.	—	—	ibid.
— — die Verfälſchung des Riaer und Memler Leinſaamens wird bei 100 Thlr. Strafe verboten	1776	15	52
Leinſaamen-Tonnen, den Rigaer und Memlern ähnliche ſollen die Böttcher bei 50 Thlr. Strafe nicht machen	—	—	ibid.
Leinwand: wie es mit Anſage und Verzollung derſelben zu halten	1739	19	521 seq.
— die Bielitzer iſt im Baratto-Handel-Acciſe-frei ſ. *Baratto.*	1742	1	32
— die einländiſche zum Handel paſſirt allenthalben Acciſe-frei	—	—	33
— wegen Verſendung derſelben, und wie die Unterſchleife der Kaufleute zu beſtrafen	—	—	152
— ſoll nur in den ordentlichen Wochenmärkten aufgekauft werden	—	—	151
— die Länge und Breite derſelben wird beſtimmt	—	—	147
— wegen Reviſion derſelben auf den Jahrmärkten zu Breslau	1746	2	276
— untaugliche iſt in Stücken a 6 Ellen zu zerſchneiden	1750	3	899
— 5½ Viertel breite ſoll nicht roh außer Landes geführt werden	1761	7	30
— die Vor- und Aufkäuferei derſelben im Gebürge wird verboten	1764	8	11, 14
— wer zum Aufkauf solcher berechtiget iſt	—	—	11
— mit Torf oder Steinkohlen gebleichte giebt nur ¼ pro Cent Ausfuhr-Zoll	—	—	240
— die andere aber ⅓ pro Cent	—	—	ibid.
— gedruckte, wegen Reviſion der fremden	—	—	26, 93.
— zittauiſche und ſächſiſche, der Transito-Zoll a 8 pro Cent von derſelben wird aufgehoben	1771	13	113
— böhmiſche, mähriſche und polniſche darf zum einländſchen Debit eingeführt, muß aber im Lande gebleicht werden	1772	13	319

Lein-

Le.

	Jahr.	Band.	Seite.
Leinwand böhmische, darf beim einpaßiren weder gesiegelt noch gemessen werden	1776	15	26
—— glägische, und die dazu gehörige Materialien werden vom schlesischen Ein, aus, und Durchfuhr,Zoll nach dem Tariff do 1744. befreiet	—	—	53
—— schlesische feine, die erlaubte Einfuhr derselben in Schweden wird bekannt gemacht	1777	15	277
—— —— feine Sorten sollen nach holländscher Art gebleicht werden	1769	11	23
—— muß geblättert und nicht gerollt zusammen gelegt werden {	1742	1	149
	1766	9	277
f. Zöchner, Waaren.	1776	15	151
Leinwand, Bleichen f. Bleichen.			
Leinwand, Fabriken: daraus soll dem Militare zu spinnen gegeben werden	1764	8	154
—— von buntgestreifter weisgarnichter Leinwand sollen angelegt werden	1765	8	636
—— von gesteifter Leinwand (Steifleinwand) desgleichen	1768	10	169
—— Abstellung einiger Mängel bei denselben	1766	9	273
—— —— in Ansehung der Blätter und Blattbinder	—	—	274
—— —— der Schau, und Stempelmeister	—	—	275
—— —— der Weber und Waaren	—	—	276
Leinwand, Fabriken, Revisores: Instruction für die in der Grafschaft Glatz	1774	14	264
Leinwand, Handel: wer solchen zu treiben berechtiget ist	1742	1	151
—— im Gebürge f. Gebürge, Handelsstand.			
Leinwand, Händler (Negocianten) en Gros auf dem Lande, wie es mit ihren Waaren und Abzuben zu halten	1749	3	438 seq.
—— en Gros a. d. L. sollen sich zum Austauf ihrer Waaren lediglich der Leinwandsammler bedienen	1764	8	14 seq.
—— sollen den Webern die Schau, und Stempelgebühren wieder erstatten {	1766	9	278
	1776	15	445
—— sollen keine ungestempelte Leinwand von den Webern kaufen	1766	9	274
—— sollen die von Webern ihnen zum Verkauf gebrachte und nicht gekaufte Leinwand zu deren Bedrückung nicht mit Röthel ꝛc. bezeichnen	1776	15	101

Lein,

	Jahr.	Band.	Seite.
Le.			
Leinwand-Händler sollen bei Strafe 100 Thlr. die Unrichtigkeiten der Weber und Stempler anzeigen	1786	18	518
— — sollen bei Strafe 100 Thlr. den Webern nicht das ungebührliche Zusammenlegen der Leinwand nachsehen	1776	15	151
— — sollen bei Strafe 100 Thlr. den Webern und Bleichern statt des Arbeitslohns nicht Materialien aufdringen	1785	18	320
Leinwand-Mäckel-Weiber sollen abgeschaft werden	1742	1	151
Leinwand-Messer: Anweisung für dieselben	1752	4	784
Leinwand-Meß-Tisch- und Meß-Instrumente, wegen deren Anschaffung, Beschaffenheit, Kosten ic. ic.	1750	3	899
	1752	4	713, 785
	1766	9	276
Leinwand-Ordnung (u. Schleier-Ordnung): Reglement	1742	1	145 seq.
— — — Nachtrag dazu	1750	3	892
	1744	5	166
— — soll besser befolget werden	1750	3	764, 892
	1752	4	712, 714
— — zu besserer Beobachtung derselben sind Revisores anzustellen	1763	7	329
— — wie die Revision deswegen vorzunehmen	1766	9	282
— — Verbesserung einiger dabei eingeschlichenen Fehler	—	—	273 seq.
— — soll halbjährig den Webern und allen dabei interessirten Personen vorgelesen werden	1776	15	150
Leinwand-Reißer zu Breslau: Einrichtung mit denselben ratione der Siegelung und Accise	1746	2	274 seq.
Leinwand-Sammler: wegen Anstellung derselben	1764	8	13
— — müssen gedruckte Licenz-Scheine lösen	—	—	13
— — Formular dazu	1753	4	923
	1764	8	15
— — sollen sich genau nach dem gedruckten Licenz-Scheine verhalten	1760	6	815
— — sollen mit dem Licenz-Schein nicht Mißbrauch treiben	1761	7	32
— — sollen ohne solchen zum Sammeln nicht zugelassen werden	—	—	62
— — Strafe der unbefugten auf dem Lande	1764	8	13
Leinwand-Schaumeister: Instruction für dieselben, was wegen der Leinw. Schau, Stempelung u. ratione der Gebühren davon zu merken	1742	1	148 seq.
	1752	4	784 seq.
	1766	9	275 seq.

Leins

Lt.

	Jahr.	Band.	Seite.
Leinwand-Schaumeister müssen vereidet und die vacante Stellen binnen 4 Wochen besetzt werden	1766	9	275
— — — nebst denselben ist noch ein Substitutus anzustellen	—	—	ibid.
— — — sollen öfters unvermuthet revidirt und zu genauer Beobachtung ihrer Pflichten angehalten werden	1769	11	22
— — — ihnen wird die Beobachtung der Leinwand-Ordnung de 1742. et 1750. aufs neue eingeschärft	1773	14	105
Leinwand-Stempler: Anweisung für dieselben	1752	4	784 seq.
Leinwand-Waaren: wenn von halbleinenen u. halbwollenen ꝛc. ꝛc. oder von allerhand Waaren überhaupt die Rede ist, s. Waaren.			
Leinweber: wie sie arbeiten müssen	1742	1	147
— — was bei Revision derselben zu beobachten	1752	4	713 seq.
— — ausländische anziehende, was die, so buntgestreifte	1755	6	120
und andere vorzügliche Gattungen verfertigen können, für Beneficia zu genießen	1763	7	516
	1770	12	8, 10
s. Fabrikanten.	1775	14	373, 375
— — aus Polen anziehende sind nicht alle zu den Beneficiis für Ausländer qualificirt, sondern nur die, so mehr als einerlei Gattung von Leinwand verfertigen, und sich in eine ordentliche Zunft einwerben	1779	16	123
	1763	7	325
— — sollen neben bei die Maurer- oder Zimmer-Profession erlernen	1768	10	207
	1769	11	270
	1779	12	95
— — was die, so dergleichen neben bei erlernen, für Praestanda ratione der andern Profession zu leisten	1770	12	45
— — können ihre Waaren auf große Jahrmärkte zum Absatz verführen	1764	8	15
— — dürfen nebst ihrer eigenen Arbeit auch Leinwand aufkaufen, und damit ein- und ausländische Messen beziehen	1766	9	275
— — sind von Schanz-Arbeiten frei	1770	12	311
— — können sich indistincte auf dem Lande etabliren	1775	14	385
— — die a. d. L. etablirten dürfen sich nicht bei städtischen Zünften einwerben, weder Quartalgeld zahlen	—	—	386
— — sollen mit ihren Waaren bisweilen unter den Thoren angehalten und fürs Handlungsgericht zur Revision geführt werden	1786	18	579

Le. Li.

	Jahr.	Band.	Seite.
Leinweber: Pardon für die ausgetretenen	1756	6	246
Leinweber-Blätter s. Blätter, Blattbinder.			
Leinweber-Profession soll aus jedem Dorfe wenigstens einer erlernen	1766	9	267
Leinweber-Stuben: wie sie einzurichten	1763	7	434
Leinweber-Stühle: wie die Designation anzufertigen, und wenn einzusenden	1764	8	426
Terminus zur Einsendung der Designation wird geändert	1765	8	736
die Designation darüber ist accurater anzufertigen	—	—	737
Leisten böhmische für die Schlesier: das Hausiren damit wird verboten	1781	17	154
Leobschütz: die Stadt erhält den Privat-Mauthzoll	1751	4	104
Leon-Gold und Silberwaaren fremde werden einzuführen verboten (s. Spitzen zu Treffen.)	1764	8	309
Libelli: wie solche anzurichten	1750	5	529
Licenz-Schein: Formular zum Hausiren für Bilderhändler	1751	4	485
für Glashändler	—	—	ibid.
für Garnsammler	1749	3	662
	1756	6	639
der neuen gedruckten	1781	17	211
	1784	18	225
für Hecheltrager	1751	4	485
für Höcker zu Breslau zum Einkauf	—	—	87
für Leinwandsammler	1753	4	923
	1764	8	15
für Pferde- u. Viehschneider	1751	4	487
für Scheerenschl. ausländische	—	—	489
einländische	—	—	488
für Siebmacher	—	—	ibid.
für Wachsmacher zu Brieg	—	—	492
zum Hausiren überhaupt	1745	2	92
für das Gesinde zum auswärts dienen	1770	12	85
Specialiora davon kommen bei jedem Gegenstande selbst vor s. v. g. Bilderkrämer 2c.			
zum Hausiren werden allein von dem 2c. Cammern ausgegeben	1750	3	984
vor Lösung und Erhaltung derselben darf Niemand hausiren gehen	1756	19	141

Li.

	Jahr.	Band.	Seite.
Licenz-Schein müssen die auswärts studirenden haben	1751	4	205
—— item auch die, so in den geistlichen Stand treten wollen, vom dirigirenden Ministre	1774	14	158
Lichts-Taxe: Project zur Anfertigung derselben in den Städten	1771	13	133
Liebau: der Stadt Jahrmarkt wird verlegt	1743	1	107
—— Brau-Ordnung	1751	4	441
Liederkrämer, so sich nicht im Lande etablirt, dürfen weder Jahrmärkte beziehen, noch hausiren	1778	16	5
—— die etablirten müssen zum Hausiren Licenz-Scheine nachsuchen	—	—	ibid.
s. Bilderkrämer.			
Lieferung in die königl. Magazine geschieht gegen baare Bezahlung	1741	1	45
—— zur Armee wird anbefohlen	1757	6	693
—— in welchem Fall die deshalb eingelegte Executiones Gebühren zu fordern haben	1762	7	100
—— von Materialien, wenn sie groß ist, soll zur öffentlichen Licitation ausgeboten werden	1770	12	149
—— stehet jedem Creysaßen selbst zu leisten frei	1768	10	296
—— Reglement wegen derselben	1770	12	66
—— wie die General-Repartitiones dazu zu machen	—	—	69, 83
Lieferungs-Entreprisen sind öffentlich aufzubieten	1768	10	295
—— item per modum licitationis zu verdingen	1770	12	78
—— wer bei der Licitation zugegen seyn soll	1768	10	295
—— was bei derselben zu beobachten	1770	12	78
—— von wem und wie die Contracte darüber mit den Entrepreneurs zu schließen	—	—	79
s. Contract.			
—— dergleichen sollen die Dorfgemeinen nicht ohne Consensum ihres Dominii schließen	1778	16	25
—— damit dürfen sich die Erb-Beamten weder selbst abgeben, noch Entrepreneurs dazu vorschlagen	1763	7	149
	1768	10	127
	1778	16	77
Lieferungs-Entrepreneurs sollen dem Creise nicht aufgedrungen werden	1768	10	127
	1778	16	77
—— christliche haben vor den jüdischen in Fall eines gleichen Gebots den Vorzug	1781	17	147
—— müssen einen Einkaufs-Paß von der Cammer nachsuchen	1775	14	514
—— dieser Einkaufs-Paß mag während dem Kriege zu einigen Lieferungen von den Landräthen ausgefertiget werden	1778	16	92

	Jahr.	Band.	Seite.
Li. Lo.			
Lieferungs-Entrepreneurs: was die Landräthe bei der Ausfertigung zu beobachten	1778	16	92
—— —— was dieselben sonst zum Fourage-Auflauf für Attestata haben müssen	1782	17	351
Lieferungs-Fuhren sind besser zu repartiren, und die Fourage auf ganz geladenen Wagen zuzuführen	1764	8	312
	1765	8	754
Mehrers f. Cavallerie Verpflegung, Fourage, Magazin, Marsch, Transport-Fuhren ꝛc.			
Liegniz: der in der Stadt gewesene Tumult soll untersucht werden	1741	1	89
Liquer: deren neuer Aufschlags-Impost wird eingeführt (s. Aquavit.) reliqua f. Wein.	1772	13	112
Lisiere: deren Districte werden der oberschles. Ober-Amtsregierung unterworfen	1750	5	576
Litis-Contestatio muß binnen 3 Monaten erfolgen	——	——	526
—— Strafe der Advocaten, so solche verschleppen	——	——	527
Livree-Bediente der Officiers haben von den Bürgern keine Bette zu fordern	1779	16	162
Lochsteine auf Bergwerken sollen in Gegenwart beider Gewerkschaften gesetzt werden	1769	11	104
—— den gesetzten sind Creutzweise 4 Testes beizufügen	——		105
—— wie solche mit Erdstufen zu unterhalten	——		ibid.
—— Strafe derer, so sich daran vergreifen	——		ibid.
Loco Oralis-Verhör, darinn macht der Beklagte Excipiendo den Anfang	1750	5	532
—— —— in welchen Fällen solches zu verstatten	——		546
—— —— auf wie lange solches nur regulirt werden kann	——		ibid.
Löffel blecherne ausländsche sind einzuführen verboten	1773	14	70
—— an welchen Zeichen die aus einländschen Fabriken zu erkennen	——		ibid.
—— item die aus der Schlawenziger u. Volkertschen Fabrike	1778	16	43
—— aus Sachsen mit F. K. gezeichnete sind einzuführen verboten			42
Loewenberg, die Stadt erhält den 3ten Jahr Roß- u. Viehmarkt	1752	4	805
Lohgerber f. Gerber, Leder-Fabrikanten.			
Lombard f. Leih-Banquen.			
Loslassung von der Unterthänigkeit f. Unterthänigkeit.			
Losbriefe müssen den Handwerks lernenden von ihrem Dominio ohne Widerrede ertheilt werden	1764	8	225
—— wie solche einzurichten			226
Lotterien: bei auswärtigen soll sich Niemand interessiren	1755	6	120
	1767	10	36
—— insbesondere bei der gräflich Neuwiedschen	1768	10	325
—— —— bei der Hannoverschen	1779	16	182

Lot:

Lo. Lu.

	Jahr.	Band.	Seite.
Lotterien: Insbesondere bei der Mainzer doppelten Zahlen-Lotterie	1769	11	193
—— Prolongirung der Pacht der Berliner Zahlen-Lotterie {	1774	14	194
	1784	18	156
—— Collecteurs untreue sind wie die untreuen Cassen-Bedienten zu strafen	1774	14	195
—— Forderungen gehen den Wechsel-Schulden vor	—	—	ibid
—— Pächter mögen vor der Ziehung Sätze streichen und moderiren	—	—	ibid
Louisd'or französische aire: Bestimmung ihres Werths	1751	4	52 bis 55
—— vollwichtige von Ludwig 14. behalten ihren Cours			185
—— werden im Handel, aber nicht in Cassen angenommen {	1751	4	52
	1752	4	185, 635
—— wie sie im Handel anzunehmen {	1751	4	185
	1752	4	635
—— item bei den Cassen	1764	8	333
	1768	10	320
—— leichte und beschnittene, sollen in die Münze geliefert werden	1764	8	71
die Generalia s. Gold-Münzen.			
Lüben, die Stadt erhält einen Vieh- und Wochenmarkt	1743	1	115
Lucius-Böhmen Churische (Zigeuner-Böhmen) werden verrufen	1751	4	188
Luder-Stellen sollen die Abdecker auf Angabe der Wolfs-Jäger richtig halten (s. Abdeckergruben.)	1756	6	451
Luftspringer s. Kunstspieler.			
Lumpen: statt derselben soll Schwamm zum Zunder genommen werden	1781	17	159
Lumpen-Sammler, Behufs der Papiermühlen, dazu sind bestimmte Personen anzunehmen	1763	7	391
—— müssen mit gültigen Licenz-Scheinen versehen seyn	—	—	390, 393
—— sind zu vereiden, daß sie die Lumpen nicht außer Landes schicken und führen wollen	—	—	391
—— sollen die Lumpen, wenn solche 1 Pfund und drüber wiegen, mit Gelde bezahlen, die unter einem Pfund aber, wie sonst, mit Kleinigkeiten	—	—	ibid
—— unbefugte, wie sie zu bestrafen	—	—	393
—— denselben sind zur Sammlung gewisse Districte anzuweisen	—	—	392
s. Pappier-Mühlen.			
Luzerne (ein Futterkraut), Eigenschaften derselben	1766	9	44

Lu.

	Jahr.	Band.	Seite.
Luzerne: wie der Boden dazu zuzubereiten	1766	9	45
—— wie mit dem säen zu verfahren	—	—	46 seq.
f. Futterkräuter, Krautfütterung.			
Lystrum: worinn solches bestehe (f. Unterthänigkeit.)	1753	4	833

M.

Ma.

	Jahr.	Band.	Seite.
Maaß egales wird in Schlesien eingeführt, und der Gebrauch des Breslauschen verordnet	1751	4	289
—— Reductions-Tabelle der alten Getreide-Maaße nach dem Breslauer:			
—— —— des Auraßer Maaßes	—	—	317
—— —— des Baunschwitzer	—	—	367
—— —— des Belschützer Decem-Scheffels	—	—	321
—— —— des Bielwieser Zins-Maaßes	—	—	368
—— —— des Beruner Decem-Scheffels	—	—	322
—— —— des Beuthner alten und Zins-Maaßes	—	—	318, 319
—— —— des Volkenhayner Maaßes	—	—	333
—— —— des Breslauer Hopfen-Maaßes gegen Getreide	—	—	320
—— —— des Bunzlauer alten Hopfen-Maaßes	—	—	369, 370
—— —— des Canthner Maaßes	—	—	324
—— —— des Diebauer, Porschwitzer u. Neudorfer	—	—	371
—— —— des Falkenberger	—	—	325
—— —— des Frankensteiner	—	—	326
—— —— des Freyburger	—	—	327
—— —— des Freystädter	—	—	372
—— —— des Glatzer	—	—	328
—— —— des Glogauer	—	—	373
—— —— des Goldberger alten und Hopfenmaaßes	—	—	374, 375
—— —— des Gorkzier	—	—	329
—— —— des Greifenberger	—	—	376
—— —— des Grottkauer	—	—	330
—— —— des Grünberger	—	—	377
—— —— des Guhraner	—	—	378
—— —— des Haynauer	—	—	379
—— —— des Hirschberger	—	—	380
—— —— des Jastrzomber Decem-Scheffels	—	—	331, 332
—— —— des Jauerschen	—	—	381
—— —— des Kockoschützer	—	—	333
—— —— des Krehlauer	—	—	382

Maaß:

Ma.

Maas: Reductions-Tabelle der alten Getreide-Maaße nach dem Breslauer:			Jahr.	Band.	Seite.
	—	des Löhner	1751	4	383
	—	des Landeshutter Getr. Maaßes	—	—	335
		—— Hopf. Maaßes			337
		—— Decem - Maaßes			336
	—	des Liebenthaler alten Maaßes	—	—	384
	—	des Liegnitzer beim Collect. Amt	—	—	385
	—	des Loslauer	—	—	334
	—	des Löhner beim Dom. Amt rc.	—	—	388, 389, 390
	—	des Militscher	—	—	391
	—	des Münsterberger	—	—	338
	—	des Namslauer	—	—	339
	—	des Naumburger am Bober	—	—	392
		am Queis			393
	—	des Neißer	—	—	340, 341
	—	des Neumarkter	—	—	342
	—	des Neustädtler	—	—	394
	—	des Nicolaier alten Dec. Scheffel	—	—	343
	—	des Oberberger dito	—	—	345 seq.
	—	des Oelsner	—	—	349
	—	des Ohlauer	—	—	348
	—	des Oppelnschen	—	—	347
	—	des Ottmachauer bischöfl. Dec. Scheffels	—	—	344
	—	des Porchwitzer	—	—	395
	—	des Patschkauer bischöfl. Dec. Scheffels	—	—	350
	—	des Pitschorsiner	—	—	397
	—	des Pitschner	—	—	353
	—	des Plessener	—	—	351, 352
	—	des Polkwitzer	—	—	356
	—	des Preichauer	—	—	398
	—	des Priebußer	—	—	399
	—	des Rattiborer	—	—	354
	—	des Reichenbacher	—	—	357
	—	des Reichthaler	—	—	356
	—	des Rosenberger	—	—	355
	—	des Sazaner	—	—	400
	—	des Schönauer	—	—	401
	—	des Schweidnitzer	—	—	359
	—	des Schwiebußer	—	—	402
	—	des Sohrauer	—	—	360
	—	des Sprottauer	—	—	403
	—	des Steinauer	—	—	404 seq. seq.

Ma.

	Jahr.	Band.	Seite.
Maaß: Reductions-Tabelle der alten Getreide-Maaße nach dem Breslauer:			
— — des Strehlener	1751	4	361
— — des Strichgauer	—	—	358
— — des Tauerschen	—	—	407
— — des Thiemendorfer	—	—	408
— — des Trachenberger	—	—	409
— — des Trebnitzer	—	—	362
— — des Wartenberger	—	—	363
— — des Wohlauer	—	—	410, 411
— — des Würschelburger	—	—	364
— — des Zedlitzer	—	—	412
— zu nassen Waaren sollen von Zinn oder Blech seyn	—	—	295
— wegen deren Aechtung und Aechtungs-Gebühren	—	—	293, 296, 390
— zur Probe (Probemaas) muß zu Breslau oder Glogau geächtet seyn		—	320
— zu trockenen Waaren, als Scheffel rc. die Aechtungs-Gebühren davon werden bestimmt	—	—	301
— zum Kalk, Asche, Hopfen, wie es beschaffen seyn muß	—	—	304
— eine General-Revision desselben soll auf dem Lande jährlich, in den Städten aber quartaliter gehalten werden	—	—	308
— Reglement- wie es mit den Probe-Scheffeln, deren Aechtung, und über das Maaß entstandenen Streitigkeiten, zu halten	—	—	310 seq.
— Erläuterung über die Gefäße und Gewichte rc. für die Accise-Bedienten	1756	6	280
— zu Steinkohlen wird ebenfalls ein egales eingeführt	1757	6	639
— die Revisiones desselben sollen genauer befolgt werden {	1766	9	292
	1782	17	301
f. Biergefäße, Weingefäße.			
Mäckler: was solche bei Schließung der Wechsel zu beobachten	1751	4	87
— deren Obliegenheiten in Assecuranz- und Haverei-Sachen	1766	19	271 seq.
Mäckelgeld der Viehmäckler wird bestimmt. (f. Viehmäckler.)	1768	10	145
Und so kommt übrigens Mäkler oder Mäkelei bei jeder Sache vor, womit gemäkelt wird, f. v. g. Güter rc.			
Mährische Brüder f. Brüder.			
— Leinwand f. Leinwand.			
Magistrats-Personen dürfen ohne Erlaubniß nicht verreisen	1748	3	205
— in Mediat-Städten können vom Dominio des Orts nicht willkürlich abgesetzt werden	1750	3	957
Magisträte katholische werden mit 2 evangelischen Mitgliedern besetzt	1741	1	86

Ma.

	Jahr	Band	Seite.
Magistrate: unter welchem foro sie stehen	1750	4	322
— — sollen bei Strafe des Gehalts-Beschlags fremde Tuchmacher in das Land zu ziehen suchen	1764	8	148
— — sollen den Accise- und Tabacks-Bedienten alle Assistence leisten	1768	10	322
— — sollen für die Tabacks-Defraudanten haften	1770	12	305
— — item für die Tage-Gebühren der fremden Juden	1776	15	88
— — wenn und wie sie über Tabacks-Defraudationes entscheiden sollen	1770	12	300
die übrigen Obliegenheiten der Magisträte kommen bei jeder Sache vor, so sie zu beobachten haben			
Magazin-Kosten: Designation, Formular dazu	1749	3	675
s. Cavallerie-Verpflegung, Fourage 2c. 2c.			
Mahlen auf auswärtigen Landmühlen, in wiefern es erlaubt, und was dabei ratione der Accise zu beobachten	1746 / 1756	2 / 19	245 / 104
— auf den breslauschen Mühlen: was die Landleute wegen Lösung der Accisezettel zu beobachten	1746	2	246
Mehreres s. Accise vom Getreide 2c.			
Mahlgäste einheimische müssen vor fremden gefördert werden	1777	15	300
— unter dem Zwang stehende, in welchen Fällen sie sich fremder Mühlen bedienen mögen	—		ibid.
— mögen ihr Getreide selbst mahlen oder schroten	—		301
— denselben soll ein vorfallender Mühlenbau vorher bekannt gemacht werden	1766	9	36
Mahlmetze wird nach geächteten breslauschen Maaße genommen	1777	15	302
— wem solche zu metzen obliegt	—		303
— wird in Gegenwart des Getreide-Ueberbringers gemetzt	—		ibid.
— zu viel genommene wird in Duplo erstattet	—		ibid.
— vom Schrot-Getreide wird nur halb genommen	—		302
s. Mehl, mühlen, Müller.			
Mahler: in wiefern sie Geburts- und Lehrbriefe lösen müssen, oder nicht	1766	9	100 seq.
Majorennität der Adelichen fängt nach hinterlegtem 20sten Jahre an (s. Adeliche.)	1746	2	341
— + der Bürgerlichen nach dem 21sten Jahre	1752 / 1753	4 / 4	800 / 825
Malz darf nicht in die Städte zum Verkauf gebracht werden	1756	19	111
— wie viel die Brandweinbrenner, höchstens unter 1 Scheffel Schrot nehmen dürfen	—		114
— gerstenes und weitzenes muß jedes besonders gesackt, oder wenn es vermengt ist, als ganz weitzenes versteuert werden	1746 / 1756	2 / 19	240 / 110

Malz:

Ma.

			Jahr.	Band.	Seite.
Malz:	Bestimmung des Quellmaaßes, wenn es naß zur Mühle gebracht wird		1756	19	108 seq.
		s. Accise vom Getreide, Malz ꝛc.			
Malzahn:	der Graf erhält die Ober-Erbkämmerer-Würde mit dem Praedicat: Excellenz		1776	15	37
Manifestations-Eyd:	dazu ist ohne Ausnahme ein Stempelbogen a 1 Gr. zu adhibiren		1771	13	35
Manufacturiers s. Fabrikanten.					
Manufacturen s. Fabriken.					
Mantel spanischer	soll in Städten von den Cämmereien zur Bestrafung der Accise-Defraudanten angeschaft werden		1777	15	234
			1779	16	158
— —	die Strafe damit soll cessiren, und den Defraudanten dafür Spinn- oder Zuchthaus-Strafe zuerkannt werden		1783	18	67
— —	damit sollen die Amts-Unterthanen nicht mehr bestraft werden		1751	4	100
Marien-Groschen:	Bestimmung der reducirten		1764	8	69
— — —	der ganz ungangbaren		—	—	70
— — —	der noch gangbaren		—	—	72
— — —	Werth derselben		—	—	88
Marionetten-Spieler	fremde werden ohne königl. Concession im Lande nicht geduldet		1777	15	179
		s. Comödianten, Kunstspieler.			
Marketender:	Reglement für dieselben		1740	1	6
— —	müssen sich nach der ihnen vorgeschriebenen Taxe richten		—	—	7
— —	wie die zu strafen, die gestohlnes Gut kaufen		—	—	8
— —	sind, so lange sie sich bei der Armee ꝛc. befinden, der Militair-Jurisdiction und den Kriegs-Artikeln unterworfen		—	—	9
— —	wegen Engagirung derselben für die Armee		1742	5	5
Mark-Pfahl	bei Wassermühlen, wie solcher zubereitet und eingeschlagen werden soll		1777	15	289
— —	die Verfälschung dessen wird bei 100 Thlr. Strafe verboten		—	—	293
— —	die baldige Setzung derselben wird befohlen		1784	18	141
Markt-Ordnung	der Stadt Striegau		1749	3	458
Markt- und Standgeld	an Jahrmärkten soll rechtmäßig erhoben werden		1738	19	445
Marktschreier ꝛc.	sollen ihre Ankunft an einem Orte nicht durch Trommeln bekannt machen		1785	18	395
— —	sollen keine Medizin zum innerlichen Gebrauch verkaufen		—	—	394

Ji

Ma.

	Jahr.	Band.	Seite.
Marktschreier ꝛc. sollen nicht öffentlich in Boutiquen ausstehen {	1744	19	16, 38
	1785	18	395
— — können an Jahrmärkten zwar in Bouden ausstehen, aber nur Medizin zum äußerlichen Gebrauch verkaufen	1786	18	425
Marktzieher s. Jahrmarktzieher.			
Marly a la Reine seidene, die Einfuhr der fremden wird verboten	1773	14	54
— fremder wird insgesammt einzuführen verboten	1785	18	506
Marmor-Brüche gehören dem Grundherrn	1769	11	90
Marsch-Reglement für Schlesien	1743	I	14 seq.
Not. dieses ist durch das folgende aufgehoben worden.			
Marsch-Reglement neu revidirtes für sämmtl. königl. Provinzen	1752	4	549 seq.
—— bei jedem vorfallenden soll der Commandeur dem nächsten Landrath von der Mannschaft-Stärke Anzeige thun	—	—	550
—— dazu wird dem Commandeur die Marsch-Route von der Cammer zugefertiget	—	—	ibid.
—— nach der vorgeschriebenen Route müssen sich die Commandeurs genau richten {	1752	4	552
	1761	7	22
—— dabei muß der Commandeur bleiben, und für alle Excesse haften	1752	4	550
—— vor Aufbruch zu solchen muß der Commandeur am Orte, wo er gelegen, Richtigkeit treffen, und sich ein Attest wegen gehaltener guten Mannszucht ausstellen lassen	—	—	551
—— soll so viel als möglich auf geschlossene Städte zugehen, um daselbst Quartir zu machen	—	—	552
—— darf nicht über 3 Meilen des Tags gehen, und ist am 4ten Tage Rasttag zu halten	—	—	577
—— die auf demselben übertriebene Pferde muß der Commandeur bezahlen. Wegen Einsendung der Liquidation	—	—	576
—— wie es mit Herbeischaffung der Vivres zu halten, wenn das Nachtlager auf Dörfern genommen wird	—	—	556
—— item wenn der Marsch durch ein fremdes Territorium gehet	—	—	564, 575
—— die während demselben begangenen Excesse sind anzuzeigen	—	—	{ 578, 582 562, 565 558, 573
—— Bestimmung der Wagenzahl, die einer jeden Compagnie nach Verschiedenheit der Regimenter zum Transport der Equipage und Kranken zu geben	—	—	569 seq.
—— item wie viel Wagen jedem Regiment zur Zuführung der Fourage, Holz ꝛc. zu geben	—	—	583
—— wie viel Holz und Lagerstroh jedes resp. Regiment auf ein 8tägiges Revüe-Campement zu erhalten	—	—	582

Marsch-

Ma.

	Jahr.	Band.	Seite.
Marſch=Reglement neu revidirtes für ſämmtl. königl. Provinzen			
—— auf denſelben müſſen die Regimenter auf 3 Tage Fourage mit ſich nehmen	1752	4	562
—— wenn dazu mehrere Wagen nöthig ſeyn, muß ſolches der Commandeur atteſtiren	—	—	574
Marſch=Commiſſarius muß das Corps führen, und vom Succeſs des Marſches dem nächſten Landrath Anzeige thun	—	—	565, 568
—— demſelben muß der Abgang und Zuwachs der Mannſchaft während dem Marſch anzeigt werden	—	—	566
Marſch=Koſten=Liquidation: Schema dazu	—	—	586
—— wegen Einſendung derſelben	—	—	578
reliqua vid. Cantonirungs=Quartire, Quartire, Vorſpann ꝛc.			
Maſchinen kommen bei der Sache vor, bei welcher ſie gebraucht werden; ſ. v. g. Wollreinigungs=Maſchine.			
Maſt=Ordnung ſ. Forſt=Ordnung.			
Maſt, (in Eichel= und Buchen=Wäldern) bei Amts= und Immediat-Stadt=Forſten, wie bei deren Beſichtigung und Detaxation zu verfahren	1756	6	429
— wenn bei gut gerathener Pfehme dergleichen zu machen iſt, muß wegen des Maſtgeldes vorher Cammer=Approbation eingeholt werden	—	—	430
— bei Empfehmung der Schweine haben die Amts=Unterthanen damit den Vorzug	—	—	ibid.
— in fremde ſollen die Amts=Unterthanen ihr Vieh nicht treiben	—	—	ibid.
— die Vaſallen, ſo keine eigene Waldung haben, müſſen ihr Maſtvieh in die Amts=Forſten geben	—	—	431
— wie es mit Einpfehmung der Schweine, item mit den Frei=Schweinen reſp. der Maſt zu halten	—	—	431 ſeq.
— ſoll, wenn keine Pfehme gemacht werden kann, verpachtet werden	—	—	433
Maſt=Gelder und Umgelder, wie ſolche zu beſtimmen, zu vertheilen und zu verrechnen	—	—	434 ſeq.
—— und Rechnungen, wenn ſie einzuſenden	—	—	433
Maſt=Hirten: deren Annahme, Vereidung, Lohn, Strafe ꝛc.	—	—	432
Maſt=Pfehm=Regiſter: wegen Führung deſſelben	—	—	430, 432
Maſt=Reviere ſind mit Bartholomäi Tag zu ſchließen	—	—	430
Maſt=Schweine: von den Hirten heimlich angenommene ſind zu confiſciren	—	—	432
—— wie viel für das Einbrennen derſelben zu zahlen	—	—	435
—— (Faſel=Schweine) ſind ebenfalls einzubrennen	—	—	432

Ma.

	Jahr.	Band.	Seite.
Materialisten: Vorschrift für dieselben wegen dem Medizin-Verkauf	1744	19	36 seq.
— — deren Lehrlinge müssen ordentliche Geburts- und Lehrbriefe lösen	1766	9	100
s. Geburtsbriefe, Lehrbriefe.			
— — sollen nicht unvorsichtig Gift verkaufen (s. Gift.)	1773	14	81
s. Medicinal-Waaren.			
Maurer: Instruction für dieselben wegen Brandsicherheit bei Erbauung neuer Gebäude in den Städten	1750	3	807
— — item auf dem Lande	—	—	808
— Eides-Formul für dieselben deswegen	—	—	110
— sollen keine Gesellen ohne Kundschaft annehmen	1763	7	262
— ausländische anziehende, was sie für Beneficia zu genießen	1763	7	347
	1770	12	11
	1775	14	376
— sollen nebenbei die Weber-Profession erlernen, und darauf unentgeldlich Meister werden	1763	7	325
	1768	10	207
	1769	11	270
	1770	12	95
— was die, so die Weber-Profession erlernen, für Praestanda auf solche zu leisten haben	1770	12	45
— ausländische sind Werbe- und Enrollirungs-frei	1763	7	348
	1764	8	33
— fremde im Lande arbeitende sollen zum Etablissement persuadirt, und ihnen die verheißene Beneficia bekannt gemacht werden	1768	10	206
— nach welchen Sätzen und Modalitäten deren Tagelohn erhöhet wird	1763	7	333
— mehrere sollen ins Land gezogen werden	1763	7	347
	1766	9	212
— sollen den Bau-Beamten kein Geld borgen	1768	10	229
— sollen keine Bau-Materialien entwenden	1764	8	139
	1769	11	241
	1785	18	334
Maurer-Profession: Beneficia der Einländer, so solche erlernen	1763	7	347
— — zur Erlernung derselben sollen junge Bursche aus den Kreißen gestellt werden	1768	10	207
— — die Bursche, so solche erlernen wollen, müssen von ihren Dominiis ohne Schwierigkeit losgelassen werden	1763	7	348
— — wer für die unvermögenden Lehrlinge das Loslassungsgeld zahlen soll	—	—	ibid.

Ma.

	Jahr.	Band.	Seite.
Mauersteine: Beschreibung der Art, wie sie im Clevischen mit Steinkohlen gebrannt werden	1765	8	839
— — das Maas derselben wird vorgeschrieben	1768	10	13
f. Ziegeln.			
Maulbeer-Bäume: Anweisung, wie sie zu ziehen und zu warten	1756	6	501, 541
— — — wie sie ins Freie zu versetzen	—	—	507, 546
— — — wie der Saame davon zu erzielen	—	—	540
— — — zu Anlegung der Baumschulen	—	—	543
— — soll Niemand beschädigen	1746	2	390
— — die Ausfuhr derselben außer Landes wird verboten	1759	6	785
	1763	7	254
— — die Anpflanzung einer gewissen Anzahl derselben soll den Amtspächtern zur Bedingung gemacht werden	—	—	259
— — von den erzeugten ist eine Tabelle einzusenden	—	—	ibid.
— — Schema dazu	—	—	ibid.
— — an wen und wie theuer die in den publiquen Baumschulen erzeugten zu verkaufen	—	—	253
— — für 1000 Stück ins Freie gepflanzte wird eine Praemie a 50 Thlr. ausgesetzt	1771	13	91
— — item für die Unterhaltung derselben im 1ten und 2ten Jahre	—	—	ibid.
— — Praemia für die im Jahr 1780. meist gewonnenen (f. Praemia.)	1780	17	40
— — Nachricht: wegen Anbau und Erzeugung derselben	1781	19	435
Maulbeer-Plantagen: Reglement, wegen Anlegung derselben	1753	7	240 seq.
	1755	6	41
— — sollen die Stifter, Klöster, Hospitäler, Cämmereien, Kirch- und Schulbedienten anlegen	1756	4	221
	1763	7	243
	1768	10	ibid.
— — an welchen Plätzen dergleichen anzulegen	1763	7	242, 245
	1766	9	231
— — Benennung der Stifter und Klöster, so vorzüglich dergleichen anlegen sollen	—	—	243
— — ob die Anlegung derselben geschehen, darauf sollen Inspectores ꝛc. bei den Kirch-Visitationibus attendiren, und davon Bericht abstatten	1763	7	245 seq.
	1768	10	237
— — was für Emolumenta ꝛc. den Kirch- und Schulbedienten dafür accordirt werden	1763	7	247
— — zur Verzäunung der städtschen müssen die Cämmereien, der stiftlichen die Stif-			

Ma.

	Jahr.	Band.	Seite.
ter selbst, der übrigen aber die Königl. Forsten das Holz hergeben	1763	7	251
Maulbeer-Plantagen: bei den großen sind besondere Gärtner anzustellen, und ihnen aus den Waisenhäusern rc. einige Jungen zum Lernen zu geben	—	—	252
—— wiederholte Ordre wegen deren Anlegung {	1765	10	230 seq.
	1766	9	ibid.
—— Beschreibung, wie mit der Anlegung zu verfahren, und zwar bei der Saatschule	1768	10	241
bei der Baumschule	—	—	242
bei der Pflanzung ins Freie	—	—	243
Maulbeer-Plantagen: *Inspectores* werden angestellt. Deren Amt rc.	1763	7	255
Maulbeer-Saamen wird gratis vertheilt {	1756	6	227
	1757	6	639
—— soll fürs künftige aus den Plantagen selbst erzielet werden	1763	7	331
—— wie und woher der nöthige zu erhalten f. Seidenbau-Anstalten rc.	—	—	255
Mausefallen fremde werden einzuführen verboten	1783	18	5
Mauth- (Privat-) Patent	1738	19	436 seq.
— — Ordnung	—	—	439 seq.
— — die sogenannte Stück-Mauth wird aufgehoben	—	—	437 seq.
— — soll nach der vorgeschriebenen Ordnung erhoben werden	—	—	437
— — Juden-Personal-Mauth, an welchen Orten, und wie viel von ihnen zu erheben	—	—	441, 445, 454
— — davon sind die polnischen Handels-Juden frei	—	—	445
— — Christen-Personal-Mauth wird nicht mehr gestattet	—	—	ibid.
— — wer überhaupt von der Mauth befreiet ist	—	—	441
— — Stadt-Wasser-Brücken-Vieh-Mauth und Waagegebühren, Bestimmung derselben	—	—	453
— — soll nicht höher, als in den gedruckten Tabellen vorgeschrieben ist, erhoben werden {	1748	3	226
	1750	3	886
Mauth-*Consignation* derer dazu berechtigten Oerter	1738	19	446
	—	—	442
Mauth-*Defraudationes*: wie sie zu bestrafen {	1748	3	225
— — — wie die Strafe zu vertheilen	—	—	ibid.
— — — wie es dabei zu halten, wenn mehrere Oerter für einen gelten	1738	19	444
Mauth-Einnahme bei Städten, darüber sind ordentliche Manualia zu führen	1751	4	129
Schema zum Manual	—	—	131 seq.

Mauth-

Ma. Me.

			Jahr	Band	Seite
Mauth = Entscheidungen gehören zum Reßort der Cammern			1748	3	227
Mauth = Gelder, davon müssen die Brücken und Wege unterhalten werden, bei Verlust des Privilegii			1738	19	437,443,445
Mauth = Tabellen sollen an den Mauth = Oertern öffentlich ausgehangen, und den Contribuenten = Zettel gegeben werden			1748	3	226
			1750	3	881, 886
Mauth = Tabelle zu Bladen im Troppauschen			1749	3	676
———	—	zu Breslau	1750	3	756
———	—	zu Brieg	—	—	721
———	—	zu Cosel	—	—	724
———	—	zu Gierschdorf	—	—	767
———	—	zu Gleiwiz	—	—	726
———	—	zu Jeltsch im breslauschen Fürstenthume	—	—	760
———	—	zu Krappiz	—	—	769
———	—	zu Landeshutt	—	—	731
———	—	zu Leobschütz	1751	4	104 seq.
———	—	zu Loslau, der Herrschaft	1750	3	733
———	—	zu Mangschütz	—	—	762
———	—	zu Münsterberg	—	—	735
———	—	zu Neiße	—	—	736
———	—	zu Neumarkt	—	—	738
———	—	zu Neustadt	—	—	739
———	—	zu Nimtsch	—	—	742
———	—	zu Ober = Glogau	—	—	728
———	—	zu Ohlau	1752	4	622 seq.
———	—	zu Oppeln	1750	3	744
———	—	zu Pitschen	—	—	771
———	—	zu Pleße, Herrschaft und Flecken	1749	3	680
———	—	zu Prießen im Oelßnischen	1752	4	590
———	—	zu Przichod im Oppelnschen	1749	3	678
———	—	zu Reichenbach	—	—	472
———	—	zu Schwesterwiz	1750	3	746
———	—	zu Strehliz = Klein	1749	3	682
———	—	zu Tarnowiz	—	—	684
———	—	zu Wartha	1750	3	447
———	—	zu Zülz	—	—	749
Mauth = Tariff von Pferd und Wagen			1738	19	439
—	—	vom Vieh	—	—	440
—	—	von Schiffen	—	—	441
Mayen = Bäume setzen wird verboten			1756	6	400
Mediat = Regierungen sollen bei der neuen Justiz = Einrichtung in statu quo verbleiben			1742	1	18

Me

Me.

	Jahr.	Band.	Seite.
Mediat-Regierungen stehen unter der Aufsicht der Ober-Amts-regierungen	1742	1	19
Medici (Doctores) s. Aerzte.			
Medicin, Medicamenta, s. Arznei.			
Medicinal-Ordnung (General-)	1744	19	1 seq.
—— —— sollen sich alle zum Corpore medico gehörige Personen anschaffen	—	—	39
Medicinal-Waaren und Olitacten, von denen zu verfertigenden muß den Magistraten eine Beschreibung zur Approbation übergeben werden	1747	2	468
—— —— wie es mit Verfertigung derselben und denen darüber entstandenen Streitigkeiten zu halten	—	—	469 seq.
Mehl fremdes soll bei Strafe der Confiscation nicht in die Stadt Brieg gebracht werden	1752	4	694
— und Schrot darf aus den Mühlen nicht zur Nachtzeit exportirt werden	1756	19	72
— das bei Tage aus den Mühlen exportirte ist beim Accisamt anzumelden	—	—	ibid.
— fremdes darf gegen Erlegung des alten und einfachen Impost eingeführt werden	1756	6	622
— wird auszuführen verboten	1758	6	119
— wie viel ein Müller vom Scheffel Getreide gewähren muß	1777	15	304
— so Ausländer auf schlesischen Mühlen ohne Attest von Grenz-zollamt gemahlen, ist contreband, und 3 Thlr. p. Scheffel Strafe	1785	18	405
Mehl-Handel: ob und in wiefern solcher den Müllern zu gestatten	1756	19	120
Mehl-Maas, wie solches beschaffen seyn soll (s. Maas.)	1751	4	304
ratione der Accise s. Accise vom Getreide, Mehl ic.			
— der Fabriksteuer s. Fabriksteuer.			
item Weizenmehl.			
Meilenrecht der Städte in Ansehung der Handwerker auf dem Lande, wie es damit zu halten	1748	3	240
s. Handwerker.			
—— —— wie die Dörfer anzusehen, die unter der Meile liegen, wo aber die Städte das Meilenrecht nicht haben	—	—	244
Meister s. Handwerker.			
Meisterrecht erhalten die anziehenden Ausländer frei	1742	1	206
	1749	3	445
	1763	7	511
	1770	12	1, 135
	1775	14	364

	Jahr.	Band.	Seite.
Meisterrecht: wie viel Einländer dafür zahlen müssen	1747	2	471 seq.
	1782	17	343 seq.
— — zahlen die, so solches in einer einländschen Stadt schon gewonnen und anderwärts hinziehen, nur zur Hälfte	1747	2	471
— — item auch die, so auf dem Lande anfäßig sind, und sich in das städtische Mittel einwerben	1782	17	344
— — item auch die Meistersöhne, und die, so Meister-Wittwen oder Töchter (i. e. in die Zunft) heuraten	1747	2	472
	1782	17	344
— — von Bezahlung desselben sind die ganz frei, die sich durch den Armen-Eid als unvermögend erklären	1747	2	472
— — was sonst zur Erlangung desselben für Requisita nothwendig sind	1782	17	342
Meister-Söhne müssen auch Geburts- und Lehrbriefe lösen	1755	6	87
Meister-Stücke: Edict wegen Abschaffung der kostbaren und unnützen	1747	2	466 seq.
	—	—	468
—————— worinn dieselben bestehen sollen	1782	17	342
—————— wie solche zu machen und dabei zu verfahren	—	—	320
—————— wie es mit denen deshalb entstandenen Differentien zu halten	1747	2	469 seq.
—————— item mit deren Beschau, Fehler-Bestrafung u. andern dabei üblichen Gebräuchen ꝛc.	1782	17	343
—————— das dabei übliche Meister-Essen wird abgeschafft	1747	2	471
	1782	17	343
Membra Collegiorum s. die Collegia, wozu sie gehören, z. B. Cammer-Justiz ꝛc.			
Memler Leinsaamen s. Leinsaamen.			
Memorialien s. Suppliquen.			
Mergel: Beschreibung von dessen Nutzbarkeit beim Düngen	1772	13	345
— wie solcher zu finden	—	—	346
— blauer ist der beste zum Düngen	—	—	347
— dessen Eigenschaften, Wirkungen, Verschiedenheit	—	—	348
Mergel-Kalk soll aufgesucht werden	1763	7	395
Mesolane: Vorschrift wegen deren Anscheerung, Maas ꝛc.	1769	11	36
— mit eingeschlossenen Streifen: Vorschrift wegen deren Länge und Breite	—	—	37 seq.
— mit eingeworfenen Streifen desgleichen	—	—	39
— wie bei deren Schau zu verfahren	—	—	52
Mesolanen-Blätter: Bestimmung des Maaßes derselben	1771	13	104

Kk

Me.

	Jahr.	Band.	Seite.
Messen zu Breslau:			
— zwei solenne werden angelegt	1742	I	111
— dazu werden die Vasallen eingeladen, und wollen sich des Königs Majestät selbst einfinden	1743	I	3
— Einladungs-Avertissement zur Laetare-Messe	1746	2	97
Messen-Accise, wie viel die Käufer und Verkäufer zu erlegen haben	1742	I	176, 212
— Avertissement	1743	I	45
— Cammer-Reglement für dieselbe	1746	2	192 seq.
Messen-Commission wird verordnet	1742	I	74
Messen-Güter, wegen Revision und Versteurung derselben	1750	3	752 seq.
Messen-Handlung, Notification wegen Verlängerung derselben	1742	—	181
Messen-Handlungs-Gerichts-Ordnung		—	403 seq.
welche Personen und Klagen zu diesem Ressort gehören	—	—	408 seq.
oder davon eximirt sind	—	—	409
Modus procendi bei demselben	—	—	409 seq.
in probatorio	—	—	414 seq.
in appellatorio	—	—	418 seq.
bei der Execution	—	—	420 seq.
bei den Concursen	—	—	422
bei den der Cammer vorbehaltenen Sachen	1750	5	318 seq.
bei Wechsel-Sachen	1742	I	425
erneuerte Declaration wegen demselben	1743	I	49, 117
Messen zu Frankfurth:			
— Maasregeln zu Coupirung der Contrebande bei derselben	1771	13	10
— einländische Kaufleute mögen daselbst Vorräthe von ausländischen seidenen Waaren zum auswärtigen Debit halten	—	—	79
— für die daselbst debitirte einländische seidene Waaren wird ausser der 2 pro Cent Meß-Accise-Freiheit noch 4 pro Cent Bonification bewilliget	—	—	ibid.
— item 2 p. Ct für die daselbst auswärts debitirten feinen Tücher	—	—	ibid.
— die Eximirten vom Lande, so daselbst Caffee einkaufen, müssen von dem ihnen nächstliegenden Accisamt ein Certificat beibringen	1773	14	124
— sollen von den Fabrikanten mit leinen und wollenen Bändern frequentiret werden	1774	14	ibid.
— die dahin commercirenden schlesischen Kaufleute 2c. sollen den dortigen schlesischen Meß-Commissario bei ihrer Abreise ein Verzeichniß ihrer verkauften Waaren einreichen	1773	14	17

	Jahr.	Band.	Seite.
Messen zu Frankfurth:			
— die dahin gebrachten und verkauften Waaren sollen eher bei der Meß-Commission declarirt werden	1786	18	482
— zu Braunschweig:			
— die am ersten solche beziehende Tuch-Negocianten erhalten pro Stück debitirtes Tuch 4 Thlr. Praemium	1771	13	37
f. Tuch-Negocianten.			
reliqua f. Jahrmärkte.			
Messer und andere Eisenwaaren sollen die damit handelnden aus den einländschen Fabriken nehmen	1763	7	459
Messerträger lingensche sollen mit ihren Waaren nicht haustren	1786	18	520
Messing altes, der Aufkauf und die Ausfuhr desselben wird verboten	1765	8	721
Metall-Gold ꝛc. und Silber, das fremde wird mit 50 pro Cent impoltirt	1781	17	204
Metall-Waaren werden aus Sachsen einzuführen verboten	1765	8	577
das Uebrige f. Gold, Silber ꝛc.			
Miether, fremde müssen sich durch einen gedruckten Erlaubniß-Schein legitimiren	1770	12	161
Mieth-Contracte unter 30 Thlr. sind Stempel-frei	1771	13	129
— a 30 bis 50 Thlr., dazu ist ein Stempelbogen a 4 Gr. zu nehmen	—	—	ibid.
	1781	17	215
— a 50 Thlr. und drüber, was dazu resp. der Summe des Mieth-Pretii für Stempelbogen zu brauchen	1765	8	581
	1766	9	110
	1770	12	293
das Uebrige davon f. Contract.			
Mieth-Zinsen müssen mit im Feuer-Cataſtro veranschlagt werden	1782	17	357
Milch-Flor f. Flor.			
Militare soll nicht in die Civil-Jurisdiction Eingriff thun	1764	8	188
Militair-Executions-Gebühren f. Execution.			
Militair-Consistorial-Reglement (f. Consistorium.)	1750	5	271
Militair-Personen: Bestimmung ihrer Chargen-Jurium	1765	19	232
— wie es mit den Streitigkeiten zwischen diesen und dem Civili zu halten	1763	7	218 seq.
— Reglement, wie es nach deren Absterben mit ihrer Verlassenschaft, Schuldwesen ꝛc. zu halten, und was die Militair- oder Civil-Gerichte dabei zu reguliren haben	1772	13	399 seq.
— Bestimmung derer, die nicht mehr für solche zu achten, und bei denen der Militair-Gerichtsstand ganz cessirt	—	—	400
Militair-Sachen gehören zum Ressort der Cammern	1750	5	510
Militair-Strafen: deren sollen sich die Dominia nicht gegen ihre Unterthanen bedienen	1764	8	188

Mi. Mo.

	Jahr.	Band.	Seite.
Mineralien: Benennung derjenigen, so entweder zum Bergwerks: Regali, oder dem Grundherrn gehören	1769	11	90
— — dem Grundherrn gehörige, wenn derselbe solche nicht bauen will, sollen mit dessen Consens von Fremden gebauet werden	—	—	91
Mineral:Brunnen s. Gesundbrunnen.			
Minorenne s. Unmündige.			
Ministerial-Licenz s. Licenz.			
Mispel:Sammlung in den Forsten wird verboten	1768	10	220
Mist und Mist:Luschen, wie weit solche von den Gebäuden auf denen Amts:Vorwerken zu entfernen	1767	10	72
Mist:Dünger: Beschreibung verschiedener Arten desselben	1772	13	344
Misswachs durch Nässe rc. verursachter ist 4 Wochen vor der Erndte zu untersuchen	1743	5	127
— von wem die Untersuchung geschehen soll	—	—	128
— Principia, nach welchen bei der Untersuchung zu verfahren	—	—	128 seq.
— Ausrechnung des Schadens	—	—	129
— — Schema dazu	—	—	151
— Diaeten des Commissarii	—	—	130
— Ausmessung der Remission von der Cammer	—	—	130 seq.
— auf die nicht vorschriftmäßig bewirthschafteten Aecker wird keine Remission bewilliget	1765	8	641
s. Remission, Hagelschaden.			
Mobiliar-Vermögen derer beim Feuerlöschen unentbehrlichen Leute soll alljährig taxirt, und ihnen im Fall des Verbrennens solches bonificirt werden	1777	15	175
— — — können dergleichen Personen entweder taxiren lassen, oder im Fall der Verbrennung dessen Werth eidlich erhärten	1780	17	38
s. Vermögen.			
Monitoria sind nicht Herrnsachen, und daher auch nicht Post:frei	1771	13	18
— in welchen Fällen solche Post:Freiheit haben	—	—	19
Montag blauer bei den Handwerkern wird abgeschaft	1782	17	316
— Edict wegen Abschaffung desselben	1783	18	26
— — Strafe der Meister und Gesellen, die solchen noch halten, item der Herbergswirthe, welche die Gesellen bei sich hegen	—	—	27
Mordäste s. Brüche.			
Mord: in wiefern solcher ein Delictum publicum sey	1756	6	578
— so wohl vorsetzlicher als im Handgemenge verübter ist mit Lebensstrafe zu ahnden	1786	18	430
Mordbrenner: auf die Entdeckung derselben wird eine Praemie von 100 Thlr. gesetzt	1776	15	98

Mör:

Mo. Mu.

	Jahr.	Band.	Seite.
Mörser eiserne, die fremden werden einzuführen verboten s. Eisenwaaren.	1756	19	166
Moulinage zur Seide: deren Etablissement zu Breslau wird bekannt gemacht, item der Preis für das Mouliniren	1784	18	147
Mousseline breite ausländsche bleiben zum einländschen Debit einzuführen erlaubt	1781	17	117
Muffe von Federn s. Feder-Muffe.			
Mühlen müssen von den Accise-Controlleurs öfters visitirt werden	1742	I	44
— item von den Polizei-Bereutern	—	—	73
— zum Malz, was dabei zu beobachten	1742	5	8
— abgebrannte, wie der Schaden zu eruiren und die Societaets-Remission auszumessen	1750	3	965
— Handmühlen s. Stampfen.			
— Edict, wie es wegen dem Anbau neuer Mühlen allerhand Arten zu halten	1772	13	182 seq.
— wer dergleichen zu bauen befugt oder nicht befugt sey	—	—	183
— worauf bei Ertheilung der Concession zur Erbauung neuer Mühlen vorzüglich zu sehen	—	—	184
— ohne Special-Concession darf Niemand eine neue erbauen	—	—	185
— die bereits ohne Concession erbauten werden geduldet	—	—	186
— auf die ausländschen soll kein Getreide zum Mahlen geführt werden	1778 1785	16 18	35 415
— auf den einländschen darf kein ausländsches Getreide ohne Attest vom Grenz-Zollamt gemahlen werden			405
— (Wasser) beim Bau der neuen haben die Wasserbau-Bedienten das Grundwerk, die Landbaubedienten aber das Gangwerk zu besorgen	1770	12	149
— — dabei besorgen die Landbaubedienten auch die Reparaturen des Grundwerks	1774	14	272
— — bei einer jeden muß ein Sicherpfahl zur Bemerkung des Mahlrechten-Wassers eingerammt werden das Uebrige s. Sicherpfahl.	1777	15	281
— — von Legung der Fachbäume bei denselben s. Fachbaum.	—	—	285
— — von Anfertigung ꝛc. der Markpfähle s. Markpfahl.	—	—	289
— — wie die Schützen dabei einzurichten	—	—	290 seq.
— — jede muß mit einer Schleuße versehen seyn die besondern Arten von Mühlen, als Pappiermühlen, Pulvermühlen ꝛc. ꝛc. kommen jed. unter dem eigenen Anfangs-Buchstaben vor	—	—	291
Mühl-Bau und Reparaturen, die vorzunehmenden sind vorher denen Mahlgästen bekannt zu machen	1766	9	36

Kk 3

Mühl-

Mü.

	Jahr.	Band.	Seite.
Mühl-Bau: item 4 Wochen vorher denen Ober- und Unterwärts wohnenden andern Müller	1777	15	293
Mühlgraben, wie durch Anspannung derselben die Ueberschwemmungen zu verhüten	1746	2	394
— — von deren Instandsetzung, Tiefe, Breite ꝛc.	1777	15	280
— — darein sollen die Fischer nicht bauen	—	—	ibid.
— — in solchen darf kein Flachs geröstet werden	—	—	281
— — müssen jährlich 2mal geräumet, und deren Ufer auf 6 Ellen breit vom Holz gereiniget werden reliqua f. Flüsse, Graben ꝛc.	—	—	ibid.
Mühlen-Ordnung für Schlesien und die Grafschaft Glatz	—	—	278 seq.
— — von der äußerlichen Mühl-Einrichtung	—	—	279 bis 296
— — von der innerlichen Mühl-Einrichtung	—	—	297 bis 312
Mühl-Register soll von den Accise-Bedienten geführet werden {	1746	2	246
	1756	19	106
Mühl-Steine müssen nicht zu sehr abgenutzt werden	1777	15	297
— was bei deren Schärfung zu beobachten	—	—	298 seq.
— wie hoch sie bei der Factorey zu Neusalz zu stehen kommen	1744	1	114
Mühl-Brüche gehören dem Grundherrn	1769	11	90
Mühl-Waage: Einführung derselben	1756	19	123
Mühl-Waagemeister und Setzer, Instruction für dieselben	—	—	468 seq.
Mühl-Waage-Tabellen über Getreide, Mehl, Kleyen ꝛc.	1756	6	485
Müller: was sie wegen den Accisezetteln beim Mahlen zu beobachten	1756	19	105
— in den Städten sollen von Landleuten kein Getreide zum Mahlen annehmen, wenn die Säcke nicht gezeichnet sind	1746	2	246
	1750	19	107
	1773	14	48
— item ihre eigenen Getreide-Säcke zeichnen (f. Säcke.)	1775	14	395
— in wiefern sie der Accise unterworfen	1756	19	120
— müssen zur Verhütung der Accise-Defraudationen für ihre Leute haften	—	—	121
— was ihnen wegen dem Metz-Getreide zu thun obliegt	—	—	ibid.
— item wegen dem Abmetzen (f. Mahl-Metze.)	1777	15	303
— die auf dem Lande dürfen ohne Consens des Landraths keine Lehrjungen aufnehmen	1771	13	126
— item sollen keine Kundschaft ausfertigen	—	—	127
— item müssen für ihre Lehrbursche ein Legitimations-Attest beim Landrath nachsuchen (f. Legitim. Attest.)	1772	13	164
— item dürfen dafür aber weder Geburts- noch Lehrbriefe lösen	1773	14	23
— item sollen nicht mit Getreide handeln	1782	17	299
— item können aber Getreide zum Mahlen und Mehlhandel einkaufen	—	—	ibid.

Mül-

	Jahr.	Band.	Seite.
Müller sollen einander den Anwachs des Wassers melden	1777	15	292
—— sollen desgleichen den vorgefallenen Mühlbau melden	1766	9	37
—— sollen sich beim Metzen ꝛc. nur des breslauer Maaßes bedienen	1777	15	302
—— sollen die ihnen benachbarten Mühlen revidiren, und die daselbst vorgefundenen Unrichtigkeiten anzeigen	——	——	272
—— sollen das Mahlgetreide nicht anfeuchten, weder mit Sand mengen	——	——	304
—— sollen die einheimischen Mahlgäste vor fremden fördern	——	——	300
f. Mahlgäste.			
—— sollen lesen und schreiben können			309
—— wie viel sie vom Scheffel Getreide Mehl und Kleyen gewähren müssen	——		304
—— bei Städten müssen zum Einkauf ihres Getreide-Bedarfs zum Mahlen einen Accise-Paßzettel haben, und solchen sodann wieder abgeben	1782	17	300
f. Getreide.			
—— —— dürfen mit Mehl, aber nicht mit Getreide handeln	——	——	ibid.
—— was sie zu thun haben, wenn ihnen mit Mutterkorn vermengtes Getreide zum Mahlen gebracht wird	1785	18	390
—— desgleichen, wenn Ausländer Getreide ohne Attest zur Mühle bringen	——	——	404, 416
—— sind zu vereiden, daß sie kein ausländisches Getreide ohne gerichtliches Attest zum Mahlen annehmen wollen			417
—— deren besondere Obliegenheiten überhaupt	1777	15	306 seq.
Müller-Bursche sollen nicht ohne Attest ihrer Grundherrschaften herum wandern und betteln	1771	13	105
—— ratione der müßig herum wandernden soll eben das statt finden, was wegen den fremden Brauer-burschen im Bettler-Edict de 1747. §. 8. verordnet ist.	1777	15	311
f. Brauer-Bursche, Betteln ꝛc.			
—— —— { Altmühlischer Jungmühlischer Knappen Knechte Lehrjungen Schretträger } deren besondere Pflichten	——	——	306 seq. 372
—— —— die genannten sollen den Mühl-Weinmeistern vor allem angekommenen Getreide-Anzeige thun, und ihnen Parition leisten	——	——	372

Mü.

	Jahr.	Band.	Seite.
Müller-Bursche: wie sie sich beim Zurichten und Mahlen des Getreides zu verhalten	1777	15	372
— — dürfen nach geschlossenem Mühlen-Waageamt kein Getreide mehr annehmen	—	—	373
Müller-Mittel einländische sollen keine Correspondenz mit auswärtigen Mitteln ohne Vorbewußt der Grundherrschaft führen, weder Deputirte absenden	—	—	310
Müller-Wittwen: wie es zu halten, wenn sie das Handwerk fortsetzen wollen			ibid.
Mündel-Gelder, Mündel-Sachen s. Pupillen.			
Münzen, mit Pachtung der fremden soll sich Niemand befassen	1764	8	54
Münzsorten: alle fremde Scheidemünzen, besonders ganze und halbe Batzen werden einzuführen verboten	1746 1751	2 4	350 285
— — anderweite Benennung derjenigen fremden, welche einzuführen verboten	1749	3	429
— — Benennung der einländischen, welche zu nehmen erlaubt	—	—	428
— — contrebande sind in die Münze zu liefern	—	—	430
— — das Kippen und Wippen derselben wird verboten	1764	8	427 9
— — Strafe derer, so solche beschneiden	1749	3	427
— — silberne einländische werden auszuführen nur bis auf ein Quantum a 300 Thlr. verstattet	—	—	431
— — über größere Summen muß zur Exportation ein Cammer-Paß nachgesucht werden	—	—	ibid.
— — die Revision der auszuführenden geschieht vom Accisamt	—	—	432
— — was die Postämter bei der Exportation zu beobachten	—	—	430
— — a 2 Drittel Stück Brandenburgische, Braunschweigsche und Sächsische, Bestimmung des Werths derselben	1745	2	33
— — geringhaltige werden verboten und sind außer Landes zu schaffen	1748	3	220
— — einländische sollen im Lande behalten, und zur Ausfuhr nur fremde Sorten genommen werden	1750	3	858
— — Vorschrift wegen Ausprägung der neuen preußischen Goldmünzen und Silber-Courants	—	—	853 seq.
— — Edict betreffend diejenigen Sorten, so in den königl. Landen couriren oder verrufen seyn sollen	1751 1752	4 4	182 seq. 631 seq.
— — Benennung der ausländschen Sorten, die mit den Preußischen gleichen Cours haben, und so			

Mü.

	Jahr.	Band.	Seite.
wohl im Handel als in den Cassen anzu=nehmen	1751	4	183 seq. seq.
	1752	4	632, 634 seq.
Münzsorten: item derer, so verrufen sind, nicht eingeführet, aus=ser Land geschaft, oder zur Münze geliefert werden sollen	1751	4	185 seq.
	1752	4	636 seq.
	1756	6	599
— — item derjenigen ausländschen, die in Schlesien von dem Einführungs=Verbot ausgenommen sind	1751	4	638
— — wie sich die Grenz= Post= und Zollämter gegen frem=be Reisende zu verhalten, die verbotene Sorten bei sich führen	—	—	287
	1752	4	640
— — wie die Contravenienten und Wucherer zu bestrafen	1751	4	288
	1752	4	640
— — item die königl. Beamten, so contraveniren			642
— — in Edictmäßigen Sorten soll den Dienstboten und Ar=beitern der Lohn bezahlet werden	1751	4	186 seq.
— — sächsische Tympfe werden verrufen	1761	7	80
— — item die ausländschen geringhaltigen			73, 85
— — sächsische 2 Groschen Stück, wie hoch sie anzunehmen	1762	7	142
— — ausländsche: was für welche noch gelten mögen	—	—	86
			104
— — — devalvirte sind auszuführen verboten	1763	7	504
	1766	9	297
— — falsche preußische und sächsische sind zu confisciren	1762	7	90
— — 6 denar Stück (Zweigröschler) mit G. werden anzu=nehmen verboten	1763	7	486
— — Verenburgsche aus Polen eingebrachte sind in die Münze zu liefern	—	—	286
— — was für welche als alte Sorten ohne Agio in den Cassen angenommen werden können	—	—	316
— — Edict: nach welchem der Münz=Fuß de 1750. wie=der hergestellt wird	1764	8	68
— — Benennung der einländschen, welche gangbar bleiben, aber doch reducirt werden	—	—	69
— — — aller derer ganz verrufenen	—	—	70
— — — derer, so in dem vorigen Valeur bleiben	—	—	71, 72
— — Vorschrift, wie es in Ansehung der alten, neuen, re=ducirten, fremden ꝛc. Münzsorten bei Zah=lungen, Contracten ꝛc. zu halten	—	—	73 seq.
— — sächsische: Reductions= Tabelle und Werth derselben	—	—	86
— — preußische Reductions= Tabelle und Werth	—	—	88
— — wie viel die respective Sorten wiegen sollen. Tabelle	—	—	89, 90
— — wie viel für die resp. Sorten an gutem Gelde zu zah=len. Tabelle	—	—	91

Münz=

Mü.

	Jahr.	Band.	Seite.
Münzsorten: die reducirten sollen nicht von einer Stadt zur andern geschickt werden	1764	8	308
— — kupferne brandenburgsche 6 und 4 Pfennig Stück werden außer Cours gesetzt	1765	8	401
— — a 6 Pfennige verrufene sind in die Münze zu liefern	—	—	436
— — österreichische legirte Scheidemünzen sollen in Schlesien nicht angenommen werden			659
— — a 6 Pfennige sollen unweigerlich im publico und bei den Cassen angenommen werden	1778	16	87
— — — das Agiotiren damit wird verboten	—	—	ibid.
— — sind in den schlesischen Cassen nicht als nur zu Ausgleichungen anzunehmen	1779	16	156
— — was für Scheidemünzen in den schlesischen Cassen gültig sind			157
— — polnische werden nach schlesischer Gewährung reducirt	1782	17	253
Münz-Gewicht Cöllnisches, wie viel solches gegen das Breslauer und Berliner betrage	1764	8	90
Münz-Metalle werden auszuführen verboten			83
die Specialia s. *Courant*, Goldmünzen, *Augustdor*, *Carlsd'or*, *Fridr. d'or*, *Louisd'or*, *Ducaten*.			
Mützen, baumwollene ꝛc. ausländische werden mit 4 Gr. pro Stück imposirt	1764	8	156
— — werden aus Sachsen einzuführen verboten	1765	8	612
— — eingehende sollen auf den Packhöfen revidirt werden, ob es ein- oder ausländische sind	1781	17	220
— — die ausländischen sind an das Accisamt abzugeben	—	—	ibid.
— — zur Revision derselben sollen an gehörigen Orten 2 Schaumeister angestellt werden	—	—	222
— — die einländschen sind mit dem Schau-Stempel, und vom Fabrikanten noch mit einem besondern Kennzeichen zu bemerken	—	—	223
— — mit was für einem Schau-Zeichen die einländschen zu bezeichnen	1782	17	247
— — die Schau- und Stempelkosten muß die Mittelslade fourniren	—	—	248
— — die ausländischen werden zum einländschen Debit völlig einzuführen verboten	1783	18	13
Musicanten dürfen nicht ordentliche Geburts- und Lehrbriefe lösen	1766	9	101

Mus

Mu.

	Jahr.	Band.	Seite.
Musicanten sollen gestempelte Erlaubnißzettel lösen und Nahrungs- geloer zahlen	1766	9	132
— — von was für Musik sie kein Nahrungsgeld erlegen dürfen	—	—	133
— — die in Schlesien werden ganz vom Nahrungsgelde be- freiet	—	—	169
— — bettelnde sollen aufgegriffen und nach Creutzburg ins Armenhaus gebracht werden	1779	16	106
— — — gehören zur 2ten Classe im Armenhause	—	—	105
Stadt-Musicanten, (Thürmer) s. Kunstpfeifer.			
Muther auf Bergwerken, wie sich solche zu verhalten	1769	11	96
Muthung: Bestimmung der Mineralien, auf welche gemuthet werden kann	—	—	ibid.
— — wie die Muthung geschehen soll	—	—	93
— — wenn und wie die Belehnung darüber zu ertheilen	—	—	97
— — darf höchstens nur dreymal erlanget werden	—	—	100
Muth-Zettel, wie solche auszustellen	—	—	94
Mutterkorn (Brandkorn) im Roggen: Beschreibung desselben, und des aus dem Genuß erfolgenden Schadens	1785	18	389
— — das mit demselben vermengte Getreide soll nicht zum Mahlen angenommen werden	—	—	390
— — was die Müller zu thun, wenn dergleichen zur Müh- le gebracht wird	—	—	ibid.
— — Strafe derer, die solch Getreide zur Mühle bringen	—	—	ibid.
— — — der Müller, die es zum Mahlen annehmen	—	—	391 seq.
— — — der Bäcker, die dergleichen Getreide kaufen	—	—	392
— — wegen demselben sollen die Getreide-Märkte öfters revidirt werden	—	—	ibid.

N.

Na.

	Jahr.	Band.	Seite.
Nachbarn sollen auf einander wegen Verwahrlosung des Lichts und Feuers invigiliren	1776	15	115
Nachtwachten in Dörfern müssen von Michaelis bis Ostern ge- halten werden	1742	1	229
— — — mit wie viel Mann solche zu bestellen sind	1776	15	71
	1781	17	114
	1784	18	238
Nachtwächter in Dörfern sollen mehrere zur Verhütung nächtlicher Diebereien angestellt werden	1764	8	27
— — — wie viel Stunden sie Wacht halten müssen	1765	8	629

Na.

	Jahr.	Band.	Seite.
Nachtwächter in Dörfern sollen mit einem Lerm-Horn versehen seyn	1765	8	629
— — — deren Pflichten bei Ausbruch eines Feuers	—	—	ibid.
— — — in großen Dörfern-sind hierzu besonders anzustellen	—	—	628
— — — müssen auf verdächtiges Feuer und Licht Acht haben	1776 / 1765	15 / 8	115 / 628
— — — item auf nächtliche Einbrüche, besonders in die Kirchen	1776 / 1747	15 / 2	79 / 565
— — — für die saumseligen müssen die Dorfgerichte haften	1776 / 1781 / 1784	15 / 17 / 18	79 / 114 / 238
— — — Strafe der saumseligen, item der Gerichte selbst			loc. cit.
— — — müssen handveste Leute seyn und vigilant	1780 / 1784	17 / 18	62 / 238
— — in den Städten sollen sich unweit von den königl. Cassen aufhalten	1752	4	711
— — dazu sind Invaliden zu employren	1779 / 1780	16 / 17	188 / 107
Nachtwächter-Ordnung für die Stadt Breslau	1750	3	1022 seq.
Nachtwacht-Meister zu Breslau: deren Anstellung, Pflichten, Instruction und Eyd	—	—	1020 seq.
Nackel die Stadt in Westpreußen erhält jährlich 3 Viehmärkte			ibid.
Nadler (Nehnadler) zu Breslau, deren confirmirte Zunft-Artikel	1755	6	44 seq.
— desgleichen der Stecknadler zu Breslau	—		67 seq.
die Generalia s. Handwerker.			
Nägel schwarze Benedenssteiner werden einzuführen verboten	1768	10	264
Nahrungs-Freiheit 3jährige genießen anziehende Ausländer, die sich in unaccisbaren Städten establiren s. Beneficia für Ausländer.	1752	4	707
— — 10jährige genießen die in neuen Kolonie-Dörfern sich establirenden Kolonisten	1773	14	87
— — aber nicht die Kolonisten, so sich als Handwerker in neuen Häuslerstellen auf alten Dörfern establiren	1776	15	77
Nahrungsgeld: Bestimmung, wie viel die Handwerker auf dem Lande entrichten sollen	1748	3	241 seq.
— — item die Handwerker, die aus den Städten aufs Land ziehen			244
— — item die Dorfkrämer, und wornach solches zu reguliren	1749	3	441

Nah-

Na. Ne.

	Jahr.	Band.	Seite.
Nahrungsgeld müssen auch die Handwerker zahlen, die sich in neuen Häuslerstellen alter Dörfer als Kolonisten etabliren	1776	15	77
— — wie die von denen unter der Meile wohnenden Bäckern, Brandweinbrennern und Fleischern zu reguliren, und nach welchen Sätzen solche einzuheben	1783	18	46 seq.
— — wie es mit denen ihnen deswegen zu ertheilenden Paßirzetteln zu halten	1763	7	319
— — müssen auch die herrschaftlichen Brauer und Brandweinbrenner auf dem Lande geben, die Gäste setzen, und en Detail schenken	1783	18	126
— — die Hälfte desselben dürfen nur die beurlaubten auf dem Lande Handwerk treibende Soldaten zahlen	—	—	ibid.
Nahrungs-Servis: Bestimmung der Personen, die demselben unterworfen. Classification	1786	18	450 seq.
— — item derer, so davon befreiet sind reliqua f. Servis.	—	—	457
Nahrungs-Steuer: von Aufnahme derselben haben die Landräthe keine Diaeten zu fordern, ausgenommen bei Handwerkern unter der Meile	1784	18	149
Nahrungs-Steuer-Rollen sollen mit mehr Accuratesse angefertigt werden	1782	17	355
	1783	18	125
Nässe: wenn dadurch an den Feldfrüchten Schade geschiehet, so wird solcher eben so wie Mißwachs behandelt f. Mißwachs.	1743	5	133
Nebenwege, in welchem Fall die Posten auf dergleichen fahren dürfen	1782	17	48
— — dergleichen sollen die Fuhrleute nicht befahren	1768	10	180
— — dabei sind Warnungstafeln zu setzen	1756	19	71
— — auf solchen sollen die fremden Viehheerden zur Defraudation der Zölle nicht getrieben werden	1749	3	565
Nehnadeln fremde werden zur innern Consumtion einzuführen verboten	1772	13	233
— Iserloher, deren Ein- und Durchfuhr wird verboten	1776	15	64
— fremde werden zum einländischen Debit mit 50 pro Cent imposirt	1783	18	6
— — werden gänzlich einzuführen verboten	1785	18	402
Nehnadler f. oben Nadler.			
Neiße der Stadt Gesinde-Ordnung	1753	4	875 seq.

Ne. Ni. Nu.

	Jahr.	Band.	Seite.
Neiße: besondere Beneficia für die, so sich in den Vorstädten daselbst neu anbauen	1742	1	207
	1742	5	10
	1744	1	2
	1746	2	189
Neujahrsgang der katholischen Pfarrer bei evangelischen Parochianis wird abgeschaft	1751	6	143
	1758	6	737
Neurode der Stadt Brau-Reglement	1751	4	424 seq.
Neusalz der Flecken wird zur Stadt erklärt	1743	1	82
— den daselbst anbauenden Fremden werden besondere Beneficia versprochen	—	—	ibid.
— Avertissement wegen der Mühlstein-Factorey daselbst	1744	1	114
Nickel gehört zum Bergwerks-Regale	1769	11	90
Niederlagen dürfen ausländische Krämer nicht im Lande halten	1756	6	593
— von Wein und Caffee werden auf dem Lande zu halten nicht verstattet (s. Wein, Caffee.)	1772	13	213
Notariat-Collegium in Oberschlesien wird regulirt	1782	17	239
— Benennung der Mitglieder desselben	—	—	240
Nothtaufe sollen die Hebammen nicht ohne Noth verrichten	1744	19	35
— wenn solche zuläßig	1750	5	453
— davon sind die Jura stolae zu entrichten, wenn das Kind am Leben bleibt	—	—	452
Nudeln (Vermicelli) ausländsche werden einzuführen verboten	1783	18	74
Nürnberger Saiten s. Saiten.			
— Spiegel s. Spiegel u. s. w.			
Nußbäume welsche sollen mehrere angepflanzt werden	1763	7	405
Nußholz: Berechnung desselben nach Rinken, Stäben, Stocken ꝛc.	1778	16	46
— dazu wird ein Exportations-Auffscher zum Sabor am Hammer bestellt	—	—	48
— eichenes, zur Ausfuhr desselben sind Exportations-Pässe von der Cammer nöthig	1776	15	22
— die Exportations-Pässe werden nur auf eine bestimmte Quantitaet ertheilet	1778	16	45
— dazu müssen die Eichen durch einen Forstverständigen ausgezeichnet werden	1781	17	192
— über das auf der Oder angekommene sind genaue Register zu führen	1782	17	257
— Mehreres s. Stabholz, Schiffbau.			
— die Haupt-Administration desselben erhält die Jura Fisci und in Concursen die 4te Classe	1784	18	197
	—	—	ibid.
Nußholz-Tafeln sind für den Aufgang des Eises auszuladen	1783	18	8
— sollen da, wo sie Ruhe halten, gut am Ufer beveftiget werden	—	—	65

Ober-

Ob.

	Jahr.	Band.	Seite.
Ober-Accisamt zu Breslau: Instructiones für die dazu gehörigen Beamten, und zwar:			
Instruction für den Buchhalter	1746	2	100 seq.
—— für den Inspector	—	—	115 seq.
—— für den Einnehmer u. Controlleur	—	—	119 seq.
—— für den Cassirer	—	—	137 seq.
—— für den Calculator	—	—	141 seq.
—— für den Waaren-Inspector	—	—	119 seq.
—— für den Waaren-Beschauer	—	—	152 seq.
—— für den Wein-Visirer	—	—	146 seq.
—— für den Post-Beschauer und Thorschreiber	—	—	160 seq.
—— für den Krahnmeister	—	—	174 seq.
—— für die Thor- und Holz-Visitatores	—	—	178 seq.
—— für die Accisdiener	—	—	184 seq.
das Uebrige s. Accise-Bedienten 2c. 2c. und überhaupt sub rubr. Accise.			
Ober-Amtsregierungen werden in Schlesien etablirt:			
zu Breslau und Glogau	1742	I	16 seq.
zu Oppeln in Oberschlesien	1744	I	8 seq.
—— —— —— was für Sachen zu deren Ressort gehören {	1742	I	20
	1750	5	319
—— —— —— wohin, und in was für Sachen von denselben appelliret werden kann	1742	I	21
—— —— —— von welchen Gerichten an dieselben appelliret werden kann (s. Appellation.	—	—	20
—— —— —— Instruction für die Breslausche u. Glogausche	1742	I	524 seq.
—— —— —— für die Breslausche insbesondere	1747	5	239 seq.
—— —— —— für alle 3 schlesischen überhaupt	1750	5	524 seq.
—— —— —— für die Praesidenten und Räthe	—	—	525 seq.
—— —— —— für die Secretarii u. Registratores	—	—	534 seq.
—— —— —— für die Advocaten	—	—	537 seq.
—— —— —— für die Amtspfänder	—	—	ibid.
—— —— —— ratione des Modi procedendi	—	—	545 seq.
—— —— —— ratione der Instanzen	—	—	567 seq.
—— —— —— sollen ohne Anfrage höhern Orts keine Subalternen annehmen	1742	I	531
—— —— —— an die Breslausche wird die Grasschaft Glatz verwiesen	—	—	85
—— —— —— an die Oppelnsche die Lisiere-Districte	1750	5	576
confer. Justiz-Wesen-Prozeß-Ordnung 2c. 2c.			

Ob.

	Jahr.	Band.	Seite.
Ober=*Appellations*=Gerichts=Ordnung: deren Einrichtung f. *Appellation*.	1745	2	7 seq.
Ober=Bergamt, worauf daſſelbe beim Bergbau vorzüglich Acht haben ſoll	1769	11	127
—— —— deſſen Verfügungen ſoll ſchleunige Folge geleiſtet werden	—	—	172
Ober=Berggericht, deſſen Jurisdiction, Verrichtung ꝛc. wird beſtimmt	—	—	164 seq.
Ober=*Conſiſtoria* zu Breslau und Glogau werden errichtet	1742	1	22 seq.
—— —— zu Oppeln in Oberſchleſien	1744	1	8 seq.
reliqua f. *Conſiſtorium*, Ober=Amtsregierung.			
Ober=Erbkämmerer in Schleſien wird der Graf Malzahn	1776	15	37
Ober=Forſtamt ꝛc. f. Forſtamt, Forſtmeiſter ꝛc.			
Ober=Poſtamt f. Poſtämter u. ſ. w.			
Ober=*Regie*=Gericht wird etablirt, deſſen Geſchäfte	1783	18	19 seq.
Ober=Schauamt ſoll in den Tuch=Fabriken=Städten errichtet werden	1774	14	171
—— —— der Entwurf vom Goldbergſchen wird den übrigen Fabriken=Städten zur Inſtruction mitgetheilt	—	—	245 seq.
Ober=Steuer=*Caſſe* erhält den Namen Kriegs=Caſſe	1773	14	53
Obern in den Klöſtern, f. Kloſter, item Geiſtliche.			
Obduction todter Körper: dabei ſoll die Joſephina zur Richtſchnur genommen werden	1756	6	583, 594
Obductions=Atteſte der Creis=Phyſicorum müſſen nach dem Büttnerſchen Tractat angefertiget ſeyn	1774	14	226
Oblaten fremde werden den einländſchen Conſumtion einzuführen verboten	1781	17	152
Obſt fremdes wird einzuführen verboten	1783	18	69
Obſtbäume: die Anpflanzung mehrerer wird befohlen	1763	7	207
	1770	12	18
—— item die Anpflanzung wilder	1765	8	815
—— —— ſollen in Dörfern item an Landſtraßen ꝛc. geſetzt werden	1763	7	207
	1764	8	21
	1765	8	816
f. Bäume, Baumſchulen, Straßen.	1771	13	137
	1772	13	188, 392
—— —— Vorſchrift zur Erzielung guter Stämme	—	—	188 seq.
—— —— zur Erzielung guter Stämme ſollen Leute aus der Pfalz verſchrieben werden	—	—	102
—— —— ſind fleißig von den Raupenneſtern zu reinigen	1770	12	18

Obſt=

Ob. Oc. Od.

	Jahr.	Band.	Seite.
Obstbäume ausländische sollen bei der Einbringung an der Grenze in Sacken versiegelt werden	1763	7	335
Ochsen sind bei entstandener Viehseuche sogleich vom andern Vieh abzusondern (s. Viehseuche.)	1784	18	198
Ochsen-Züge sollen ab- und dagegen Pferde angeschaft werden	1764	8	101
Oder-Erde g. hört dem Grundherrn	1769	11	90
Octroy 30jährige für die Assecuranz-Cammer zu Berlin	1765	8	410 seq.
— für die Gyro und Wechsel-Banque daselbst	1755	4	947
— für die schlesische Leinen-Damast-Handlungs-Compagnie	1772	13	326
— für die See-Handlungs-Compagnie	—	—	369
— — — wird prolongirt	1776	15	21
— für die Getreide-Handlungs-Compagnie a. d. Elbe	1770	12	32
— — — dito a. d. Oder	—	—	36
— für die Heeringsfang-Compagnie in Embden	1769	11	230
Auch kann die Sache nachgeschlagen werden, worüber eine Octroy ertheilt worden			
Oculisten s. Operateurs, Marktschreier.			
Oder-Dämme: daran soll Niemand bei Strafe a 50 Ducaten ohne vorher nachgesuchte Cammer-Approbation einen Bau vornehmen	1784	18	158
— — neu gemachte sollen durch Nachläßigkeit der Hirten nicht vom Vieh beschädiget werden	1786	18	489
s. Dämme.			
Oder-Fähren (Privat-): dabei dürfen keine Schankhäuser angelegt werden	1763	7	339, 341
— — deren Eigenthümer sollen keine zollbaren Waaren übersetzen lassen	—	—	339
— — dabei Warngungs-Tafeln zu setzen	—	—	341
— — so blos Behuf der Wirthschaft zugelassen sind, sollen nicht zur Uebersetzung anderer Sachen gemißbraucht werden	1766	9	18
Oder-Fährer sollen keine verdächtig scheinende Leute übersetzen	1778	16	67
— — sollen Niemanden ohne Zettel mit Accis- und Zollbaren Sachen übersetzen	1783	18	71
— — sollen keine Soldaten ohne Paß übersetzen	1784	18	182
— — sollen Niemand mit gestohlnem Holz zu Breslau übersetzen	1785	18	336
— — sollen die Bettler zur Aufgreifung den Dorfgerichten anzeigen	1779	16	108
Oder-Fährgeld von denen Feuer-Soc. Hülfsfuhren müssen die Damnificati berichtigen	1750	3	968
— soll nicht mehr als vor dem 7jährigen Kriege erhoben werden	1766	9	18

Ob. Oe. Of.

	Jahr.	Band.	Seite.
Ober-Führgeld: auf die Contraventiones sollen die Polizei-Bereuter aufmerksam seyn	1766	9	19
—— Schema zu einer einzureichenden Designation, was jeder Fähr-Eigenthümer ex Privilegio rechtmäßig zu fordern	—	—	20
Ober-Fahrzeuge (Kähne): die alten eingegangenen sollen durch Erbauung neuer ersetzt werden	1761	7	81
	1762	7	92
	1763	7	145
—— —— auf die Vermehrung derselben werden gewisse Beneficia gesetzt	1762	7	106
—— —— sind alle Abend an die Dörfer zu führen, und den Nachtwächtern zur Aufsicht zu übergeben	1778	16	66
—— —— die entbehrlichen aber völlig auf das trockene Land zu schaffen	—	—	ibid.
Mehr davon s. Schiffe, Schiffer 2c.			
Ober-Strohm und dessen Ufer ist vom Holz zu reinigen	1762	7	112
	1774	14	224
—— —— Formular zum Rapport vom Steigen und Fallen	1748	3	396
plura s. Flüsse, Ströhme, Wasser, Warden, Ueberschwemmung, Ufer, Schleußen, Wehre.			
Oekonomische Gesellschaft wird errichtet	1763	7	478
—— Regeln und Endzweck derselben	—	—	479
Oel-Mühlen sollen angelegt werden	—	—	476
Oel-Presse neu erfundene wird bekannt gemacht	1781	17	216
Oel: die Arten desselben sind jede unter dem eigenen Anfangs-Buchstaben nachzusuchen, s. v. g. Baumöl, Rübnöl 2c. 2c.			
Oels die Stadt, wegen Bebauung der wüsten Stellen daselbst	1743	1	105
Ofen: die unschicklich großen in den Stuben sollen abgeschaft,	1763	7	213
—— und dagegen Holz ersparende eingeführt werden	—	—	456
—— wie die Holz ersparenden beschaffen seyn müssen	—	—	457
—— sollen nicht nahe an einer hölzernen Wand stehen	1765	8	617
—— in den Stuben, darauf soll kein Flachs, Riehn oder Holz gedörret werden	—	—	ibid.
	1784	18	163
s. Bleich-Ofen, Kalk-Ofen 2c.			
Offertoria für die katholischen Pfarrer sind jährlich 4 zuläßig	1750	5	463
Officia geistliche sollen keinen Ausländern conferirt werden	1773	14	25
	1774	14	158
	1778	16	14
—— —— soll keiner erhalten, der auf auswärtigen Universitäten studiret hat	1751	4	204
	1778	16	13
—— —— erhält kein Katholik, der nicht in Breslau studiret f. Universitäten	1779	16	178

Df.

	Jahr.	Band.	Seite.
Officianten königl. dürfen keine Vormundschaft übernehmen	1752	4	647
— — sollen von ihren Subalternen kein Geld borgen	—	—	595
— — zum Ressort der Cammer gehörige. stehen in Dienst-Sachen blos unter der Cammer	1750	5	314
— — in Rechts-Sachen aber unter der O. A. Regierung	—	—	324
— — wie es mit den Arresten auf ihre Salarien und Executionibus gegen sie zu halten	—	—	ibid.
— — item bei ihrem Absterben mit der Siegelung und Inventur	—	—	325
— — sind ratione der Actuum ministerialium keinem Parochial-Zwang unterworfen	1754	5	654
— — müssen aber doch Jura stolae zahlen	—	—	655
— — jedoch nur einfache	1750	5	469
— — so zu ihren Reisen Vorspann erhalten, sollen dazu leichtes Fuhrwerk nehmen	1768	10	188
— — müssen sich, wenn sie in Privat-Angelegenheiten an des Königs allerhöchste Person schreiben, ihres Privat-Siegels, nicht aber des Amts-Siegels bedienen	1776	15	27
— — sollen, wenn sie nicht die Chargen-Jura vorher gezahlet, weder zum Amt zugelassen werden, weder das Salarium ausgezahlt erhalten	1764 1765 1781	8 19 17	92 230 226
wegen deren Chargen-Jura s. Chargen-Gebühren.			
— rathhäusliche sollen nicht für Querulanten Memorialien machen (s. Suppliquen.)	1780	7	101
— dürfen sich mit keinen mit ihrem Amt in Verbindung stehenden Entreprisen abgeben	1784	18	200
— alle müssen von ihren Salariis 1 pro Cent Servis zahlen	1786	18	465
— desgleichen die herrschaftlichen in den Mediat-Städten	—	—	467
— desgleichen die bei Stiftern und Klöstern	—	—	ibid.
— die rathhäuslichen, so nebenbei bürgerliche Nahrung treiben, zahlen davon noch besondern Servis	—	—	452
— Benennung derer, die Servis-frei sind	—	—	468
— rathhäusliche, deren Erben haben außer dem Sterbe-Quartal noch ein Gnaden-Quartal zu genießen	1742	5	17
ratione der Uebrigen s. Gnaden-Quartal, Sterbe-Quartal.			
— wenn dergleichen expresse genannt sind, als Accise-Bedienten, Creis-Bedienten, Cassen-Bedienten rc. rc. so sind solche unter eben dem Buchstaben aufzusuchen.			
Officiers: Edict gegen das Schulden machen derselben	1743 1755	1 5	46 666
— erneuertes Verbot wegen dem Schuldenmachen derselben	1766	9	294

Of. Ol. On. Op. Or. Ou.

	Jahr.	Band.	Seite.
Officiers: inwiefern sie Wechsel ausstellen können	1751	4	83
— inwiefern ihnen creditirt werden kann	1766	9	294
— desertirte: wie ihnen der Proceß zu machen, und sie zu bestrafen (s. Desertion der Officiers.)	1743	1	102
	1764	8	339
— haben von den Bürgern, wo sie einquartirt sind, für ihre Livrée-Bediente keine Bette zu fordern	1779	16	162
— wie es mit dem Servis derselben zu halten	1763	7	228
s. Servis.			
Olitäten: Krämer böhmische und mährische sollen im Lande nicht geduldet werden	1756	19	139
	1756	6	722, 749
	1744	19	39
— — fremde überhaupt sollen im Lande nicht hausiren	1753	4	919
	1756	19	139
	1765	8	540
— — sind an der Grenze zurück zu weisen	1753	4	919
	1766	9	97
— — denen, die mit einem Paß versehen, durchreisen, sind die Medicamente zu versiegeln	1753	4	921
— — herum vagirende sollen aufgegriffen, und an das Militare abgeliefert werden	1782	17	287
s. Medicinal-Waaren.			
Onera perpetua auf Immobilibus haftende müssen ex officio in die Hypotheken-Bücher eingetragen werden	1750	5	362
Onera publica aber sind davon ausgenommen			ibid.
Operateurs sollen keine Medizin zum innerlichen Gebrauch verkaufen	1785	18	394
— sollen in Jahrmärkten nicht öffentlich ausstehen, wenn sie nicht besondere Concession haben	1744	19	38
	1785	18	395
— sollen ihre Ankunft nicht durch Drommeln bekannt machen			ibid.
— mögen an Jahrmärkten zwar öffentlich ausstehen, aber nur Medicamenta zum äußerlichen Gebrauch verkaufen	1786	18	425
Optic-Gläserträger, unter welchen Bedingungen sie hausiren mögen	1750	3	974
Ordens-Kreuze: deren Verfertigung und Lieferung ist nur dem Hof-Jouwelier Baudesson erlaubt	1773	14	44
Ordens-Obere s. Klöster.			
Ordens-Stifter s. Klöster, item Geistliche.			
Ordonnanz-Pferde, inwiefern sie zu gestellen	1752	3	581
s. Vorspann.			
Ouveriers s. Fabrikanten.			

P.

Pa.

	Jahr.	Band.	Seit.
Pächter von königl. Aemtern f. Amts-Pächter.			
— — find Servis-frei	1786	18	468
Pachtungen jüdische der Güter, item der Bier- und Brandwein- Urbars sollen aufhören	1780	17	31, 55
— — wie es ratione derselben da zu halten, wo die Urbars- Gerдthschaften den jüdischen Pächtern gehören	—	—	56
Mehreres f. Juden, auch Güter.			
Pachts-Contracte geschriebene über einen Gegenstand a 30 bis 50 Thlr. müssen auf einen Stempel- bogen a 4 Gr. gefertiget seyn	1781	17	215
— — — a 50 Thlr. und drüber, was dazu respe- ctive des Pachts Quanti für Stem- pelpapier zu nehmen	1765	8	581
	1766	9	110
	1770	12	293
— — — unter 30 Thlr. sind Stempel-frei	1771	13	129
die Generalia davon f. Contracte.			
Pacta realia sind in die Hypotheken-Bücher einzutragen	1750	5	360 seq.
— accessoria einer Haupt-Verschreibung werden ex officio inta- bulirt	—	—	361
das Uebrige f. Verschreibungen, Verträge.			
Pack-Garn f. Garn.			
Pagament von Gold und Silber: die Aufkauferei und Ausfuhr deffen wird verboten	1742	1	203
	1749	3	433
	1756	19	150
— soll gegen Bezahlung in die Münze geliefert werden	1742	1	204
— darf ohne Cammer-Paß nicht in andere königl. Provin- zen ausgeführt werden	—	—	ibid.
cetera vid. Gold, Silber, Münz-Metall.			
Pantoffelhölzer, das Hausiren mit fremden wird verboten	1773	14	51
	1781	17	154
Papier: wegen der Bezeichnung und dem Format des einländ- schen	1749	3	437
	1750	3	812, 813
— bei denen Collegiis soll blos einländsches gebraucht wer- den	1749	3	424, 436
	1750	3	815
— bei den Druckereien desgleichen	1749	3	434
— wenn solches die vorschriftmäßige Zeichnung nicht hat, so ist es für fremdes zu achten	1750	3	437
			815
— wie das sächsische zu Breslau zu veraccisen	1765	8	779
— böhmisches wird einzuführen verboten	1780	17	37
— anderes ausländsches bleibt noch einzuführen erlaubt			38
— alles ausländische wird überhaupt einzuführen verboten	1783	18	74
Papiermacher: deren Gesellen-Schmauß wird abgeschaft	1784	18	209

Pa.

	Jahr.	Band.	Seite.
Papiermacher sollen mehr weißes Druckpapier verfertigen	1781	17	158
— — Lehrlinge einländsche erhalten nach überstandener Lehre 25 Thlr. Douceur aus dem Manufactur-Fond	1785	18	340
Papier-Mühlen: deren sollen mehrere angelegt werden {	1763	7	352
	1781	17	158
— — neue dürfen ohne besondere Cammer-Concession nicht angelegt werden	1772	13	185
die Generalia davon s. Mühlen.			
— — Edict wegen Sammlung der Lumpen für solche	1763	7	393
das Uebrige s. Lumpen.			
Papier-Späne sollen nicht außer Landes geführt werden	—	—	ibid.
Pappelweiden werden an die Landstraßen zu pflanzen befohlen	1775	14	517
— — deren Nutzbarkeit wird beschrieben ,	1781	17	195
— — wie damit bei der Anpflanzung zu verfahren {	1775	14	518
	1781	17	195
*Paraphen-*Gebühren und Stempel-Sätze werden regulirt	1766	9	197 seq.
— müssen auch die Handlung treibenden auf dem Lande erlegen, und ihre Bücher stempeln lassen , ,	—	—	197
— Bestimmung derer Christen a. d. L. in unaccisbaren Städten, so Paraphen-Jura zahlen müssen, und wie viel ,	—	—	198
— item derer Juden , , ,	—	—	200
— Classification der Christen in accisbaren Städten, und wie viel sie zahlen müssen	—	—	203 seq.
— item derer Juden , , ,	—	—	206
— Benennung derer Christen a. d. L., so davon frei sind , , ,	—	—	199
— item der Christen in accisbaren Städten	—	—	205
— wie die Steuerräthe und Magisträte bei der Regulirung und Einhebung dieser Gebei verfahren sollen	—	—	201 seq.
— von Pfandbüchern: wer eigentlich den höchsten oder den niedrigsten Satz zahlen soll	1767	10	33
— wie viel die Cämmerei-Lombards nach Verschiedenheit ihrer Fonds erlegen müssen	—	—	36
— müssen alle Künstler und Handwerker zahlen die mit ihren Fabricatis ordentlichen Handel treiben , ,	—	—	106
— sollen die Pfandleiher, so sich nicht gemeldet, { zur Strafe doppelt bezahlen	1780	17	92
	1782	17	490

Pa.

	Jahr.	Band.	Seite.
Paraphen-Stempel: damit sollen alle Handlungs- und Pfandbü- cher bedruckt werden, und nach wel- chen respective Sätzen	1765 1766	8 9	584 seq. 115, 116
f. Pfandleiher ꝛc.			
Parchent- und Cannefaß-Ordnung für die Parchner und Zeichner zu Reichenbach	1749	3	539 seq.
Parchent-Fabriken sollen mehrere angelegt werden	1763	7	359
Parchwiz der Stadt Feuer-Ordnung	—	—	ibid.
Pardon (General-) für die Desertirte und Enrollirte	1744	1	124
—— für die von den ehemaligen sächsischen Regimen- tern Desertirte	1756	6	610,619,621
—— für die von preußischen Regimentern Desertirte	1757	6	682, 699
—— —— besgleichen	1758	6	736 seq.
—— —— besgleichen	1746	2	190, 385
—— für die aus Westpreußen entwichene Unterthanen	1775	14	492
—— für die wegen Contreband entwichene Unter- thanen	—	—	502
—— für die von der Armee desertirte Soldaten	1778	16	36
Parochia der Braut ist als ordinaria zu achten	1750	5	446
—— wie es zu halten, wenn die Trauung außer derselben gesche- hen soll	—	—	ibid.
—— oder in einem Bethhause	—	—	447
Parochial-Abgaben: wie die Ober-Amtsregierung darüber ent- scheiden soll	1775	14	287
Parochial-Zwang: demselben sind königl. Officianten unterworfen	1754	5	654
Parochus f. Pfarrer.			
Partheien müssen nach der neuen Prozeß-Ordnung selbst gehört werden	1780	17	45, 79
—— sollen dem Richter die deutlichste Auskunft über das Factum ertheilen	—	—	81
—— denselben steht nach dem Urthel blos das Appellatorium Revisorium, weiter aber kein Remedium frei	—	—	82
Pass a dix-Spiel wird verboten (f. Hazard-Spiel.)	1763 1774	7 14	229 281
Passagiers auf der Post reisende mögen 60 bis 70 Pfund Baggage frei mit sich führen	1743 1746	5 2	56 366
—— item mehr nicht als 50 Pfund höchstens, in Meßzeiten aber bis 60 Pfund	1782	17	450
—— müssen ihre Namen und Character angeben	1746 1782	2 17	367 449
—— müssen beim Umpacken auf ihre Sachen Acht haben	1743 1746 1782	5 2 17	57 367 451

Pass.

Pa.

	Jahr.	Band.	Seite.
Passagiers müssen von den Postmeistern gut accomodirt und mit Speise versehen werden	1743 / 1782	5 / 17	57 / 454
—— müssen für andere keine Briefe mit nehmen	1743 / 1782	5 / 17	57, 80 / 451
—— müssen die Posten nicht auf sich warten lassen	1743 / 1782	5 / 17	56 / 449
—— wie lange sie auf die Post warten müssen	1743	5	81
—— die zuerst eingeschriebenen haben für den nachfolgenden den Vorzug	1782	17	452
—— und die weiter reisenden für den erst aufsitzenden	1743 / 1782	5 / 17	58 / 452
—— deren Sachen gehen anderer Ladung vor	1743	5	59
—— dürfen keine Hunde auch keine säugende Kinder mit sich führen	1743 / 1782	5 / 17	58 / 451
—— was für Personen nur gegen Erlegung des halben Fracht-Porto mit zu nehmen erlaubt	—	—	453
—— jüdische unvergleitete müssen auf der Post den Leibzoll erlegen	—	—	455 seq.
—— von der Justiz verfolgte sollen auf der Post keine Freistätte finden	—	—	456
—— aber auch nicht auf dem Postwagen, sondern erst in der nächsten Station arretirt werden	—	—	ibid.
—— was die mitfahrenden überhaupt zu beobachten, und wie sie sich während der Fahrt zu verhalten	—	—	448
—— mit Extra-Post fahrende dürfen sich nicht durch ihre eigene Leute fahren lassen	1766	9	68
—— —— wie viel die besonders zahlen müssen, die den Extra-Postwagen für ihr Logis kommen lassen	—	—	69

Mehreres s. Post-Taxe, item sub P. Extra-Posten.

Passefin-Bänder s. Bänder sein lassentne.

	Jahr.	Band.	Seite.
Passir-Scheine (Zettel) über Waaren, Küsten ꝛc. Tariff davon	1770	12	22
—— —— wer dergleichen nehmen muß, item auf was für Sachen, und welche Modalitäten dabei vorkommen, ist bei der Hauptsache angemerkt, s. v. g. Garn, Getreide, Accise.			
Pässe erschlichene sind von den verdächtigen Personen abzunehmen	1752	4	802
—— für wandernde Handwerksbursche, was bei Ertheilung derselben für Praecautiones zu nehmen	— / 1770	— / 12	800 / 127
—— der Bürger sollen mit dem 4 Gr. Stempel versehen seyn	1766	9	150, 235
—— von den Regimentern für wandernde Handwerksbursche sind Stempel-frei	—	—	196

Päs=

Pa. Pe.

	Jahr	Band	Seite
Päſſe: ratione der Acciſe- und Zoll-Freiheit müſſen von der General-Adminiſtration vidimirt ſeyn	1775	14	286
ſ. Geſundheits-Päſſe, Wander-Päſſe, Exportations-Päſſe ꝛc. item die Hauptſache, wozu dergleichen Päſſe nöthig ſind.			
Paſtoral-Schreiben des Weihbiſchofs von Strachwitz wegen der dem König ſchuldigen Treue	1764	8	115
dergleichen Paſtoralia ſind bei der Hauptſache aufzufinden, weswegen ſie ergangen, z. B. ſ. Feyertage, Beichtväter, Schulen ꝛc.			
Patente ſ. Edikte.			
Patronal-Recht: deſſen Beſtimmung und Umfang	1741	1	8r, 9a
Patronats-Herrn: inwiefern ſie bei Kirchen-Bauten und Reparaturen concurriren müſſen	1754	5	423
— item bei Abnehmung der Kirch-Rechnungen			424
Pechhütten werden, beſonders im Gebürge, ohne Cammer-Approbation nicht verſtattet	1756	6	400
	1777	15	330
— — dürfen nur da angelegt werden, wo es überflüßiges Holz giebt und Stöcke	1756	6	411
	1777	15	330
Pech- und Theer-Schweelen, was für Holz dazu zu nehmen, und was dabei den Schweelern obliegt	1756	6	411 ſeq.
— — — iſt in den königl. Forſten zu verpachten	—	—	413
Pech-Schweeler: deren Rechte und Verbindlichkeiten ſ. Ziehn.	—	—	ibid.
Pequins gemahlte fremde werden einzuführen verboten	1772	13	181
Pergament-Stempelpapier-Reglement	1766	9	14 ſeq.
— fremdes zur einländſchen Conſumtion eingehendes wird mit 50 pro Cent impoſtirt	1782	17	274
Pergament-Abſchnitzel (Späne) ſollen nicht außer Landes geführt werden	1763	7	389, 393
Perſonal-Arreſt: inwiefern Unglücksfälle den Wechſel-Debitorem davon befreien	1751	4	81
— in welchen Fällen ſolcher bei Acciſe-Verbrechen ſtatt hat	1756	19	210
Perſonal-Acciſe ſ. Acciſe.			
Perſonal-Schulden können nicht in das Hypotheken-Buch eingetragen werden	1754	4	358
Perſonen verdächtige ſollen von wirklichen Verbrechern ſeparirt, und in beſondere Gefängniſſe geſetzt werden	1751	4	413

Pe. Pf.

	Jahr.	Band.	Seite.
Perſonen verdächtige ſollen nicht bei den Oberfähren übergeſetzt werden	1747	2	566
Mehreres ſ. *Vagabonds*.			
Perſonen-Zählung wird verordnet. Vorſchrift, wie dabei zu verfahren	1766	9	217, 222
Peſt in Polen, wegen den zu nehmenden Praecautionen ſ. *Contumaz*.			
— wie während einer graſſirenden mit den Poſten, Briefen und Sachen zu verfahren	1782	17	481 ſeq.
— Praeſervativ-Mittel dagegen für die Poſtillons ꝛc.	—	—	485
Pfandbriefe landſchaftl.: deren Natur, Nutzen, Vorrechte ꝛc. ꝛc.	1770	12	165 ſeq.
— — — werden nur auf die Hälfte des Werths eines Gutes ausgeſtellt (ſ. Güter.)	—	—	165
— — — deren Inhaber dürfen nicht zu Concurſen gezogen werden, auch nichts zu den Concurs-Koſten beitragen	—	—	166
— — — was für Perſonen und Güter dazu qualificirt	—	—	168
— — — oder ausgeſchloſſen davon ſind	—	—	170
— — — von wem und wie ſie auszufertigen, item dabei zu beobachtende Formalitaeten	—	—	201 ſq. 210 ſq.
— — — in welchen Fällen zu Ausſtellung derſelben die Detaxation eines Gutes vorgenommen werden muß,	—	—	212
— — — oder nicht	—	—	211
— — — auf was für Quanta ſolche auszuſtellen	—	—	167, 214
— — — wo und in weſſen Gegenwart ſie abzudrucken, auszufüllen und zu unterſchreiben	—	—	216
— — — Formular zu denſelben	—	—	267
— — — wie es zu halten, wenn bereits ausgefertigte Hypothekenſcheine in Pfandbriefe verwandelt und umgeſchrieben werden	—	—	218
— — — denſelben darf keine ſimple Hypothek vorſtehen	—	—	ibid.
— — — wenn die Intereſſen davon einzuzahlen, und was bei der Einzahlung derſelben überhaupt zu beobachten	—	—	221 ſeq.
— — — item bei der Intereſſen-Auszahlung	—	—	224
— — — wie zu verfahren, wenn dergleichen von unrechtmäßigen Inhabern,	—	—	228
— — — oder falſche untergeſchobene,	—	—	230
— — — oder gar keine praeſentirt werden	—	—	231
— — — wie es mit Beitreibung der Intereſſen-Rückſtände zu halten	—	—	234 ſeq.
— — — inwiefern den verunglückten Schuldnern Nachſicht zu verſtatten	—	—	241

Pf.

	Jahr.	Band.	Seite.
Pfandbriefe landschaftl.: die davon zurück gebliebene Interessen muß die Landschaft ad interim suppliren, und wie	1770	12	243
— — kleine, wie deren Realisation geschiehet	—	—	247 seq.
— — — wie zu verhüten, daß solche nicht außer Cours kommen	—	—	251
— — Capital- oder große, wie bei deren Aufkündigung und Ablösung zu verfahren	—	—	252
— — auch auf Pfandbriefe fremder Systematum können Interessen bezahlt werden, und was dabei zu beobachten	1775	14	309
— — in welchen Fällen die Pfandbriefe ad depositum gelangen	—	—	311
— — jeder Besitzer derselben ist für den wahren Eigenthümer zu halten, ohne daß eine Vindications-Klage gegen ihn statt findet	1785	18	347
— — in welchen Fällen nur gegen einen Inhaber derselben eine Vindications-Klage angestellt werden kann	—	—	ibid.
— — zum Beweis des Eigenthum-Rechts mag jeder wahre Eigenthümer davon auf seine Pfandbriefe einen besondern Vermerk zeichnen	—	—	348
— — außer Cours gesetzte dürfen ohne landschaftliche Recognition nicht an andere veräußert werden	—	—	349
— — können zur Sicherheit gegen die Entwendung bei der Landschafts-Direction deponirt werden	—	—	ibid.
— — was zu thun, wenn sie von verdächtigen oder unbekannten Personen zur Interessen-Erhebung praesentirt werden	—	—	350
— — wie die durch Alter verstümmelten oder sonst beschädigten zu renoviren	—	—	351
— — ganz verloren gegangene: Vorschrift, nach welchen Formalitäten sie zu amortisiren, und statt derselben neue auszufertigen	1775 / 1785	14 / 18	309 / 351 seq.
— — von deren Amortisation muß sogleich das Haupt-Banco-Directorium benachrichtiget werden	—	—	385
Pfandbücher müssen mit dem Paraphen-Stempel versehen seyn	1766	9	197, 262, 265
— — nähere Bestimmung der Stempelgebühren davon Mehr davon s. Paraphen.	1767	10	33
Pfandgeld bei Accise und Zollsachen, wie solches zu verrechnen s. Accise.	1756	19	170
— müssen die in Forsten betroffene Holzdiebe, item die Eigenthümer des daselbst betroffenen Viehes erlegen s. Forsten.	1764	8	256

Pf.

	Jahr.	Band.	Seite.
Pfandleiher sollen, wenn sie sich nicht zur Paraphen-Abgabe melden, solche sodann doppelt erlegen	1780	17	93
	1782	17	490
— = die, welche zu den Pfandscheinen nicht den gehörigen Stempelbogen gebrauchen, verfallen in die bestimmte Stempel-Strafe	—	—	ibid.
f. Paraphen, item Stempel.			
Pfand-Scheine müssen auf einen Stempelbogen gefertiget seyn	1766	9	262, 265
— resp. Sätze der dazu zu adhibirenden Stempelbogen	—	—	266
Pfand- und Leihamts-Ordnung für die Stadt Breslau	1743	1	144 seq.
	1749	3	549 seq.
Pfannen fremde: deren Einfuhr wird verboten	1756	19	166
special. f. Eisenwaaren, Kupferwaaren.			
Pfarrer katholische sollen auf den Dörfern, wo sämmtliche Einwohner evangelisch sind, abgeschaft werden	1758	6	702
— dürfen bei den evangelischen Einwohnern keinen Neujahrs-Umgang halten	—	—	737
— haben jährlich 4 Oktertoria zu fordern, und wenn deren Todesfälle sind jedesmal dem Landrath zu melden	1750	5	468
	1751	4	200
— Instruktion für dieselben wegen Verbesserung des Schulwesens, und was ihnen deswegen obliegt	1765	8	192 seq.
— worauf sie bei Besuchung der Schule vorzüglich attendiren sollen. Pflichten (f. Schulen.)	—	—	796 seq.
— sollen die königlichen Verordnungen fleißiger von den Canzeln publiciren	—	—	568
— sollen solche auch ihren Caplänen bekannt machen	—	—	ibid.
— sollen an suspendirten Feyertagen zuerst arbeiten lassen	1766	9	158
— auf dem Lande sollen ratione der Vigilance über die Collateral Erbschafts-Stempelgebühren Todtenlisten an die Justiz-Beamten einsenden	1773	14	107
— denselben wird es freigestellt, ob sie zur Vieh-Assecuranz-Soc. treten wollen oder nicht	1776	15	47
Mehreres f. Geistliche.			
Pfarr- und Schulgebäude, wegen der Remission und Societaet-Hülfe, wenn sie abbrennen	1750	3	965
f. Feuer-Societaet.			
Pfefferküchler-Waaren vom Lande erleiden beim Einbringen nur einfachen Impost	1756	19	117
Pfefferküchler-Zunft zu Breslau, deren confirmirte Innungs Artikel	1751	4	146 seq.
Pfefferkuchen-Mehl weitzenes ist nicht der Accise, sondern der Fabrikensteuer unterworfen	1773	14	72

Pfei=

Pf.

	Jahr	Band	Seite
Pfeifenköpfe aller Art werden zum innern Debit einzuführen verboten	1786	18	493
Pferde werden außer Landes zu führen verboten	1756	6	375
	1757	6	637
	1761	7	78
	1772	13	198
— die Aufkauferei derselben auf dem Lande wird verboten	1756	6	375
	1761	7	78
	1772	13	198
— item die Ausfuhr der von der Cavallerie ausrangirten	1759	6	740
— der Verkauf einzelner in andere Länder bleibt jedem Particulier erlaubt	1773	14	121
— sollen wieder angeschaft, und die Ochsenzüge abgestellt werden	1764	8	101
— die räudigen crepirten sind zu verscharren	1779	16	96
— diejenigen, die sich die Bauern statt der Ochsen zur Besorgung ihres Ackers halten, dürfen im Kriege, wenn die übrigen auf Transporten sind, nicht zu Hofediensten gezogen werden	1778	16	80
Pferde-Bestand-Aufnahme und Regulirung desselben, Behuf des Vorspanns	1742	1	435
— — — wie dabei zu verfahren	1765	8	747
— — — Tabelle hiezu			748
Pferdediebe sollen durch Beschleunigung der Steckbriefe besser verfolgt werden	1773	14	122
Pferde-Haare werden einzuführen verboten	1764	8	223
Pferde-Händler: von denselben sollen, wenn sie nicht ein gerichtliches Attest haben, bei 10 Thlr. Strafe keine Pferde gekauft werden	1777	15	243
Pferde-Inhaber verdächtige sollen zur Nachweisung ihres Eigenthumsredit und der Aequisition angehalten werden	1779	16	210
	1781	17	123
Pferde-Roßmarkt s. Viehmarkt.			
Pferde-Roß-Mauth s. Mauth.			
Pferde-Schneider: Formular zu einem Hausir-Licenz-Schein für dieselben (s. Viehschneider.)	1751	4	487
Pferde-Sterben, wie der Schade zu untersuchen und zu vergütigen	1743	5	138
— — wer die Untersuchung halten soll. Diaeten			ibid.
Pferde-Verkäufer müssen sich auf den Märkten mit einem gerichtlichen Attest: woher die Pferde sind, legitimiren	1777	15	243

Pf. Ph. Pi. Pl.

	Jahr.	Band.	Seite.
Pferde-Verkäufer: die ausländischen müssen sich mit einem Attest vom Grenz-Zollamt ihrer Einpaßirung wegen legitimiren	1779	16	210
Pferde-Vermiether (Balehner) müssen zu verdungenen Fuhren Postzettel lösen (s. Post-Fuhrzettel)	1766	9	89
— dürfen die mit der Post gekommenen Passagiers nicht auf andere Stationes weiter fahren	—	—	70
Pferde-Zucht: Verbesserungs-Anstalten	1764	8	39, 44, 313
	1769	11	9 seq.
— Tabellen, wie solche anzulegen, Formular	1764	8	313
	1765	8	747
s. Beschäler, Stutten, Ordonnanz, Vorspann, item Postpferde ꝛc.			
Pflasterung der Landstraßen, wo und wenn solche vorzunehmen s. Straßen.	1767	10	18
Pforten an den Stadtmauern sollen zur Verhütung der Defraudationen zugemauert werden	1768	10	291
Pfuscher der Handwerker sollen nicht geduldet werden	1752	17	317
— deren Strafe, und wer darüber erkennen soll	—	—	318
— denselben soll das Meisterwerden nicht erschweret werden	—	—	ibid.
Pfuschereien medizinische und Chirurgische, wie sie anzuzeigen und zu bestrafen	1744	19	16
	1777	15	376
— die Nahrung der Bader störende sind verboten	1744	19	25
— der Soldaten in die bürgerliche Nahrung werden untersagt	1774	14	166, 232
s. Handwerker, Soldaten.			
Pharao-Spiel wird verboten (s. Hazard-Spiel.)	—	—	281
Physici s. Creis-Physici, Stadt-Physici.			
Pilgrimme bettelnde s. Bettelmönche, oder Almosensammler.			
Pimpinelle: wegen deren Anbau s. Burnet, oder Futterkräuter.			
Pitschen der Stadt Brau-Reglement	1753	4	836 seq.
— der Stadt Privat-Mauth-Tabelle	1750	3	771
Plackereien verbotene s. die Personen, denen solche verboten, v. g. Landdragoner, Accise-Bedienten ꝛc.			
Plantagen von allerhand Bäumen: dazu sollen die Wälle bei denen Landstädten angelegt werden	1764	8	166
Planteurs sollen auf die Kosten der Dorfgemeinen angestellt werden, die sich säumselig bei Anlegung der Straßen-Allees bezeigen	—	—	168
	1765	8	817
— werden Behufs der Alleen und Baumschulen in jedem Creise angestellt. Deren Salarirung	1766	9	12

Plan-

Pl. Po.

	Jahr.	Band.	Seite.
Planteurs: Instruction für die Unter-Planteurs	1772	13	187 seq.
—— sollen sich vorzüglich mit Anlegung der Straßen-Alleen und der Baumschulen beschäftigen	—	—	188 seq.
s. Alleen, Baumschulen, Bäume.			
Pleureusen in der Trauer dürfen bürgerliche Personen nicht tragen	1760	6	816, 824
s. Trauer.			
Plombagen an Kisten, Ballen ꝛc. ꝛc. dergleichen sollen die Schiffer und Fuhrleute nicht abreißen	1748	10	177
—— Tariff: wie viel für das Plombiren zu zahlen	1770	12	20, 23
Plumpen sollen in Städten statt der Schwängelbrunnen angelegt werden	1776	15	125
Polkwitz die Stadt erlangt einen Viehmarkt	1742	1	401
Polen: anziehende Fabrikanten in Städte, deren besondere Beneficia	1770	12	138
	1775	14	378
—— item derer, die ein neues Dorf anlegen			380
—— die nach Schlesien geflüchteten genießen königl. Schutz	1764	8	144
Policei-Beamten müssen von ihren Salariis Servis zahlen	1786	18	466
Policei-Bereuter: Instruction für dieselben unter der breslauschen Cammer	1743	1	69 seq.
—— item für die unter der glogauschen Cammer	1742	1	66 seq.
—— sollen auf die Accise-Contraventiones mit invigiliren	—	—	45
—— item auf die Zoll- Salz- und Accise-Sachen	—	—	ibid.
	1755	6	124
Policei-Bürgermeister in Mediat-Städten sollen angestellt werden	1750	3	955
—— deren Rang, Amtspflichten, Einkünfte ꝛc.	—	—	ibid.
—— General-Instruction für dieselben	1754	5	611
Policei-Contraventiones auf dem Lande sind dem Landrath zur Untersuchung anzuzeigen	1756	19	209
—— in Städten werden von einer Magistrats-Commission untersucht, und in Sachen über 10 Thlr. von den Steuerräthen entschieden	1772	13	256
—— müssen die Magisträte ohne Kosten-Liquidation untersuchen, und sich nur an dem Straf-Antheil begnügen	1777	15	165
—— ausgenommen in weitläuftigen Untersuchungen	—	—	ibid.
—— dagegen findet kein Purgatorium statt	1785	18	321
Policei-Inspectores zu Breslau: Avertissement an die Bürgerschaft wegen Anstellung derselben	1746	2	327 seq.

Po.

	Jahr	Band	Seite
Policei-Inspectores zu Breslau: Instruction für dieselben	1746	2	930 seq.
— sollen auf die Unordnung des Betteln mit invigiliren	1747	2	581
Policei-Strafgelder, wie sie zu repartiren und zu vertheilen	1774	14	198
— nähere Bestimmung, in welchen Fällen die Denuncianten ⅓ ½ ¼ erhalten	1775	14	511
Policei-Wesen gehört zum Ressort der Cammern	1754	5	307, 311
— in den Städten, darauf sollen die Accise-Bedienten mit aufmerksam seyn	1756	19	80
Porcellain welches berlinisches, das unbefugte Malen desselben wird verboten	1774	14	150
— sächsisches nach Polen transitirendes, davon wird 30 pro Cent Impost gezahlt	1765	8	740
— aus andern Ländern nach Polen transitirendes 10 p. Cent			751
— ist es aber in Sachsen umgepackt worden, auch 30 p. Cent	—	—	752
— ausländsches ächtes und unächtes wird zur einländschen Consumtion einzuführen verboten	1780	17	100, 111, 115
— berlinsches ist Zoll-frei	1765	8	820
— — davon müssen die Juden bei Erlangung einer Concession ꝛc. ꝛc. ein gewisses Quantum annehmen	1783	18	7
— — und dieses Quantum nicht in, sondern ausser Landes debitiren	—	—	8
Porcellain-Händler dürfen im Lande nicht hausiren	1750	3	973
— ausländsche sollen sich im Lande etabliren	1764	8	29, 32
das Uebrige s. Bilderkrämer.			
Possessiones, jedem Besitzer ist nur eine zu haben erlaubt	—	—	{ 105, 112, 381 448, 536
— von den doppelten wird eine Designation verlangt	1765	8	427, 536
— Shema dazu			432
— doppelte, nähere Erklärung wegen deren Separation und Retablissement	—	—	447, 723
— — peremtorischer Termin zu deren Separation	—	—	737
Mehreres s. Stellen, Bauergüter.			
Possessions-Veränderungen bei Immobilien, davon wird 1 pro mille zur Zuchthaus-Casse gezahlt	1747	2	460
— der Grundstücke bei Städten, davon soll der Magistrat dem Accisamt Nachricht geben	1756	19	186
— davon muß quartaliter eine Designation eingesendet werden	1768	10	286
s. Grundstücke, Güter ꝛc.			

Po.

	Jahr.	Band.	Seite.
Posten: Verzeichniß, wie solche zu Breslau ein= und ablaufen {	1742	I	475
	1746	2	379
— wie viel Zeit zur Abfertigung derselben ausgesetzt ist	1743	5	44
— wie sie fahren sollen ⸴ ⸴ ⸴ ⸴ {	—		58
	1746	2	367
— sind ohne Aufhalt beim Thore ein= und auszulassen	1743	5	64
— denselben und deren Beiwagen muß bei Unglücksfällen un= terweges schleunige Hülfe geleistet werden	1746	2	369
— auf dieselben müssen alle bis 40 Pfund schwere Paquets ꝛc. zum Transport gegeben werden ⸴ ⸴ ⸴	1766	9	64
— denselben müssen die Fuhrleute ausweichen	1782	17	447
— wie und wo die Extra= und ordinairen Posten von den Ac= cise=Bedienten zu visitiren sind, und wie es mit {	1756	19	37, 79
Veraccisung derer Sachen zu halten ⸴ ⸴	1772	13	20
— reutende sollen mit keinen Paquets und Geldern beschwe= {	1743	5	52
ret werden ⸴ ⸴ ⸴ ⸴ ⸴	1773	14	91
— Extra=Posten: an wen solche gegeben werden dürfen	1743	5	52
— — unter welchen Umständen sie nicht zu ge= {	—		75
ben ⸴ ⸴ ⸴ ⸴	1746	2	368
— — die Bezahlung dafür wird erhöhet	1762	7	139, 143
— — denselben ist ein Stundenzettel mit zu geben	1743	5	76
— — wie viel sie in einer Stunde fahren sollen	—		80
— — wie viel nach der Personenzahl Pferde vor= zuspannen, und wie viel pro Pferd {	1743	5	77, 80
und Meile zu zahlen ⸴ ⸴	1766	9	67
s. Passagiers, Courlers ꝛc.			
Postämter sollen nicht unplombirte Sachen annehmen ⸴	1768	10	184
— das Douceur für die vorgeschossenen Gelder wird näher {	1773	14	77
bestimmt ⸴ ⸴ ⸴ ⸴ ⸴	1782	17	472
— sollen Kleinigkeiten unter sich selbst ausmachen	—	—	367
— dürfen keine Unterbedienten ohne Approbation des Gene= ral=Postamts annehmen ⸴ ⸴	—	—	369
— wie sie bei der Annahme und Expedition derer Briefe, Paquets ꝛc. ꝛc. verfahren sollen (s. Briefe.)	—	—	380 seq.
— deren Obliegenheiten bei Revision der ankommenden und weiter gehenden Sachen	—	—	403 seq.
— item bei Ausgebung der angekommenen Sachen	—	—	409 seq.
— sollen kein Schießpulver zum Transport annehmen	—	—	442
— was dieselben ratione der Passagiers zu beobachten s. Passagiers.	—	—	448
— sollen von reisenden Juden den Leibzoll einfordern	—	—	455
— sollen flüchtigen Verbrechern keine Zuflucht verstatten, we= der zur Flucht Vorschub leisten ⸴ ⸴	—	—	456

Po.

Po.

	Jahr.	Band.	Seit.
Postämter: wenn solche zur Annehmung der Briefe und Sachen ꝛc. eröfnet seyn sollen	1782	17	456
— wie die Häuser dazu gelegen und beschaffen seyn sollen	—	—	446
— müssen jährlich ein Verzeichniß derer unter ihnen stehenden Officianten einsenden	—	—	370
— was sie zur Postzeit mit den Briefen und Sachen für Praecautiones zu nehmen	—	—	481
plura s. Postmeister.			
Post-Bediente: deren Pflichten und Betragen überhaupt gegen die Correspondenten, und dieser gegen jene	1742	5	39 seq.
	1740	2	353
	1782	17	368
— — deren Freiheiten, Vorrechte ꝛc. ꝛc.	1743	5	65
	1782	17	465
— — wie viel dieselben Chargen-Jura zahlen müssen	1765	19	236
— — dürfen nicht ohne Approbation des General-Postamts angenommen werden	1782	17	369
— — müssen bei ihrer Reception Caution stellen	—	—	370
— — deren Besoldungen können nicht mit Arrest belegt werden	—	—	466
— — sind Einquartirungs-frei	—	—	467
— — sollen die Unrichtigkeiten der Postmeister anzeigen	—	—	371
— — sollen in Dienst-Verrichtungen die Livree mit dem Brustbilde tragen	—	—	374, 413
reliqua s. Postmeister, Postillons, Briefträger, Post-Schirrmeister ꝛc. ꝛc.			
Post-Charten sind in den Postämtern öffentlich auszuhängen	1743	5	53
	1782	17	410
— — und von den Postmeistern selbst zu revidiren	—	—	401
Post-Courier s. Courier.			
Post-Cours von Breslau aus nach andern Orten wird angegeben	1743	5	84 seq.
— ein neuer zu einer fahrenden Post von Breslau über Schweidnitz ꝛc. nach Landeshutt ꝛc. wird angelegt	1743	1	61
— item zu einer fahrenden von Breslau über Strehlen, Nimtsch und Frankenstein nach Glatz ꝛc.	—	—	11
Post-Defraudationes: wie sie zu verhüten und die begangenen zu bestrafen	1782	17	473
Post-Fuhr- und Boten-Ordnung	1746	2	353 seq.
s. Boten, item Fuhrleute.			
Post-Fuhrwesen: dessen neu verbesserte Einrichtung	1766	9	60 seq.
— — bei den ordinairen Posten	—	—	61 seq.
— — bei den Extra-Posten	—	—	66 seq.

	Jahr.	Band.	Seite.
Post=Fuhrzettel müssen die Fuhrleute, Pferde=Vermiether ꝛc. zu den verdungenen Personen=Fuhren lösen	1743 / 1766	5 / 9	81 / 189
—— wer davon ausgenommen	1743 / 1766	5 / 9	83 / 191
—— wer darauf attendiren soll	1743 / 1766	5 / 9	82 / 191
—— sollen den Fuhrleuten von den Thorschreibern abgefordert werden	1741	1	135
—— bei Ertheilung derselben ist wegen der dadurch etwa zu befördernden Emigration alle Praecaution zu nehmen	1764	8	56
—— müssen auf der Stroße den begegnenden Polizei= und Zollbereitern vorgezeigt werden	1771	13	29
—— sind denen auf die Wollenmärkte reisenden Tuchmachern gratis zu ertheilen	1769	11	8
—— werden roth gedruckt und in Berlin gestempelt, Avertissement deswegen	1784	18	201
Post=Geld s. unten Post, Porto, Post=Rechnungen, Post=Taxe.			
Posthalter: dergleichen sollen auf allen Stationen angestellt werden	1766	9	67
—— deren Immunitaeten und Obliegenheiten			70
—— wie viel sie von denen auf der Extra=Post Reisenden für die Kalesche besonders fordern mögen	—	—	71
Post=Häuser, wie sie gelegen und beschaffen seyn müssen	1782	17	446
Post=Insignien: deren dürfen sich nicht andere Fuhrleute bedienen	—	—	448
Post=Luftectlores: deren Amt und Pflichten			372
Postilions (Postknechte): was solche für Eigenschaften haben müssen	1743 / 1746	5 / 2	62, 83 / 367 seq.
—— deren Attributa und Kleidungen werden bestimmt	1743	5	61, 63, 79
—— item deren Besoldung	1743	5	62
—— sollen von Reisenden und Passagiers kein Trinkgeld fordern	1743 / 1766	5 / 9	62, 80 / 62
—— was sie in Ansehung der Zölle zu beobachten	1768	10	185
—— sollen in Dienst=Verrichtungen die Livreé tragen	1782	17	374
—— wie sie sich bei Führung der Posten zu verhalten	—	—	376 seq.
—— sollen das Felleisen auf keiner Cariole, sondern zu Pferde führen	—	—	375
—— müssen blasen können	—	—	447
—— wenn sie auf Aeckern fahren, soll sich Niemand eigenmächtig an ihnen vergreifen, sondern sie deshalb beim Postamt verklagen	—	—	478
—— in welchen Fällen sie über Aecker und Saaten fahren dürfen	1776	10	6

Oo 2

Po=

Po.

	Jahr	Band.	Seite.
Poſtilions: in welchem Fall ſie die ordentliche Poſtſtraſe nicht halten, ſondern auf Nebenwegen fahren mögen	1782	17	480
—— denſelben muß zur Sicherheit und ſchleunigerem Fortkommen allenthalben Aſſiſtence geleiſtet werden	—	—	478
—— ſollen Niemanden uneingeſchrieben mitnehmen	—	—	373
—— wie viel jeder monatlich Eſtaffetten und Extra-Poſten zu verrichten haben ſoll	—	—	429
—— was ſie zur Peſtzeit für Praeſervativa einnehmen müſſen ſ. Poſt-Bediente.	—	—	485
Poſten-Lauf: wie ſolcher zu beſchleunigen, und die, ſo denſelben hindern, zu beſtrafen	—	—	430 ſeq.
Poſtmeiſter: deren Rang wird beſtimmt	1743 1782	5 17	35 465
—— deren Amtspflichten überhaupt	1743 1782	5 17	39 363
—— ſollen die Aufſicht über die Reparatur der Poſt-Straſen haben	1772	13	391
—— ſollen ſich nach dem Caſſen-Edict de 1769. richten ſ. Caſſen.	1782	17	364
—— ſollen ſo viel Caution ſtellen, als ihre Quartal-Einnahme iſt	—	—	364
—— ſollen nicht über 2 Tage von ihrer Station abweſend ſeyn	—	—	ibid.
—— ſollen von allen Merkwürdigkeiten Bericht abſtatten	—	—	ibid.
—— ſollen eine ordentliche Regiſtratur führen	—	—	367
—— ſollen Niemanden unhöflich begegnen	—	—	368
—— ſollen die unter ihnen ſtehenden Poſtwärtereien halbjährig bereiſen	—	—	370
—— ſollen bei Aufladung der Fracht zugegen ſeyn, und für die Sachen haften	—	—	398
—— ſollen die Poſt-Charten ſelbſt revidiren u. unterſchreiben	—	—	401
—— ſollen, wenn die Poſtilions abweſend ſind, die vorfallenden Fuhren oder Ritte ſelbſt verrichten	—	—	428
—— ſollen auf die Richtigkeit der Stadt-Uhren bringen	—	—	435
—— ſollen zum Accommodement der Paſſagiers gute Vorkehrungen treffen	—	—	454
—— was ſie ratione der Cours-Ordres vom General-Poſtamt zu beobachten	—	—	367 ſeq.
—— was ſie zu thun, wenn Poſtilions oder Schirrmeiſter uneingeſchriebene Perſonen oder Sachen mitnehmen reliqua vid. Poſtämter.	—	—	373
Poſt-Ordnung de 1712. erneuerte und erweiterte	—	—	363 ſeq.

Poſt-

Po.

	Jahr.	Band.	Seite.
Post=Ordnung' und Reglement für Schlesien und die Grafschaft Glatz	1743	5	38 seq.
Post=Pferde: wie viel nach der Verschiedenheit der Ladung vorzuspannen, und wie viel pro Meile zu zahlen	1766	9	61
— — wie viel Ladung und Gewicht auf ein Pferd zu rechnen	1782	17	443
— — von deren Eigenschaften, Unterhaltung ꝛc.			427 seq.
Post=Porto=Frei sind die bei der königl. Banco ein= und abgehenden de Hospital= Waisenhaus= Kirch= Schul= auch Wittwen= Cassen= Gelder	1769	11	76
— — — item die daselbst ein= und abgehenden Pupillen-Gelder	1768	10	270
— — — item die Depositen-Gelder	—	—	ibid.
— — — sind die Collecten-Gelder, wenn deren Betrag unter 1 Thlr.	1774	14	200
— — — sind die Collecten-Gelder für das Creutzburger Armenhaus	1780	17	102
Post=Porto=Freiheit wird den Vieh=Assecuranz=Geldern nicht gestattet	1767	10	75
— — auch nicht den Monitoriis und Mandatis poenalibus	1770 / 1771	19 / 13	351 / 18
— — jedoch in einigen Fällen, und in welchen			19
— — in Geldbau=Angelegenheiten wird aufgehoben, und die Bezahlung des Porto dem Gelden= Magazin übertragen	1773	14	106
— — bei Herrn=Sachen, wie dabei der Unterschleif zu verhüten	1767	10	81
s. Herrn=Sachen, Briefe.			
Post=Rechnungen ꝛc. wenn und wie sie anzufertigen, zu führen, einzusenden, und wie mit den Cassen-Geldern zu gebahren	1743 / 1782	5 / 17	45 seq. / 416 seq.
Post=Sachen sollen schleunig resolvirt und expedirt werden	—	—	366
Post=Schirrmeister: wozu sie eigentlich angesetzt	—	—	399
— — — was sie auf der Fahrt zu beobachten	—	—	440
— — — sollen nichts und Niemanden uneingeschrieben mitnehmen	—	—	373
— — — sollen die Contraventiones der Postmeister anzeigen	—	—	374
— — — sollen keinen vorzüglichen Sitz im Wagen haben (s. Postbediente.)	—	—	454
Post=Straßen sollen stets im guten Stande seyn	—	—	480
— auf die Ausbesserung derselben sollen die Postmeister bringen, und die Aufsicht darüber haben	1782 / 1772	17 / 13	ibid. / 391

Po.

	Jahr.	Band.	Seite
Poſt-Stube muß bei Oefnung und Abfertigung der Poſten ver- {	1743	5	65
ſchloſſen gehalten werden	1746	2	359
Poſt-Taxe für das Poſtamt zu Grünberg	1742	1	478
— — für das Ober-Poſtamt zu Breslau {			496
	1746	2	370
— — für die fahrende Poſt von Breslau nach Hirſchberg	1743	1	62
— — für die ſämmtlichen Poſtämter {		5	56
	1746	2	377
	1782	17	394
— — beſtimmtere, wie viel pro Pfund, Pferd und Meile zu zahlen:			
von Kaufmannswaaren und Victualien	1766	9	62
von Silber und Silberbarren	—	—	ibid.
von Gold	—	—	63
von Gold- und Silbergeld	—	—	ibid.
von Paſſagiers	—	—	64, 67
von Briefen {	1766	9	65
	1782	17	384
— — nach der de 1766. ſollen ſich die Poſtämter richten	—	—	462
— — die von Acten und Documenten wird vermindert	1770	12	330
Poſt-Wagen: wie ſolcher beſchaffen ſeyn muß {	1743	5	60
	1746	2	367
	1782	17	438
— — desgleichen auch die Bei-Wagen	1743	5	60 et loc. cit.
— — demſelben müſſen alle andere ausweichen {	—	—	63
	1782	17	447
— — ſollen auf Hanpt-Curſen von Schirrmeiſtern beglei- tet werden	1766	9	61
— — ſollen nicht mit übermäßigen Paquets ꝛc. beladen werden	1782	17	442
— — Beſtimmung der Ladung und des Gewichts	—	—	443
Poſt-Zettel ſ. oben Poſt-Fuhrzettel.			
Pottaſche: wegen Lieferung derſelben aus Pommern nach Schleſien	1763	7	501
— polniſche, wie ſie zu veraccifen ꝛc.	1764	8	34
— einländſche wird außer Landes zu führen verboten	1765	8	414
— in andere königl. Provinzen aber zu führen erlaubt	1766	9	94
— ſoll nicht zum Garnbleichen gebraucht werden	—	—	29
Pottaſchen-Siederei-Compagnie wird im Lande errichtet	1742	1	194
Pottaſchen-Siedereien ſollen, beſonders im Gebürge, ohne Cam- mer-Approbation nicht angelegt wer- { den	1777	15	328
	1756	6	400

Po. Pr.

	Jahr	Band	Seite
Pottaſchen-Siedereien werden auf dem platten Lande nur da verſtattet, wo überflüßiges Holz vorhanden	1756	6	411
— — — dürfen nur im Herbſt und Frühjahr brennen	—	—	ibid.
— — — ſollen im Gebürge ganz aufhören, um den Bleichen nicht die Aſche zu entziehen	1777	15	328
Praeclusions-Urtel, wenn dergleichen anzufertigen	1750	5	550
Praemia für fremde anziehende Glasarbeiter	1764	8	250
— für die pro 1764. meiſt gewonnene Seide			270
— für die pro 1771. meiſt gewonnene Seide, wird erhöht	1771	13	89
— für Beförderung des Seidenbaus pro 1780.	1780	17	39 ſeq.
— für dito pro 1781. 1782. 1783.	1781	17	160 ſeq.
— für dito pro 1784. 1785. 1786.	1784	18	176 ſeq.
— Extraordinaire für jedes Pf. ſelbſt erzeugter Seite im 1ten 2ten u. 3ten Jahre, woran auch die Geiſtlichen und Schulbedienten Theil haben	1771	13	92
— — für die zum erſtenmal gewonnene Seide	1785	18	362
— — für 1000 Stück ins Freie gepflanzte Maulbeerbäume, und deren Unterhaltung ſ. Maulbeerbäume.	1771	13	91
— für die eingeführte Steinkohlen ꝛc. Feuerung bei Ziegel, Kalk, und Brandweinbrennereien	1770	12	88
— item bei den Bleichen	—	—	42, 124
— für Beförderung der Steinkohlen-Feuerung pro 1781. bis 1783.	1781	17	161 ſeq.
— für desgleichen pro 1784. bis 1786.	1784	18	176 ſeq.
— für die Steinkohlen-Feuerung werden nur einmal für die Anlage, aber nicht für die Continuation bezahlt plura ſ. Steinkohlen.	—		ibid.
— für Inoculation der Blattern	1770	12	48, 50
— für Einführung der holländiſchen Bleichart	1769	11	24
— für Einführung der Bleich-Ofen zur Holz-Menage	—	—	ibid.
— für Einführung der Mergel-Düngung	—	—	203
— für die beſte Holz-Anpflanzung (ſ. Holz.)	—	—	ibid.
— für den feinſten im Lande fabricirten Zwirn	—	—	205
— für die am erſten die Braunſchweiger Meſſe beziehenden Tuch-Negocianten wird pro Stück auf 4 Thlr. erhöht	1771	13	37
— für die auswärtige Meſſen beſuchende Fabrikanten ſollen, wenn ſie damit nicht continuiren, wieder heraus gegeben werden	1772	13	389
— für Exportation der einländiſchen Tücher auf auswärtige Meſſen wird ſuspendirt	1778	16	53

Pr.

	Jahr.	Band.	Seite.
Praemia für Einführung der Kniestreicher-Arbeit bei feinen Tüchern	1763	7	501
—— wird wieder aufgehoben	1774	14	126
—— für jeden über 10 Beständer aus eigener Zucht gewonnenen Bienenstock	1773	14	27
—— für jeden dito aus andern Ländern erkauften	1764	8	421
f. **Bienenstöcke.**			
—— für die Entdeckung derer im Lande herum ziehenden Mord-brenner a 100 Thlr.	1776	15	98
—— für die, so am ersten zur Feuer-Löschung eilen	—	—	141
	1777	15	779
—— für die beste Holz-Besaamung	—	—	403
Praemien-Atteste, wie sie ausgestellt und beschaffen seyn müssen	1782	17	273
Praemien-Plan allgemeiner zur Vertheilung pro 1764.	1764	8	359 seq.
—— —— pro 1765.	1765	8	768
—— —— pro 1766 bis 1771.	1766	9	283
—— —— pro 1772 bis 1774.	1772	13	168
—— —— pro 1775.	1775	14	395
—— —— pro 1776.	1776	15	9
—— —— pro 1777.	1777	15	166
—— ratione des Seidenbaues pro 1780.			
item pro 1781. bis 1786.			
f. oben *Praemia* für Beförder. des Seidenbaues.			
Praescriptio gegen Kirchen und Klöster, wenn solche statt hat	1748	3	210
Praestationes der Unterthanen f. Dienste, Hofedienste, Zinsen, Unterthanen.			
Prediger evangel. Instruction für die im Lager bei Glogau ordinirten	1741	1	15
—— —— Instruction für die bei den neu erbauten Bethhäusern angestellten, wie sie sich in ihrem Amte zu verhalten	1742	1	193
Prediger-Wittwen in den Städten, was sie als Gnaden-Gehalt zu genießen (f. Pfarrer, Geistliche.)	1746	5	185
Prellen an den Landstraßen, die alten sind abzuschaffen und keine neue mehr anzulegen	1767	10	12
—— —— statt derselben sollen gewölbte Rinnen gemacht werden	—	—	ibid.
Presbyterial-Ordnung evangelische	1742	1	182
f. *Inspections*-Ordnung.			
Priester f. Geistliche, Pfarrer, Caplane, Klöster ꝛc.			
Priezen: des Orts Privat-Mauth-Tabelle	1752	4	590
Prinzen vom königl. Hause, inwiefern sie Darlehne aufnehmen und	1749	3	567
Wechsel ausstellen können	1751	4	76

Pr.

	Jahr.	Band.	Seite
Privat-Personen: deren Rechtssachen unter sich gehören zum Ressort der Oberamtsregierungen	1750	5	303, 319
Privat-Mauth-Tabellen, Privat-Siegel u. s. w. s. Mauth, Siegel ꝛc.			
Privilegia, dabei sollen die Landes-Einwohner geschützt werden	1740	1	1
	1741	1	16, 18, 27
	1772	1	91, 160
—— der Fürstenthümer Schweidnitz und Jauer, besondere Versicherung darüber	1741	1	138
—— der schlesischen Bergleute	1769	11	280
Privilegien-Sachen gehören zum Ressort der Cämmern	1750	5	310
in wiefern darinn an die Oberamtsregierungen appellirt werden kann	—	—	313
	1746	5	188
	1747	2	639
Probe-Hande mit Getreide ist verboten	1756	6	604
s. Getreidehandel.	1756	19	100
	1764	8	304
	1776	15	102
	1782	17	227
Professionisten s. Handwerker.			
Proskauer Fayance s. Fayance.			
Protestanten in Schlesien erhalten alle Gewissens-Freiheit s. Religion.	1742	1	91, 160
Protestationes de non intabulando, deren Eintragung	1750	5	307
Protocolle bei Anmeldung zu gerichtlichen Verhandlungen, was dazu für Stempelpapier zu nehmen	1782	17	235
Proviant s. Fourage, Cavallerie-Verpflegung, Marsch ꝛc. Lieferung.			
Proviant-Bediente untreue, wie sie zu bestrafen	1744	1	35
—— mit denselben sollen die Dominia und Gemeinen keine Durchstecherei begehen	1762	7	89
Proviant-Fässer sollen in Vorrath verfertiget werden	1741	1	170
Provinzial-Rechte, Statuten, Willführen ꝛc. sollen gesammelt und eingesandt werden	1780	17	41
Provinzial-Gesetze müssen auch in der Provinzial-Sprache abgefaßt seyn	—	—	47
Proxeneticum bei Geld-Verkehr mit Adelichen wird verboten s. Adeliche, item Güter adeliche.	1770	12	253, 294
Prozesse: wegen Führung derselben bei den Untergerichten	1748	3	223
—— deren Beschleunigung wird eingeschärft	1750	5	526

Pro-

Pr.

		Jahr.	Band.	Seite.
Prozeſſe:	Declaration des Codicis Frideric. P. 3. Tit. 21. §. 3. wegen deren Beschleunigung	1758	6	728
——	ſollen in einem Jahr abgethan werden	1780	17	83
——	die Magiſträte, ſollen dergleichen nicht ohne Approbation der Cammer anfangen	1748	3	205
——	die Dorfgemeinen gegen ihre Dominia führen, was eigentlich darunter zu verſtehen	1780	17	4
——	beim Anfang derer, ſo zwiſchen Dorfgemeinen und ihren Dominiis obwalten, ſollen ſich die Unterthanen in erſter Inſtanz an keine Advocaten, ſondern durch Deputirte bloß an das Juſtiz-Collegium wenden	1777	15	393
——	wie es mit der Einleitung dergleichen Unterthanen-Proceſſe zu halten	—	—	396
——	die Klagen der Unterthanen gegen ihre Dominia werden ex officio inſtruirt	1780	17	4
——	wie es zu halten, wenn die Klagen der Unterthanen ungegründet zu ſeyn ſcheinen	—	—	5
——	wie es mit der Inſtruction, wenn die Dominia Kläger, die Unterthanen aber Beklagte ſind	—	—	6 ſeq.
——	während denſelben müſſen die Unterthanen noch die ſtreitigen Dienſte praeſtiren	—	—	13
——	wie dergleichen indebite geleiſteten Dienſte ſodann zu bonificiren, wenn ſolche dem Dominio abgeſprochen werden	—	—	14
——	wie zu verfahren, wenn die Dienſte vor unmöglich ausgegeben werden	—	—	15 ſeq.
——	in welchen Fällen auch die Beſchwerden einzelner Unterthanen gegen ihr Dominium ex officio inſtruirt werden müſſen	—	—	19
Prozeß-Diaeten	für die Gemein-Deputirten werden beſtimmt	1777	15	394, 397
——	item für die Unterſuchungs-Commiſſion	1780	17	21
Prozeß-Koſten	der Unterthanen ſind ſo viel als möglich zu menagiren	1777 / 1780	15 / 17	391 / 21
——	der Unterthanen dürfen nicht eigenmächtig ohne Vorwiſſen des Landraths und Approbation der Cammer collectirt werden	1776 / 1777	15 / 15	29, 39 / 394
Prozeß-Liſten:	deren Einſendung wird verordnet	1750	5	529
——	Formular dazu			528
Prozeß-Reglement:	wie in den Prozeſſen zwiſchen Dominiis und Unterthanen überhaupt zu verfahren	1780	17	2 ſeq.
Prozeß-Ordnung:	vorläufiger Unterricht wegen Einführung der neuen	—	—	74 ſeq.

Pr. Pu.

	Jahr.	Band.	Seite.
Prozeß-Ordnung: Mängel der bisherigen	1780	17	75 seq.
———— Haupt-Endzweck und Grundsätze der neuen	—	—	79 seq.
———— Modus procedendi nach der neuen	—	—	84 seq.
———— dabei gelten keine Advocaten mehr, sondern Assistenz-Räthe (s. Advoc. Assist. R.)	—	—	81
———— item keine Interloccute, noch Neben-Prozesse über Incident-Puncte	—	—	82
———— item nur das Appellatorium, Revisorium, aber weiter kein Remedium	—	—	ibid.
———— wie das Appellatorium zu instruiren	—	—	86
———— item das Revisorium	—	—	87
———— die neue wird als ein allgemeines Landesgesetz vorgeschrieben	1781	17	164
———— soll auch von den Regie-Gerichten beobachtet werden	1783	18	21
Puder: dazu soll der Weitzen nicht getreten, sondern in den städtischen Mühlen gemahlen werden	1756	19	115
——— der fremde wird einzuführen verboten	1783	18	5
Pulver Aulhautsche, deren Debit wird wegen ihrer Schädlichkeit verboten	1776	15	1
Pulver-Mühlen dürfen ohne besondere Concession nicht angelegt werden (die Generalia davon s. Mühlen.)	1772	13	185
Pulver zum Schießen s. Schießpulver.)			
Pupillen s. Unmündige.			
Pupillen-Collegia werden angestellt	1750	5	506 seq.
Pupillen-Gelder sollen zinsbar bei der Banco angelegt werden	1768	10	266, 276
——— ——— unter was für Formalitäten	—	—	268, 271
——— ——— gehen dahin und zurück Post-frei	—	—	270
——— ——— landesherrliche Garantie wegen deren Sicherheit	—	—	275
——— ——— Supplement, was wegen den Münzsorten zu beobachten	—	—	289
——— ——— werden allein noch mit 3 pro Cent verzinset	1778	16	9
——— ——— zur Banco einzuschickende sind von den Gerichten zu attestiren, daß es wirklich solche sind	—	—	ibid.
——— ——— werden, wenn sie noch mit Geldern anderer mündigen Erben vermischt sind, bis zu ihrer Separation auch nur mit 3 pro Cent verzinset	—	—	10
Purgatorium findet in Polizei-Contraventions-Fällen nicht statt	1785	18	321
Putz-Mühlen zur Reinigung des Getreides. Avertissement deswegen	1764	8	169
——— jedem Creiße wird eine zur Probe geschenkt	—	—	170

Pu

	Jahr.	Band.	Seite.
Putz-Mühlen: die geschenkten sollen in den Steuerämtern öffentlich ausgestellt, und jedem die Probe damit zu machen erlaubt seyn	1768	10	211
— — sollen allgemein eingeführt werden	1764	8	307
	1765	8	774
Putz-Waaren von Federn, die ausländschen werden zur innern Consumtion mit 50 pro Cent impostirt	1783	18	6

Q.

Qu

	Jahr.	Band.	Seite.
Quacksalber: das Ausstehen an Jahrmärkten wird denselben verboten (cetera vid. Marktschreier.)	1744	19	16
Quadersteine fremde sind auf einen Cammer-Paß einzuführen erlaubt	1773	14	109
— — das Hausiren damit wird den Ausländern verboten	1783	18	72
Quärge s. Victualien.			
Quart-Maaße zu nassen Waaren sollen von Zinn oder Blech gemacht seyn	1751	4	303
— — sollen jährlich revidirt werden	—	—	308
s. Maas.			
Quartire sollen der Mannschaft durch Billets angewiesen werden	1752	4	554
dürfen die Soldaten nicht willkürlich ändern, weder sich solche selbst wählen	—	—	ibid.
— in den angewiesenen haben die Soldaten nichts als Obdach und Lagerstroh zu fordern	1752	4	552, 556
	1762	7	94
— wie viel Lagerstroh der bequartirten Mannschaft zukommt, und wie solches zu vergüten	1752	4	553
— Servis, Bestimmung der Sätze, wie viel für jeden resp. Mann zu zahlen: in den Städten	1742	1	138 seq.
item in den Dörfern	1778	16	82 seq.
Mehr s. Cantonirungs-Quartire, Servis.			
Quatember-Geld von Bergzechen wird bestimmt	1769	11	160
Querbacher Blaufarbe s. Blaufarbe.			
Querulanten: denselben soll Niemand Suppliquen machen	1780	17	90, 101
— sind zur Entdeckung ihrer Schriftsteller anzuhalten	—	—	90, 97
s. Schriftsteller.			
Queruliren unnützes der gemeinen Leute wird verboten	—	—	89
Quindeci-Spiel wird verboten (s. Hazard-Spiel)	1774	14	281
Q. inquennial-Steuer-Soc. Catastrum ist nach der vollen Häuser-Taxe zu machen (s. Steuer-Soc. Catast.)	—	—	262

Quies

Qu.

	Jahr.	Band.	Seite.
Quittungen über Accise-Gefälle, Tariff derselben (f. Ac. Quitt.)	1770	12	22
— — über Chargen-Jura, ohne Vorzeigung solcher wird Niemand zum Amt admittirt, auch kein Salarium ausgezahlt (f. Chargen.)	1764	8	92
— — über Salarien und Pensionen, was für Stempelpapier dazu zu nehmen (f. Stempelpapier.)	1766	8	178
Uebrigens kommt von Quittungen mehr bei der Hauptsache vor, worüber sie auszustellen sind.			
Quittungs-Bücher über die Praestationes der Unterthanen bei Aemtern und Cämmereien sind zu halten	1744	5	173
Quota Fiscalis f. Fiscus, Fiscal.			
Qureillesche Wunder-Essenz f. Wunder-Essenz.			

R.

Ra.

	Jahr.	Band.	Seite.
Rabat à 10 pro Cent wird auf die aus der Berliner Fabrike genommenen Seidenwaaren bewilliget	1767	10	35
— der bisherige vom auswärts debitirten Siebsalz wird aufgehoben	1772	13	237
Räder holländsche große sollen mehrere zum Wollespinnen angeschaft werden	1764	8	317
Rades-Felgen fremde werden mit 30 pro Cent impostirt	1765	8	741
Rang-Ordnung derer Accise-Bedienten zu Breslau	1746	2	231
— — derer Accise-Bedienten überhaupt	1756	19	52
— — derer Accise-Einnehmer	1743	5	35
— — derer Accise-Controlleurs	—	—	ibid.
— — des Collegii medici Decani	1747	5	229
— — — Assessorum	—	—	ibid.
— — — Secretarii	—	—	ibid.
— — — Adjunctorum	1746	5	179, 188
— — derer Creis-Calculatorum	1756	19	53
— — derer Creis-Physicorum	1746 / 1747 / 1748	5 / 5 / 3	118, 188 / 330 / 205
— — derer Creis-Stände bei den Landtagen	1775	14	296, 300
— — derer Creis-Steuereinnehmer	1743 / 1748	5 / 3	35 / 205
— — derer Feuerburgermeister	1777	15	162
— — derer Inquisitorum publicorum	1782	17	246
— — des Ober-Forstmeisters	1756	6	464

Rang-

Ra. Re.

	Jahr.	Band.	Seite.
Rang=Ordnung derer Polleciburgermeister	1750	3	955
—— —— derer Postmeister	1743	5	35
—— ——	1782	17	465
—— —— derer Professorum bei den Gymnasiis	1776	19	411
—— —— derer Stad=Physicorum	1747	5	230
—— —— derer Zolleinnehmer	1743	5	35
Rapsaamen s. Rübsen			
Rasche (überhaupt): wie bei deren Schau zu verfahren (s. Schau.)	1769	11	46 seq.
—— Halb=Rasche: Vorschrift wegen deren Anscheerung	—	—	34 seq.
—— Cron=Rasche: Vorschrift wegen dergleichen	—	—	40 seq.
—— —— eine Art kann 38 Gänge gemacht werden	1771	13	104
—— Futter=Rasche, Vorschrift wegen deren Anscheerung rc.	1769	11	42 seq.
—— —— eine Art kann a 28 Gänge gemacht werden s. Zeuge.	1771	13	104
Raschmacher s. Zeugmacher.			
Rathsbedienten: deren Erben haben außer dem Sterbe=Quartal noch ein Gnaden=Quartal zu genießen	1742	5	17
die Erben derer bei Mediat-Städten genießen blos das Sterbe=Quartal, aber kein Gnaden=Quartal (s. Officianten rathhäusliche.)	1763	7	224
Raths=Boten und Diener Stellen sollen mit Invaliden besetzt werden	1768	10	323
Rathhaus=Wesen: Reglement wegen dessen Einrichtung in denen Immediat-Städten	1750	3	952 seq.
—— —— das darüber ergangene Reglement soll jährlich republicirt werden	—	—	996
Ratten=Pulver s. Gift.			
Räuber=Banden: Belohnung derer, so solche entdecken	1747	2	565
Raubschützen sollen aufgegriffen werden	1756	6	437
—— wie die zu bestrafen, so sich widersetzen	—	—	ibid.
Raubvögel: Schießgeld für dieselben	—	—	448
Rauchfänge s. Schorsteine.			
Rauhen der Tücher s. Tücher.			
Raupennester an den Obstbäumen sind fleißig zu vertilgen	1770	12	18
Real=Verschreibungen sind in das Hypotheken=Buch einzutragen	1750	5	360
Rebhühner: wie sie eingefangen werden dürfen	1756	6	445
—— wie viel Stück Hüner von einem eingefangenen Volke frei zu lassen	—	—	ibid.
—— deren Preis und Schußgeld s. Wildpret=Taxe.			
Receptions=Gebühren der Züchtlinge in die Zuchthäuser; Bestimmung derselben	1747	2	458

Re.

	Jahr.	Band.	Seite.
Receptions-Gebühren sind zu erlassen, wenn Recipiendus kein eigen Vermögen hat (s. Zuchthäuser.)	1754	5	652
Rechen fremde: die Einfuhr derselben wird verboten	1783	18	5
Rechnungen königl. sollen in den preuß. Staaten auf einerlei Fuß nach Thlr. Gr. Pf. geführt werden	1750	3	859
—— —— —— müssen vorbearbeitet, und nach Abschluß derselben die Einsendung nicht verzögert werden	1769	11	87, 222
—— —— —— sind bei 5 Thlr. Strafe in den vorgeschriebenen Terminen einzusenden	1778	16	16
—— —— —— der Ober-Steuerämter, unter welchen Umständen deren Abschluß ꝛc. prolongirt werden kann	1769	11	223
Rechnungs-Atteste müssen vor dem Monats-Abschluß vom Rendanten nachgesucht, und ihm solche ohne Anstand ertheilet werden	—	—	221
Rechnungs-Ausgaben dürfen nie den Etat übersteigen	1778	16	17
Rechnungs-Belage sind vor jedem Monats-Schluß herbei zu schaffen	1769	11	87
Rechnungs-Fehler: die Strafen dafür werden bestimmt	1778	16	16
Rechnungs-Notata sollen bei Strafe 10 bis 20 Thlr. gründlich und bescheiden beantwortet werden	—	—	17
Rechnungs-Reste soll Rendant nicht statuiren, oder muß solche vor dem Schluß zur Decharge anzeigen	—	—	16
Rechnungs-Wesen: Vorschrift wegen besserer Einrichtung dessen	1769	11	86 seq.
	1778	16	16 seq.
die Specielle Rechnungen, als Bau-Forst-Rechnungen u. s. w. s. unter Bau-Forst-u. s. w. überhaupt aber kommt davon nicht sub rubr. Cassen vor.			
Reconventio: wie es zu halten, wenn solche illiquida ist	1750	5	558
—— wenn dabei simultaneus processus statt finde	—	—	559
—— wie das Verfahren dabei zu reguliren	—	—	ibid.
Recruten dürfen ohne Cammer-Consens und Ordre nicht aus den Cantons gehoben werden	1764	8	286
—— sollen ohne Chicanen ausgehoben werden	—	—	290
—— die Transporte derselben müssen sich nach der vorgeschriebenen Marsch-Route richten, und für ihr eigen Geld leben	1761	7	22
Recrutirungen der Regimenter: dabei zu beobachtende Modalitaeten. (plura vid. Canton, Cantonisten.)	1763	7	208
Referendarii, deren Verrichtungen und weitere Beförderung	1780	17	46
Regie-Gerichte sollen ebenfalls nach der neuen Prozeß-Ordnung verfahren	1783	18	21

Re-

Re.

	Jahr.	Band.	Seite.
Regie-Gerichte, deren Verhältniß gegen andere Collegia	1783	18	24
Regie-Gerichts-Officianten participiren nicht mehr von den Sporteln	—	—	21
f. Ober-Regie-Gerichte, item Accise-Gerichte.			
Regiments-Chyrurgi sollen bei Civil-Personen nicht curiren	1744	19	25
Regiftratores bei den O. A. Regierungen: Instruction für solche	1750	5	535 seq.
Reinerzer Gesundbrunn f. Gesundbrunn,			
Reglements f. Edikte.			
Reisende f. Fremde.			
Reisen der Magistrats-Personen ohne Erlaubniß ist verboten	1748	3	205
— item der kathol. Geistlichkeit außer Landes (f. Geistliche.) {	1756	6	601, 605
	1757	6	685
— ungehindertes von einem Orte zum andern wird verstattet	1741	1	21
Relationes müssen beschleuniget, und durch Krankheit des Re- oder Correferenten nicht aufgehalten werden	1750	5	553
Religion katholische soll nach dem Frieden de 1742. in statu quo bleiben	1742	1	91, 159
— in der Eltern ihrer sollen auch die Kinder bis ad annos dis-{ cretionis erzogen werden	1750	5	417
	1752	4	796 seq.
— wenn die Eltern verschiedener Religion sind, sollen die Söhne in des Vaters seiner, die Töchter in der Mutter ihrer usque ad annos discretionis erzo-{ gen werden (f. Ehen, Kinder, Eltern.	1750	5	417
	1752	4	796
— darauf sollen die Handwerker bei Erwählung ihrer Gewerksältesten nicht reflectiren	1786	18	487
Religions-Gravamina: Reglement, wie solche in geistlichen Sachen bei denen in Schlesien geduldeten Religionen zu entscheiden	1750	5	415 seq.
Religions-Freiheit vollkommene erhalten die Evangelischen in Schlesien	1742	1	91, 160
— wird überhaupt allen Einwohnern Schlesiens{ unneingeschränkt verstattet	1750	5	416
	1763	7	186
Religions-Sachen: Commissoriale wegen Regulirung derselben	1750	5	302 seq.
Religions-Uebung freie ist den Armen im Arbeitshause zu Creutzburg verstattet	1779	16	119
— item denen Züchtlingen	1747	2	458
Remission: Bestimmung derselben für die Amts-Unterthanen bei Unglücksfällen an denen Praeftandis	1743	5	122
— auf Unglücksfälle und Vorspann soll aus den königl. Cassen prompt bezahlet werden	1743	1	59
	1756	6	241
— auf Häuser von geschrotenen Holz wird nicht gegeben {	1764	8	179, 181

Re-

Re.	Jahr.	Band.	Seite
Remiſſions-Liquidationes ſind ſchleunig einzuſenden	1765	8	533
Remiſſions-Reglement für die Contribuenten in Schleſien	1743	5	122 ſeq.
— — bei Hagelſchaden (ſ. Hagelſchaden.)	—	—	ibid.
— — bei Mißwachs (ſ. Mißwachs.)	—	—	127 ſeq.
— — bei Brandſchaden (ſ. Brandſch. it. Feuer-Soc.)	—	—	131 ſeq.
— — bei Ueberſchwemmungen (ſ. Ueberſchw.)	—	—	133 ſeq.
— — bei Viehſterben (ſ. Vieh-Aſſecuranz.)	—	—	135 ſeq.
— — nach demſelben ſollen die Schäden genau unterſucht und liquidirt werden	1763	7	349
Rendant ſ. Caſſen-Bediente, Rechnungen.			
Renunciations-Acte wird von den böhmiſchen Ständen im Frieden de 1742. dem Hauſe Preußen verſprochen	1742	1	162
Reſcripte an die Magiſträte ſollen die Dirigentes dem Collegio nicht vorenthalten (ſ. Edicte.)	1749	3	500
Reſpect-Tage ſ. Wechſel.			
Reſſorts derer königl. Landes-Collegiorum werden beſtimmt	1750	5	306 ſeq.
zu denen Wagen ſ. Stahlfedern.			
Retorſionis Jus bei Wechſel-Schulden oder Concurſen	1751	4	85
Rettungsmittel ſ. Hülfsmittel.			
Revenüs und Rechte, die darüber entſtandene Prozeſſe gehören zum Reſſort derer Juſtiz-Inſtanzen	1750	3	957.
königliche, und alles, was dahin einſchlägt, gehören zum Reſſort der Cammern	1750	5	307
Specialia ſ. Accise, Steuern, Servir, Zoll ꝛc.			
— ſollen überhaupt an keine Ausländer verpachtet werden	1768	10	292
— ſollen zu deren Adminiſtration auch keine ausländiſche Beamten angeſetzt werden	1778	16	2c
— doch wird die Verpachtung und Adminiſtration an ſächſiſche Vaſallen erlaubt	—	—	6z
— ſchleſiſche mögen auch an andere Ausländer verpachtet, oder zur Adminiſtration übergeben werden, wenn ſolche 20 Jahr im Lande gewohnet, und Beweiſe ihrer Ehrlichkeit vorzulegen haben	1779	16	165
Reviſion: außer derſelben findet nach der neuen Prozeß-Ordnung weiter kein Remedium ſtatt	1780	17	82
ſ. Prozeß-Ordnung.			
Reviſions-Inſtanz: wenn ſolche bei Beweiſen ſtatt haben ſoll	1758	6	728
Revüe: wegen Verpflegung der dahin marſchirenden Regimenter, und wie es damit zu halten, ſ. Marſch, Cantonirung.			
Rey-Gras: deſſen Eigenſchaften und dazu erforderlichen Boden	1766	9	53
— — Säungs-Methode	—	—	54

Ri. Ro.

	Jahr.	Band.	Seite.
Richter sollen nach der neuen Proceß-Ordnung die Partheien selbst vernehmen	1780	17	79
—— was dieselben zur Ergründung der Wahrheit und Erläuterung des Facti zu thun haben	—	—	80
Riemenstecher sollen an Jahrmärkten nicht öffentlich ausstehen * reliqua s. Glückstöpfer.	1743	I	12
Rietmacher: mehrere sollen zur Beförderung der Woll-Manufacturen angesetzt werden	1765	8	501
Rigaer Leinsaamen s. Leinsaamen.			
Rindhäute s. Leder rohe.			
Rindvieh von jedem Stück in Polen eingekauften müssen die Dorf-Fleischer 5 Thlr. Zoll entrichten	1743	I	51
reliqua vide Vieh, item Accise vom Vieh, Zoll.			
Rinnen gewölbte sollen an den Landstraßen statt der bisherigen Prellen angelegt werden	1767	10	12
—— wie dieselben beschaffen seyn müssen	—	—	27
—— an den Dächern s. Dachrinnen.			
Risse von Städten und Gegenden dürfen ohne Cammer-Erlaubniß nicht aufgenommen werden	1750	3	883
— von jeder Stadt in Schlesien werden anzufertigen befohlen	1782	17	241
Rittergüter (Rittersitze) zum Ankauf der schlesischen ist das Incolat nöthig	1754	5	678
— — was dieselben eigentlich seyn	1770	12	203
— — wie viel derselben ein Besitzer haben müsse, der 1 oder 2 Vota auf den Creis-Versammlungen geben darf	—	—	203
— — wie es mit dem Votiren zu halten, wenn die Güter eines Besitzers in verschiedenen Creißen liegen	—	—	204
plura s. Güter adeliche.			
Roboten sind den durch Brandschaden verunglückten Unterthanen zu entlassen (s. Hofedienste.)	1761	7	59
Rodungen eigenmächtige werden verboten	1756	6	459
—— besonders in den Wäldern, die am Wasser oder nahe an Breslau liegen	—	—	467
Röthe: das Verfälschen derselben wird verboten. Wem wem sie zu packen	1747	2	533
— darf nicht in die Städte zum Dörren eingeführt werden	1776	15	112
Röthe-Reime, die Ausfuhr wird bei Zuchthaus rc. Strafe verboten	—	—	65
Rosarienmacher zu Breslau, deren confirmirte Zunft-Artikel	1755	6	44 seq.
Roßmarkt zu Pollwitz, einer wird angelegt, (s. Viehmärkte.)			
Rothenburger Kupfer s. Kupfer.			
Rothkirch v. wird als Weihbischof publicirt	1781	17	201
Rotuli, wie es mit deren Publication zu halten	1750	5	553

Rübs

Ru.

	Jahr.	Band.	Seite.
Rübſaamen-Bau wird anbefohlen	1756	6	588
	1763	7	477
— — — Vorſchrift wegen gehöriger Beſtellung deſſelben	1766	9	22
Ruhr rothe: die leichteſten Mittel, ſolche zu heilen	1778	16	72
Ruſtical-Güter ſ. Bauergüter, item Stellen.			

S.

Sa.

	Jahr.	Band.	Seite.
Säcke, ſo mit Malz zur Mühle geſchickt werden, wie ſolche zu zeichnen	1742	5	8
— mit Getreide, von Ausländern zur Mühle gebrachte ſollen ebenfalls bezeichnet werden	1756	19	107
— — vom Lande in ſtädtſche Mühlen gebrachte ſind mit dem Namen des Dorfes zu bezeich- nen	1742	5	24
	1745	5	175
	1746	2	246
	1756	19	107
	1773	14	47
— — auch die, ſo den Stadtmüllern eigenthümlich ge- hören, ſind mit Farbe zu zeichnen	1775	14	359
— — in den Mühlen, wo ausländſches Getreide ge- mahlen wird, müſſen alle gezeichnet ſeyn	1785	18	404
Sachſen: denſelben wird das Ausſtehen auf ſchleſiſchen Jahrmärk- ten unterſagt	1765	8	653
— werden zur Pachtung und Adminiſtration ſchleſiſcher Güter admittirt (rel. ſ. Ausländer.)	—	—	ibid.
Säen um die Hälfte des Zuwachſes iſt verboten	1763	7	464
	1773	14	73
— unter welchen Umſtänden es zu erlauben ſ. Aecker.	1763	7	465
	1773	14	73
Saflor: der Anbau deſſen wird befohlen	1756	6	226
Saffran: der Anbau deſſelben desgleichen	—	—	ibid.
Säge-Späne eichene: wie Kalbfelle damit zu gerben. Anweiſung	1766	9	33
Saiten Nürnberger von Meßing oder Eiſendrath werden einzu- führen verboten	1782	17	354
	1785	18	388
Salmiac ſoll zur Verzinnung genommen werden	1768	10	192
— der fremde wird einzuführen verboten	1782	17	277
Salpeter polniſcher: Acciſe-Satz davon ſtatt des bisherigen Ba- ratto Beneficii (ſ. Baratto.)	1764	8	34
— gehört zum Bergwerks-Regale	1769	11	90
— der fremde wird zur innern Conſumtion völlig einzuführen verboten	1786	18	494

Sa.

	Jahr.	Band.	Seite.
Salpeter: der fremde bleibt zum Transito-Handel noch einzuführten erlaubt, muß aber bis zur weitern Versendung auf den Packhöfen liegen	1786	18	495
—— den privativen Handel zum Bedarf der Artillerie hat das Haupt-Eisenmagazin	—	—	494
Salz: alles fremde, auch das aus dem Brandenburgschen eingebrachte ist als Contreband wegzunehmen	1742	5	22
— was bei dessen Verschiffung und Ladung zu beobachten	1747 / 1749	5 / 3	211 / 342
— Verhältniß des Siedsalzes gegen das Steinsalz	1756	6	329
— das Höckern damit wird den Fuhrleuten verboten	1763	7	410
— wie viel auf jede Person, besonders bei den Professionisten, item auf das Vieh jährlich zu rechnen	1756 / 1770 / 1771	6 / 12 / 13	329 / 40 / 72
— das Glaubersche wird in Schlesien einzuführen verboten	1782	17	277
Salz-Aemter sollen sich von den vorüberfahrenden Schifferknechten ihre Erlaubnißscheine zum Dienen vorzeigen lassen (s. Schifferknechte.)	1778	16	88
Salz-Beamten müssen von ihren Salariis Servis zahlen	1786	18	466
Salz-Bereuter: Instruction für dieselben	1746	2	399 seq.
—— wie deren Plackereien bei Einschleppung des fremden Salzes zu verhüten	1750	3	994
—— stehen unter der Aufsicht der Salz-Inspectorum	1756	6	337
—— ihnen soll gegen die Contrebandiers alle mögliche Assistenz geleistet werden	1764	8	51
Salzbrunner Brunn s. Gesundbrunn.			
Salz-Bücher: Einführung und Einrichtung derselben	1756	6	326, 328 330, 345
— —— Formular dazu	—	—	343
— —— auf wie lange sie auszutheilen, und was dafür zu zahlen			329
— —— die in Abgang gekommene sollen wieder angeschafft werden	1769	11	247
— —— wer das darinn eingetragene Salz attestiren muß	—	—	248
— —— was die Salz-Inspectores bei deren Revision zu beobachten	1756	6	331
Salz-Contrebandes (Saisien) von wem die Protocolle darüber aufzunehmen	1747	5	234
— —— wie die Protocolle anzufertigen, und wenn sie nebst den monatl. Tabellen einzusenden	—	—	ibid.
— —— der Verkauf der dabei eingebrachten Pferde und Wagen soll mit Zuziehung einer Magistrats-Person geschehen	1773	14	4

Salz-

Sa.

	Jahr.	Band.	Seite.
Salz : Contrebandes : von dem Verkaufs-Protocoll darüber ist ein Exemplar an die Factorey einzusenden	1773	14	5
— — die bei den Dorfgerichten deponirten sind sogleich an die nächste Factorey einzusenden	1774	14	197
Salz : Contreband-Gelder sind, wenn dabei zugleich Tabacks-Contreband vermengt ist, in beide Cassen gleich zu vertheilen	1772	13	390
Salz : Contrebandiers (Einschwärzer, Corallen) wie gegen die ausländschen zu verfahren (f. Corallen.)	1747	5	231
	1767	10	107
— — — item gegen die einländschen	1747	5	232
— — — wie sie ad protocollum zu vernehmen	—	—	234
— — — und zu bestrafen	—	—	233
f. infra Salz-Defraudationes.)			
Salz : Controversien, wie bei deren Untersuchung zu verfahren	1756	6	332
— — — Diäten des Commissarii	—	—	333
Salz : Consumenten müssen ihr benöthigtes Salz lediglich von den ihnen angewiesenen Sellern nehmen	—	—	329
Salz : Consumtions-Anschläge: was bei deren Anlegung in Rücksicht verschiedener Personen zu beobachten	1770	12	90
— — — wie solche zu einer extraordinairen Consumtion ratione der Personen-Zahl einzurichten	1770	12	ibid.
	1771	13	72
— — — sind auch auf gelte Kühe zu machen	1772	13	359
— — — auch auf die beurlaubten Soldaten, doch werden 3 Monate ratione der Exercier- und Revüe-Zeit abgerechnet	1770	12	90
— — — wie es mit denen zu halten, die während der Vertheilungszeit von einem Orte in einen andern ziehen	—	—	91
— — — item mit der Familie herrschaftlicher Bedienten	—	—	ibid.
— — — wie viel dabei überhaupt auf jede resp. Person, und das Vieh zu veranschlagen	1756	6	329
	1774	13	72
Salz : Consumtions-Nachlaß findet für das crepirte Vieh nur auf 4 Wochen statt	1769	11	249
— — — für die beurlaubte Soldaten 3 Monate	1770	12	90
Salz : Consumtions-Register: wegen Einrichtung, Aufnahme u. Einsendung desselben	1756	6	326, 333 335, 341
— — — Formular zum Probe-Register	—	—	342

Sa.

	Jahr.	Band	Seite.
Salz-Debit nach Polen wird en faveur der See-Handlungs-Compagnie verboten	1773	14	41, 93
s. See-Handl. Comp.			
Salz-Defraudanten s. Contrebandiers oben.			
Salz-Defraudationes werden ernstlich verboten	1756	6	325
	1764	8	35
— — — wie die Verheeler derselben zu bestrafen			ibid.
— — — was den Salzbereutern bei deren Entdeckung obliegt	1750	3	994
— — — inwiefern die Salzbereuter die Strafe dafür annehmen können	1747	5	234
— — — Maasregeln zu deren Verhütung bei den Dorfgemeinen	1770	12	61
Salz-Einschwärzer s. Contrebandiers ut supra.			
Salz-Einschwärzungen ut supra s. Defraud.			
Salz-Factoreyen sollen monatlich durch 2 Magistrats-Deputirte revidiret werden	1765	8	650
Salz-Factor s. Inspector infra.			
Salz-Gelder: zu deren Einhebung sollen die Dorfschulmeister vorher die Repartition nach dem Anschlage schriftlich machen, die Gerichte aber die Repartition zur Approbation des Landraths einsenden	1779	16	190
Salz-Inspectores: deren Anstellung	1756	6	325
— Reglement und Instruction für solche	—	—	327
— denselben werden die Departements zugetheilt	—	—	337
— müssen fleißig die Factoreyen revidiren	—	—	ibid.
— erhalten zu dieser Revision freies Vorspann von 2 Pferden	—	—	327
Salz-Kerbstöcke: deren Haltung auf den Dörfern wird befohlen	1770	12	63
Salz-Quellen gehören zum Bergwerks-Regale	1769	11	90
Salz-Rabat von dem auswärts debitirten Siedsalz wird aufgeschoben	1772	13	237
Salz-Regale, Edict wegen Ausübung desselben	1756	6	325 seq.
Salz-Rest-Register: von Beschaffenheit, Anfertigung und Einsendung desselben	—	—	334
Salz-Schifffahrt nach Schlesien: Reglement, wornach sich die Factoreyen und Schiffer zu achten haben	1755	6	23 seq.
Salz-Seller: deren Anlegung wird verordnet	1756	6	336
	1770	12	64
— — wie es mit denen im Schreiben unerfahrnen zu halten	1756	6	332
— — was dieselben bei Anlegung des Salzes zu beobachten	—	—	329
— — wie dieselben zu revidiren	—	—	332

Sa. Sc. Scha.

	Jahr.	Band.	Seite.
Salz=Seller: zur Beförderung des auswärtigen Debits sollen mehrere an den Grenzorten angelegt werden	1769	11	247
— — die unbefugten sind zu recherchiren	1775	14	392
— — deren veraltete Patente sollen aufs neue gelöset werden	1782	17	230
— — was deren neue Patente kosten sollen, und was sie dagegen an Provision zu geniessen	—	—	231
Salz=Taxe für sämmtliche Factoreyen	1748	3	174 sq. 198 sq.
	1749	3	387 seq.
Salz=Tonnen: damit sollen die Schiffer vorsichtig umgehen, oder den Schaden ersetzen	1747	5	211
	1749	3	342
— — wie das heimliche Eröfnen derselben zu bestrafen	1747	5	211
	1749	3	342
— — wie viel solche beim Siedsalz wiegen müssen, und wie die unwichtigen zu completiren f. Siedsalz.	1773	14	118
Sammet fremder, und alle daraus verfertigte Waaren werden zur einländischen Consumtion einzuführen verboten	1750	3	818
	1756	19	158
	1763	7	438
— wie der Unterschleif mit dem fremden zu verhüten	1750	3	819
— der fremde soll nicht für Berliner oder Potsdammer gelten	1752	4	715
— gegen 2 Stück fremden soll 1 Stück aus der Berliner oder Potsdammer Fabrike genommen werden	1755	6	2
	1756	19	158
— wie die einländischen zu zeichnen und zu besiegeln reliqua vide Seidenwaaren, Waaren.	—	—	159
Sammler geistl. f. Klostersammler.			
Sandbänke in den Flüssen sollen mit Weiden bepflanzt werden f. Warden.	1763	7	166, 174
Sandgruben sind an den Landstraßen zu machen verboten	1767	10	29
Sandstein=Brüche gehören dem Grundherrn	1769	11	90
Sandrasky Graf v., auf den Jun. wird die Erblandes=Marschall Würde transferirt	1776	15	96
Särge der Verstorbenen sollen erst kurz vor der Beerdigung zugenaget werden	1781	17	121
Sattelbaum bei Wassermühlen f. Sachbaum.			
Scabini in den Städten, deren Anzahl wird eingeschränkt f. Criminal-Gerichte.	1759	6	756
Schaafe: was die Accise=Bedienten zu beobachten, wenn dergleichen in Städten aufs und von der Weide getrieben werden	1746	2	251 seq.
— einschürige sollen angesetzt werden, und wie viel	1756	6	13
	1766	9	10
— Vortheil von deren späterer Scheerung	—	—	15

Schaa

Scha.

	Jahr.	Band.	Seite
Schaafe räudige dürfen nicht bei den gesunden gehütet werden	1764	8	251
—— sollen nicht mit Pech, sondern mit Farbe bezeichnet werden	1769	11	240
—— ein bewährtes Mittel gegen das Blattern derselben	1784	18	206
—— der Verkauf der einländischen nach Sachsen und ins Oesterreichsche wird verboten	1757	6	689
	1763	7	304
Schaaf-Böcke (Erdöhre, Widder) die grobhärigen sind abzuschaffen	1751	4	142
—— was für welche zum Belegen der Schaafe zu halten	1765	8	454
—— einländsche sollen nicht außer Landes verkauft werden	1763	7	304
Schaaf-Felle rohe sind auf dem Lande aus der Hand zu verkaufen erlaubt	1750	3	756
	1759	6	765
	1743	5	34
—— —— deren Aufkäuferei a. d. L. wird verboten	1761	7	17
—— —— deren Aufkauf bleibt den Kürschnern und Gerbern zum Metier aber nicht zum Handel erlaubt	—	—	18
—— —— deren Aufkauf a. d. L. und Handel wird frei gegeben	1774	14	225
die Generalia s. Leder rohe.			
Schaaf-Füße sind außer Landes zu führen verboten	1763	7	393
Schaaf-Pocken: Vorschrift, wie die Verbreitung derselben zu verhüten	1773	14	71
	1784	18	206
Schaaf-Raude, ein Mittel dagegen	1764	8	341
Schaaf-Schlachtvieh polnisches wird mit 12 Gr. pro Stück impostirt	1780	17	2
—— so aus Preußen durch Polen nach Schlesien kommt, ist eben dem Impost à 12 Gr. wie das wirkliche polnische unterworfen	1783	18	116
Schaaf-Sterben, Mittel dagegen	1763	7	494
Schaaf-Zucht, Vorschrift zu deren Verbesserung	1765	8	454
Schaaf-Zuchtvieh, zur Einbringung desselben aus Polen muß eine Cammer-Concession nachgesucht werden, und was von Landräthen dabei zu beobachten	1784	18	184
Schaaf-Zucht-Zustand: Formular zu der davon jährlich einzusendenden Tabelle	1764	8	62
Schäfer sollen zu keiner andern Zeit als an Trinitatis an- und abziehen	1749	3	536
Schacht soll keine Bergw. Gewerkschaft der andern ruiniren	1769	11	115
—— Strafe für die dagegen handelnden	—	—	116
—— wie es mit Einschlagung derselben zu halten	—	—	158
—— Bestimmung des davon zu zahlenden Quatember-Geldes	—	—	159, 160

Scha.

	Jahr.	Band.	Seite.
Schachwitz-Weber fremde anziehende sind ratione der zu genießenden Accise-Bonification nur den ordinairen Leinwebern gleich zu achten f. Leinweber.	1779	16	189
—— —— deren andere Beneficia f. Fabrikanten.			
Schafgotsch, dieser Familie wird das Erbhofrichteramt im Fürstenthum Schweidnitz erblich überlassen	1747	5	218
Schankhäuser (Wirthshäuser) neue dürfen nicht bei Privat- Oder- fähren angelegt werden	1763	7	339
—— —— was darunter verstanden werde	1774	14	234
—— —— neue dürfen zum Schaden des Nachbars nicht erbauet, auch die alten nicht verlegt werden	—	—	235
—— —— so wohl zur Erbauung neuer, als Verlegung der alten muß besondere Cammer-Approbation eingeholt werden	1774	14	235
—— —— wem bei Erbauung neuer das Widerspruchs-Recht competire	—	—	136
—— —— sind öfters unvermuthet wegen den fremden oder ungestempelten Karten zu visitiren	1766	9	186
Schankungs-Brief über alle vom König den schlesischen Unterthanen geschenkte Geldsummen	1778	16	22
Schanz-Arbeit, davon sind die Weber frei	1771	13	38, 41
—— befreiet nicht von herrschaftl. Roboten	1770	12	312
Schanz-Arbeiter sind bei der Ausschreibung aufs ganze Land zu repartiren	—	—	309
—— —— was für Personen dazu bestellt werden müssen	—	—	310, 312
—— —— müssen so viel als möglich in natura gestellt werden	1771	13	29
—— —— deren Tagelohn	1770	12	309
—— —— wenn sie abzulösen	—	—	311
—— —— denselben soll über den vestgesetzten Lohn und Zuschuß weiter nichts gezahlet werden	1771	13	30
—— —— sollen indistincte mit 5 Sgl. pro Tag aus der Vestungs-Bau-Casse bezahlet werden	—	—	100
—— —— erhalten auf ihrer Hin- und Herreise täglich 4 Sgl.	—	—	101
—— —— Bestimmung der Diaeten für die Aufseher über sie, und der sie begleitenden Landdragoner	—	—	ibid.
—— —— wie die entlaufenen zu bestrafen	—	—	114
Schanz-Baufuhren, wie solche zu reguliren	1770	12	308
—— —— sind aufs ganze Land zu repartiren	—	—	309
—— —— wie die, so nicht in natura gestellt werden, zu bezahlen	—	—	ibid.

Scha.

	Jahr.	Band.	Seite.
Schanz-Baufuhren, wer dieselben eigentlich leisten müsse	1770	12	310
— — — wenn sie abzulösen	—	—	311
— — — 4spännige werden aus der Schanzbau Casse täglich mit 1 Thlr. bezahlt	1771	13	100
Schanz-Bauten: die zu denselben bisher gezahlten Zuschuß-Gelder sollen nicht mehr vom Creiße, sondern aus der königl. Casse gezahlt werden	—	—	83
Scharfrichter: was ihnen zu curiren erlaubt ist	1744	19	17
— — sollen ihren Knechten und Jungen gedruckte Atteste geben	1772	13	214
— — Formular dazu	—	—	ibid.
— — müssen Nahrungs-Servis zahlen	1786	18	454
— — wie viel sie Executions-Gebühren zu fordern, wenn der Exequendus begnadiget wird	1754	5	651
— — müssen den bei Executionen üblichen Schmauß auf eigene Kosten ausrichten	—	—	ibid.
— — wegen den Sitzgebühren f. Sitzgebühren.			
— — Knechte f. Abdecker.			
Scharfrichtereien bei Städten sollen verpachtet werden	1761	7	47
Schau bei den Tuch-Fabriken: Vorschrift, wie dabei zu verfahren	1765	8	489 seq.
— — — die erste, wie sie geschiehet, und was dabei zu beobachten	—	—	489
— — — die zweite desgleichen	—	—	491
— — — die dritte desgleichen	—	—	492
— — — wie oft solche zu halten	—	—	494
— — — wie die dabei vorfallenden Streitigkeiten zu schlichten	—	—	ibid.
— — — wie die dabei vorgefundenen Fehler zu strafen	—	—	465 seq. 479
— bei den Zeug-Fabriken, wie dabei zu verfahren	1769	11	45 seq.
— — — wie die Fehler zu bestrafen bei rohen Zeugen	—	—	48
— — — item bei gewalkten Zeugen	—	—	51
Schau-Amt: Ober f. Ober-Schauamt.			
Schau-Gebühren von Tüchern werden bestimmt	1765	8	496
— — von Zeugwaaren	1769	11	48, 53
— — von der glätzischen Leinwand sollen die Leinwandhändler den Webern vergüten	1776	15	32
Schaumeister bei Tuch-Fabriken, wie sie zu erwählen ꝛc.	1746 / 1765	2 / 8	293 / 493
— — — wie lange sie beim Amt bleiben	—	—	494
— — — dürfen nicht zugleich Zunftälteste seyn	—	—	497

Scha.

	Jahr.	Band.	Seite
Schaumeister bei Tuch-Fabriken dürfen die von ihnen beschauten Tücher nicht kaufen	1765	8	497
— — — — Instruction für die bei der ersten Schau	—	—	511
item Eides-Formul	—	—	513
— — — — Instruction für die bei der 2ten Schau	—	—	516
item Eides-Formul	—	—	517
Instruction für die bei der dritten Schau	—	—	518
item Eides-Formul	—	—	519
— — — Instruction für dieselben überhaupt	1746	2	301 seq.
— — — was sie für Emolumenta zu genießen	1752	4	626
	1765	8	496
	1769	11	48
— — bei Zeug-Fabr., deren Anstellung, nöthige Eigenschaften, und wie viel an jedem Ort	—	—	45
— — — — Instruction für die bei der Schau roher Waaren	—	—	46 seq.
— — — — Instruction für die bei der Schau gewalkter Waaren	—	—	49 seq.
— — — — Instruction für die bei der Schau der nicht zu walkenden	—	—	52 seq.
— — bei Leinwand-Fabr., deren Pflichten u. Bereidung. plura vide Leinwand.	1766	9	275 seq.
— — bei Cannefaß- u. Parchent-Fabr., deren Pflichten	1749	3	541 seq.
— — sollen, wo es nöthig, zur Revision der wollenen &c. Handschu, Mützen und Strümpfe angestellt werden. Deren Obliegenheiten	1781	17	222
Schau-Register von Tüchern, wie sie anzulegen und zu führen	1746	2	297
— — von Zeugen desgleichen. Schema dazu	1769	11	58 seq.
Schau-Tisch zu Zeugwaaren, dessen Beschaffenheit u. Einrichtung	—	—	46
Schau-Zeichen: was für eines auf unrichtige Zeuge zu machen	—	—	51
— — Bestimmung dessen bei den Kern-Tüchern	1765	8	466
— — bei dito melirten	—	—	479
— — bei Kühr-Tüchern	—	—	470
— — bei dito melirten	—	—	481
— — bei gemeinen Tüchern	—	—	472
— — bei dito melirten	—	—	483
— — bei groben Tüchern	—	—	473
— — bei dito melirten	—	—	484
— — bei Waschtüchern	—	—	474

Schau

Scha. Sche. Schi.

	Jahr	Band	Seite
Schau-Zeichen: was für eines auf die einländschen fabricirten Handschu, Mützen u. Strümpfe zu machen (s. Strümpfe.)	1782	17	248
Scheerenschleifer dürfen in Städten nicht schleifen, die ein Jus contradicendi haben	1756	19	139
—— —— fremde dürfen sich nur in Städten etabliren	—	—	140
—— —— sollen ohne Cammer-Approbation nicht zum Burgerrecht gelassen, noch ihnen Haus-fir-Pässe ertheilt werden	1759	6	780
—— —— unter welchen Bedingungen sie hausiren mögen	1750	3	976
—— —— Formular zum Hausir-Licenz-Schein für einländische	1751	4	488
—— —— item für ausländische	—	—	489
—— —— den fremden wird das Hausiren ganz verboten	1765	8	540
—— fremde sollen nicht ins Land gelassen werden	1759 / 1766	6 / 9	754 / 97
—— —— wie die beim Hausiren der einländschen vorfallenden Unterschleife zu coupiren	1771	13	125
—— —— deren Hausir-Licenz-Scheine sind personeller einzurichten, und nicht generaliter zu geben	—	—	ibid.
—— —— die fremden müssen, wenn sie im Lande geduldet werden wollen, sich mit einem baar bezahlten Hause a 500 Thlr. etabliren	1786	18	505
Scheidemünze fremde wird anzunehmen verboten	1751	4	284, 288
—— —— soll nicht eingeführt werden	—	—	286
—— —— die bereits eingeführte eingeschmolzen werden	—	—	ibid.
—— —— österreichische legitte ist in Schlesien verrufen	1765	8	659
—— —— einländische, was für welche in den königl. Cassen gültig das Uebrige s. Münzsorten.	1779	16	156, 157
Scheidewasser aus dem Oesterreichschen eingehendes wird mit 5 pro Cent imposirt	1765	8	781
—— —— ausländsches wird indistincte mit 50 p. Ct. imposirt	1782	17	288
—— —— wird zur innern Consumtion einzuführen verboten	1784	18	210
—— —— ist auch zum Transito-Handel einzuführen verboten	—	—	223
Schichtmeister cassirt die Zubuße ein	1769	11	122
—— —— kann, wenn die Zubuße nicht zureicht, auf die Zeche Schulden machen	—	—	123
—— —— wird einzig vom Ober-Bergamt an- und abgesetzt	—	—	130
—— —— dessen Amt und Obliegenheiten überhaupt	—	—	131
—— —— dürfen nicht mehr als 6 Zechen verwalten, deren Verrichtungen dabei	—	—	140

Schi.

	Jahr.	Band.	Seite.
Schichtmeister, was derselbe beim Silberabtreiben zu thun	1769	11	153
— item beim Schmelzen	—	—	154
Schiefer-Kohlen (Kalkkohlen) die Taxe derselben wird abgeändert	1781	17	143
Schieferweis fremde werden zur innern Consumtion einzuführen verboten	1780	17	106
Schießen in den Dörfern bei Hochzeiten ꝛc. wird verboten {	1742	1	79
	1765	8	618, 732
	1784	18	164
— in den Dörfern und Gebäuden überhaupt wird verboten, darauf gesetzte Strafe	1775	14	504
	1776	15	115
— Strafe, wenn dadurch Mord oder Brand entstehet	1775	14	505
— Strafe derer, so den Schießenden nicht anzeigen			506
Schieß-Gewehr soll zur Verhütung des Schießens Niemand bei Hochzeiten mit sich führen	1777	15	238
— geladenes soll in den Städten Niemand im Hause haben, ausgenommen Reisende	1770	12	58
— können die Landleute zwar in Häusern haben, müssen aber vorsichtig damit umgehen	—	—	ibid.
	1775	14	506
— wie gegen den Hauswirth zu inquiriren, wenn damit ein Unglück geschiehet	1770	12	59
— sollen von Jägern, und allen denen es zu halten erlaubt ist, gut aufbewahret werden (s. Selbstgeschoß.)	1775	14	506
Schieß-Pulver wird auf den Posten zum Transport nicht angenommen {	1766	9	64
	1782	17	442
— die Händler dürfen im Laden nur 5, auf dem Boden aber nur 10 Pfund vorräthig haben	1776	15	115
Schiffe: Behuf des Fourage-Transports zur Armee pro 1741, wie es damit zu halten	1741	1	69
— wie viel darauf in der Berlinschen Assecuranz-Cammer gezeichnet wird	1765	8	411
— sollen nicht über ihren Werth assecurirt werden	1766	19	276
— Principia wegen deren Entschädigung, wenn sie einander übersegeln und beschädigen	—	—	293
— assecurirte, wenn sie abandonirt werden können	—	—	301
— wegen Reclamation und Freimachung der aufgebrachten	—	—	304
— wegen Bergung der gestrandeten ꝛc.	—	—	305
— wegen Beweis, Würdigung und Schaden-Vergütigung	—	—	306, 309
— Bestimmung des Schleußengeldes beim Bromberger Canal	1776	19	394
— wie bei deren Verpfändung ohne die Natural-Uebergabe zu verfahren	1785	18	365

	Jahr.	Band.	Seite
Schi.			
Schiffe: deren Verpfändung erstreckt sich nicht auch zugleich auf das darauf gezeichnete Assecuranz-Quantum	1785	18	366
—— Bestimmung der Rechte, so die Pfandgläubiger vor den Bodmerei-Gläubigern daran haben	—	—	ibid.
—— was bei deren Verpfändung die Gerichte für Praecautiones zu nehmen haben	—	—	367
Mehr davon s. *Assecuranz*, Haverei, Verpfändung.			
Von kleinen Schiffen u. Oderkähnen s. Oder-Fahrzeuge.			
Schiffer sollen bei harter Ahndung ihre Schiffe nicht verlassen	1741	1	85
—— Reglement für sie, wie sie sich nebst ihren Knechten auf dem Oderstrohm zu verhalten	1745	2	40 seq.
—— Formular zum Paß für sie bei Fourage-Transports	—	—	47
—— die mit Fracht zu Breslau angekommene müssen recta nach dem Krahn fahren und Richtigkeit machen	1746	2	259
—— wie sie sich bei Salz-Transporten zu verhalten	1747 / 1749	5 / 3	211 / 342
—— sollen, wenn sie Salz gefahren haben, retour Brennholz laden	1747 / 1749	5 / 3	214 / 345
—— in wiefern sie bei Assecuranzen den Schaden der Ladung tragen müssen (s. *Assecuranz*.)	1766	19	292
—— was sie in Ansehung der Zölle zu beobachten	1768	10	176 seq.
—— sollen ohne Plombirung und Paßirzettel keine Ladung annehmen	—	—	179
—— sollen unterweges keine Ladung ohne Vorwissen der Accise-Officianten absetzen	—	—	180
—— sollen keine Knechte ohne landräthlichen Erlaubniß-Schein in Dienste nehmen	1778	16	69
—— aber wohl ihre eigenen Söhne	—	—	70
—— sollen keine gesiegelte Briefe mitnehmen	1782	17	474
—— sollen keine Paquets rc. unter bis 40 Pfund laden	—	—	476
—— ratione der Uebersetzung über die Oder s. Oder-Fährer.			
Schiffer-Knechte: Reglement für dieselben	1745	2	40 seq.
—— müssen zum Dienen einen Erlaubniß-Schein von ihrer Grund-Obrigkeit und dem Landrath haben	1778	16	69
—— in welchen Fällen ihnen die Erlaubniß-Scheine verweigert werden können	—	—	70
—— Strafe derer und der Schiffer, die ohne Erlaubniß-Schein in Dienste genommen	—	—	71
—— müssen ihre Erlaubniß-Scheine den Salzämtern verzeigen, wo sie vorüber fahren	—	—	88
—— die, so keine Erlaubniß-Scheine haben, sollen arretirt werden	—	—	89

Schl. Schl.

	Jahr.	Band.	Seite.
Schiffer-Söhne brauchen dergleichen Erlaubniß nicht	1778	16	70
Schiff-Bauholz eichenes: zur Ausfuhr desselben müssen Exportations-Pässe von der Cammer nachgesucht werden	1776	15	28
— — — darf auch nicht ohne besondere Cammer-Approbation eingeschlagen und verkauft werden	1756	6	390
— — — die Cammer-Pässe werden zur Exportation nur auf eine bestimmte Quantität ertheilt	1778	16	45
— — — zu dem in Polen gekauften und durch Schlesien transitirenden ist ebenfalls ein Exportations-Paß erforderlich	1776	15	91
— — — der Verkauf dessen auf geistlichen Gütern wird eingeschränkt	1756	6	391
reliqua s. Stabholz.			
Schiff-Clarirer und Mäckler können nicht Versicherung annehmen	1766	19	271
Schiff-Fracht-Taxe für die Schiffer von Fourage-Ladungen	1745	2	44
Schiff-Mühlen dürfen ohne besondere Cammer-Concession nicht angelegt werden (s. Mühlen.)	1772	13	185
Schiff-Züge und Schleußen, wegen vorschriftmäßiger Einrichtung derselben	1763	7	435
Schindeldächer und hölzerne Altäne sollen in Breslau abgeschaft werden	1751	4	140
	1752	4	700, 703
— — item auch in allen übrigen Städten, und wird dagegen die Bedachung mit Ziegeln befohlen (plura vide Ziegeldächer.)	1751	4	208
	1758	6	714
	1764	8	159
	1766	9	228, 238
— — müssen bei Feuers-Gefahr entweder benetzt, oder ganz abgerissen werden	1776	15	136
— — die alten sollen nicht mehr ausgebessert werden, und eingehen	1763	7	160
Schindelmachen wird gänzlich verboten	—	—	213
Schinderknechte, Schindergruben s. Abdecker 2c.			
Schirrmeister auf den Posten s. Post-Schirrmeister.			
Schlachten: wem es erlaubt ist	1756	19	124
— die Verpachtung dessen an Juden ist erlaubt	1751	4	258
— doch sollen die jüdischen Pächter zum Nachtheil der Städte kein anderes Gewerbe treiben	—	—	261
— die jüdischen Pachtungen sollen aufhören	1780	17	31, 55
Specialiora davon s. Juden.			

Schlacht-

Schl.

	Jahr.	Band.	Seite.
Schlacht-Häuser (Kuttelhöfe) sollen in größern Städten, wo keine oder zu wenig sind, erbauet werden	1766	9	76
— was die Magisträte dafür von jedem Stück resp. Vieh zu erheben haben	—	—	ibid.
Schlacht-Vieh darf sonst nirgends als in den Schlachthäusern geschlachtet werden	—	—	ibid.
— davon wird von jedem Pfund (Schweinefleisch ausgenommen) 1 Pfennig Accise gezahlt	—	—	ibid.
— beim Schlachten desselben in den Privat-Häusern muß ein Accise-Bedienter zugegen seyn	—	—	ibid.
— zur Hausnothdurft: davon soll kein Burger dem andern etwas ablassen; doch darf zur Hälfte geschlachtet werden	1746 / 1756	2 / 19	250 / 123
Schlacht-Zettel von der Accise, ohne solche darf nicht geschlachtet werden	1741	5	2
— sollen von den Fleischern eingerissen werden	1742	1	402
wegen der Schlacht-Accise s. rubr. Accise vom Vieh, Fleisch, item Schaafe, Schweine, Vieh.			
Schlächter s. Fleischer.			
Schläuche hänsene zu Feuer-Spritzen werden in Gnadenfrei verfertiget. Preis derselben pro Pfund	1785	18	324
— dürfen ohne Concession sonst nirgends anders als in Gnadenfrei verfertiget werden	—	—	386
Schlauch-Spritzen: jede Stadt soll wenigstens 1 haben	1776	11	119
— wie damit umzugehen	—	—	119 seq.
— wie oft solche probiret werden sollen	—	—	121
— Anweisung: wie solche in gutem Stande zu erhalten, der Schlauch einzuschmieren rc. rc.	1777	15	202 seq.
die Generalia s. Feuer-Spritzen.			
Schleichhandel mit verbotenen Waaren: darauf soll genau attendiret werden	1768	10	121
— Strafe derer, die den Gorallen dabei Vorschub leisten, oder sonst Theil daran nehmen	—	—	311
Specialia kommen bei jeder Sache selbst vor, womit Schleichhandel getrieben wird, s. v. g. Salz-Defraudationes, Taback-Defraudationes u. s. w.			
Schleichhändler s. Contrebandiers, Gorallen, item Taback-Defraudanten u. s. w.			
Schleich-Wege sollen mit Warnungs-Tafeln besetzt, oder auf eine andere Art versperret werden	1756	19	71
— dergleichen sollen die Fuhrleute nicht befahren	—	—	ibid.

Schleis

	Jahr.	Band.	Seite.
Schleier von feiner Sorte soll nach holländischer Art gebleicht werden	1769	11	23
—— Bestimmung der Siegelgebühren für die Schleier-Messer, Stempler und Siegler	1752	4	789
Schleier-Ordnung und Reglement	1742	1	145 seq.
—— Nachtrag dazu	1750	3	892
das Uebrige s. Leinwand-Ordnung.			
Schleifer s. Scheerenschleifer.			
Schleifmühlen neue dürfen ohne specielle Cammer-Concession nicht angelegt werden	1772	13	185
plura s. Mühlen.			
Schleifsteine können aus fremden Landen auf einen Cammer-Paß eingeführt werden	1783	18	72
—— —— das Haustren damit wird Ausländern verboten	—		ibid.
Schlesien: Einmarsch der königl. preuß. Truppen in das Land, Notifications-Patent deswegen	1740	1	1
			2
—— Ursachen der Besitznehmung des K. v. Preußen	1741	1	28
	1745	2	1
—— wird an das Haus Preußen abgetreten	1742	1	90, 157
	1745	2	2
	1763	7	181, 186
—— was davon dem Haus Oesterreich verbleibt	1742	1	90, 157
—— Bestimmung der Grenzen zwischen dem österreichischen u. preußischen Antheil	—	—	9, 163
—— Grenz-Receß zwischen Preußen und Oesterreich	—	—	312 seq.
—— de 1742. wird bestätiget	1763	7	186
Schleußen: wegen vorschriftmäßiger Einrichtung derselben	—	—	435
Schleußen-Zoll: wegen Entrichtung desselben zu Steinau	1741	1.	114
—— item zu Bromberg im Canal	1776	19	394
Schlief darf nicht zur Farbe der halbwollenen schwarzen Waaren genommen werden	1769	11	56
Schmelz fremder, und alle daraus verfertigte Waaren werden mit 16 Gr. pro Pfund impostirt	1782	17	322
Schmelz-Tiegel fremde sind einzuführen verboten	1783	18	129
Schmiede (Huf- und Waffenschmiede) Zunft-Artikel für die zu Breslau	1787	6	640
Schmiede-Werkstätten, wie weit sie auf dem Lande von den Wohnhäusern abstehen sollen	1765	8	619
Schnallen meßingene: die fremden werden pro Dutzend mit 4 Gr. impostirt	1775	14	521
—— —— werden zum einländschen Debit einzuführen verboten	1778	16	18

Schn. Scho.

	Jahr	Band	Seite
Schnallen meßingene sind zum Transito-Handel noch einzuführen erlaubt	1778	16	19
—— zum einländschen Handel sind solche lediglich aus der Wriezner Fabrike zu nehmen	—	—	18
—— Kennzeichen derer aus der Wriezner Fabrike	—	—	19
—— die fremden sind überhaupt einzuführen verboten	1783	18	6
Schneider zu Breslau: deren confirmirte Zunft-Artikel	1753	4	924
—— sollen keine ausländische feine Tücher verarbeiten	1768	10	124
Schneide-Mühlen: auf dieselben soll kein Holz ohne Attest aus den Amts-Forsten verabfolgt werden	1756	6	415
—— neue dürfen ohne besondere Cammer-Concession nicht angelegt werden	1772	13	185
—— die Generalia s. Mühlen.			
Schnell-Waagen fremde sind einzuführen verboten	1783	18	6
Schnitt-Waaren fremde sollen die Juden nicht einschleppen	1784	18	215
Schömberg der Stadt Brau-Reglement	1752	4	666 seq.
—— die Stadt erhält 3 Viehmärkte	1743	I	4
Schönfärber: confirmirte Zunft-Artikel für die zu Breslau	1756	6	134
—— Instruction für dieselben beim Tuchfärben	1765	8	505
—— sollen sich nach dieser Instruction auch beim Zeugfärben achten	1769	11	55
—— sind zu vereiden, daß sie kein Tuch ohne Zeichnung mit der Rese unäd t färben wollen	1774	14	170
—— sollen unter sich keine eigene Taxe machen, sondern sich blos nach dem Holz- und Farbe-Preis richten	1765	8	506
—— ihnen dürfen von den Kaufleuten keine theure Waaren statt des Färberlohns aufgedrungen werden	—	—	507
—— geschickte sind zur Verbesserung der Tuch-Fabriken zu engagiren	1769	11	250
—— sollen keine unbeschaute ungestempelte Waaren zum Färben annehmen (s. Tuch-Färber.)	—	—	55
Schöppen (Scabini): deren Anzahl in Städten wird eingeschränkt s. Criminal-Gerichte.	1759	6	756
Schorsteine: Avertissement, wie es mit dem Fegen in Breslau zu halten	1750 / 1751	4 / 4	774 / 140
—— wie sie zu Breslau gebauet seyn sollen	—	—	3 seq.
—— statt der hölzernen sind gemauerte aufzuführen	1765 / 766	8 / 9	619 / 168
—— verkleibte sind zu machen gänzlich verboten	1763	7	214
—— die gemauerten sollen nicht auf Holz-Balken stehen	1765	8	621
—— was überhaupt beim Bau der gemauerten zu beobachten	—	—	ibid.

Schor-

Scho. Schr. Schu.

	Jahr.	Band.	Seite.
Schorsteine sind öfters nebst den Ofenlöchern zu reinigen	1765	8	622
—— Vorschläge und Erleichterungs-Mittel zu Erbauung der massiven	1768	10	282
—— müssen bis aus dem Dache gemauert seyn	1776	15	106
—— enge, so nicht zu besteigen seyn, werden nicht gestattet	—	—	ibid.
—— der Bau derselben soll keinem Gesellen, sondern Meistern verdungen werden	—	—	107
—— darinn ist eben ein Vorschiebe-Blech anzubringen	—	—	ibid.
—— wie oft solche gefegt werden müssen	—	—	ibid.
—— alle hölzerne werden inskünftige zu bauen verboten	1784	18	167
Schorsteinfeger: Reglement für dieselben zu Glogau	1742	2	109
—— Taxe für das Fegen daselbst	—	—	110
—— deren Strafe, wenn sich ein Schorstein entzündet	1776	15	107
—— sollen das Kehren nicht kleinen Knaben anvertrauen	—	—	108
—— sollen die Fehler der Schorsteine der Obrigkeit anzeigen	1784	18	168
—— sollen nicht mehr den unter sich üblichen Gesellenschein ausfertigen	1783	18	68
Schreibtafeln (Souvenirs) fremde zum einländschen Debit eingehende werden mit 50 pro Cent impostirt	1782	17	274
Schriftsteller und Consulenten unbefugte sollen, wenn sie gemeinen Leuten Memorialien machen, bestraft werden, und wie?	1780	17	90
—— zu deren Entdeckung sind die Querulanten anzuhalten	—	—	90, 97
—— gegen selche ist sodann zu inquiriren	—	—	97
—— sollen nach ausgestandener Strafe, wenn sie sich sonst kein Brod zu verdienen wissen, an die Garnison-Regimenter oder Arbeitshäuser abgeliefert werden	—	—	112
Schrift-Wechsel, wo solcher in Prozessen statt finde	1750	5	546
Schrot-Hagel: die Einfuhr des fremden wird verboten	1783	18	6
Schrot-Rollen desgleichen	1780	17	106
Schrotwerk an Gebäuden von Holz wird verboten	1764	8	178
Mehr s. Gebäude oder Häuser.			
Schub-Zettel zum Transport der Bettler, Formular dazu plura vid. Betteln.	1751	4	491
Schulen: wer solche errichten könne	1742	1	25
—— a. d. L. Verordnung wegen Verbesserung derselben	1759	6	788 seq.
—— wie viel Stunden solche im Sommer und Winter zu halten	1763 / 1764	7 / 8	363 / 200
—— von dem Unterrichte darinn überhaupt	1765 / 1763	8 / 7	787 / 374 seq.

Schu.

	Jahr.	Band.	Seite.
Schulen a. d. L. was den Predigern des Orts dabei obliegt	1763	7	385
—— katholische: zur Verbesserung derselben werden einige Nachrichten verlangt	1764	8	129, 133
—— —— Vorschrift und Instruction, wie solche zu verbessern	—	—	197 seq.
—— —— auf wessen Kosten neue anzulegen	1765	8	785
—— —— wo und wie die neuen anzulegen	—	—	784
—— —— solche müssen die Pfarrer wöchentlich besuchen	1764	8	208
	1765	8	797
—— —— von deren Nothwendigkeit, ein Pastoral-Schreiben	—	—	848 seq.
—— —— sollen mit Vorschriften zur Calligraphie versehen werden	1772	13	231
—— in den Städten sollen von den Kindern durchs ganze Jahr sowohl Vor: als Nachmittags frequentirt werden	1769	11	3
—— a. d. L. aber nur den Winter durch täglich 2mal, von Georgi bis Martini hingegen wöchentlich wenigstens 2mal frequentirt werden	—	—	2
—— die Winkelschulen sollen abgeschaft werden	1763	7	373
	1765	8	792
—— die auf auswärtigen studirenden Landeskinder sind zurück zu berufen	1760	6	816
—— lateinische s. Mehreres Gymnasia, Universität.	1782	17	260
Schul-Attest: ohne solches darf kein Handwerksmeister einen Knaben in die Lehre aufnehmen	1767	10	3
Schul-Bediente können nur von Patronis Ecclesiae oder Grundherrschaften angesetzt werden	1741	1	90
—— —— sind von Erlegung der Chargen-Gebühren frei	1765	19	232
—— —— wie deren Excesse und Vergehungen zu strafen	1760	6	818
—— —— müssen das Juramentum fidelitatis leisten	1768	10	213
—— —— sollen an den Praemiis für Seidenbau: und Maulbeer: Anstalten Theil haben	1771	13	92
—— —— sind Servis-frei	1786	18	468
—— —— das Uebrige s. Schullehrer, Schulmeister.			
Schul-Berichte, so das Vicariat-Amt jährlich 2mal einsenden muß, was darinn vorzüglich anzuzeigen	1765	8	804
Schul-Bücher: was für welche zu gebrauchen	1763	7	381
—— —— neue werden eingeführt	1764	8	190
—— —— für arme Kinder, dazu sind Collecten anzustellen	1765	8	795
—— —— wie mit den für arme Kinder angeschaften zu gebahren	—	—	ibid.
Schul-Cassen-Gelder müßig liegende sind zinsbar bei der Banco unterzubringen	1769	11	74
—— —— die dahin und zurück gehenden sind Post-frei	—	—	76

Schul-

Schu.

	Jahr.	Band.	Seite
Schul-Catalogus, wie solcher zu führen, einzurichten und einzusenden	1763	7	368
	1765	8.	791
— — der monatliche ist nur von den katholischen, nicht aber auch von den evangelischen Schulen einzusenden (f. Schul-Tabellen.)	1769	11	305
Schul-Catechisations-Stunden, wie solche zu halten	1763	7	365
	1764	8	204
Schul-Classen: was für Kinder in die 1te 2te oder 3te einzutheilen	—	—	201, 792
Schul-Collecten für arme Kinder, wenn sie zu halten	1763	7	366
	1765	8	794
— — was für Kinder daran Theil haben sollen	—	—	795
Schul-Directores bei den Seminariis, deren Amt und Pflichten	—	—	781 seq.
Schul-Ferien und Recreations-Stunden, wenn dergleichen zu halten	1764	8	201
	1765	8	791
Schul-Geld: wie viel in jeder Classe zu zahlen	1763	7	366
	1764	8	209
	1765	8	794
— — doppeltes sollen die nachläßigen Eltern zahlen, die ihre Kinder nicht zur Schule schicken	1765	8	709
	1765	10	152
— — fixirtes ist auf dem Lande monatlich zu zahlen	—	—	328
— — wie dasselbe zu repartiren	—	—	330, 334
— — die Einrichtung dessen geht blos die katholischen Schulen an	1769	11	305
Schulhalter: von deren Anstellung, Eigenschaften, Pflichten ꝛc.	1763	7	369, 381
— dazu sollen Invaliden employ werden	1779	16	188
f. Schulmeister, Schullehrer.	1780	17	107
Schul-Häuser: wegen Erbauung neuer und Anfahrung der Materialien	1765	8	842
	1766	9	95, 155
— die noch fehlenden sollen schleunigst erbaut werden	1769	11	268
— daran soll noch ein Gemach zum Betrieb des Seidenbaues angebauet werden	1785	18	283
— wegen Remission der abgebrannten	1750	3	965
Schul-Inspection, wem sie zukommt, und was dabei zu beobachten	1763	7	386
Schul-Inspectores, deren Amt und Pflichten	1764	8	287 seq.
	1765	8	802 seq.
— erhalten zur Bereisung der Visitation freies Vorspann (f. Schul-Visitation.)	1764	8	287
	1766	9	95
Schul-Institut bei den kathol. Gymnasiis, wer die königl. Officiales sind	1776	19	412
— — Instruction für die Priester desselben	—	—	400 seq.
— — soll durch eine Commission dirigirt werden	—	—	401
— — die Priester desselben sind als Clerici saeculares dem Bischof unterworfen	—	—	402

Schu.

	Jahr	Band	Seite
Schul : *Inſtitut* iſt verbunden, 12 Candidaten zum Lehramt zu unterrichten (ſ. Univerſitäts : *Candidat.*)	1776	19	404
Mehr ſ. Gymnaſia, Univerſität.			
Schulkinder : von und bis zu welchem Alter ſie die Schule frequentiren müſſen	1763	7	368
	1764	8	191, 200
	1765	8	790
— — in Städten müſſen durchs ganze Jahr täglich 2mal frequentiren	1769	11	3
— — a. d. Lande durch den Winter nur täglich 2mal frequentiren	—	—	2
— — von Georgi bis Martini aber wöchentlich 2mal frequentiren	—	—	2
— — in welchem Fall ſie vor dem 13ten Jahre aus der Schule genommen werden können	1765	8	793
— — wozu ſie vorzüglich anzuführen	1764	8	199
			202
— — wie ſie in die Claſſen einzutheilen	1765	8	792
— — müſſen zur Winterszeit Holz mitbringen	1764	8	209
— — was gegen die nachläßigen und derſelben Eltern für Zwangs : Mittel zu gebrauchen	1763	7	367
— — wie ſie in der Schule zu beſtrafen	1764	8	199
	1765	8	801
— — dürfen von den Dominiis nicht zu Hofedienſten genommen werden	—	—	793
Schullehrer in den Städten, derſelben Pflichten und Eigenſchaften	1763	7	369 ſq. 381 ſq.
	1764	8	198
	1765	8	786
— deren Arbeit in der erſten Claſſe	—	—	787
— — — in der zweiten Claſſe	—	—	788
— — — in der dritten Claſſe	—	—	789
Generalia ſ. Schulbediente.			
Schulmeiſter auf dem Lande, deren Eigenſchaften, Pflichten	1764	8	198
— — ſollen ſich nicht mit Handeln, Schenken und Muſik machen in den Kretſchams abgeben	1765	8	786
— — ſollen zur Zeit der Lehrſtunden kein Handwerk treiben	—	—	ibid.
— — ſollen gehörig mit auskömmlichen Unterhalt verſehen werden	—	—	785
— — was ſolche vom Schulhalten entſchuldiget	1764	8	201
— — werden vom Currenden tragen diſpenſirt	—	—	ibid.
	1765	8	786
— — und Schullehrer angehende müſſen Unterricht in den neu angelegten Schul : Seminariis nehmen	1764	8	327
	1767	10	2

Schu.

	Jahr.	Band.	Seite.
Schulmeister erhalten während dem Unterrichte Unterhalt aus dem Seminarien-Fond	1767	10	74
— — wie die Subjecte beschaffen seyn müssen	—	—	ibid.
f. Schul-Seminaria infra.			
— — a.d.L. sollen die Repartition zu den einzuhebenden Assecuranz - und Salzgeldern für ihr Dorf schriftlich machen	1779	16	190
— — die ganz polnischen in Oberschlesien sollen abgeschaft, und dagegen andere, auch der deutschen Sprache kundige, angesetzt werden	1764	8	127, 171
— — sollen monatlich ein Verzeichniß der nicht in die Schule gekommenen Kinder einsenden	1769	11	267
— — die kathol. auf den ganz evangelischen Dörfern sind gänzlich abzuschaffen	1758	6	702
— — da, wo es nöthig, sollen neue angesetzt werden, doch müssen es geschickte seyn	1764 1765 1766	8 8 9	130 784 95, 155
Schulmeister-Weiber sollen den Kindern im Spinnen Unterricht geben	1764	8	299
Schul-Reglement (General) für die Land-Schulen	1763	7	361 seq.
— — und Instruction für katholische Dorf-Schulen	1764	8	190, 192 197 seq.
— — (General) für die katholischen Stadt- und Dorf-Schulen	1765	8	780 seq.
— — dessen §. 25. 26. 27. wegen fleißigerer Frequentation der Schule wird aufs neue eingeschärft	1767	10	1
— — für die kathol. Gymnasia und Universitäten	1774 1776	19 19	354 seq. 400 seq.
Schul-Seminarium zu Berlin: wegen dem zu nehmenden Unterricht der Lehrer in demselben	1763	7	371
— — dergleichen sollen in Schlesien angelegt, und vor der Hand das zu Sagan etablirte frequentirt werden	1764 1765	8 8	327 781
— — zum Fond derselben müssen die Pfarrer beim Antheil ihres Beneficii den ersten Quartal-Betrag ihrer Revenüs zahlen	1764	8	326
— — Bestimmung der Orte, wo mehrere anzulegen	— 1765	— 8	355 781
— — darinn sollen sich alle Pfarrer, Kapläne ꝛc. die Lehrart bekannt machen	1764	8	327
Schul-Stuben: wie sie angelegt seyn müssen	1765	8	785
Schul-Stunden, wie sie zum Unterricht einzutheilen	1764	8	202

Schu.

	Jahr.	Band.	Seite.
Schul-Stunden für die Trivial-Schulen in Städten werden bestimmt	1764	8	202
Schul-Tabellen, darein ist das aus dem Taufbuch extrahirte Alter der Kinder zu verzeichnen	—	—	200
Formular dazu	—	—	210
— über das Frequentiren und Außenbleiben der Kinder, wie sie beschaffen seyn sollen	—	—	202
Formular dazu	—	—	211
— item über das, was die Kinder lernen	—	—	208
Formular dazu	—	—	212
— Formular zur Vermerkung, was jeder Lehrer Stundenweise docirt in Städten	1765	8	806
— Formular zum Lections-Catalogus in Dörfern	—	—	808
— Formular zum Extract aus den monatlichen Fleiß-Tabellen	—	—	810
— Formular zu denen zu den Wiederholungs-Stunden verbundenen Personen	—	—	812
Schul-Visitationes: wie oft ein Pfarrer dergleichen halten, und was er dabei beobachten soll	—	—	796
item die Erzpriester	—	—	799
item die Inspectores	—	—	802
f. Pfarrer, item Schul-Inspector.			
Schulwesen: wegen Verbesserung desselben werden gewisse Tabellarische Nachrichten verlangt	1764	8	130
— dessen baldige Verbesserung auf dem Lande wird aufs neue eingeschärft {	1767	10	1
	1768	10	265
f. Gymnasia, Universität, Studiren.			
Schulden auf Landgüter dürfen nicht ohne oberamtlichen Consens contrahirt werden (f. Güter.)	1756	6	498
auf Bauergüter: dazu wird grundherrschaftl. Consens erfordert, und nur auf die Hälfte des Werths derselben ertheilet (f. Bauergüter.)	1749	3	523
dergleichen sollen Officiers und Soldaten nicht machen {	1743	1	96
	1755	5	666
f. Officiers, Soldaten.	1766	9	294
der Officiers sind gültig, wenn der Cheff dafür gut saget	—	—	ibid.
der Gutsbesitzer erhalten eine 3jährige Nachsicht	1765	8	715
Schüppen ausländische sind einzuführen verboten	1783	18	5
Schürfer: deren Belohnung für entdeckte Mineralien	1769	11	92
wie solche den dem Grundherrn verursachten Schaden vergütigen sollen	—	—	93
Schürfung ist jedem Baulustigen aller Orten erlaubt	—	—	91

Schu.

	Jahr.	Band.	Seite
Schürfung darf höchstens nur 3mal erlänget werden	1769	11	100
Schürfte: was für welche wieder zu zufüllen oder offen zu halten	—	—	93
Schürf-Scheine dürfen nur auf einzelne Berge oder Thäler ertheilet werden	—	—	92
— gelten nur 1 Jahr 6 Wochen	—	—	91
Schüsseln zinnerne rc. die fremden sind einzuführen verboten	1783	18	6
Schuster a. d. L. dürfen nicht mit Leder handeln	1749	3	535
— — dürfen Leder zu ihrer Verarbeitung, aber nicht zum Verkauf egrben	1756	19	162
— dürfen auch rohe Leder zum Betrieb ihres Gewerbes doch nicht zum Handel einkaufen	1774	14	130
— müssen zum Einkauf ein gerichtliches Attest haben	—	—	131
— müssen über den Einkauf Annotations-Bücher führen	—	—	132
— städtische können an Jahrmärkten mit ihren Waaren in andern Städten ausstehen	1747	5	210
— dürfen an Jahrmärkten in solchen Städten, wo Bankgerechtigkeiten sind, nicht ausstehen	1772	13	180
— dürfen nur in den Städten Oberschlesiens nicht ausstehen, wo die Schuster des Orts ein Jus prohibendi haben	—	—	230
— ausländische, wenn sie Bankgerechtigkeiten acquiriren, genießen eben die Beneficia, wie die Ausländer, so sich mit Häusern etabliren s. Ausländer.	1782	17	264
— zu Breslau, deren Gerechtsame	1754	5	641
Schuster-Hölzer (als Leisten rc.): das Hausiren mit fremden wird verboten	1773	14	51
	1781	17	154
Schuster-Pfuscher zu Breslau werden abgeschaft	1754	5	642
— denselben sollen die Hauswirthe keine Herberg vermiethen	—	—	643
— bei denen in den Vorstädten sollen die Stadt-Einwohner nicht arbeiten lassen	—	—	645
Schuster-Pfuschereien zu Breslau: Reglement gegen solche die Generalia s. Handwerker.	—	—	640
Schützen-Könige sind nur auf eine Possession Servis-frei	1778	16	62
müssen von allen ihren Nutzungen Servis zahlen	1786	18	469
Schutz-Geld muß von allen Unterthanen, wo es eingeführt ist, bezahlt werden	1748	3	237
	1750	3	995
	1751	4	100
— wo keines gegeben werden darf	1750	3	995

Schu. Schw.

	Jahr.	Band.	Seite.
Schutz-Geld: Bestimmung der Sätze von denen auswärts dienenden Unterthanen (f. Unterthanen.)	1750	3	102
— — dergleichen dürfen die Dominia von den Juden nicht erheben	1749	3	265
Schutz-Juden f. Juden.			
Schwamm soll statt der Lumpen zum Zunder genommen werden	1781	17	159
Schwangere, so im 7ten Monat sterben, sind zur Rettung des Kindes zu öfnen	1776	15	32
— — bei Eröfnung und Besichtigung derselben sollen die Hebammen zugegen seyn	—	—	ibid.
— — die wegen Eröfnung derselben aufzuwendende Kosten werden aus den Cämmerei-Cassen bestritten	1781	17	185
Schwangerschaft, die wegen derselben verdächtige Weibspersonen sollen von Hebammen besichtiget, und in genaue Obsicht genommen werden	1756	6	613 —
Schwarzfärber zu Breslau, deren confirmirte Zunft-Artikel			134 seq.
— Vorschrift, wie sie mit Bearbeitung der Zeugwaaren verfahren sollen	1769	11	55 seq.
Schwarzwild wird zu schießen durchs ganze Jahr, zu fangen aber nur bis ult. Decembr. erlaubt	1774	14	203, 239
f. Wildpret.			
Schweersche Wunder-Essenz f. Wunder-Essenz.			
Schwefel gehört zum Bergwerks-Regale	1769	11	90
Schweine können von einländischen Viehhändlern aus Polen gebracht werden	1761	7	9
— sollen nicht außer Landes verkauft werden	1757	6	689
— sollen mehrere zum Verkauf zugezogen werden	1765	8	729
— vom Schlachten derselben darf nicht mehr Accise als sonst entrichtet werden	1766	9	76
Mehreres f. Accise vom Vieh, Fleisch 2c. 2c. it. Schlachten.			
Schweinhändler oberschlesische müssen beim nächsten Zollamt Pfand einlegen	1756	19	170 —
— unter welchen Modalitaeten sie auf den Dörfern verkaufen mögen	1750 / 1756	3 / 19	891 / 174
— polnische dürfen ihre Heerden ohne Attest vom Magistrat einer schles. accisbaren Stadt: daß sie damit dort schon zu Markte gewesen, nicht zum einzelnen Verkauf im Lande herum treiben	1777 / 1780	15 / 17	385 / 2
Schweinschneider f. Viehschneider.			
Schweinzucht, die Vermehrung und Verbesserung derselben wird befohlen (die Generalia f. sub rubr. Vieh.)	1765 / 1768	8 / 10	729 / 324

Schwein-

	Jahr.	Band.	Seite.
Schweinzucht wilde f. Schwarzwild, Wildpret.			
Schwellen an den Gebäuden, wie sie länger zu conserviren {	1764	8	314
	1767	10	72
Schwengelbrunnen sollen in den Städten abgeschaft, und dagegen Plumpen angelegt werden	1776	15	125
Sechspfennige f. Münzsorten.			
Secretarii bei den Oberamtsregierungen, Instruktion für dieselben	1750	5	534 seq.
Sektiones: wer solche unternehmen soll, und wer dazu zu gebrauchen f. Anatomie, Obduction, Schwangere.	1763	7	397
See-Handlungs-Compagnie wird errichtet: deren Octroy	1772	13	369 seq.
— — — deren Fond und Actien-Werth	—	—	371
— — — deren General-Direction	—	—	373
— — — deren Buchhaltung	—	—	374
— — — deren Privilegia ratione des Salzes	—	—	375
— — — des Wachses	—	—	377, 382
— — — des Holzes	—	—	378
— — — der Schiffe	—	—	379
— — — deren Siegel und Wappen	—	—	382
— — — die Octroy derselben wird verlängert	1776	15	21
— — — übernimmt die Lieferung des Caffee's für die Administration. Modalitaeten (f. Caffee.)	1784	18	190 seq.
See-Salz-Handlungs-Compagnie in Preußen wird errichtet	1772	13	385
Seide im Lande gewonnene soll nicht außer Landes verkauft werden	1763	7	259
— in Sicsien gewonnene und die daraus verfertigte Waaren sind Accise-frei	1771	13	99
— für die in den 3 ersten Jahren selbst erzielte wird für jedes Pfund noch eine extraordinaire Praemie ausgesetzt	—		92, 89
— für die zum erstenmal gewonnene zahlt das Berliner Seidenmagazin 12 Gr. pro Pfund Praemium	1772	13	148
— für die pro 1780. meist gewonnene werden Praemia ausgesetzt f. Praemia für Seidenbau.	1780	17	40
— die selbst erzielte mag jeder zum Verkauf offeriren, wohin er will, und solche bei nicht gefundenem Absatz erst ins Seiden-Magazin zum Verkauf einsenden	1781	17	166
— muß an das Seiden-Magazin franco eingeschickt werden	1782	17	496
— für die von Anfängern zum erstenmal gewonnene werden 25 Thlr. extraordinaire Praemie bewilliget	1785	18	362
— soll besser sortirt und gehaspelt werden	1786	18	513
Seiden-Bau: Reglement wegen den zu treffenden Anstalten dazu	1763	7	240 seq.
— — Anweisung, wie dabei zu verfahren	1756	6	501 seq.
— — Berechnung der Kosten und Nutzungs-Anschlag	—	—	565

Se.

	Jahr.	Band.	Seite
Seiden=Bau: damit sollen sich besonders die Geistliche und Schul-bediente beschäftigen	1764	8	269
— — zum bessern Betrieb desselben sollen an die Schul-häuser noch ein Gemach angebaut werden	1785	18	283
— — wiederholte Ordres wegen besserer Poussirung dessel-ben	1756	6	227
	1766	9	230
	1768	10	ibid.
	1771	13	89
	1781	19	433
— — in den Angelegenheiten desselben sind alle Briefe franco einzusenden	1783	18	25
Mehr vom Seidenbau s. Maulbeer ꝛc.			
Seiden=Cocons: Methode, wie sie zu backen	1756	6	56
— — — wie sie abzuhaspeln	—	—	562, 572
	1768	10	244
— — können zur Abhaspelung entweder an den Planta-gen-Inspector geschickt, oder an ihn ver-kauft werden	1774	14	209
	1786	18	513
Seiden=Fabrikanten anziehende ausländsche, deren Beneficia plura s. Fabrikanten.	1763	7	518
Seiden=Fabrike berlinsche, wegen Abnahme der Waaren aus der-selben	1755	6	22
— — Anstalten zu mehrerer Aufnahme derselben	1756	19	177 seq.
— — für die aus derselben genommene Waa-ren wird ein Rabat a 10 pro Cent bewilliget	1767	10	35
Seiden=Fabriken sollen auch in Schlesien etablirt werden	1763	7	358
Seiden=Grains werden gratis ausgegeben	1780	17	50
Seiden=Moulinage zur Abhaspelung, Notification wegen Etabli-rung derselben zu Breslau	1784	18	147
Seiden={ Handschuhe s. Handschuhe. Tücher s. Tücher. Strümpfe s. Strümpfe.			
Seiden=Waaren (Zeuge) wie viel Stück aus der Berliner Fabri-ke gegen ausländsche zu nehmen	1755	6	2
	1756	19	157
— wie die einländschen zu bezeichnen und zu sie-geln	1755	6	93
	1756	19	159
— — über die fremden eingehenden müssen die Accisäm-ter ein besonderes Annotations-Buch führen	—	—	ibid.
— — fremde werden zum einländschen Debit völlig ein-zuführen verboten	—	—	157
	1772	13	194

Sei-

Se.

	Jahr.	Band.	Seite.
Seiden-Waaren fremde sind zum auswärtigen Debit gegen ein gewisses Pausch-Quantum aus der Berlinischen oder Potsdamschen Fabrike noch einzuführen erlaubt	1767	10	43
—— —— für die aus der Berlinschen ꝛc. Fabrike genommenen wird ein Rabat à 10 p. Cent bewilliget	—	1	35
—— —— die Einfuhr der ausländischen zum auswärtigen Debit wird der Kaufmannschaft zu Breslau privative überlassen	1772	13	194
Bedingungen dabei	—	—	195
Wenn von Waaren überhaupt quaestio ist, s. Waaren.			
Seiden-Würmer: Anweisung zu deren Wartung, Fütterung ꝛc.	1756	6	517 sq. 550 sq.
—— wie das Auskriechen derselben zu befördern	—	—	555
—— —— Praecautiones gegen die Krankheiten derselben	—	—	559
—— zu deren Wartung sind nur kundige Leute zu engagiren	1763	7	258
—— —— Saamen: wie solcher zu erzeugen ꝛc.	1756	6	529 seq.
Seifensieder-Fluß, die Ausfuhr dessen außer Landes wird verboten	1761	7	64
—— ist zum Königswälder Alaun-Bergwerk zu liefern	—	—	65
Seifen-Spiritus fremder wird einzuführen verboten	1766	9	2
Seifershauer Eisenkrämer s. Eisenkrämer.			
Seiler zu Breslau, deren confirmirte Zunft-Artikel	1756	6	175
—— Lehrjungen, wie lange sie lernen müssen	1782	17	333
die Generalia s. Handwerker.			
Seil-Tänzer fremde werden ohne königl. Concession nicht im Lande geduldet	1777	15	177
Selbstgeschoß wird aufs Wild zu legen verboten	1756	6	442, 444
Selbstmörder sollen stille, doch ehrlich begraben werden {	1747	2	413
	1751	4	288
—— —— deren Vergehung soll ihren Anverwandten zu keinem Vorwurf gereichen	1747	2	413
Semmeln, so vom Lande in die Städte eingebracht werden, s. Accise.			
Sensen s. Eisenwaaren.			
Sentenz s. Urtel.			
Serpentin-Stein gehört zum Bergwerks-Regale	1769	11	90
Sequester: deren Douceur und Salarium ist von den Creditoribus zu bestimmen	1750	5	549
Servis: wornach die Beiträge dessen zu reguliren	1742	1	138
—— soll nach dem effective Quartir-Stande ausgezahlt werden	1763	7	178, 228
—— wie es mit Einhebung und Auszahlung desselben zu halten	—	—	227
—— item mit dem für die in Garnison befindlichen Officiers	—	—	228

Zt 3

Se.

	Jahr.	Band.	Seite.
Servis: wie es mit dem für die auf Werbung commandirten Officiers zu halten	1763	7	486
— müffen auch die Befitzer der Häufer zahlen, wo Officiers einquartirt find	1779	16	161
— Beftimmung aller Gebäude, Fundorum und Nutzungen, fo demfelben unterworfen	1786	18	436 feq.
— — item aller bürgerlichen Perfonen	—	—	436
— — item aller Officianten, die folchem unterworfen	—	—	465 feq.
— — item der Officianten, die davon frei find	—	—	467
— follen die Tabacks-Regie-Beamten zahlen	1770	12	291
— item die Accife- und Zoll-Bedienten	—	—	306
— foll den Accife 2c. Bedienten bald vom Traĉtement abgezogen werden	—	—	318
— wie zu richtiger Erhebung deffen die Häufer zu claffificiren	1786	18	438
— von der Haus-Nutzung: Beftimmung derer, die davon ganz, oder nur auf gewiffe Zeit befreiet find	—	—	442
— von der Brau-Nutzung wird nach der Achtelzahl erhoben, und wie folcher auszumitteln	—	—	445
— — — demfelben find alle herrfchaftl. Stifts- und Cämmerei-Urbars unterworfen, die den Schank treiben	—	—	446
— von der Einquartirungs-Freiheit, wie folcher zu erheben	—	—	447
— von der Nahrung, wer dazu zu ziehen. Claffification	—	—	450
— — wer davon frei ift	—	—	457
— von Gärten, wie folcher auszumitteln. Claffification	—	—	458
— von Weinbergen, desgleichen	—	—	459
— von Aeckern	—	—	461
— — wenn folcher zu erlaffen	—	—	462
— von Wiefen	—	—	460
— vom Brandwein-Schrot 2c. fo in der Stadt gebrannt wird	—	—	463
— vom Brandwein, fo vom Lande zur Confumtion in die Städte eingebracht wird	—	—	464
— vom Viehftande	—	—	462
— von allerhand Realitaeten	—	—	468
Servis-Anlagen: von deren Bearbeitung	1742	1	142, 144
— — follen jährlich angefertiget werden, unter der Auffiĉht des Steuerraths und einiger Deputirten von der Bürgerfchaft	1786	18	437
— die zu deren Anfertigung von der Bürgerfchaft zu erwählende Deputirte müffen vereidet werden	—	—	470
Servis-Beamten dürfen nicht ohne Cammer-Approbation angeftellt werden	—	—	471

Se.

	Jahr.	Band.	Seite.
Servis-Beamten sind von der Servis-Abgabe f. el	1786	18	468
Servis-Bonification f. unten Servis-Sätze.			
Servis-Divisor in unbequartirten Städten wird mit 6 Pfennig vom Thaler Nutzung erhöhet	1785	18	342
— — in bequartirten Städten wird zur Revüe und Cantonirungszeit voll mit 7 Gr. pro Thlr. erhoben	—	—	ibid.
Servis-Extract über Einnahme und Ausgabe, Schema dazu	1749	3	663
Servis-Freiheit genießen:			
die städtschen neu urbar gemachten Ländereien	1773	14	78
die Bebauer wüster Stellen in Städten, die keine Forsten noch Ziegeleien haben, 3jährige	1769	11	266
die Abgebrannten, deren Häuser auf königl. Kosten wieder erbauet werden, 2jährige statt der bisherigen 6jährigen	1777	15	191
die Einländer, so wüste Stellen bebauen, 8jährige, doch nur auf eine Possession und Nahrung	1779	16	200
die Bergmanns-Wittwen	1778	16	26
die Schützen-Könige, doch nur auf eine Possession	—	—	62
die anziehenden Ausländer: Künstler u. Fabrikanten	1775	14	367
— — Kaufleute u. Capitalisten	—	—	372
— — Zeugmacher	—	—	ibid.
— — Leinen-Damastweber	—	—	373
— — Leder-Fabrikanten	—	—	376
— — Maurer u. Zimmerleute	—	—	377
— — Handwerker insgemein	—	—	ibid.
die Ausländer, doch nur auf ein Haus und Nahrung, aber nicht auf andere Realitaeten	1778	16	7
Not. wie viel Jahre die Servis-Freiheit der Ausländer daure, auch in wiefern solche nach Verschiedenheit der Anziehenden und ihres Etablissement differire, ist in denen sub rubr. Ausländer, item Beneficia allegirten Edicten nachzusuchen.			
Servis-Gelder: wie viel davon an Münze zur Haupt-Casse zu zahlen	1764	8	292
Servis-Rechnungswesen: Vorschrift, wie solches zu bearbeiten {	1742 1786	1 18	144 471
Servis-Reglement vorläufiges für die Städte excl. Breslau	1742	1	137 seq.
— — und Instruction, wie es ratione des Servis in sämmtlichen Städten zu halten	1786	18	433 seq.
Servis-Rendanten, deren Pflichten	1742	1	138, 142

Se. Si.

	Jahr.	Band.	Seite.
Servis-Rendanten, was sie bei Führung des Rechnungswesens zu beobachten (die Generalia s. Cassen ic.	1786	18	471 seq.
Servis-Sachen: was die Commandeurs dabei zu thun haben	1742	1	137
Servis-Sätze, wie viel in den bequartirten Städten pro 1 Thlr. Nutzung zu heben	1786	18	470
— — item in den unbequartirten Städten	—	—	ibid.
— — wie viel für die Einquartirung in den Städten für jede resp. Person bonificirt wird	1742	1	138 seq.
— — item für die Einquartirung in den Dörfern	1778	16	82
Setzzeit des Wildes muß genau inne gehalten werden	1756	6	439
— Bestimmung derselben	—	—	440
— was für Wildarten auch innerhalb derselben geschossen werden können	—	—	ibid.
— was für Oerter nicht daran gebunden sind	—	—	441
Sichelgräßerei in den Heeges Wäldern ist verboten	1763	7	210
— in wiefern solche in den Waldungen abzuschaffen oder zuzulassen	1756	6	395
— in den Cämmerei-Forsten ist ohne Zettel vom Ober-Forstmeister nicht erlaubt	—	—	405
— wird in den königl. Forsten ganz verboten	1764	8	227
— wird auch in den Privat-Waldungen verboten	—	—	236
Sichelgräßerei-Gelder, wie solche zu verrechnen	1756	6	405
Sichelgräßerei-Zettel: wie der Mißbrauch damit zu bestrafen	—	—	ibid.
Sicher-Pfahl muß bei einer jeden Wassermühle befindlich seyn	1777	15	281
— wie solcher beschaffen seyn müsse	—	—	282
— was bei Setzung desselben zu protocolliren	—	—	283
— wie solcher vor der Fäulniß zu conserviren	—	—	284
— die Verfälschung dessen wird bei 100 Strafe verboten	—	—	285
— die baldige Setzung derselben soll veranstaltet werden	1784	18	141
Siebe aller Art fremde werden einzuführen verboten	1783	18	5
Siebmacher ausländsche: Beneficia für die anziehenden	1752 / 1775	4 / 14	411 / 380
— — — dürfen sich nur in Städten etabliren	1756	19	140
— — — sollen von den Magiströten ohne Cammer-Approbation weder zum Bürgerrecht admittirt, noch ihnen ein Hausir-Licenz-Schein ertheilt werden	1759	6	780
— — werden im Lande nicht geduldet, wenn sie sich nicht mit einem Hause a 500 Thlr. etabliren	1786	18	505
— — — dürfen mit ihren Waaren nicht hausiren	—	—	520
— — einländsche: unter welchen Bedingungen sie hausiren können	1750	3	976

Sieb-

Si.

	Jahr.	Band	Seite.
Siebmacher einländische: Formular zum Hauss-Licenz-Scheine für dieselben	1751	4	488
— — — wie deren beim Haussiren vorkommende Contraventiones zu coupiren	1771	13	125
— — — deren Hauss-Licenz-Scheine sollen personeller und nicht generaliter eingerichtet seyn	—	—	ibid.
— — — sollen nicht Gift, Fliegenpulver oder Kobold mit sich führen	1752	4	714
f. Haussiren, Licenz-Schein.			
Siedsalz: Verhältniß desselben gegen das Steinsalz	1756	6	329
reliqua vide Salz.			
Siegel königl. preuß.: deren Stechung und Anschaffung wird befohlen	1741	1	155
— — — werden nachzustechen verboten	1777	15	383
— — — herrschaftl. sollen zum Nachtheil der Post-Revenus nicht gemißbraucht werden	1771	13	4
— — — bei Vorstellungen an des Königs-Person selbst sollen sich die Officianten nicht des Amts-, sondern ihres Privat-Siegels bedienen	1776	15	27
— — — der See-Handlungs-Compagnie, dessen Beschaffenheit	1772	13	382
— — — der Dorfgerichte: wie solche ausgedrückt seyn sollen (f. Stempel.)	1780	17	96
Siegellack frembes zur Consumtion eingehendes wird mit 25 pro Cent importirt	1783	18	6
— wird einzuführen verboten	1785	18	407
Siegelungen in den Klöstern beim Absterben eximirten Personen, wie es damit zu halten	1750	5	428
— beim Absterben eximirter Personen sollen durch die Justiz-Räthe geschehen	—	—	497
— beim Absterben eximirter Personen, was sonst dabei zu beobachten, und wer dergleichen vornehmen soll	1755	6	91, 93
— nähere Bestimmung darüber	1760	6	807
— der Waaren, wie und womit sie geschehen soll	1756	19	137
Siegel-Gebühren bei der Tuch-Schau (f. Schau.)	1765	8	496
So kommt auch das Uebrige bei jeder der Siegelung unterworfenen Sache vor, f. v. g. Leinwand, Zeuge ꝛc.			

Si.

	Jahr.	Band.	Seite.
Silber aller Art wird auszuführen verboten	1756	6	237
	1756	19	150
	1762	7	87, 121
	1764	8	7
	1766	9	297, 251
	1779	16	159
— das alte ist in die Münze zu liefern	1756	6	238
— der Aufkauf des alten bleibt den Silberarbeitern unbenommen	—	—	239
— wie bei Abtreibung dessen in Hüttenwerken zu verfahren	1769	11	152
Silber-Arbeiter müssen von ihrem Gewerbe Fix-Accise zahlen	1756	19	148
Silber-Fabriken-Waaren ausländische zur innern Consumtion eingehende werden außer der Tariffmäßigen Accise noch mit 25 p. Ct. imposirt	1752	4	704
— — — wo und wenn diesen Impost zu erlegen	—	—	705
— — — die wieder ausgehenden sind von diesem Impost frei	—	—	ibid.
— — — wie es bei denen transitirenden mit der Siegelung ıc. ıc. zu halten	—	—	706
— — — einländische müssen jedesmal mit einem Certificat von der Fabrike begleitet seyn	—	—	803
— — — wie es mit deren Versteuerung u. Siegelung zu halten	1756	19	148
— — — nach welchem Gehalt solche ausgearbeitet seyn müssen	1784	18	202
— — — sollen mit dem Gewerks- u. Stadt-Siegel gestempelt werden	—	—	203
Situations-Pläne von Städten und Gegenden in Schlesien darf Niemand ohne besondere Cammer-Concession aufnehmen	1750	3	883
— — dergleichen sollen von jeder Stadt in Schlesien angefertiget werden	1782	17	241
Sitz-Gebühren von Inquisiten werden auf 1 Gr. pro Tag vestgesetzt	1754	5	650
— — dergleichen sollen die Stockmeister und Scharfrichter nicht mehr von den Inquisiten fordern	1744	5	173
— — statt derselben soll den Stockmeistern ıc. ein Salarium fixum aus den Cämmereien accordirt werden	1756	6	369
— — können die Stockmeister jedoch von denjenigen Inquisiten fordern, welche selbst die Inquisitions-Kosten tragen müssen	—	—	ibid.
s. Delinquenten, Inquisiten, Izungs-Kosten.			

So.

	Jahr.	Band.	Seite.

Sohlbaum bei Wassermühlen s. Fachbaum.

Soldaten commandirte und beurlaubte müssen sich mit Pässen vom Regiment legitimiren können

	1742	1	48
	1746	2	343
	1747	2	527
	1763	7	287
	1766	9	260
	1784	18	182

	Jahr	Band	Seite
— — deren Pässe sollen allenthalben genau revidirt und examinirt werden	—	—	loc. cit.
— unter welchen Bedingungen ihnen der Abschied nach dem mit Sachsen geschlossenen Cartell zu ertheilen	1741	1	152
— Kriegs-Artikel und Eides-Formul für dieselben	1749	3	501 seq.
— wie es mit ihren Wechseln zu halten	1751	4	83
— ihnen soll ohne Vorwissen ihres Compagnie-Chefs nichts geborget werden	1743 / 1766	1 / 9	96 / 294
— die nach der Schlacht bei Leuthen im Lande verlaufenen Oesterreichschen und Preußischen werden aufzufangen befohlen	1757	6	698
— was sie von ihrem Quartiers-Wirthe zu fordern haben s. Quartire	1752 / 1762	4 / 7	552, 556 / 94
— beim Verheuraten derselben mit bürgerlichen Weibspersonen müssen dem Parocho sponsae ebenfalls die Jura stolae entrichtet werden	1750	5	421
— nähere Declaration darüber	1753	4	834
— wie es zu halten, wenn einer eine unterthänige Weibsperson heuratet, ratione ihrer Loslassung	1763	7	489 seq.
— dürfen ohne Trauschein vom Regiment nicht heuraten			473
— fallen nach ihrer Verabschiedung wieder in die vorige Unterthänigkeit zurück	1744 / 1763 / 1777	1 / 7 / 15	21 / 490 / 188
— dürfen von Landräthen nicht eigenmächtig verabschiedet werden	1764	8	241
— sollen die städtschen Handwerker nicht in ihrer Nahrung beeinträchtigen	1774	14	166
— sollen bei Meistern blos als Gesellen arbeiten			ibid.
— sollen ohne Acquisition eines bürgerl. Hauses nicht zum Meisterrecht gelassen werden	—	—	166, 233
— müssen zur Acquisition eines bürgerl. Hauses vorher Cammer-Approbation nachsuchen	—	—	233, 259
— können indistincte Regiments-Arbeit verfertigen	—	—	233
— auf ihre liegende Gründe darf ohne Consens des Chefs keine gerichtliche Obligation ausgefertiget werden	1775	14	508

Sol

So.

	Jahr	Band	Seite
Soldaten dürfen ohne Vorwissen der Cammer ihre Grundstücke auch nicht verdußern	1783	18	73
— ihnen dürfen desgl. ohne Vorwissen der Cammer keine Erb- noch andere Gelder ausgezahlt werden	—	—	ibid.
— die, so einen anzugreifenden Bettler in Schutz nehmen, sollen selbst arretirt werden	1779	16	►115
— die im 7jährigen Kriege blessirten sind für allen andern zu versorgen	1782	17	289
— blessirte verabschiedete f. *Invaliden.*			
— beurlaubte contrebandirende sind anzuzeigen	1768	10	155
— — wenn sie Excesse begehen, sind zu arretiren und an das Regiment abzuliefern	1786	18	429
— — über sie competirt wegen ihren Vergehungen dem Regiment allein die Jurisdiction und Cognition	1763	7	491
— — die am unrechten Ort betroffene sollen, wenn sie sich nicht legitimiren können, arretirt und ans Regiment geliefert werden	1775	14	360
— — die, so Zimmerarbeit treiben, sind zu vereiden, daß sie keine unerlaubte Baue aufführen wollen	1771	13	6
— — die, so auf dem Lande Handwerke treiben, entrichten davon den halben Nahrungs-Servis	1783	18	126
— — die, so in Städten bürgerliche Nahrung treiben, zahlen den völligen Nahrungs-Servis	1786	18	454
— reisende sollen genau um ihre Pässe befragt, und die, so keine haben, aufgegriffen werden	1784	18	182
— desertirte f. *Deserteurs.*			
— ratione des Quartier-Servis für solche f. *Servis* Sätze.			
Soldaten-Kinder sollen Handwerke lernen	1766	9	268
Soldaten-Weiber u. Kinder reisende müssen Regiments-Pässe haben	1770	12	125
	1771	13	33
	1761	7	38
— — — ihnen wird das Betteln verboten	1770	12	125
	1771	13	33
	1779	16	102
— — — die auf dem Betteln betroffene sollen auf dem Schube zu ihrer Compagnie transportirt werden	1761	7	38
	1770	12	125
	1771	13	33
— — — bettelnde ausländsche sind über die Grenze zu bringen	1770	12	153
— — — welche für ausländsche zu halten	—	—	ibid.

So. Sp.

	Jahr.	Band.	Seite.
Soldaten=Weiber u. Kinder: die im Betteln betroffene sind nach Kreuzburg ins Armenhaus zu liefern	1779	16	102
—————— müßig gehende sollen zum Flachs= und Wollespinnen angehalten werden	1759 / 1761 / 1763 / 1764	6 / 7 / 7 / 8	769 / 38 / 313 / 154, 369
—————— in die errichteten Spinnschulen gehen	—	—	155, 369
—————— in welchem Fall sie nach dem Tode ihres Mannes oder Vaters wieder dem Dominio unterthänig seyn oder nicht	1777	15	189
—————— wie die Erbschaft derer zu reguliren, die von ihrem Manne oder Vater abgesondert, außer dem Garnison=Ort sterben s. Erbschaften.	1782	17	498
Not. was hier überhaupt von Soldaten gesagt ist, gilt auch von Unteroffiziers, Spielleuten ꝛc. ratione der Officiers aber s. Officiers, ratione ihrer Gerichtsbarkeit ꝛc. ꝛc. s. Militare.			
Solo=Karten s. Karten.			
Sommer=Saat, wie solche pro 1771. zu bestellen	1771	13	72
Spaden fremde werden einzuführen verboten	1783	18	5
Spalier=Wasser s. Gift.			
Späne vom Accisfreien Bauholze, wie sie zu veraccisen	1765	8	409
Spanischer Mantel s. Mantel.			
Speditions=Güter s. Transito=Güter.			
Sperrlings=Köpfe sollen jährlich in gewisser Anzahl an das Steueramt in jedem Creise geliefert werden	1744	1	38
—————— wie die, so nicht in natura geliefert worden, mit Gelde auszugleichen	—	—	ibid.
—————— Formular zur Lieferungs=Tabelle	—	—	40
Sperrungen der Verlassenschaften werden aufgehoben	1750	5	522
—— wo dergleichen noch statt haben			552
Spezerei=Händler müssen Geburts= und Lehrbriefe lösen	1766	9	100
Spiegel: die fremden kleinen bis 8 Zoll hoch werden einzuführen verboten	1774	14	133
—— dito bleiben zum auswärtigen Debit noch einzuführen erlaubt	—		175
—— die fremden über 8 Zoll hoch sind einzuführen verboten	1769	11	206
—— zur Verfertigung der kleinen bis 10 Zoll hoch und deren Debit wird der Kaufmann Hauck auf 25 Jahr privilegirt	1785	18	298

Spie=

Sp.

	Jahr.	Band.	Seite.
Spiegel-Dosen fremde meßingene und blecherne werden mit 50 pro Cent impostirt	1781	17	204
Spiele starke f. Hazard-Spiel.			
— um Geld f. Geld-Spiel.			
— Benennung der verbotenen	1763	7	229
Spillen fremde werden mit 30 pro Cent impostirt	1765	8	741
Spillen-Krämer einländische mögen allenthalben mit ihren Waaren hausiren gehen	1756	19	138, 143
	1742	1	146
Spinnerei: wegen besserer Beförderung derselben	1761	7	12
	1763	7	455, 294
	1764	8	298
Spinn-Räder große holländische sollen bei den Fabriken eingeführt werden	1768	10	258
Spinn-Schulen: Reglement wegen Errichtung derselben auf dem Lande zur Leinengarn-Spinnerei	1765	8	660 seq.
——— dergleichen sollen in allen Dörfern (die Gebürgs-Fabriken-Dörfer ausgenommen) angelegt werden	—	—	662
——— worauf bei deren Anlegung ratione der Verschiedenheit der Dörfer zu sehen	—	—	663 seq.
——— von denen dabei anzustellenden Spinnmeistern, deren Amt und Eigenschaften	—	—	665 seq.
——— was für Personen darinn eigentlich Unterricht nehmen sollen	—	—	667 seq.
——— wer die dabei erforderliche Utensilien anschaffen müsse	—	—	669
——— wer die nöthigen Materialien hergeben soll	—	—	670
——— wer darüber die Aufsicht und Revision zu führen hat	—	—	671
——— was wegen deren Aufrechthaltung für Maasregeln zu nehmen	—	—	672, 675
——— Tabellen, wenn sie jährlich einzusenden, und wie einzurichten	—	—	676
——— das Reglement soll halbjährig den Spinnern und Garnsammlern vorgelesen werden f. Garn.	1776	15	151
——— Reglement wegen Errichtung derselben in den Fabriken-Städten zur Wollespinnerei	1764	8	365 seq.
——— ——— wer in denselben zu arbeiten verbunden, und wie dergleichen Personen dazu anzuhalten	—	—	366
——— ——— woher für die darinn arbeitende verschiedene Personen die Utensilien anzuschaffen	—	—	370

Spinn-

Sp.

			Jahr.	Band.	Seite
Spinn=Schulen: von denen dabei anzustellenden Spinnmeistern ꝛc. deren Besoldung, Eigenschaften und Pflichten			1764	8	371 seq. 375
—	—	wie die Verleger derselben bei Austheilung der Wolle verfahren müssen	—	—	374, 377
—	—	woher derselben Fond zu fourniren	—	—	376
—	—	wer als Inspector dabei anzusetzen	—	—	378
—	—	dergleichen sollen auch auf dem platten Lande eingeführt werden	1765	8	677
—	—	Regulirung derselben auf dem Lande	—	—	ibid.
—	—	Maasregeln zu deren besserer Betreibung {	—	—	647
			1766	9	161, 213
—	—	sind öfters von den Land= und Steuerräthen zu visiciren	1768	10	305
—	—	die Spinnmeister sollen nun aus der Spinnschulen=Casse besoldet werden	—	—	305, 325
Spitzen gold= u. silberne ächte ausländische, so zur einländischen Consumtion eingehen, werden mit 25 pro Cent impostirt			1752	4	704
—	—	die wieder ausgehenden sind von diesem Impost frei	—	—	705
—	—	wie es beim Eingange derselben mit der Siegelung ꝛc. und denen wieder ausgehenden zu halten	—	—	ibid.
—	gold= u. silberne leonische einländische sollen mit dem Fabriken=Siegel versehen werden		1774	14	243
	Eben dieses ist auch von Tressen zu verstehen. Mehreres f. Gold= item Silber=Fabriken=Waaren.				
—	zwirnene, seidene ꝛc. f. Kanten.				
Spitzen=Händler f. Buttenträger.					
Spitzbuben f. Vagabonds.					
Spolium des Bischofs für die durch andere Parochien geführte Leichen			1750	5	468
Sporteln vielfache dürfen die fremden Zünfte, Gemeinen, Pupillen ꝛc. nicht mehr erlegen			1747	2	422
—	was für welche zur Sportel=Casse fließen oder nicht		1750	5	380
—	bei den Aemtern sind auf das Concept und Mundum zu notiren		1744	1	92
—	bei den Magisträten dergleichen		1747	2	419
—	—	wie die Rechnung darüber zu führen	—	—	417, 419
—	—	wie solche zu vertheilen	—	—	416 seq.
—	—	wie es mit deren Bezahlung zu halten	—	—	418

Sp.

	Jahr.	Band.	Seite.
Sporteln der Advocaten dürfen in keinem Falle doppelt bezahlt werden	1747	2	422
—— in welchem Fall die Magisträte von den Inquisitions-Sporteln participiren	—	—	423
—— dergleichen können die Magisträte beim Verkauf der Güter ihrer Unterthanen gleich denen Adelichen nehmen	—	—	238
—— solche sollen die Magisträte nicht von denen in die Cämmerei fließenden Laudemien-Geldern in Abzug bringen	1760	6	828
—— davon müssen die Magisträte in Actibus judicialibus den Bürgern und Unterthanen eine specifique Designation zu schicken	1746	6	126
—— bei den Oberamtsregierungen sind auch auf das Concept und Mundum zu notiren	1750	5	379
—— was für Arten derselben abgeschaft seyn sollen	—	—	392, 395
—— bei den Regie-Gerichten sind zur General-Justiz-Salarien-Casse zu verrechnen	1783	18	21
—— bei Verkäufen werden resp. des Kauffschillings 2 bis 50 auf 3 und 2 50 bis 100 Thlr. auf 6 Gr. pro Cent vest gesetzt	1774	14	223
Sportel-frei sind: die anziehenden Ausländer bei Lösung der Bürgerbriefe	1766	9	235 seq.
—— —— alle Ausländer bei ihrem Anzuge und Etablissement	1775	14	381
—— —— die Kolonisten bei allen während ihren Freis-Jahren vorfallenden Actibus judicialibus	1770	12	333
—— —— die Ausländer bei Acquisition einer Stelle in alten und neuen Dörfern	1783	18	3
—— —— die Invaliden dergleichen	—	—	ibid.
—— —— die Invaliden und Ausländer bei Acquisition eines Hauses in den Städten	—	—	4
—— —— alle, so wüste Stellen zur Bebauung übernehmen	1746	2	326
	1766	9	35
Sportel-Ordnung für den Magistrat und Stadtgerichte zu Breslau	1747	2	482 seq.
—— für sämmtliche Magisträte in Schlesien 2c.	—	—	414 seq.
—— Eintheilung der Städte in 3 Classen	—	—	415, 450
—— wie es in solchen Fällen zu halten, die darinn nicht exprimiret sind	—	—	423
—— welchen Judiciis solche zur Cynosur dienen soll	—	—	ibid.
—— für die schlesischen Oberamtsregierungen	1750	5	377 seq.
—— soll nicht interpretiret, weder durch neue Zusätze verfälscht werden	—	—	377
—— die Contraventiones dagegen werden mit 1 Thlr. pro Gr. bestraft	—	—	378

Spor-

Sp.

	Jahr.	Band.	Seite.
Sportel-Ordnung: wie es in solchen Fällen zu halten, die darinn nicht angeführt sind	1750	5	378
—— —— nach derselben sollen sich auch alle Mediat-Regierungen richten	—	—	ibid.
Sportel-Rechnung und Cassen-Gelder, wer bei den Magistraten solche führen soll, und wie dabei zu verfahren	1747	2	417
Sportel-Taxe für die O. A. Regierungen in Judicialibus	1750	5	381 seq.
—— —— —— in Extra Judicialibus	—	—	386 seq.
—— —— —— in Hypotheken-Sachen	—	—	395 seq.
—— —— für die Subalternen und Expedientes	—	—	390 seq.
—— —— für die Oberamts-Pfänder	—	—	409 seq.
—— —— für die schlesischen Cammern	1750	3	864 seq.
—— —— für die Cammer-Registratur	—	—	869 seq.
—— —— für die Consitoria	1750	5	402 seq.
—— —— für das Bergamt	1769	11	176
—— —— für die königl. Dom. Aemter	1744	1	101 seq.
—— —— für die königl. Collegia medica	1744 / 1759	19 / 3	9, 11 / 871 seq.
—— —— für den Magistrat und Stadtgerichte zu Breslau	1747	2	493 seq.
—— —— für sämtl. Magisträte in judicialibus ordinariis	—	—	425 seq.
—— —— in criminalibus	—	—	443 seq.
—— —— für die Raths-Subalternen und Expedientes	—	—	448 seq.
—— —— für die Justiz-Räthe und deren Secretarios	1750	5	411 seq.
—— —— für die Advocaten in Schlesien überhaupt	1742	1	95 seq.
—— —— —— bei den O. A. Regierungen	1750	5	405 seq.
—— —— —— wenn sie zugleich vices Procuratoris vertreten	—	—	407 seq.
—— —— soll von den Magisträten genau beobachtet werden	1746	5	186
—— Regulirung der großen für die Canzelei	1744	1	107 seq.
—— Moderirung der großen in Schlesien überhaupt, und der kleinen im Fürstenthum Oppeln	1750	5	397 seq.
ratione der Actuum ministerialium s. Stolgebühren.			
Sprache die deutsche soll in Oberschlesien allgemeiner eingeführt werden	1764 / 1773	8 / 14	127, 171 / 113
—— —— desgleichen auch in Niederschlesien	1764	8	156
—— —— darinn sollen sich vorzüglich die oberschlesische Geistliche und Candidaten perfectioniren	—	—	127
—— —— derselben kundige Schulmeister sollen angesetzt, und die ganz polnischen abgeschaft werden	—	—	127, 171
—— —— derselben unerfahrne Domestiquen und Gesinde soll kein Dominium in Dienste nehmen	—	—	171

Sp. St.

	Jahr.	Band.	Seite.
Sprache die deutsche soll keinem Unterthan, der solche nicht zuvor erlernet, die Erlaubniß zum Heuraten gegeben werden	1764	8	177
Spring-Hafer: wie viel jährlich auf einen Beschäler zu geben	—	—	41
Spring-Hengste s. Beschäler.			
Spring-Geld für Belegung der Stutten wird nicht gezahlt	—	—	ibid.
Sprizen zum Feuer löschen s. Feuer-Sprizen.			
Sprizenmeister ibid.			
Stabholz: der Einschlag und Verkauf desselben darf nicht ohne besondere Cammer-Approbation geschehen	1756	6	390
— — der Einschlag dessen auf den geistlichen Gütern wird eingeschränkt	—	—	391
— — wie es mit dem außer Landes gehenden bei der Verzollung zu halten	1765	8	819
— — zur Ausfuhr des eichenen in andere Länder müssen von der Cammer Exportations-Pässe nachgesucht werden	1776	15	22
— — item auch zu dem in Polen gekauften, und blos durch Schlesien transitirenden	1782	— / 17	91 / 256
— — die Ausfuhr-Pässe sind nur auf eine gewisse Quantität zu ertheilen	1778	16	45
— — zur Aufsicht über das auszuführende wird ein Exportations-Aufseher zu Sabor am Hammer angestellt	—	—	48
— — Berechnung dessen nach Rinken, Schocken, Stäben &c. &c.	—	—	46
— — die Exportations-Pässe sollen nicht mehr von den Käufern, sondern von den Wald-Eigenthümern nachgesucht werden	1781	17	194
— — dazu müssen die Eichen durch einen Forstverständigen ausgezeichnet werden	—	—	192
— — Strafe derer, so alsdann andere Eichen dazu einschlagen	—	—	ibid.
— — item derer, so die Stämme betrügerisch ausarbeiten lassen	—	—	193
— — Bestimmung des Maaßes desselben	—	—	ibid.
— — item des Arbeitslohnes	—	—	ibid.
— — über das auf den Ober-Ablagen ankommende sind genaue Register zu führen	1782	17	257
— — das ohne Exportations-Pässe aus Polen eingebrachte ist anzuhalten	—	—	256
Stahl ausländischer: dessen Einfuhr wird verboten	1783	18	74
— die Einfuhr dessen wird noch auf 2 Jahr erlaubt	—	—	113

Stahl

St.

	Jahr.	Band.	Seite.
Stahl ausländischer: der feine besonders wird noch ferner gegen Impost a 30 pro Cent und auf Cammer-Paß einzuführen erlaubt	1786	18	424
Stahl-Federn englische zur innern Consumtion eingehende werden mit 50 pro Cent impostirt	1781	17	150
Stahl-Waaren: Avertissement wegen dem Verkauf derer im schlesischen Gebürge verfertigten	1749	3	571
—— —— sind aus Sachsen einzuführen verboten	1765	8	577
Städte offene sind gegen die Accise-Defraudationes mit Schlagbäumen und Warnigungs-Tafeln zu versehen	1756	19	70
— was deren Einwohner zu thun, um nichts unversteuertes anzunehmen oder zu kaufen	—	—	71
Stadt-Cämmereien s. Cämmereien.			
Stadt-Mauern sollen gut gegen die Accise-Defraudationes verwahret werden	—	—	ibid.
—— die Pforten und Oefnungen darinn zugemauert werden	1768	10	291
—— die Thürme derselben in den Landstädten abgebrochen werden	1764	8	166
Stadt-Physici und Chyrurgi, in welchen Fällen bei Inquisitionen deren Arbeit liquidirt werden darf	1753	4	817
— — deren Rang	1747	5	230
das Uebrige kommt unter dem simplen Haupt-Wort vor, v. g. Stadt-Mauth s. Mauth ꝛc. ꝛc.			
Stamm-Geld in den Aemtern und Cämmerei-Forsten: dessen Bestimmung und Berechnung	1756	6	428
—— für was solches eigentlich zu erlegen, und wie viel	1770	12	60
Stampfen und Handmühlen werden den Gräupnern zu Breslau sich zu halten verstattet	1746	2	248
	1756	19	119
—— was für welche, und wem sie sonst noch erlaubt	—	—	ibid.
Standes-Erhöhungen, wie viel davon Chargen-Gebühren zu zahlen	1765	19	246
Stangen lange und grade sind vor den Kretschams aufzustellen verboten	1756	6	400
Stärke: dazu soll der Weizen nicht getreten, sondern in den städtischen Mühlen geschroten werden	1756	19	115
— Beschreibung, wie solche aus Kartoffeln zu machen	1765	8	841
— fremde wird einzuführen verboten	1783	18	5
— Fabriken sollen vermehret werden	1763	7	345
Stärkemacher auf dem Lande werden gegen Erlegung eines proportionirten Nahrungsgeldes gedulbet	1753	4	831
	1764	8	224
— auf dem Lande sollen nicht mehrere angesetzt werden	1756	19	116

St.

	Jahr.	Band.	Seite.
Statuten schlesische sollen gesammelt und eingesandt werden f. Gesetze.	1780	17	41
Staubbesen-Strafe wird auf die Exportation der Wolle gesetzt	1765	8	707
Steckbriefe wegen Pferde-Diebstählen sollen besser beschleuniget, und deutlicher abgefaßt werden	1773	14	122
Stecknadler zu Breslau: confirmirte Innungs-Artikel für solche	1755	6	44 seq.
Steifleinwand-Fabriken sollen angelegt werden	1768	10	169
Steige an Landstraßen und Wegen sollen zur Beförderung der Passage ausgebessert, oder wo es nöthig, neue angelegt werden	1771	13	98
Steiger beim Bergbau werden blos vom Ober-Bergamt an- und abgesetzt	1769	11	130
— wie sie sich bei ihrem Dienste zu verhalten	—	—	131
— was für Leute dazu anzunehmen; deren Pflichten	—	—	133
Steine halb und ganz edle gehören zum Bergwerks-Regale	—	—	90
— Compositions-Steine: das Hausiren damit wird Ausländern verboten	1783	18	124
Specifica f. Schleifsteine, Quadersteine zc. zc.			
Steinguth englisches wird mit 30 pro Cent impolirt	1765	8	822
— fremdes wird insgemein einzuführen verboten	1780	17	100, 111, 115
Steinkohlen sollen zur Feuerung gebraucht werden	1756	6	401
	—	—	597
— — besonders bei Kalk-Ziegelbrennereien und Bleichen, item bei Brandweinbrennereien	1764 / 1765 / 1776	8 / 8 / 15	239, 261 / 834 / 153
— — Bericht, wie mit der Feuerung bei Kalk-Ziegel- und Bleichöfen zu verfahren	1765	8	836 bis 839
— — die gegen die Bleichart mit denselben gemachten Einwendungen werden beantwortet	1764	8	262
— — Bericht, wie die Feuerarbeiter überhaupt bei der Feuerung mit schlesischen Steinkohlen verfahren sollen	1771	13	8
— — der Vortheil bei dieser Feuerung wird nachgewiesen	1776	15	153
— — die Feuerung damit soll allgemeiner eingeführt werden	1763	7	213
— — die schlesischen werden auszuführen verboten	—	—	305
— — bleiben in andere königl. Provinzen auszuführen erlaubt	—	—	ibid.
— — item auch in österreichschen Provinzen	1765	8	569
— — die fremden werden einzuführen verboten	1770	12	151
— — gehören zum Bergwerks-Regale	1769	11	90
— — neu getroffene sind bald dem Ober-Bergmeister anzuzeigen	—	—	106
— — die dem Grundherrn und der Knappschaft zugehörigen müssen die Bergarbeiter gratis austhun	—	—	117

St.

	Jahr.	Band.	Seite.
Steinkohlen sollen auf den Bergwerken nur nach Breslauer Scheffelmaaß gemessen und verkauft werden	1769	11	118
— — wie sie zu fördern und zu vermessen			139
— — die schlesischen sind Accise, Zoll, und Schleußen-frei	1777	15	192
— — — auch dem Feuerungs-Impost nicht unterworfen (s. Feuerungs-Impost.	1785	18	316
— deren Taxe wird herunter gesetzt	1781	17	143
— neuerer Tariff derselben	1785	18	318
— Praemia zur Beförderung der Feuerung damit pro 1781–1783. (s. Praemia.)	1781	17	160
Steinkohlen-Maas egales wird eingeführt	1757	6	639
Steinkohlen-Oefen: zur Einrichtung derselben wird den Bleichern im Schweidnitz- und Glätzischen königl. Vorschuß versprochen	1784	18	241
Steinsalz: wozu es zu gebrauchen	1756	6	327, 329
— Verhältniß desselben gegen das Siedsalz			329
— gehört zum Bergwerks-Regale	1769	11	90
Steinschneider: was die fremden anziehenden für Beneficia zu genießen	1775	14	376
Stellen: wegen Wiederherstellung derer im Kriege ruinirten	1763	7	234
— was zu Erbauung derer abgebrannten in Städten für Anstalten zu treffen			283
— Beneficia für die Bebauer der abgebrannten s. Bau-Beneficia. s. Feuer-Soc. Hülfe, Feuerschaden.			
	1764	8	163, 229
— sollen erblich an die Unterthanen überlassen werden	1765	8	405
	1766	9	110
	1769	11	244
— von den Erblichen sind halbjährig Tabellen einzusenden	1764	8	164, 229
— auf die nicht erblich ausgesetzten erhalten die Dominia bei Unglücksfällen keine Remission			165
— erblich ausgesetzte sollen immer erblich bleiben	1769	11	245
— wüste, wegen Gebauung derselben zu Guhrau	1742	1	524
			45
	1743	1	68
— — in den Städten, davon soll eine tabellarische Designation eingesandt werden	1755	6	91
	1756	8	580
	1764	8	184
— — worauf bei Aufnahme derselben Rücksicht zu nehmen			ibid.
— — die Designationes sind vorher zu revidiren, und die aücgebliebenen nachzubringen			351
— — wie die Tabellen darüber einzurichten, und in welchem Termino einzusenden	1765	8	427, 523

Steb

St.

	Jahr.	Band.	Seite.
Stellen wüste: wegen Beförderung des Wiederaufbaues derselben	1746	2	321
	1749	3	445
	1755	6	130
	1756	6	500,579,632
— — was die Bebauer derselben für Beneficia zu genießen	1746	2	322, 326
	1749	3	449, 452
	1756	6	579,597,632
— — item die anziehenden Ausländer insbesondere Mehreres ist sub rubr. Bau-Beneficia nachzusuchen.	1749	3	450 seq.
	1763	7	513 seq.
	1770	12	5, 9, 13
	1775	14	368,374,377
	1779	16	133
— — wie es mit denen Beneficiis zu halten, wenn die Eigenthümer selbst aufbauen	1755	6	90
— — deren Bebauer erhalten aus den Cämmereien 10 pro Cent Baugelder	1756	6	580, 597
— — item noch 20 pro Cent	1768	10	175
— — die bis 1741. darauf gehafteten königl. Steuerreste werden niedergeschlagen	1746	2	323
	1749	3	450
— — item die sämmtlichen Cämmerei- und Grundherrschaftl. Gefäll-Reste	1746	2	323
	1775	14	368
— — wie es zu halten, wenn solche mit hypothecarischen Schulden belastet sind	1746	2	325
	1749	3	450, 529
	1756	6	633
	1775	14	368
— — Praecautiones gegen die Wüstungen	1746	2	326
— — für Zuschreibung derselben und andere Expeditiones deswegen werden keine Sporteln gegeben	—	—	ibid.
— — von den neuerbauten wird jährlich eine Designation verlangt	1763	7	468
— — die darauf haftenden Nutzungen sind den Bürgern zu entziehen	1756	6	500, 633
— — sind besonders zu verrechnen	—	—	ibid.
— — sind zu verpachten	—	—	579
— — und solche aus den davon erhobenen Emolumentis zu retabliren	1764	8	152
— — deren Realitaeten sind besser zu benutzen, und wie damit zu gebahren	—	—	276
— — sind vorzüglich mit Ausländern zu besetzen	1765	8	437
— — zu deren Retablirung sollen sich die Magiſträte 2c. um Baulustige bewerben	1769	11	227
— — die, so nicht retablirt werden können, sind in Gärten zu verwandeln	1770	12	147

	Jahr.	Band.	Seite.
St.			
Stellen wüste: in wiefern solche von Brandstellen unterschieden	1770	12	146
— — deren baldiges Retablissement wird befohlen {	1765	8	541
	1768	10	128
— — auf dem Lande sollen die Dominia nicht an sich ziehen, sondern minder aussetzen	1749	3	521 seq.
— — wie es mit denen darauf haftenden sowohl publiquen als herrschaftlichen Praestandis zu halten	—	—	525
— — in welchem Fall die Dominia solche einziehen mögen	—	—	530, 533
— — die durch Nachläßigkeit der Dominiorum entstandene sollen auf deren Kosten retablirt werden	1763	7	470
— — wegen Retablirung derer in dem Kriege wüst gewordenen	1762	7	123
— — sollen mit dimittirten Knechten und Soldaten besetzt werden	1763	7	215
— — von denen seit 1633 bis 1764. wüst gewordenen wird eine Designation verlangt	1764	8	98
— — das Retablissement derselben wird befohlen {	—	—	{48,213,288 353, 382
	1765	8	723
— — die Strafe der Dominiorum, so das Retablissement derselben nicht befördern, wird auf resp. 1000 oder 300 Thlr. vestgesetzt	1764	8	214
	1765	8	737
— — Terminus peremtorius zu Retablirung derselben {	1766	9	14
— doppelte zu besitzen sind nicht erlaubt {	1764	8	{105,112,381 448, 536
— — davon wird eine Designation verlangt	1765	8	427, 536
— — Schema dazu			432
— — nähere Erklärung wegen deren Separation und Retablissement	—	—	447, 723
— — zu deren Separation wird Terminus peremtorius gesetzt wegen den Bauer-Stellen insbesondere s. Bauergüter, item Gärtner, Häusler, Kolonien.	—	—	737
Stell-Stätten in den Waldungen sollen gehauen werden	1764	8	111, 187
Stempel königl. zu Papier, Karten und Musikzetteln werden nachzustechen verboten	1777	15	383
—— auf denen Bogen sollen nicht mit Buchstaben oder Federzügen berühret werden	1770	12	334
Stempel-Cammer: derselben wird auch die Stempelung der Charten, Vollmachten und Musikzettel überlassen	1766	9	108
Stempel-Gebühren von accisbaren Waaren: Tarif darüber	1770	12	24

St.

	Jahr.	Band.	Seite.
Stempel-Gebühren: dergleichen müssen die Officianten vor ihrer Anweisung zum Dienst erlegen,	1770	12	307
	1775	14	519
und erhalten eher kein Salarium	1781	17	215
— sollen die Collateral-Erben mit 50 Thl. erlegen, und deren Atteste mit dem 50 Thlr. Stempel bedruckt werden	1771	13	12
— bei Collateral-Erbschaften soll sich solche Niemand zu defraudiren unterstehen	—	—	82
die Denuncianten der Defraudationen erhalten von der Strafe 10 p. Ct. Antheil	—	—	ibid.
bei Collateral-Erbschaften sind binnen 3 Monaten zu erlegen, wenn auch der Receß noch nicht gerichtlich übergeben ist	—	—	94
Terminus solutionis derselben wird auf 6 Monat prolongirt	1772	13	228
solche müssen auch auswärtige Collateral-Erben zahlen	1771	13	119
item ein einziger Collateral-Erbe, wenn gleich kein Erb-Receß statt hat	1772	13	166
wenn und wie solche bei Erbfällen ratione Successionis ex Communione bonorum inter Conjuges zu zahlen	1773	14	75
die von denen außer Landes gehenden Collateral-Erbschaften müssen vorher entrichtet werden	1777	15	206
müssen bei Collateral-Erbschaften, wo die Erb-Portiones nicht constiren, von jedem Erben speciatim erleget werden	1784	18	155
cessiren, wenn die Erb-Portion eines jeden Erben nicht 100 Thlr. erreicht, obgleich die Haupt-Massa 100 Thlr. übersteigt f. Collateral-Erbschaften	1785	18	341
vom Betrage über 10 Thlr. werden solche mit ⅓ in Golde entrichtet	1774	14	260
davon sind die zuerst eine Kolonie-Stelle acquirirenden Kolonisten frei, aber nicht die nachfolgenden	1785	18	360
Stempel-Papier: der Gebrauch desselben wird in Schlesien eingeführt, und die vorige Einrichtung abgeschafft	1741	1	182, 194
Benennung derer Sachen, wozu es zu gebrauchen	—	—	184 seq.
mit der Krone oder dem Gnaden-Stempel, wozu es zu gebrauchen	—	—	185
vorige Sätze desselben	—	—	ibid.

Stem-

St.

	Jahr.	Band.	Seite.
Stempelpapier: was für Sachen davon befreiet seyn	1741	1	191
— — erneuertes Edict wegen dessen Gebrauch {	1765	8	579 seq.
	1766	9	107 seq.
— — Sätze oder Taxa desselben :			
— bei Pacht-Contracten über Cämmerei- und Hospital-Pertinenzen	1762	7	140
— bei Licitations-Patenten			ibid.
— bei Kauf-Pacht-Mieth-Contracten { über Aemter und Güter	1765	8	591
	1766	9	110
— item über Gärtner- und Häuslerstellen	1767	10	34
— item über ordinaire Häuser und Gärten	1770	12	293
— bei jüdischen Ehestiftungen resp. ihrer { Classen	1765	8	587
	1766	9	118
— bei resp Besoldungs-Quittungen und Pensionen {	1765	8	592
	1766	9	124
— bei Vergleichen und Transactionen	—		112
— bei Testamenten, Codicillis, Inventariis ꝛc. {	1765	8	583
	1766	9	114
— bei gerichtlichen Sachen und Criminalibus {	1765	8	587
	1766	9	119, 123
— bei Bittschriften {	1765	8	591
	1766	9	122
— bei der ad Subhastationes erfolgenden Adjudication			111, 115
— bei Erb-Recessen inter Ascendentes et Descendentes	—	—	111
— item inter Collaterales	—	—	ibid.
f. Collateral-Erben.			
— bei Edictal-Citationibus {	1753	4	911
	1765	8	588
	1766	9	113, 120
— bei den gerichtlichen Publicandis	1753	4	826
— bei Assecuranz-Policen	1766	9	113
— bei Mäcklers-Attesten über Handl. Geschäfte	—	—	ibid.
— bei Curatoriis, Tutoriis und Decharges über Vormundschafts-Rechnungen	—	—	ibid.
— bei Dispensationib. vom 3malligen Aufgeboth	—	—	ibid.
— bei Lehn- und Afterlehn-Briefen	—	—	ibid.
— bei Salvis Conductis	—	—	ibid.
— bei Leichen-Pässen	—	—	ibid.
— bei Ehestiftungen bürgerl. Personen resp. der Städte	—	—	114
— bei Vollmachten	—	—	129

St.

	Jahr.	Band.	Seite.
Stempelpapier: Sätze desselben bei Bürgerbriefen und Pässen	1766	9	150, 235
— — bei Handlungs-Büchern (s. Paraphen.)	1765	8	584
	1766	9	116
— — bei Juden-Sachen	1765	8	586
	1766	9	117
— — bei Inquisitions-Sachen	1765	8	591
	1766	9	123
— — bei Pfandbüchern u. Pfandscheinen			266
— — bei den Urtein und Ehren-Versorgen in Injurien-Sachen unter 10 Thlr.	1785	18	398
— — bei Assecuranzen über die Effecten wegen Feuersgefahr, item wegen Waaren-Transports auf der Elbe	—	—	311
— — bei Bestallungen der Militair-Bedienten	1765	8	598
	1766	9	134
— — bei Bestallungen der Civil- und Hofbedienten	—	—	ibid. et seq.
— — bei geistl. Beneficiis, Praebenden	1765	8	608
	1766	9	138
— — bei allerhand-Gnaden-Sachen			ibid.
— — bei Privilegiis und Diplomatibus	1765	8	610
	1766	9	139
die Sätze desselben zu noch mehrern andern Sachen sind in denen oben alleg. Stempel-Edicten aufzusuchen			
Stempelpapier mit der Krone, zu welchen Sachen es zu gebrauchen	1765	8	579
	1766	9	108
— — mit dem Adler desgleichen	1765	8	581,583,587
	1766	9	109 seq.
— — mit dem Scepter desgleichen. Taxa desselben	1765	8	591 seq.
— — Benennung derer Sachen, so überhaupt vom Stempelpapier frei sind	—		594 seq.
	1766	9	127 seq.
— — muß bei allen Urtein, Bescheiden 2c. ohne Ausnahme adhibirt werden	—	—	140
— — item bei Sollicitationen um Licenz-Scheine für Garnsammler. Satz			
— — item der herrschaftlichen Confirmationen über Käufe, Pachtungen 2c. ihrer Unterthanen. Satz	1770	12	292
— — item zu allen Vollmachten, und ist dabei ratione des Satzes auf das Capital und die Interessen Objecti litis zugleich Rücksicht zu nehmen	—	—	317
— — item bei allen Manifestations-Eiden. Satz	1771	13	111
	—	—	35

Stem-

St.

	Jahr.	Band.	Seite.
Stempelpapier zu Kauf= Pacht= und Mieth=Contracten, wenn das Quantum à 30 bis 50 Thlr. ist. Satz	1771	13	129
	1781	17	215
――― ――― der Gebrauch desselben bei Bittschriften ist nicht außer Acht zu lassen	1770	12	320
――― ――― verwischtes, radirtes oder unleserliches soll nicht bei den Gerichten angenommen werden	1785	18	291
――― ――― wie es mit dem Gebrauch dessen bei Policei=Sachen zu halten	1769	11	289
Stempelpapier=Contraventiones, darauf gesetzte Strafen	1741	1	192
	1765	8	582,585,592
	1766	9	125 seq.
――― ――― ― die Strafen sind nachdrücklicher beizutreiben	1767	10	51
――― ――― ― Prozesse sollen kurz abgethan werden	1773	14	95
Stempelpapier=Controllen müssen an die Cammer eingesandt werden	1767	10	48
――― ――― Terminus der Einsendung	―	―	48, 52
――― ――― Schema dazu	―	―	53
Stempelpapier=Rendanten: in jedem steuerräthlichen District ist ein Haupt= in jeder Stadt aber ein Unter=Rendant anzustellen	1766	9	169
――― ――― was sie für resp. Douceurs zu genießen	―	―	170
――― ――― Instruction für dieselben	―	―	170 seq.
――― ――― dürfen, wenn deren Douceur geringe ist, davon keinen Servis zahlen	1786	18	468
Sterbende s. Kranke, Verstorbene.			
Sterbe=Fälle eximirter Personen sind dem Pupillen=Collegio anzuzeigen (s. Todesfälle.)	1752	4	645
Sterbe=Monat der Accise=Bedienten, wie solcher zu bestimmen	1756	19	223
――― genießen die Erben derer Creis=Bedienten, die keine Chargen=Jura gezahlet haben	1781	17	177
Sterbe=Quartal genießen alle Erben der Creis=Bedienten, die Chargen=Jura zahlen	―	―	116
――― ――― genießen die rathhäuslichen Officianten, und außer diesem noch ein Gnaden=Quartal s. Gnaden=Quartal.	1742	5	17
Sterblings=Wolle darf nicht zu den Zeugen genommen werden	1747	2	481
	1769	11	34
――― ――― ― soll nicht unter die Gute vermengt auf die Märkte gebracht werden (s. Wolle.)	1747	2	480
Steuern sollen bis auf nähere Verordnung nach dem Fuß de 1740 entrichtet, und zu den Landes=Cassen abgeführt werden	1741	1	11, 18

St.

	Jahr.	Band.	Seite.
Steuern: Ordre wegen der pro 1741. aufzubringenden	1741	I	25, 42, 44
—— — wegen Beitreibung derselben in die Kriegs-Casse	—	—	29
—— 2 monatliche pro Jan. und Febr. 1741. werden verlangt	—	—	55
item pro Mart. und April 1741.	—	—	79
—— nach welchem Modo die ausgeschriebenen beizutreiben	—	—	56, 60
—— wie viel dergleichen und andere Landes-Abgaben seit dem Januar 1741. eingekommen, davon wird eine Nachweisung verlangt , , ,	—	—	74
—— Berechnung derselben pro 1741. , ,	—	—	77
—— die pro 1741. werden bis Ende Novembris beizutreiben befohlen , , ,	—	—	160
—— damit sowohl als den übrigen Landes-Revenüs wird eine andere Einrichtung gemacht	—	—	141
—— wegen Einbringung derselben im Fürstenthume Sagan	1742	I	84
—— die neue Einrichtung soll mit dem Junius 1743. den Anfang nehmen , ,	1743	I	56 seq.
—— das einmal vestgesetzte Quantum soll niemals erhöhet werden	—	—	57
—— wie viel davon in Golde zu entrichten	1765	8	419
—— die prompte Ablieferung der monatlichen wird befohlen	1768	10	288
Steuer-Angelegenheiten zu Regulirung derselben werden Deputati der Stände ad Conventum publicum eingeladen	1741	I	13
—— —— der wegen solchen denen Deputirten in Conventu publico gehaltene Vortrag	'	—	15 seq.
—— —— wegen einer deshalb zu haltenden Conferenz , ,	—	—	23
Steuer-Classificarions-Commission, was sie zu observiren	1743	I	54
Steuer-Divisor, königl. Versicherung: daß solcher zu keiner Zeit erhöhet, weder das Catastrum abgeändert werden soll	1748	3	211 seq.
Steuer-Einnehmer s. Creis-Steuereinnehmer, Creis-Bediente.			
Steuer-Extracte sind den 15ten jeden Monats ad Cammeram einzusenden , , ,	1742	I	309
Steuer-Reste alte werden der breßlauschen Bürgerschaft geschenkt	—	—	209
—— die dieserhalb entstandenen Prozesse werden aufgehoben	—	—	211
—— werden nicht gestattet, sondern die Landräthe sollen dafür haften , ,	1768	10	288
Steuer-Scheine sächsische, Convention wegen Bezahlung derselben	1753	4	959
—— die damit vorgehende unerlaubte Verluren werden verboten ,	1751	4	248
—— —— wie es mit deren Bezahlung zu halten	1763	7	195, 198

Steu:

St.

	Jahr.	Band.	Seite.
Steuer-Verfaffung: Patent wegen künftiger Einrichtung derfelben in Schlesten	1743	1	53
— — Edict wegen befferer Einrichtung derselben in der Grafschaft Glatz	1781	17	180
Stiefel-Bretter und Hölzer, das Haufiren mit fremden wird verboten	1773 / 1781	14 / 17	51 / 154
Stiftungen milde: deren mäßig liegende Gelder sind zinsbar bei der Banque unterzubringen	1769	11	74
— — — deren bei der Banque eins und abgehende Gelder sind Poftfrei	—	—	76
Stifter geiftliche, wie viel die dabei anzustellenden Beneficiaten Chargen-Jura zu entrichten haben	1765	19	245, 493
Stifts-Capitulares zum heil. Creuz in Breslau werden bis auf 8 Personen reducirt	1751	4	207
Stifs-Güter f. Güter geiftliche.			
Stifts-Ordens f. Kloster.			
Stipendiaten schlefische mögen, mit einem Licenz-Scheine versehen, auf auswärtigen Schulen studiren, um dort die Stipendia zu genießen (f. Studiren.)	1749 / 1751	3 / 4	419 / 205
Stockmeifter erhalten statt der Sitzgebühren ein Salarium fixum aus den Cämmereien	1756	6	369
— — haben nur von vermögenden Inquifiten Sitzgebühren zu fordern (f. Sitz-Gebühren.)	—	—	ibid.
Stohl-Gebühren sollen die Katholiken in Lüben an den dortigen evangelischen Pfarrer entrichten	1742	1	28
— — wegen gegenseitiger Befreiung davon unter den Geiftlichen beiderlei Religionen	—	—	430
— — dürfen überhaupt von Katholiken nicht mehr an evangelische Geiftliche, und von Evangelischen nicht mehr an katholische Geiftliche gezahlet werden	1758	6	737
— — doppelte dürfen die Officianten der Landes-Collegiorum nicht zahlen	1750	5	469
Stohl-Taxen: alle vorige werden abgeschaft	—	—	470
Stohl-Tax-Ordnung erneuerte für beiderlei Religionen	—	—	433 feq.
— — Eintheilung der Städte in Classen	—	—	434
— — item der Einwohner	—	—	436, 437
— — vom Aufbieten, Trauen, Einleiten	—	—	434
— — Principia regulativa	—	—	446
— — vom Taufen und Einleiten	—	—	448
— — Principia regulativa	—	—	452
— — von Begräbnissen und Ausläuten	—	—	454
— — Principia regulativa	—	—	466

St.

	Jahr.	Band.	Seite.
Stohl-Tax-Ordnung: dabei zu beobachtende Generalia	1750	5	468
— — — für die Feldprediger und das Militare vom Taufen	—	—	284
von Trauungen	—	—	286
Stöhre f. Schaafböcke.			
Stollen auf Bergwerken, die zu verstürzenden sind vorher dem Ober-Bergmeister anzuzeigen und zu besichtigen	1769	11	106
— Bestimmung ihrer Gerechtigkeit und Erbteuffe	—	—	107
— wie es zu halten, wenn ein Stöllner die gehörige Erbteuffe nicht erreicht oder nicht behält	—	—	108
— darinn wird (außer wichtigen Fällen) kein Gesprenge erlaubt	—	—	ibid.
— sind mit offenem Mundloch stets fahrbar zu erhalten	—	—	109
— sollen mit einer gewissen Teuffe einander antreten	—	—	110
— wird nur unter gewissen Umständen unter sich gebrochen	—	—	ibid.
— wie es zu halten, wenn ein erztreffender keine Erbteuffe oder Gerechtigkeit hat	—	—	114
— keine Gewerkschaft soll der andern den ihrigen bei 100 Thlr. Strafe ruiniren	—	—	115
Stollen-Hieb, wie lang und breit solcher getrieben werden darf	—	—	114
Stollen-Wasser-Seige, wie solche zu führen	—	—	108
— die erste soll kein Stöllner verlassen, senken oder erhöhen	—	—	109
Strafen: Edict, wie solche bei den Aemtern zu reguliren	1744	1	96
— in wiefern sie bei den Aemtern ad fructus Jurisdictionis gehören (f. Amt.)	—	—	95
— Edict, wie solche bei den Vergehungen der Accise- und Zollbedienten zu bestimmen (f. Accise-Bedienten.)	1783	17	76 seq.
Straf-Gefälle bei den Magiftråten werden zur Cämmerei gerechnet	1747	2	420
Da übrigens auf die Contravention einer jeden Verordnung ꝛc. eine gewisse Strafe gesetzt ist, so ist solche bei dem Gegenstande der Verordnung theils mit aufgeführt, theils durch Nachschlagung des loco competenti nachgewiesenen Edicts nachzusuchen, item f. Vestungsstrafe, Zuchthausstrafe.			
Straßen sollen mit Bäumen besetzt werden	1743	1	109
	1756	6	228, 248
	1757	6	658
	1763	7	206, 211
	1764	8	19. 168, 303
	1766	9	12
	1768	10	136

St.

	Jahr.	Band.	Seite.
Straßen: wie die mit Bäumen zu besetzenden von Distanz zu Distanz unter die Gemeine zu vertheilen	1764	8	23
Mehreres wegen der Besetzung mit Bäumen s. Bäume.	1757	6	659
	1767	19	347
—— die zu breiten sollen verschmälert werden	1766	9	227
	1785	18	396
—— Bestimmung der erforderlichen Breite derselben	1766	9	228
	1767	10	4
—— die im Gebürge leiden wegen ihrer Breite eine Ausnahme	—	—	5
—— die krummen werden in gleicher Linie zu führen befohlen	1757	6	659
	1764	8	22
—— Vorschrift zu deren Verbesserung	—	—	97
—— was für Wege eigentlich Landstraßen zu nennen	1767	10	7
—— wer zu deren Ausbesserung verbunden	—	—	9
—— die Aufsicht darüber sollen 2 Gerichts-Männer führen	—	—	7
—— Pflichten der Aufseher darüber	—	—	8, 10
—— zu deren Ausbesserung soll kein Holzwerk genommen werden	—	—	11
—— allgemeine Regeln zur Ausbesserung derselben	—	—	12 seq.
—— wie und wenn solche zu pflastern	—	—	18
—— wie die durch Brüche und Moräste gehenden zu repariren	—	—	20
—— item die durch hohle Wege gehenden	—	—	21 seq. 23
—— item die durch oder nächst Flüssen gehenden	—	—	25 seq.
—— wie sie ohne Ries mit Moos und Kiefernadeln auszubessern	1773	14	120
—— sind vorzüglich mit Pappelweiden zu besetzen	1775	14	517
—— deren Ausbesserung soll mit Zuziehung des Conducteur Weilsbach geschehen	1785	18	411
—— über die Instandhaltung derselben sollen die Postmeister halten	1743	5	63
	1772	13	391
	1782	17	480
—— Benennung derjenigen Landstraßen, die zur Exportation der Kaufmannsgüter nach fremden Landen bestimmt sind	1770	12	322
—— die Stöhrung der öffentlichen Ruhe auf denselben wird mit lebenswieriger Bestungsarbeit bestraft	1750	5	574
	1785	18	430
Straßen-Bäume: wie die Beschädiger derselben zu strafen	1764	8	25
Straßen-Brücken sollen maßiv gebauet werden	1767	10	5
Mehreres s. Brücken.			
Straßen-Graben, wie sie gemacht und beschaffen seyn sollen	1764	8	97, 223
	1767	10	12
Straßen-Reglement, wie bei deren Reparatur zu verfahren	—	—	3 seq.
Straßen-Reparatures, wenn und wie solche vorzunehmen	1766	9	143
	1767	10	9
	1784	18	204

Stras

St.

	Jahr.	Band.	Seite.
Straßen-*Reparaturen*, wie es mit denen darüber entstandenen Streitigkeiten zu halten	1764	8	260
Straßen-*Revisiones*: wenn, von wem und wie solche zu halten, item Diaeten und Liquidation deswegen	1770	12	331
Straßen-Säuberung, Reglement, wie es damit in Breslau zu halten	1744	1	76 seq.
—————— Avertissement wegen genauerer Beobachtung des Reglements	1760	6	812
Strauchwerk unnützes ist von den Wiesen wegzuschaffen	1785	18	398
Streichmeister bei der Tuch-Fabriken-Schau sollen angestellt werden	1746	2	294
	1765	8	490
—— —— deren Douceurs	1752	4	226
	1765	8	491
Streichmeister: Instruction für dieselben	1746	2	316 seq.
	1765	8	514 seq.
—— —— Eides-Formul	1746	2	331
	1765	8	515
Streusand österreichscher wird mit 5 pro Cent importirt	—	—	741
Striegau: der Stadt Markt-Ordnung	1749	3	458 seq.
Stroh zur Cavallerie-Verpflegung zu lieferndes, wie viel ein Gesbund wiegen müsse	1763	7	407
	1770	12	75
dito, in wiefern dabei die kleinen Ackersleute concurriren müssen	1767	10	103
—— wie viel Lager-Stroh der einquartirten Mannschaft zukommt, und wie solches zu bonificiren	1752	4	553, 582
s. Cavall. Verpfleg. Fourage, Marsch, Quartire rc.			
Stroh-Aufkauf auf dem Lande wird denen, die sich mit keinem Cammer-Paß legitimiren können, verboten	1775	14	514
Stroh-Vorräthe sind außerhalb den Städten aufzubewahren	1770	14	109
Strohhüte (oder Strohhauben) sächsische werden mit doppelten Impost a 8 Pfennig pro Thlr. belegt	1765	8	779
—— die fremden werden ganz einzuführen verboten	1782	17	277
	1784	18	186
die einländschen sollen zum Kennzeichen gesiegelt seyn	—	—	ibid.
Ströhme: die Ufer und Sandbänke derselben sind mit Warden von Weidicht zu bepflanzen	1748	2	47
	1763	7	427 seq.
plura vide Warden.			
—— Vorschrift, wie die Wehre darinn anzulegen	1763	7	434
—— —— item die Schleußen	—	—	435
sind durch Grabung grader Canäle zu reguliren	—	—	426
von dem dorinn befindlichen Holzwerk zu reinigen	—	—	418, 426
die in solchen noch befindlichen alten Schleußen rc. abzubrechen	—	—	420

St.

	Jahr.	Band.	Seite.
Ströhme: wie es zu halten, wenn ein Baum darein fällt und auf ein anderes Territorium getrieben wird	1763	7	422
— wie es mit der Räumung zu halten, wenn der Strohm die Grenze hält	—	—	ibid.
— bei Regulirung derselben muß den Wasserbau-Bedienten alle nöthige Assistenze geleistet werden	—	—	437
f. Flüsse, Graben, Wasser ıc. ıc.			
Strümpfe wollene, die fremden eingehenden werden mit 6 Gr. u. 4 Gr. importirt	1764	8	157
— seidene ıc. die Einfuhr der fremden wird verboten	1768	10	208
— seidene, baumwollene ıc. eingehende sollen auf den Pack-höfen revidiret werden, ob es ein- oder aus-ländsche sind	1781	17	220
— — die ausländschen sind ans Accisamt abzuliefern			222
— — zur Revision derselben sollen, wo es nöthig, 2 Schaumeister angestellt werden			ibid.
— — die einländschen sind mit dem Schau-Stempel zu besiegeln, und vom Fabrikanten noch mit ei-nem besondern Kennzeichen zu bemerken	—	—	223
— — mit was für einem Schauzeichen die einländschen zu besiegeln	1782	17	247
— — die Schau- und Stempelkosten dazu fournirt die Mittelslade	—	—	248
— — leinene und hänsene fremde sind einzuführen verboten	—	—	285
— — item die fremden wollenen und baumwollenen zur einländschen Consumtion	1783	18	13
Strumpf-Fabriken sollen mehrere etablirt werden	1765	8	743
— sind besser in Gang zu bringen	1769	11	276
Strumpf-Fabrikanten sollen mit ihren Fabricatis die Frankfur-ther Messe beziehen	1765	8	744
— — sollen ihre Namen in die seidene Strüm-pfe einwirken	1768	10	208
Strumpf-Wirker sind mehrere ins Land zu ziehen	1764	8	157
Studiren Theologiam auf der Universität zu Frankfurth wird lu-thrischen Candidaten nachgegeben	1752	4	596 seq.
	1749	3	618
	1751	4	203
— auf ausländschen Schulen und Universitäten wird ver-boten	1759	6	746
	1760	6	802
	1769	11	197
	1778	16	13
	1782	17	260

St. Su.

	Jahr	Band	Seite
Studiren auf ausländischen Schulen wird nur denjenigen Schlesiern erlaubt, die daselbst Stipendia zu genießen haben,	1749	3	619
und müssen dazu einen Licenz-Schein nachsuchen	1751	4	205
—— ist den Bauers- und geringer Leute Söhnen nicht erlaubt,	1764	8	242, 244
ausgenommen die ersten 4 Classen	1765	8	759
f. Bauer-Söhne.			
	1749	3	618
	1759	6	746
Studirende auf auswärtigen Schulen, sollen zurück berufen werden	1760	6	802
	1778	16	13
	1782	17	260
—— —— sollen sich durch ein Attest von ihren Lehrern ausweisen, daß sie wirklich einländische Schulen frequentiren f. Gymnasia, Universitäten.	1749	3	618
	1784	18	143
Studenten bettelnde sollen aufgegriffen und ins Creuzburger Armenhaus gebracht werden	1779	16	106
Stutten: zu welcher Zeit sie belegt werden sollen	1764	8	40
—— die Anschaffung mehrerer zur Zucht wird befohlen	—	—	103, 109, 126
—— sollen nicht außer Landes verkauft werden	—	—	loc. cit.
plura vide Beschäler, Pferde.			
Subhastationes: Abstellung der dabei eingeschlichenen Mißbräuche	1750	5	548
—— —— sollen bis nach dem Kriege ausgesetzt bleiben	1759	6	740, 756
—— —— voluntariae soll die 3 monatliche Frist wieder statt finden	1753	4	823
—— —— voluntariae et necessariae, was dabei für Stempelpapier zu gebrauchen	1766	9	111, 115
Subhastations-Terminus wird bestimmt bei Landgütern	1750	5	565
—— —— —— item bei Häusern, Gärten, Wiesen	—	—	566
—— —— —— item in Subhastationibus voluntariis	1758	6	718
Subordinations-Vergehungen der Soldaten, wie sie zu bestrafen f. Soldaten, it. Kriegs-Artikel.	1749	3	51
—— der Accise-Bedienten desgleichen f. Accise-Bedienten.	1783	18	79
Succumbenz-Gelder: in was für Fällen solche statt finden	1750	5	573
—— deren Bestimmung	—	—	ibid.
Supplicationis-Remedium, wenn es statt hat	1745	2	22
Suppliquen dürfen nicht nomine collectivo übergeben werden	1743	1	112
—— nomine collectivo abgefaßte müssen von sämmtlichen Interessenten unterschrieben seyn, oder dem Concipienten eine Vollmacht dazu ertheilet werden	1746	2	348
—— die, so immediate eingereicht werden, müssen von einem recipirten Advocaten unterschrieben seyn	1747	2	518

Su. Sy.

	Jahr.	Band.	Seite.
Suppliquen: für deren Inhalt müssen die Concipienten repondiren	1747	2	519
——— wie es zu halten, wenn sie von keinem recipirten Advocaten unterschrieben sind	1750	5	543
——— wie die an des Ministre Excel. und an die Cammern einzurichten, um gültig zu seyn	1763	7	289
——— was dazu für Stempelpapier zu gebrauchen	1766	9	122
——— wie die an die königliche Person selbst und an die Landes-Collegia einzurichten	1741	1	156
	1742	1	26
	1743	1	47
	1746	a	347
——— wie es mit denen an die Feld-Kriegs-Canzelei zu halten	1741	1	72
——— für gemeine Leute und Querulanten sollen die rathhäuslichen Officianten nicht machen	1780	17	101
——— wie die unbefugten Schriftsteller derselben, so dergleichen den gemeinen Leuten machen, zu behandeln reliqua s. Schriftsteller.	—	—	90
Sylvester-Erbe wird bei 100 Thlr. Strafe einzuführen verboten			

T.

Ta.

	Jahr.	Band.	Seite.
Taback: darunter soll der Selz nicht mit verarbeitet werden	1751	4	414
——— soll Niemand den Gorallen und andern Hausirern abkaufen	1752	4	587
——— das Hausiren damit auf dem Lande wird verboten	1750	3	981
	1756	19	140
——— wie solcher zu versiegeln, zu stempeln und zu versteuern	—	—	160
——— der fremde darf ohne Paß der Direction nicht transitiren	1765	8	756
——— wie es beim Transito des fremden zu halten	1768	10	133
	1769	11	18
Taback-Anbau soll besser betrieben werden	1763	7	226
——— der heimliche wird verboten	1770	12	55
——— —— was für Maaßregeln deswegen zu nehmen	—	—	ibid.
——— —— wie die Contravenienten ratione des heimlichen Anbaues respective zu bestrafen	—	—	56
——— —— vom angepflanzten und eingeärnteten wird jährlich eine Designation verlangt	—	—	134
——— —— Schema dazu	—	—	136
Taback-Asche auf Steinsalz ist ein Mittel wider das Blattern des Schaafviehes	1784	8	206
Taback-Blätter ausländische, davon wird im Baratto-Handel nur die Accise wie vom einländischen erlegt	1742	1	32

Ta.

	Jahr.	Band.	Seite.
Taback=Blätter polnische, das Baratto-Beneficium wegen solchen wird aufgehoben, und ein gewisser Accise=Satz davon eingeführt. Bestimmung f. Baratto.	1764	8	34
—— —— dürfen nur an die Pachtung verkauft werden	1766	9	209
—— —— das Stehlen derselben vom Felde wird bei Zucht=haus=Strafe verboten	1770	12	56
	1774	14	257.
Taback=Brigadiers und Bedienten: denselben sind alle Geld=Plackereien verboten	1768	10	ibid.
—— —— ihnen soll von den Magisträten alle Assistence geleistet werden	——	——	322
—— —— müssen von ihrem Gehalt Servis zahlen	1770	12	291
Taback=Contrebandiers, Anstalten zur Arretirung derselben f. Contrebandiers, Gorallen.	1767	10	107
Taback=Contrebanden (Saisien): der Verkauf der dabei mit einge=brachten Pferde und Wagen soll mit Zu=ziehung einer Magistratsperson geschehen	1773	14	4
—— —— wenn dabei zugleich Salz=Contrebanden be=findlich, so sollen die daraus gelösten Gel=der in beide Cassen gleich vertheilet werden	1772	13	390
Taback=Defraudationes: in welchen Fällen die Magisträte darüber entscheiden können	1770	12	299, 300
—— —— wie die Magisträte bei der Untersuchung verfahren müssen	1768	10	170
Taback=Defraudations-Strafen: deren Abänderung und nähe=re Bestimmung darüber	——	——	301
—— —— dafür sollen die Magisträte repon=diren	——	——	305
Taback=Direction: Einrichtung derselben. Ernennung der Gerichte	1766	9	86
Taback=Distributeurs: deren Anstellung auf dem Lande	——	——	38
—— dergleichen sind besonders auf denen 2 und mehrere Meilen von Städten abliegenden Dörfern anzusetzen	1769	11	236
—— was sie für Kosten zu erlegen, und dagegen für Rabat zu genießen haben	——	——	237
—— sind von den Paraphen-Gebühren frei	1768	10	44
—— die, so den Debit des Tabacks vernachläßi=gen, verlieren die Concession	1780	17	49
Taback=Einschwärzer f. Contrebandiers, Gorallen.			
Taback=Gerichte werden ernannt	1766	9	86
—— Vorschrift zu deren Verbesserung	178,	18	16
—— werden mit dem Accise=Gericht combinirt reliqua f. Accise=Gericht.	——	——	18

Ta.

	Jahr.	Band.	Seite.
Taback=Händler heimliche, wie sie zu bestrafen	1769	11	238
Taback=Pacht wird einer Societaet überlassen, Octroy	1765	8	683 seq.
— — die Octroy wird aufgehoben, und das Taback=Wesen auf königliche Rechnung übernommen	1779	16	186
Taback=Pfeifen sächsische werden durchzuführen verboten	1759	6	745
— — die Einfuhr der fremden wird insgemein verboten	1756	6	496
— —	1768	10	50
— — sind auch aus andern königl. Provinzen in Schlesien einzuführen verboten	—	—	ibid.
Taback=Preiße beim Verkauf werden vestgesetzt	1766	9	7
— — item des Permutischen			15
	1743	1	108
	1752	4	728
	1753	6	955
	1756	6	408
Taback=Rauchen wird verboten in Wäldern, Ställen, Scheunen und allen gefährlichen Orten	1759	6	773
	1761	7	48
	1762	7	122
	1764	8	253
	1765	8	618
	1784	18	163
— — item beim Getreide auf= und abladen	1782	17	356
— — item auf denen Post=Wagen	1743	5	58
	1782	17	455
— — ohne Pfeifendeckel ist nur in den Stuben erlaubt	1784	18	163
Tabellen historische vom Zustand der Städte. Formular dazu	1749	3	653
— — vom Zustande des platten Landes, Formular	1742	1	455 seq.
— — von Aufnahme derselben werden keine Diaeten accordirt	1784	18	151
Tablet=Krämer fremde sind nicht ins Land zu lassen	1759	6	754
f. Butterträger, Olitaeren=Krämer.			
Taffent=Bänder f. Bänder.			
Taffent=Fabriken, dergleichen sollen mehrere angelegt werden	1763	7	358
Taxe=Gebühren jüdische f. Juden=Tage=Gebühren.			
Tagelöhner ausländische anziehende genießen die Beneficia der 2ten Classe Ausländer	1779	16	207
Tann=Wildpret: das Schießen und Fangen desselben wird bei 20 Thlr. Strafe pro Stück verboten	1774	14	161
Tapeten: die fremden papiernen ꝛc. sind einzuführen verboten	1772	13	181
Tarif von Zettel=Plombage= und Stempelgeldern	1770	12	20
Mehreres f. Accise=Tarif, Zoll=Tarif, Mauth=Tarif u. f. w.			

Ta. Te.

		Jahr.	Band.	Seite.
Tartoffeln: Instruction, wie sie anzubauen		1750	6	676 seq.
— — wie sie mit Nutzen zu gebrauchen				679
		1756	6	390
		1757	6	675
— — der Anbau derselben soll besser betrieben werden		1761	7	33
		1762	7	137
		1764	8	343
		1765	8	655
— — von den erbauten wird jährlich eine Designation verlangt		1761	7	33
— — das Gesinde, so sich solche zu essen weigert, soll zur Verantwortung gezogen werden		1765	8	655
— — Beschreibung, wie daraus Stärke zu machen				845
— — wie viel jeder Bauer und Gärtner ausstecken soll		1768	10	147
Taufen: Taxa stolae dafür		1750	5	448 seq.
— Principia regulativa darüber		—	—	452
— Nothtaufen, so die Hebammen verrichten, in wiefern davon die Jura stolae an den Pfarrer zu zahlen		—	—	453
— — dergleichen sollen die Hebammen ohne Noth nicht vornehmen		1744	19	35
— dabei sind bei Katholiken nur 3 Gevattern zulässig		1750	5	453
— beim Militare competirt dieser Actus nur dem Feldpredigten		—	—	283
— — Gebühren davon		—	—	284
— — Formula		—	—	292
— wie es damit in denen wegen der Viehseuche gesperrten Orten ratione des Geistlichen und der Gevattern zu halten		1780	17	59
Tauf-Buch: was darein zu verzeichnen		1750	5	454
Tauf-Schein: was dafür zu zahlen				ibid.
Taxa stolae s. Stohl-Taxe.				
— Sportul s. Sportel-Taxe.				
— vom Stempelpapier s. Stempelpapier.				
— vom Wildpret s. Wildpret.				
— von Bier, Brod, Fleisch, die Regulirung derselben competirt der Cammer allein		—	—	311
— Specialia s. Bier-Brod-Fleisch-Licht ıc. Taxe u. s. w.				
— von Verzinnung kupferner Geschirre		1768	10	202
— vom Bau und Brennholz ist wie vor dem Kriege herzustellen		1764	8	285
— der Waaren u. Denrees soll beim guten Gelde billig seyn				106
Teiche: wie sie zu vermessen		1748	3	55
Teich-Inspector (Ober): dessen Amt und Pflichten		—	—	46
Teich-Wirthschaft: dabei ist bessere Ordnung zu beobachten		1764	8	333

Ters

Te. Th.

	Jahr.	Band.	Seite.
Terpentin=Oel öfterreichiſches wird mit 5 pro Cent impoſtirt	1765	8	741
Terpentin=Stein ſächſiſcher: Acciſe=Satz davon	—	—	779
Teſtamente derer Officiers und Soldaten in der Campagne: Privilegia derſelben	1747	2	511 ſeq.
— — dergleichen Privilegia verlieren die Deſerteurs	—	—	514
— — können durch die Juſtiz-Räthe aufgenommen werden	1750	5	497
— — deren Republication wird verboten	—	—	557
— — außergerichtliche, wenn ſie Legata ad pias cauſas enthalten, ſind an die Oberamts=Regierungen einzuſenden	1753	4	918
— — item derer Clericorum ſecularium	—	—	917 ſeq.
— — die derer Clericorum regularium ſind ungültig			912
— — Codicilli und Donationes müſſen ratione des Vermächtniſſes an die Oberamts=Regierungen ad inſpiciendum eingeſandt werden	1758	6	712
— — müſſen, ſo wie die Codicilli, wenn ſie außergerichtlich ſind, dem Judicio, wo defunctus domicilirt, zur Publication eingereicht werden	—	—	713
— — was dazu reſpective der Erblaſſer für Stempelpapier zu gebrauchen	1765 / 1766	8 / 9	583 / 114
Specialia ſ. Vermächtniſſe.			
Theerhütten ſind im Gebürge nur da erlaubt, wo es hinlänglich Stöcke giebt	1777	15	330
Mehr ſ. Pechhütten.			
Theologiam mögen die lutheriſchen Candidaten auf der Univerſität zu Frankfurth ſtudiren	1752	4	596
Theologiae-Candidati, was die catholiſchen für Requiſita haben müſſen	1774	19	381
Thiere fremde ſollen nicht zur Schau im Lande herum geführet werden	1777 / 1781	15 / 17	177 / 151
Thiergärten: in wiefern dergleichen anzulegen erlaubt	1756	6	444
Thore: dafür ſollen die Thorſchreiber zur Nachtzeit beſondere Schlöſſer vorlegen	—	—	70
— Proclama wegen des Ein= und Auslaſſens zu Breslau	1742	1	199
Thorſchreiber: Inſtruction und Eid für dieſelben	1741	2	218, 225
— die, ſo Plackereien begehen, werden caſſirt	1742	1	99
— deren Amtspflichten und Verhalten	1756	19	75
Thor=Sperre zu Breslau, Reglement darüber	1742	1	199
Thor=Viſitatores zu Breslau, Inſtruction für dieſelben	1746	2	118
plura vid. Acciſe=Bedienten, Acciſe=Thorſchreiber.			
Thor=Wachten ſollen den Thorſchreibern gegen widerſetzliche Acciſanten aſſiſtiren	1756	19	75

Th. Ti. To.

	Jahr	Band	Seite
Thor=Zettel und Registers müssen vom Controlleur collationiret werden (f. Accife=Zettel.)	1756	19	67
Tichfets englische werden zum einländschen Debit einzuführen verboten	1781	17	119
Timothy=Gras, von deffen Eigenschaften, Cultur, Boden	1766	9	50
Titulus königlicher wird den Canzeleien vorgeschrieben	1742	1	453
Titulus poffeffionis, was bei deffen Eintragung zu beobachten	1750	5	350
— wie es zu halten, wenn das Immobile oder die Jurisdiction darüber streitig ist	—	—	351
— item wenn Titulus zweifelhaft ist	—	—	ibid.
— item wenn ein Immobile aus einer Jurisdiction in die andere kommt	—	—	353
— item wenn ein Tertius den Titulum ansicht	—	—	355
— vor deffen Berichtigung kann der Besitzer nichts auf das Immobile eintragen laffen	—	—	356
— was zu thun, wenn solches gleichwohl geschehen ist	—	—	ibid.
— die dabei vorgefallene Veränderungen sind dem Judicio anzuzeigen	—	—	357
— was die gehörig erfolgte Berichtigung deffen für Effect habe	—	—	ibid.
Todesfälle der Eltern zu Breslau, die unmündige Kinder hinterlaffen, sind dem Magistrat anzuzeigen	1759	6	780
— derer trimirten Personen dem Pupillen=Collegio	1752	4	645
— derer Geistlichen dem Landrath	1751	4	200
— der Officianten: die dadurch entstandene Vacanzen müffen zugleich mit den Emolumentis officii einberichtet werden	1781	17	209
Todte f. Verstorbene.			
Töpfe eiserne (Ofens und Kochtöpfe): die fremden sind einzuführen verboten (f. Eisenwaaren.)	1766	19	166
Töpfer zu Breslau, deren confirmirte Zunftartikel	1756	6	154
— mögen mit ihren Waaren auch an Jahrmarktstagen in andere Städte einziehen	1771	13	5
— wie lange deren Lehrjungen lernen müffen	1782	17	333
Töpfer=Waaren böhmische werden einzuführen verboten	1770	12	316
— item auch die polnischen	1779	16	430
Toleranz und Toleranz=Amt jüdische f. Juden=Toleranz.			
— in Religions=Sachen f. Religion.			
Tollwurm soll den Hunden geschnitten werden. Anstalten	1767	10	39
	1768	10	209
Tollwurm=Schneider: Instruction für dieselben	1767	10	85
— Eides=Formul für solche	—	—	ibid.
— wie viel sie für jeden Hund zu fordern	—	—	40

Toll=

To. Tr.

	Jahr.	Band.	Seite.
Tollwurm-Schneider: Formular des von ihnen auszustellenden Beglaubigungs-Attests über den Schnitt	1767	10	87
Torf: die Feuerung damit soll allgemein eingeführt werden	1763	7	213
— von Grabung desselben	—	—	266
— Anweisung, wie beim Graben zu verfahren	—	—	268
— vom Zuwachs desselben	—	—	269
— Beschreibung der verschiedenen Arten	—	—	270 seq.
— Beschreibung der zum Graben erforderlichen Instrumente	—	—	273
— was beim Stechen und Graben zu thun	—	—	276
— item wenn solcher unter Wasser ist	—	—	279
— wie derselbe zu trocknen	—	—	280
— vom nützlichen Gebrauche dessen	—	—	281
— wenn und wie solcher zu stechen	1764	8	36
— wiederholte Ordre wegen dessen Stechung	—	—	104
	1756	6	597
Torf-Feuerung soll bei Kalk-, Ziegel-, Brandweinbrennereien, item auch bei Bleichen eingeführt werden	1764	8	239, 261
	1765	8	834
	1770	12	42
	1776	15	153
— — bei publiquen Gebäuden ist damit der Anfang zu machen	1768	10	138
— — wie viel davon pro 1000 Stück Feuerungs-Impost zu erlegen (s. Feuerungs-Impost.)	1785	18	318
Torf-Gräberei gehört jedem Grundherrn eigenthümlich	1769	11	90
Torfmeister: wegen deren Anstellung in jedem Kreiße	1765	8	418
Torf-Verköhlung: wie die Öfen dazu einzurichten	1766	9	37
wegen der Feuerung damit s. Mehreres davon Bleichen, Ziegel-, Kalk-, Brandw. Brenn. u. s. w.			
Transito-Güter (Speditions-Güter) müssen unterm Thore versiegelt werden, und uneröfnet durchgehen	1756	19	81
Transito-Zoll s. Zoll.			
Transports der Recruten und Deserteurs sollen nicht mehr von Bürgern geschehen	1764	8	310
— der Waaren aus Schlesien nach Sachsen et vice versa, was sie im Kriege für Wege nehmen sollen	1760	6	813
Transport-Fuhren im Kriege: wie die dabei verfallenden Haafer-Diebstähle zu ersetzen und zu bestrafen	1762	7	99
— wie die zu vergüten, welche die im Kriege übrig gebliebene Fourage in die Cavallerie-Garnisons wegführen	1763	7	510
— Verbesserung einiger dabei eingeschlichenen Mißbräuche	—	—	147

Tr.

	Jahr.	Band.	Seite.
Transport-Fuhren: die königliche entschuldigen nicht von den herrschaftlichen Hofediensten	1766	9	258
—— — nach welcher Proportion den Bauern, so dergleichen leisten, die Dominial-Dienste zu erlassen (f. Hofedienste.)	1778	16	80
—— — wie die zu den Magazin-Naturalien zu vergüten f. Marsch, Lieferung, Fourage, Krieg.	1771	13	13
Trauer: wie es damit in Schienen zu halten. Edikt	1742	1	80 seq.
—— wegen Personen des königlichen Hauses	—	—	81
—— wegen Eltern, Schwiegereltern, Ehegatten, Kindern	—	—	ibid.
—— wegen Erblassern, Geschwistern, Verwandten	—	—	82
—— Einschränkung derselben und der Kosten	—	—	ibid.
—— Strafe der Contravenienten	—	—	83
Trauer-Pleureusen dürfen bürgerliche Personen nicht tragen f. Begräbnisse.	1760	6	816, 824
Trauungen: Taxa stolae für dieselben	1750	5	439
—— — Principia regulativa dabei	—	—	446
—— — welchem Parocho dieser Actus competire	—	—	ibid.
—— — beim Militare: was für Principia dabei zu beobachten	—	—	286 seq.
—— — Jura stolae dafür	—	—	286
—— — Formula Copulationis	—	—	300 seq.
Trauscheine dürfen Niemand aufgedrungen werden	—	—	446
—— — wie viel, wenn einer nöthig ist, dafür zu zahlen	—	—	ibid.
—— — ohne dergleichen darf beim Militare keiner copulirt werden	—	—	286
—— — sollen zum Heuraten für Unterthanen und Enrollirte gratis gegeben werden	1748 / 1760	3 / 6	229 / 830
—— — dergleichen dürfen die Cantonisten und Enrollirte zum Heuraten gar nicht haben	763 / 1764	7 / 8	208 / 52, 229
—— — die Ausfertigung derselben für Unterthanen kommt lediglich dem Dominio zu	1760	6	830
—— — jüdische, was dazu für Stempelpapier zu brauchen	1765 / 1766	8 / 9	587 / 118, 165
—— — müssen auch die außer Landes heuratenden Juden lösen (f. Heuraten.)	1768	10	298
Tresoil-Gras, dessen Eigenschaften	1766	9	53
—— — Cultur und Odungs-Methode	—	—	54
Treffen leonische von Gold und Silber müssen mit dem Fabriken-Siegel versehen seyn	1774	14	243
—— — ächte von Gold und Silber f. Spitzen, item Gold- oder Silber-Fabriken-Waaren.			
Tribunal zu Berlin, wenn dahin appellirt werden kann	1742	1	21 seq.
—— — Gerichts-Ordnung für dasselbe	1745	2	7

Tri

Tr. Tu.

	Jahr.	Band.	Seite.
Trischeke-Spiel wird verboten: (s. Hazard-Spiel.)	1774	14	28ι
Tücher: wie sie beschaffen seyn müssen	1746	2	303
—— Bestimmung der Länge und Breite derselben	—	—	318
—— item Flanelle und Boye, so zu Breslau gemacht werden, müssen plombirt seyn	—	—	277
—— mährische von Sterblings- und Kürschner-Wolle gemachte sind zu confisciren	1753	4	819, 823
—— sind in einer der 5 oberschlesischen Fabriken-Städte zur Schau vorzulegen	—	—	820
—— ausländische im Lande appretirte und einländische außer Landes appretirte, wie es mit der Accise zu halten	1756	19	146
—— einländische, wie sie zu plombiren und zu siegeln	—	—	153 seq.
—— auf Verfertigung der melirten und dabei einzuführenden Kniestreicher-Arbeit werden Praemia ausgesetzt s. Kniestreicher-Arbeit.)	1763	7	50ι
—— wie dergleichen Tücher beschaffen seyn müssen	—	—	ibid.
—— Benennung der in Schlesien üblichen Haupt-Sorten	1765	8	463
—— Vorschrift: wegen Anscheerung, Eintrag, Breite, Länge, Zeichnung und Fehler-Bestrafung der Kern-Tücher	—	—	ibid.
—— der melirten Kern-Tücher	—	—	478
—— der Kühr-Tücher	—	—	466
—— der melirten Kühr-Tücher	—	—	480
—— der Schlipp-Tücher	—	—	468
—— der Schnitt-Tücher	—	—	469
—— der gemeinen Tücher	—	—	470
—— der groben Tücher	—	—	473
—— der melirten gemeinen	—	—	482
—— der melirten groben	—	—	483
—— der Futter- und Wasch-Tücher	—	—	474
—— der Drodel-Boye	—	—	475
—— der Carriscen	—	—	476
—— der Flanelle	—	—	477
—— besondere Vorschriften, was bei Verfertigung der Tücher ratione der Materialien zu beobachten	—	—	485 seq.
—— wie die betrüglich gearbeiteten zu zeichnen	—	—	495
—— einländische sollen nicht zum appretiren oder Färben außer Landes geschickt werden	—	—	507
—— aus Sachsen nach Polen et vice versa gehende, deren Transito-Zoll wird bestimmt	—	—	644
—— unappretirte: deren Ausfuhr-Zoll wird vestgesetzt	—	—	752
—— nähere Bestimmung darüber	1766	9	34
—— weiße, der Ausfuhrzoll davon wird aufgehoben	1770	12	344

Tü-

Tu.

	Jahr.	Band.	Seite.
Tücher: zur Erlangung der Prämien verfertigte müssen ungepreßt rc. vorgelegt werden	1767	10	78
—— feine sollen allein aus der breslauschen Manufactur genommen werden	1768	10	123
—— — die fremden werden den Schneidern zu verarbeiten verboten	—	—	123 seq.
—— polnische dürfen wieder auf schlesische Walkmühlen gebracht werden	1771	13	142
—— müssen dreimal gerauhet und nebst dem Troge noch eine Rauh-Stange seyn	1774	14	169
—— an den einländschen ist das Klappblei gut zu befestigen	1764	8	39
—— aus westphälischen Fabriken werden in Schlesien einzuführen verboten	1775	14	503
—— unächt gefärbte sind mit einer weißen Rose zu zeichnen	1774	14	170
—— nächt melirte sind mit einem eingenehten T zu zeichnen	—	—	ibid.
—— grüne sollen auf blauen oder gelben Grund gefärbt, und zum Zeichen mit einer blauen oder gelben Rose bemerkt seyn	1777	15	389
—— (Hals- und Schnupftücher) seidene fremde sind einzuführen verboten	1780	17	106
—— — seidene, die Crefelder mögen gegen Impost à 25 pro Cent noch ferner eingeführt werden	—	—	110
—— — die Crefelder dürfen in Schlesien nicht impostirt werden, sondern erlegen nur den gewöhnlichen Einfuhrzoll	1781	17	154
Tuchbereiter sollen die von Kürschner- oder Sterblings-Wolle gefertigten Tücher nicht annehmen	1746 / 1765	2 / 8	300 / 505
—— — Instruction für dieselben	—	—	521
—— — Eides-Formular	—	—	522
—— — sollen vereidet werden, daß sie beim Rauhen der Tücher keine eiserne Kämme gebrauchen wollen cetera vide **Tuchscheerer.**	1774	14	169
Tuch-Censur: dabei zu beobachtende Regeln	1746	2	303
—— — wenn, wie oft, von wem solche vorzunehmen	765	8	489
—— — Strafe, wenn solche falsch vorgenommen wird f. **Tuch-Schau.**	—	—	446
Tuch-Fabriken sollen jährlich einmal vom Commissario loci revidirt werden, und was dabei zu beobachten	1774	14	172
—— — wegen Einsendung des Protocolls über die vierteljährige Revision derselben	1752 / 1765	4 / 8	624 / 495
—— — denselben wird das Flocken sammeln verboten	1753	4	828
Tuch-Fabriken-Inspectores, Instruction für solche	1748	3	262 seq.

Tuch-

Tu.

	Jahr.	Band.	Seite.
Tuch-Fabrikanten f. Tuchmacher.			
Tuch-Färber: dazu sollen keine als in diesem Metier angenommen werden	1765	8	505
—— —— müssen auch nur gelernte Arbeiter halten	—	—	ibid.
—— —— wie sie beim Färben procediren sollen	—	—	506 seq.
—— —— sollen für das Färben prompte Bezahlung an baaren Gelde erhalten	—	—	507
Mehreres f. Schönfärber.			
Tuch-Gewandschnitt: wem solcher erlaubt ist	—	—	510
Tuchhändler sollen sich mehrere etabliren	1764	8	149
—— sollen auswärtige Messen besuchen		{	317
	1768	10	136
—— die, so am ersten mit einländschen Tüchern die Braunschweiger Messe besuchen, erhalten für jedes daselbst debitirte Stück Tuch 4 Thlr. Praemium	1771	13	37
—— item für jedes Stück einländsches auf der Frankfurther Messe auswärts debitirtes Stück Tuch 2 pro Cent Bonification	—	—	79
—— sollen die wegen bezogenen auswärtigen Messen erhaltenen Praemia, wenn sie mit der Besuchung nicht continuiren, wieder herausgeben	1772	13	389
—— Vorschrift, was sie bei ihrem Handel zu thun oder zu unterlassen haben	1765	8	508 seq.
Tuch-Leisten: wovon solche zu machen	—	—	499
Tuchmacher, so den Tuchhandel mit treiben, können ihre Tücher auf allen einländschen Jahrmärkten verkaufen und einkaufen	1753	4	822
—— mögen alle Jahrmärkte und Messen beziehen mit ihren Fabricatis	1765	8	780
—— ausländsche sollen mehrere ins Land gezogen werden	1764	8	147
—— sollen dem Militare zu spinnen geben	—	—	154
—— sollen die zu verarbeitende Wolle gehörig sortiren	1765	8	457, 485
—— —— item schlagen	—	—	458
—— —— item kämmen	—	—	459
—— wie es bei deren Aufnahme zum Meisterrecht zu halten	—	—	498
—— was sie für ein Meisterstück machen sollen	—	—	ibid.
—— mögen so viele Stühle setzen und Tücher verfertigen, als sie wollen	—	—	499
—— die auf holländschen Stühlen arbeitende erhalten das Ehren-Praedicat: Kunstreich, und den Rang für andern Tuchmachern	—	—	500
—— die, so Futter-Boy aus Kürschner- und Sterblings-			

Wolle

Tu.

	Jahr.	Band.	Seite.
Wolle machen, dürfen keine andere Waaren verfertigen	1765	8	485
Tuchmacher haben auf Wollemärkten das Vorkaufs-Recht für andern Wolle-Fabrikanten	—	—	455
— — sind bei Bereisung der Wollemärkte vom Postzettels und Meilengelde frei	1769	11	8
— — dürfen keine Lehrbursche vom Lande ohne Erlaubniß des Landraths zur Lehre annehmen	1778	16	84
— — item keine aus Städten ohne Erlaubniß des Steuerraths	1785	18	345
Tuchmacher-Aeltesten sollen vierteljährig eine General-Visitation halten, und Protocolle davon einsenden	1746	2	498
	1765	8	295
— — — zu Breslau ist denselben das plombiren der Tücher vom O. Schauamt überlassen	—	—	277
— — — können nicht zugleich Schaumeister seyn	—	—	497
Tuchmacher-Gesellen sind Werbe-frei	1777	15	276
Tuchmacher-Lehrbursche vom Lande ohne landräthliche Erlaubniß aufgenommen sind nicht Werbe-frei	1778	16	85
— — item auch die nicht aus Städten ohne steuerräthl. Erlaubniß aufgenommene	1785	18	345
Tuchmacher-Söhne: denen nach großen Fabriken-Städten wandernden wird ein Douceur versprochen	1763	7	503
Tuchmacher-Zunft alter und neuer Stadt zu Breslau, confirmirte Innungs-Artikel für dieselbe	1752	4	760 seq.
die Generalia s. Handwerker ꝛc.			
Tuch-Negocianten s. Tuchhändler.			
Tuch-Reglement für Schlesien und die Grafschaft Glatz renovirtes	1765	8	452 seq.
— — dessen genauere Observanz wird befohlen	1774	14	168
Tuch-Schau-Ordnung (General) für Schlesien ꝛc.	1746	2	292 seq.
	1746	5	205
— — — soll genau beobachtet werden	1748	3	207
	1763	7	322
Tuch-Schau: Modus procedendi dabei	1746	2	293 seq.
	1765	8	489 seq.
Mehr davon s. Schau, Schaumeister, Streichmeister.			
Tuchscheerer sollen kein unbeschautes Tuch in die Arbeit nehmen	—	—	501
— — sollen auch keines von Kürschner- oder Sterblings-wolle verfertigen	1746	2	300
	1765	8	505
— — sollen nicht mit Tüchern außer Land handeln	—	—	509
— — sollen für Fremde keine Tücher zubereiten	—	—	504

Tuch-

Tu. Ty.

	Jahr.	Band.	Seite.
Tuchscheerer: deren Arbeitslohn wird bestimmt	1765	8	503
— — Instruction für dieselben	—	—	501, 525
— — Eides Formul	—	—	522
— — sind zu vereiden, daß sie beim Rauhen der Tücher keine eiserne Kämme gebrauchen wollen	1774	14	169
— — Vorschrift, was sie beim Pressen der Zeugwaaren zu beobachten	1769	11	56
Tuchwalken gute sollen angelegt und die alten verbessert werden	1764	8	149, 317
— — was bei Anlegung derselben zu beobachten	1765	8	488
— — in denselben dürfen keine unbeschaute Tücher angenommen werden		—	489
— — dabei muß eine Maschine zum Auswinden seyn		—	488
— — die Generalia wegen Erbauung der Walkmühlen s. Mühlen.			
Tuchwalker, Instruction für dieselben	—	—	519
— — Eides=Formular	—	—	520
Turnips=Gras, Eigenschaften desselben	1766	9	56
— — Cultur und Schurgart desselben		—	57
Tympfe (Achtzehn Kreuzer): was für welche verrufen	1764	8	70
— — oder 1 och gangbar		—	71
Tyroler sollen nicht ins Land gelassen werden	1759	6	754
— — denselben wird das Hausiren verboten	1750	3	973

s. Buttenträger, Olitäten=Krämer.

U.

Ue.

	Jahr.	Band.	Seite.
Ueberschwemmungen der Getreide=Felder: der dadurch gemachte Schaden wird ratione der Remission wie Hagelschaden vergütet, s. Hagelschaden.	1743	5	133
— der Wiesen durch Regen &c. wie der Schaden zu untersuchen und zu vergütigen	—	—	134
— wie es zu halten, wenn Aecker oder Wiesen ganz weggerissen oder versändet werden	—	—	135
— wer den Schaden untersuchen soll	—	—	138
— Diäten des Commissarii	—	—	139
— für Wiesen an großen Flüssen findet keine Remission statt	—	—	133
— wie denselben vorzubeugen	1746	2	394
— die dadurch im Jahr 1786. verwüstete Grundstücke sollen den Unterthanen			

Uf. Uh. Um. Un.

	Jahr.	Band.	Seite.
aus den Dominial-Fundis vergütet werden. Aus= messung (s. Wasser.)	1736	18	510
Ufer an Ströhmen nnd Flüssen sollen mit Weidicht bepflanzt werden	1763	7	166, 174, 416
— sind in der Distanze von 16 Ellen von allen Bäumen und Stöcken zu säubern	—	—	417
	1774	14	224
— an abbrüchige, item an Dämme sollen die Schiffer nicht anlegen	1763	7	423
Ufer=Baue müssen unter der Direction eines Sachverständigen ge= führt werden	—	—	ibid.
Ufer=Ward= und Hegungs=Ordnung	1763	6	412 seq.
— — — die Befolgung derselben wird befohlen s. Warden.	1765	8	535
Uhren in den Städten, auf deren Richtigkeit sollen die Postmeister dringen	1782	17	435
— fremde hölzerne werden einzuführen verboten	—	—	276
— — alle Gattungen sind einzuführen verboten	1786	18	422
— — und Fournitures dürfen noch auf Eingangs=Päsfe vom 5ten Departem. eingeführt werden	—	—	426
— — von Gold, Silber und Tombac werden mit 30 pro Cent impostirt	—	—	515
Uhr=Federn zu Stutz= und Tasch=Uhren fremde werden mit 2 Thlr. pro Dutzend impostirt	1786	18	515
Uhr=Gehäuse von Marmor und Bronze, die fremden sind einzu= führen erlaubt	—	—	ibid.
Uhr=Ketten stählerne, die fremden sind einzuführen verboten	1783	18	6
Uhr=Zifferblätter von 2 bis 12 Zoll, die fremden werden mit 2 Thlr. pro Stück impostirt	1786	18	515
Uhrmacher=Lehrjungen, wie lange sie lernen müssen	1782	17	333
Umbra=Erde ist des Grundherrn Eigenthum	1769	11	90
Umschütte=Geld vom Weizen bleibt nach eingeführter Fabriken= steuer noch wie sonst	—	—	200
Ungelder sollen den Brauern zur Schadloshaltung paßiren	1772	13	159
Universität kathol. zu Breslau, Reglement für solche, und die Gymnasia in Schlesien	1774	19	354 seq.
— — Anhang zu demselben und Instruction für die Priester des Schul=Instituts	1776	19	400 seq.
— — Benennung der höhern Classen. Was in jeder Classe zu lehren. Lehr=Methode	1774	19	362 sq. 377 sq.
— — was für Vorlesungen in der deutschen oder lateinischen Sprache zu halten	—	—	377
Universitäts=Cancellarius, dessen Amt, Pflichten, Authoritaet	1776	19	422 seq.
Universitäts=Candidaten: deren sollen zur Aufnahme ins Lehramt stets 12 unterhalten werden	—	—	304

Un.

			Jahr.	Band.	Seite.
Universitäts = Candidaten: was solche für Eigenschaften haben müssen , ,	1776	19	304
——— ——— worauf bei deren Aufnahme vorzüglich zu sehen ,	—	—	305
——— ——— wozu sie sich verbinden müssen, und was sie zu genießen haben ,	—	—	306
——— ——— wie es zu halten, wenn einer untauglich wird, oder das Institut verlassen will	—	—	307
——— ——— von den Studiis derselben. Worauf sie sich vorzüglich legen sollen, und wer ihnen Anweisung zu geben hat	—	—	ibid.
——— ——— wenn sie zur Weihung zuzulassen	—	—	309
Universitäts = Conferenz über Schulsachen wird jeden Monat gehalten ,	—	—	421
Universitäts = Decani Theologiae et Philosophiae: wer dazu zu bestellen , ,	—	—	411
——— — wie lange sie dies Amt bekleiden	—	—	425
——— — deren Amtsverrichtungen ꝛc. , {	1774	19	383
	1776	19	425 seq.
——— — was sie von den Promotionibus zu genießen	—	—	427
Universitäts = Dignitarii sollen zugleich wirkliche Lehrer seyn	—	—	411
Universitäts = Director, von dessen Bestellung, Qualitäten, Pflichten und Verrichtungen ,	1774	19	383 seq.
Universitäts = Examina und Disputationes sind halbjährig zu halten	—	—	390
Universitäts = Examinatores, wer dieselben seyn sollen	—	—	405
Universitäts = Ferien: Bestimmung derselben , {	1774	19	304, 388
	1776	19	422
——— — sollen nicht erweitert werden ,	—	—	418
Universitäts = Gebäude, wer die Aufsicht darüber haben soll	—	—	424
Universitäts = Gradus, ohne Annehmung derselben wird kein Candidat zum Weltpriester = Stande admittirt , , ,	1774	19	381 seq.
——— — auch kein Stipendiate zum Genuß eines Stipendii , ,	—	—	382
——— — Bestimmung der Kosten dafür ,	—	—	ibid.
Universitäts = Lehrer: von deren Bestellung, Pflichten ꝛc. ꝛc. {	1774	19	385 seq.
	1776	19	410
——— — sind mit andern Geschäften zu verschonen, und bei den Wissenschaften zu lassen, wozu sie sich habilitirt haben	1774	19	387
Universitäts = Lehrstunden: von deren Regulirung ,	—	—	ibid.

Un.

	Jahr.	Band.	Seite.
Universitäts-Magistrat, aus welchen Personen solcher bestehen soll	1776	19	412
Universitäts-Polizei: Einrichtung derselben	1774	19	382
Universitäts-Rector (Magnificus): dessen Anstellung, Obliegenheiten, Autorität u. s. w.	1776	19	411, 419
Universitäts-Seniores facultatum: deren Rang-Ordnung	—	—	428
Universitäts-Visitationes, wenn und von wem sie zu halten die Einrichtung der niedern Classen s. Gymnasia.	—	—	403, 422
Universitäten ausländische sollen nicht von schlesischen Landeskindern frequentirt werden	1751	4	203
	1769	11	197
	1778	16	13
	1782	17	260
— — die auf ausländischen Studirende sind zurück zu rufen	1759	6	746
	1760	6	802, 816
	1782	17	260
— — ausländische, wer solche frequentirt, erhält in Schlesien kein Beneficium	1778	16	13
— — jeder Candidat soll bei seiner Praesentation anzeigen, was er für eine frequentirt habe s. Studiren ꝛc.	1770	12	44
Unmündige: wie es mit Alienation derer Güter in Casu factae provocationis ad divisionem a Cohaerede majori gehalten werden soll	1760	6	808
— — in wiefern sie Wechsel ausstellen können	1751	4	76
— — denselben soll ohne Consens ihrer Vormünder kein Geld geborget werden	1749	3	566
— — Bestimmung ihrer Majorennitäts-Jahre und zwar der Adelichen	1746	2	341
der Bürgerlichen (s. Majorennität.)	1752	4	800
	1753	4	825
— — wegen der von Adel s. Adeliche.			
— — wegen deren Gelder s. Pupillen-Gelder.			
— — wegen deren Vormünder s. Vormundschaft.			
Unschlitt polnisches: das bisherige Baratto-Beneficium wegen demselben wird aufgehoben, und der Accise-Satz a 2 Kreuzer pro Thlr. eingeführt (s. Baratto.)	1764	8	34
Untergerichte in Schlesien stehen unter den Oberamtsregierungen	1742	1	19
Unteroffiziers sind mit sub rubr. Soldaten begriffen			
Unterthanen: hier sind die eigentlichen Dominial-Unterthanen aufgeführt. Die Landes-Unterthanen überhaupt aber kommen sub rubr. Landeskinder, und die königl. Amts-Unterthanen sub rubr. Amts-Unterthanen vor.			

Un.

		Jahr.	Band.	Seite.
Unterthanen oberschlesische werden mit ihren Rechtssachen an die breslausche Ober-Amtsregierung und Ober-Consistorium verwiesen		1742	1	214
— —	sollen den Dominiis ihre Dienste nicht versagen	1741	1	76
— —	sollen in Delictis contra sextum nicht mit Gelde bestraft werden	1743	5	35 seq.
— —	können ohne Erlaubniß-Schein vom Canton-Regiment heuraten	1744	1	21
— —	können aber nicht ohne Consens ihres Dominii heuraten	1747	2	476
— —	ihnen soll das Heuraten nicht erschweret werden s. Heuraten, Trauscheine.	1761	7	56
		1744	1	17
— —	Edicte gegen das Austreten derselben	1747	2	520
		1764	8	54
		1782	7	258
— —	im Austreten begriffene sind mit Bestungs-Arbeit zu bestrafen	1769	11	7
— —	nach Polen entwichene: wegen des bei ihrer verweigerten Auslieferung zu beobachtenden Reciproci	1752	4	643
— —	wegen Differentiis mit ihren Dominiis ausgetretene mögen sich, wenn sie revertiren, unter ein anderes Dominium begeben	1761	7	29
		1775	14	389
— —	was gegen die Einfälle der ausgetretenen in ihre vorige Wohnörter für Maasregeln zu nehmen	1780	17	61
— —	Formular zur Tabelle wegen den ab- und zugezogenen	1749	3	717
— —	wie viel sie Abzugsgelder zahlen müssen	1748	3	236
		1751	4	423
— —	dürfen, wenn sie von einem auf ein anderes ebenfalls ihrem Dominio zugehöriges Gut ziehen, kein Abzugsgeld zahlen	1763	7	318
— —	sollen sich nicht außerhalb Landes vermiethen	1777	15	384
— —	die, so auswärts dienen, müssen Erlaubnißzettel haben	1744	1	21
— —	dergleichen Erlaubnißzetel sind ihnen gratis zu geben	1748	3	204
— —	wegen des von auswärts dienenden zu erlegenden Schutzgeldes	1750	3	995
		1751	4	100
— —	wegen den Kundschaften derselben (s. Gesinde.)	1744	1	20
— —	dürfen während der ihnen auswärts erlaubten Dienstzeit nicht reclamirt werden	1774	14	221
— —	die, so sich mit herrschaftl. Erlaubniß anderwärts aufhalten, gehören unter das Forum ihres Dominii	—	—	151

Bbb 2

Un

Un.

			Jahr.	Band.	Seite
Unterthanen:	wegen Bezahlung ihrer Zinsen in Silbergelde statt Goldes		1759	6	779
—	auf Cämmerei-Gütern, wegen deren Bestrafung und Sporteln sollen sich die Magisträte nach dem Reglement für die königl. Aemter de 1744. richten (f. Amts-Unterthanen.)		1751	4	247
—	—	sollen nicht mehr als eine Possession haben	1750	3	882
			1764	8	105,112, 381 448, 536
—	—	sollen auf ihre Possessiones und Güter nicht über die Hälfte des Werths Schulden machen f. Bauergüter, Stellen.	1749	3	523
			1751	4	695 seq.
—	—	für deren Conservation sollen die Dominia sorgen	1749	3	524
—	—	sollen nicht mit neuen Diensten beschwert werden	—	—	ibid.
—	—	sollen nicht von einem Gute auf das andere alieniirt werden	1759	6	748
—	—	sollen nicht zur Militair-Bestrafung abgeliefert werden	1764	8	188
—	—	sollen von den Dominiis moderat behandelt werden	—	—	ibid.
—	—	sollen bei ihren Besitzungen gelassen, und deren Realitaeten nicht geschmälert werden	1761	7	54
			1764	8	347
—	—	sollen der Religion wegen nicht gedrückt, weder verdränget werden	1761	7	54
			1763	7	466
—	—	sollen nicht mit ungebührlichen Diensten und Lasten bedrückt werden	—	—	219
—	—	sollen auf gemessene Dienste gesetzt werden	—	—	293
—	—	soll deren Wirthschaft jährlich revidirt, und ein Protocoll darüber geführt werden	—	—	507
—	—	wie es in Ansehung ihrer Waldungen zu halten	1756	6	461
—	—	wegen Wiederaufhelfung derer im Kriege ruinir-ten	1761	7	75
			1763	7	151
—	—	wegen deren Praestationen f. Dienste, Hofedienste ꝛc.			
—	—	sollen ihre Stellen erblich besitzen f. Stellen.	1764	8	163, 229
			1765	8	405
			1766	9	110
			1769	11	244
—	—	werden zu mehrerm Gehorsam gegen ihre Herr-schaften ermahnet	1772	13	145
—	—	wie die Prozesse derselben mit ihren Dominiis zu instruiren	1750	5	546
—	—	deren Klagen gegen die Dominia sind ex officio und ohne Advocaten zu instruiren	1780	17	4
—	—	sind durante processu mit den Dominiis die schul-dige Praestanda zu leisten verbunden	—	—	13

Uu 2

Un.

		Jahr.	Band.	Seite.
Unterthanen:	wie zu verfahren, wenn sie eine Unmöglichkeit der zu leistenden Praestandorum vorschützen	1780	17	15
— —	Prozeß-Reglement für dieselben	—	—	2 seq.
	Mehr davon s. Dorfgemeinen, Prozesse.			
— —	sollen den Verfügungen der Justiz-Collegiorum schleunigen Gehorsam leisten	1784	18	213
— —	denselben dürfen ohne höhere Genehmigung keine Extracte aus den Steuer-Catastris verabfolgt werden	1780	17	61
— —	wegen deren Urbarien s. Urbarien.			
— —	Edicte: wie es mit der Loslassung derselben zu halten	1744 / 1748	1 / 3	17 seq. / 231
— —	die, so in Kriegsdiensten gestanden, fallen nach ihrer Verabschiedung in die vorige Unterthänigkeit zurück (s. Soldaten ꝛc.)	1744 / 1763 / 1777	1 / 7 / 15	21 / 490 / 188
— —	in wiefern den Dominiis die Entlassung derselben frei stehe	1744	1	18
— —	wie es mit der Loslassung der entwichenen zu halten	—	—	19
— —	wie es zu halten, wenn sie nach der Loslassung verarmen	1748	3	237
— —	in welchen Fällen nach ehemaliger Verfassung ihnen die Loslassung zu ertheilen	—	—	231
Unterthänigkeits-Entlassung,	aus welchen rechtmäßigen Ursachen die Unterthanen solche fordern können			232
	aus welchen rechtmäßigen Ursachen die Dominia solche verweigern können	—	—	234
	in wiefern die Kinder zugleich mit den Eltern entlassen werden müssen	—	—	236
	ist nicht auf die zu extendiren, welche emigriren wollen	1744	1	19
	wie es damit ratione der Weibspersonen zu halten, die sich an Soldaten verheiraten	1750 / 1763	3 / 7	707 / 489 seq.
	soll denen, die ein Handwerk lernen wollen, nicht verweigert werden	1764	8	225
	wie die Losbriefe dabei einzurichten	—	—	226
	wer für die Loslassungsbriefe der Unvermögenden, die das Maurer- oder Zimmer-Handwerk lernen			

wol-

Un. Ur.

	Jahr.	Band.	Seite.
wollen, das Loslassungs-Geld jahlen soll (f. Maurer, Zimmerl.)	1763	7	348
Unterthänigkeits-Entlassung soll keinem überhaupt bei Edictmäßigen Ursachen verweigert werden	1765	8	726
Unterthänigkeits-Entlassungs-Gelder werden bestimmt	1748	3	235
—— nähere Declaration darüber	1753	4	832
Unterthänigkeit entstehet bei einem freigebohrnen unmündigen Kinde nicht durch dessen 10jährigen Aufenthalt bei seiner unterthänigen Mutter	1771	13	116
Urbarien neue sollen zu mehrerer Bestimmung der Schuldigkeiten und Gerechtsame zwischen Unterthanen und Dominiis in allen Dörfern Schlesiens errichtet werden	1784	18	253
—— —— bis zur völligen Einrichtung derselben sollen die Unterthanen den Dominiis die jetzt üblichen Dienste leisten	—	—	254
—— —— die Dominia aber bis dahin von den Unterthanen nicht neue Dienste fordern	—	—	255
—— —— Anleitung, wie die neuen vollständig zu machen	1785	18	292
—— —— dadurch sollen den Dominiis weder ihre alte Gerechtsame entzogen, noch den Unterthanen mehrere Lasten aufgebürdet werden	—	—	331
—— —— Strafe derer, die sich diesem Werke widersetzen	—	—	ibid.
—— Extract aus der Instruction für die zur Regulirung derselben verordnete Commißion	—	—	265
Urpheds-Abschwörung: die Wichtigkeit derselben sollen die Inquisitores vorher den Inquisiten erklären	1776	15	56
Urtel: zu allen, wo das Objectum litis über 50 Thlr. beträgt, ist ein Stempelbogen a 3 Gr. zu adhibiren	1765	8	590
	1766	9	122
—— in Injurien-Sachen auch unter 10 Thlr. sind solche auf einen Stempelbogen a 4 Gr. auszufertigen	1785	18	409

V.

Va.

	Jahr.	Band.	Seite.
Vacanz f. Todesfall.			
Vagabonds: zur Entdeckung derselben sollen allgemeine Landes-Visitationes angestellt werden	1747	2	552
—— Instruction dazu f. Landes-Visitation.			

Va.

	Jahr.	Band.	Seite.
Vagabonds: was zu Arretirung derselben für Anstalten zu treffen	1747	2	556
	1752	4	800
	1753	4	835
	1759	6	769
	1782	18	494
—— wegen dem Verhör derer in den Visitationen aufgegriffenen	1747	2	556 seq.
—— wie solche am besten zu entdecken. Denunciation	—	—	562, 565
—— wer auf sie vorzüglich invigiliren soll	—	—	563
—— vom Transport derselben in die Stock- oder Zuchthäuser	—	—	560
—— sind zum Soldaten-Stand einzuziehen	1744	1	25
—— die Untersuchung bei denselben gehört zum Ressort der Cämmern	1750	5	311
—— wer die Arretirungs-Kosten tragen soll	1756	6	578
—— sind in die Spinnschulen abzuliefern	1764	8	367
—— die in den Land-Visitationibus aufgegriffenen aber an die Inquisitores. Deren Strafe	1772	13	208
—— die Atzungskosten für solche werden künftig aus dem publiquen Fond bezahlt (s. Atzungskosten.)	—	—	209
—— wie es mit deren Fortschaffung aus dem Schube ratione des Attestes zu halten	—	—	222
—— qualificiren sich zur 2ten Classe in das Creuzburger Armenhaus	1779	16	102
—— was zu ihrer Aufgreifung, Inquisition und Beförderung an Behörde für Maasregeln zu nehmen	1782	17	494
—— zu deren Transportirung sind handveste Leute mit zu geben	1784	18	230
Vasallagium (Vasallen-Eid) wenn solches ratione der Lehnsgüter im Schweidn. u. Jauerschen Fürstenthume zu leisten	1759	6	786
—— (vel Homagium): wenn Adeliche solches ratione ihrer Majorennität leisten sollen	1756	6	584
Vasallen schlesische in österreichschen Diensten stehende sollen solche verlassen und in preußische Dienste treten	1744	1	110
—— —— sollen sich durch die Manifeste der jenseitigen Befehlshaber nicht irre machen lassen	—	—	116, 118
—— —— sollen den feindlichen Ausschreibungen und Ordres nicht gehorchen, auch keine Lieferung noch andere Hülfe darauf leisten	1757	6	685
	1758	6	723
	1759	6	770
	1760	6	837
—— —— sollen nicht in fremde Dienste gehen	1747	2	465
—— —— der ausgetretenen Vermögen fällt der Zuchthaus-Casse zu	—	—	462
—— —— sollen ohne Ministerial-Erlaubniß nicht außer Landes heuraten	1763	7	458
Vasallen-Tabellen: Formular dazu	1742	1	515

Va

Wa. Ve.

	Jahr.	Band.	Seite.
Vasallen-Tabellen: Vorschrift wegen richtigerer Anfertigung der selben	1764	8	296
	1765	8	645
Mehr davon f. Adeliche, Landeskinder, Unterthanen.			
Vau: wegen Anbau desselben	1756	6	226
Velpe seidene: davon soll gegen 2 Stück fremde 1 Stück aus der berlinschen oder Potsdamschen Fabrike genommen werden	1755	6	2
	1756	19	158
— = der fremde und die daraus verfertigte Waaren werden zur innern Consumtion einzuführen verboten	1750	3	818
	1756	19	158
	1763	7	438
— — wie die Unterschleife mit dem fremden zu verhüten	1750	3	819
— — wie die einländschen zu zeichnen und zu siegeln	1756	19	159
f. Sammet, Seidenwaaren, Waaren.			
Velverets englische werden zur einländschen Consumtion einzuführen verboten	1781	17	119
Verbrecher flüchtige dürfen nicht auf dem Postwagen, sondern erst in der nächsten Station arretirt werden	1782	17	456
das Uebrige f. *Delinquenten* oder *Inquisiten.*			
Verdächtige Personen sollen von wirklichen Verbrechern separirt, und in besondere Gefängnisse gesetzt werden	1751	4	413
— — Sachen sind von den Accisämtern den Magiſträten anzuzeigen	—	—	ibid.
— — Sachen und Personen dürfen nicht über die Jähren gesetzt werden	1747	2	566
	1778	16	67
Verfälscher f. Bier-Fälscher, Wein-Fälscher u. f. w.			
Verjährung gegen Stifter und Klöster, wenn solche ſtatt hat	1748	3	210
Verificatores: von Anstellung derselben bei den Waaren-Niederlagen	1768	10	182
Verlassenschaften: in welchen Fällen solche versiegelt werden müssen	1750	5	522
— — eximirter Personen, wie es bei deren Versiegelung zu halten	1755	6	91, 93
	1760	6	809
— — der Soldaten-Weiber und Kinder, wie solche zu reguliren, wenn sie, von ihrem Manne oder Vater abgesondert, außer dem Garnisons-Ort sterben	1782	17	498 seq.
— — verstorbener Militair-Personen, in wiefern solche ganz allein oder concurrenter von den Civil-Gerichten zu reguliren, und wie dabei in jedem Fall zu verfahren	1772	13	399 seq.
f. Erbschaften, *Militare*, Soldaten.			
Vermächtnisse geistliche (*pia Legata*) werden auf 500 Thlr. eingeschränkt	1753	4	912, 914

	Jahr.	Band.	Seite.
Vermächtniſſe geiſtliche: welche pia Corpora und Fundationes von dieſer Einſchränkung ausgenommen ſind	1753	4	915
— wie es zu halten, wenn ein Erblaſſer an pia Corpora nicht baares Geld, ſondern jährliche Quanta von Victualien vermacht	—	—	916
— item wenn ein Teſtator vielen piis Corporibus etwas vermacht, und dieſe Legata zuſammen die Summe der 500 Thlr. überſteigen	—	—	ibid.
— an ausländiſche pia Corpora ſind verboten, ausgenommen an Wallfahrts-Oerter, doch auch mit Einſchränkung	1744 1753	5 4	171 916
— zu Seelen-Meſſen darf ebenfalls nicht mehr als 500 Thlr. legirt werden	1753 1754	4 5	915 594
— Strafe derer piorum corporum, welche mehr nehmen als 500 Thlr.	—	—	917
— nähere Declaration über dieſes Edict reliqua ſ. Kloſter, Teſtament.	1754	5	594
Vermeſſungen im Lande ſind ohne Cammer-Conceſſion nicht erlaubt	1750	3	881
— ſtreitiger Grundſtücke, was dabei zu beobachten	1748	3	53
— wie damit zu verfahren bei Aeckern	—	—	54
— — bei Wieſen	—	—	55
— — bei Hutungen und Angern	—	—	ibid.
— — bei Heiden und Wäldern	—	—	ibid.
— — bei Straßen, Wegen, Flüſſen ꝛc.	—	—	56
— Special, wie viel dafür Douceur zu zahlen	—	—	58
— General, wie viel dafür täglich Diaeten zu zahlen	—	—	59
— wie die Charten und Regiſter anzufertigen	—	—	56
— die hieher gehörigen Sachen ſind von der Cammer-Canzelei gratis zu expediren	—	—	60
— Reglement darüber (ſ. Conducteur, Landmeſſer.	—	—	1 ſeq.
Vermicelli ſ. Nudeln.			
Vermiethung der Aecker um die Hälfte wird verboten ſ. Aecker, Säen.	1763	7	465
— wegen dem Geſinde ſ. Geſinde.			
Vermögen: darüber können Perſonen bürgerlichen Standes nach dem 21ſten Jahre disponiren	1752 1753	4 4	800 825
— davon können die Adeliche nach ihrem 20ſten Jahre zwar die Revenüs erheben, über das Capital ſelbſt aber erſt nach dem 25ſten Jahre disponiren (ſ. Adeliche)	1749 1750	3 5	475 511

Ve.

	Jahr.	Band.	Seite.
Vermögen eingebrachtes, (Illata) kann in das Hypotheken-Buch eingetragen werden. Effect davon	1750	5	364
— — das den ausgetretenen Unterthanen zugehörige fällt der Zuchthaus-Casse zu	1744	1	19
— — wegen Berechnung desselben zur Zuchthaus-Casse	1764	8	245
— — soll Niemanden ohne Vorwissen der Cammer außer Landes verabfolgt werden	—	—	—
— — davon soll jungen Leuten auf dem Lande eher nichts in die Hände gegeben werden, bis sie sich possessioniren (f. Capitalien.)	1744	5	171
	1750	17	52
Verordnungen f. Edicte.			
Verpflegung: wegen der den Regimentern auf dem Rückmarsch zu leistenden und Gestellung der Fuhren	1742	1	93 seq.
Mehr davon f. Cavallerie-Verpflegung, Fourage, Marsch, Quartire, Cantonirung.			
Verreichungs-Frist neu acquirirter Güter, Bestimmung derselben	1749	3	570
	1750	5	577
Versicherungs- und Haverei-Ordnung	1766	19	266
das Uebrige f. Assecuranz, Haverei.			
Versiegelung f. Siegelung.			
Verträge f. Contracte, Eheberedungen u. f. w.			
Verstorbene: deren Begräbniß muß, wenn sie aus einer Parochie in die andere geführt werden, in beiden Parochien gezahlt werden	1750	5	467
— — wie viel für die Führung derselben aus einer Parochie in die andere der Bischof Spolium zu genießen f. Stohlgebühren oder Stohl-Taxa.	—	—	468
— — sollen von allen Religionen außerhalb der Städte beerdiget werden (f. Begräbniß.)	—	—	ibid.
— — Reglement, wie es bei ihrer Beerdigung ratione des Leichenwagens, Trauer-Anschlags, Trauerbitter und der Träger zu halten	1744	1	60 seq.
— — Kennzeichen derselben, ob sie wirklich todt sind	1768	10	173
	1781	17	121
— — sollen nicht zu zeitig beerdiget werden, und wenn scheinbare und wirkliche, was bei ihnen für Praecautiones zu nehmen	1768	10	174
	1781	17	121
— — sollen nicht am Munde verbunden werden	—	—	ibid.
— — sollen nicht vor gänzlicher Erstarrung aus dem Bette genommen werden	—	—	ibid.
— — sollen nicht in den Särgen sogleich vernagelt werden	—	—	ibid.

Ve. Vi.

	Jahr.	Band.	Seite.
Verstorbene in denen wegen der Viehseuche gesperrten Orten müssen ohne Begleitung eines auswärtigen Geistlichen beerdiget werden	1775	14	544
Verzinnung mit Blei-Zusatz wird verboten	1768	10	192
—— soll mit englischen Zinn geschehen. Vorschrift, wie dabei zu procediren	—	—	196 seq.
— —— Kennzeichen der unächten	—	—	200
— —— der ächten	—	—	201
— —— Taxa, wie viel dafür nach Berechnung der Größe des Geschirres zu fordern	—	—	202
Vestungs-Bauten s. Schanz-Arbeiter, Schanz-Baufuhren.			
Vestungs-Strafe wird zuerkannt:			
denen, so Wolle außer Landes führen	1764	8	186
— muthwilligen Bettlern	1771	13	95
— ohne Attest herum laufenden Brauer- und Müllerburschen	—	—	106
— Vagabonds, so bei Land-Visitationen ergriffen werden	1772	13	208
— so heimliche Wein- und Caffee-Niederlagen auf dem Lande halten	—	—	214
— so Hazard-Spiele hegen	1774	14	282
— so in Städten oder Dörfern schießen	1775	14	505
— widersetzlichen Unterthanen	—	—	543
— so Röths-Räume außer Landes führen	1776	15	66
— austretenden Unterthanen	1769	11	7
— Cassen-Malversanten	—	—	211
— allzunachsichtigen Cassen-Revisoribus	—	—	213
— unbefugten Schriftstellern u. Consulenten	1780	17	90
— Contrebandiers, so tödtlich Gewehr führen	1784	18	181
— welche bei Waaren-Verpfändungen und Mäckeln das Publicum hintergehen	1785	18	378
— welche die Sicherheit auf öffentlichen Landstraßen stöhren	1786	18	430
— wucherlichen Agioteurn	1764	8	83
— in welchen Fällen von den Regie-Gerichten darauf erkannt werden soll und darf	1783	18	23
— zu solcher dürfen keine Inquisiten ohne unmittelbare Ordre gebracht werden	1750	5	530
Vicariat-Amt zu Breslau wird bestätiget und bestimmt, was zu dessen Ressort gehöre	1742	1	23
Vicarius apostolicus: Notification, daß der von Rothkirch dazu ernannt worden	1781	17	201

Vic

Vi.

	Jahr.	Band.	Seite.
Victualien können die Landleute ungehindert in die Städte zum Markt bringen	1741	1	21
— sollen Accise frei und gegen baare Bezahlung zur Armee gebracht werden	—		66
— zu deren Transport zur Armee werden Schiffe in Beschlag zu nehmen befohlen	—		69
— die mit Possen ankommende sind sogleich an Behörde zu bestellen	1743	5	55
— das Hansiren damit wird verboten	1752	4	754
— sollen auf öffentlichen Markt gebracht werden {			753
	1786	18	497
— sollen nicht in den Vorstädten verkauft werden {	1746	6	256
	1756	19	129
— die Vor- und Aufkauferei derselben wird verboten	—		ibid.
— die, so Ausländer einführen, müssen nach nechsten Städten gebracht werden	—		ibid.
— dergleichen können sich städtische Einwohner zu ihrer Haus-Nothdurft auf dem Lande holen	—		130
— In wiefern die Gebürgs-Bauern und Fuhrleute dergleichen auf dem platten Lande einkaufen und verfahren dürfen	—		ibid.
— die nahe an Städten wohnende Dominia sollen solche nicht einzeln zu Hause verkaufen, sondern in Quantitäten auf den Markt schicken	—		133
— bleiben gegen die nöthigen Impolten aus andern Ländern einzuführen erlaubt	1756	6	622
— die Ausfuhr derselben wird verboten {	—		602
	1758	6	719
— besonders nach Sachsen	1757	6	690
— item ins Oesterreichische	1760	6	801
— wegen mehrerer Zufuhr derselben in die Städte	1757	6	693
— sollen vom Landmann nicht vertheuert werden	1763	7	337
— wie die aus Sachsen eingebrachte zu veraccisen	1765	8	779
— die Landleute sollen dergleichen nicht zum Handel- und Wiederkauf a. d. Lande aufkaufen	1771	13	143
— Dominia, die deren aus eigenem Zuwachse überflüßig haben, dürfen den Ueberfluß derselben in andere königl. Provinzen verkaufen	1772	13	361
— was für Requisita und Formalitäten bei der Ausfuhr k. anderer königl. Provinzen zu beobachten	1772	13	361
— die Aufkauferei derselben in den breslauschen Vorstädten wenn solche noch nicht veracciset sind, wird verboten	1786	18	496

Vis

Vi.

			Jahr.	Band.	Seite
Victualien sollen in die Stadt auf den öffentlichen Markt gebracht werden			1786	18	497
—	—	wie es mit diesen und allen in den Vorstädten aufgekauften Consumtibilien ratione der Beraccisung zu halten	—	—	498
Victualien-Händler (Höcker- und Krambändler) zu Breslau, confirmirte Innungs-Artikel für solche			1752	4	751
—	—	dürfen zu Hause und auf dem Markte nicht zugleich einzeln einkaufen	—	—	752
—	—	dürfen erst nach 10 Uhr einkaufen	—	—	753
—	—	sind deswegen von den Gastwirthen zu warnen	—	—	754
—	—	für solche sollen monatliche Taxen gemacht werden	—	—	755
—	—	müssen ihre Waaren lediglich auf öffentlichen Märkten und zur gesetzten Zeit einkaufen	1756	19	130
—	—	in wiefern sie Vivres auf dem Lande einkaufen dürfen	—	—	ibid.
—	—	müssen zum Handel eine Cammer-Concession haben	1772	13	362
—	—	desgleichen auch die Fremden zu ihrem Einkauf	1773	14	115
—	—	sollen ihre Waaren nur in accisbaren Städten auf den Märkten und erst nach andern Einwohnern einkaufen	1772	13	362
Victualien-Höcker-Ordnung für die zu Breslau s. Höcker.			1751	4	751
Victualien-Mäckler und Auffaufer werden unter 4 Meilen um Breslau nicht geduldet			1752	4	759
Vieh darf nicht ohne Accisezettel geschlachtet werden			1741	5	2
—	von dem aus- und durchgehenden wird nur der halbe Zoll erlegt		1743	1	62
—	todtes muß in entlegene Tiefen gebracht und verscharret werden		1744	1	105
			1745	2	59
—	an einer ordinairen Krankheit gefallenes kann abgeledert werden, und ist den Abdeckern zu melden		1750	3	511
—	wie es mit der Verzollung des eingekauften zu halten		1739	19	523
—	im Lande durch fremde Viehhändler erkauftes wird in der nächsten Stadt versteuert		1746	2	271
			1756	19	175
—	wie es mit der Handlungs-Accise und dem Essito-Zoll von dem auf den Märkten unverkauft gebliebenen, und wie es mit den außer Landes zu treibenden zu halten		1756	6	615
				19	173
—	so nach Böhmen getrieben wird, giebt doppelte Handlungs-Accise und Essito-Zoll		1765	8	750
			1766	9	98

plura s. Accise vom Vieh rc. rc. item Zoll.

Sss 3

Vieh:

Vi.

	Jahr.	Band.	Seite.
	1739	19	524
	1743	1	142
	1743	5	70
	1746	2	270, 383 sq.
Vieh: die Vor- und Auffäuferei desselben wird verboten	1746	5	177
	1756	19	167
	1757	6	688
	1761	7	6
	1782	17	249, 252
	1784	18	238
— Lämmer, Ziegen, Ferkel ꝛc. wie lange sie für jung Vieh zu halten	1756	19	128
— auf der Straße lahm gewordenes kann unterwegs verkauft, muß aber von den Gerichten attestirt werden	—	—	172
— dergleichen darf kein Bauer ohne Vorbewußt seiner Herrschaft von seinem Gute verkaufen	—	6	237
— der Verkauf und die Ausfuhr des einländschen außer Landes wird verboten	1759	6	810
— — besonders in die österreichschen Länder	1760	6	801
— von dem, so die Fleischer aus Polen holen, ist 5 Thlr. Impost zu erlegen pro Stück	1761	7	8
— item von dem, so aus den polnischen Heerden gekauft wird	1782	17	250
— soll nicht an die mit jungen Weidicht bepflanzten Ufer gelassen werden	1763	7	424
— was bei der Einbringung des polnischen für Praecautiones zu nehmen	1764	8	151
— s. Contagion, Vieh-Einlaß-Oerter, Viehseuche ꝛc			
— wenn dergleichen von den polnischen Heerden auf dem Markte crepirt, was dabei zu beobachten	—	—	152
— das einländsche, so auf die Märkte gebracht wird, muß mit einem Attest von der Gerichts-Obrigkeit legitimirt werden	1775	14	539
— gesundes ist bei Aeußerung einer Seuche sogleich vom inficirten zu separiren	1745	2	58
— — Praeservativ-Mittel gegen das Anstecken	1784	18	198
— inficirtes in einzelnen Höfen ist gleich todtzuschlagen	1781	17	203
	1783	18	33
— — dergleichen todtgeschlagenes wird eben so bonificirt, wie das wirklich an der Seuche crepirte	1781	17	203
— — das todtgeschlagene muß unabgeledert nebst dem Stallmist an einen entlegenen Ort 5 bis 6 Ellen tief vergraben werden	1783	18	34
— — Merkmale desselben			31 seq.

Vieh:

Vi.

	Jahr.	Band.	Seite.
Vieh: durch Brand oder Wetterschlag verunglücktes wird so wie das an der Seuche gefallene bonificirt	1783	18	9
— nach welchen Modalitaeten diese Remission geschiehet	—	—	10 seq.
Mehreres f. Vieh-Assecuranz, Viehseuche.			
— was bei der Kraut-Fütterung desselben für Praecautiones zu nehmen	1782	17	352
— soll zur Verhütung der Krankheiten nicht mit verschlemmten oder versäuerten Heu gefüttert werden (f. Heu.)	1785	18	415
— das, so die Landleute zum Verkauf außer Landes exportiren, muß vorher und nicht nachher bei den Accise- und Zoll-Aemtern declarirt werden	—	—	413
Vieh-Assecuranz bei der Rindviehseuche in Schlesien und Glatz wird eingerichtet. Reglement darüber	1765	8	822 seq.
— Eintheilung der Societaeten	—	—	824
— Sätze, nach welchen jedes Stück Vieh resp. dies- und jenseits der Oder zu vergütigen	1741 / 1765	5 / 8	137 / 825
— davon sollen sich die Amtspächter nicht ausschließen	—	—	825 seq.
— wie es zu halten, wenn ein Damnificatus mehr Vieh verloren, als er im Cataltro declarirt hat	—	—	827
— andere Bestimmung derjenigen Creise, welche die 1te und 2te Societaet ausmachen sollen	1776	15	6
— dabei können sich auch die Pfarrer und Schulmeister interessiren, wenn sie wollen	—	—	47
— soll auch auf das durch Brand oder Wetterschlag verunglückte Rindvieh sich erstrecken	1783	18	9
— was für Fälle davon ausgenommen	—	—	10
— erstreckt sich aber nicht auch auf das aus Alter oder durch Zufälle crepirte Vieh	1765	8	823
Vieh-Assecuranz-Catastrum: von Anfertigung und Einsendung derselben	—	—	824
— Formular dazu	—	—	830 seq.
— ein neues soll wegen Veränderung des bisherigen Societaet-Systems aufgenommen werden	1776	15	5
— nach welchen Principiis bei der Aufnahme des neuen zu verfahren	—	—	46
Vieh-Aff. Remissions-Gelder dürfen zu keinem andern Behuf, als bloß zur Wiederanschaffung des Viehstandes angewendet werden	1765	8	828
— dieselben erhält, wenn ein verunglücktes Gut vor Wiederanschaffung des catastrirten Viehstandes verkauft wird, nicht der damni-			

Bi.

	Jahr.	Band.	Seite
ſicirte Verkäufer, ſondern der Käufer	1765	8	829
Vieh-Aſſ. Remiſſions-Gelder werden nie als nur bei wirklich obwaltender Viehſeuche eingehoben	—	—	827
— wie mit Ausſchreibung und Einhebung derſelben zu verfahren	—	—	828
— ſind nicht Poſt-Porto-frei	1767	10	75
— von deren Einhebung ſollen die Dorf-Schulmeiſter die Repartition ſchriftlich machen, und ſolche zur Approbation an den Landrath einſenden	1779	16	190
Vieh-Aſſ. Remiſſions-Liquidationes: von Anfertigung u. Einſendung derſelben	1765	8	826
— Formular dazu	—	—	832
Vieh-Aſſ. Remiſſions-Sachen als Notificationes an die Percipienten und Aſſignationes an die Caſſen ſind nicht Poſt-Porto frei	1786	19	504
Vieh-Contraventiones beim Handel und Einbringung des Viehes darauf ſoll genau invigilirt werden	1782	17	252
die auf jede Contravention geſetzte Strafen ſind in der Verordnung, wogegen contravenirt wird, aufzuſuchen.			
Vieh-Einlaß (und Contumaz-) Oerter für das fremde zur Contagions-Zeit eingebrachte Vieh ſollen die Landräthe vorſchlagen	1745	2	63
— — werden wegen der Contagion in Polen beſtimmt	1770	12	314
— — die bisherigen werden im Pleſſiſchen verändert	1775	14	390
ſ. Contumaz.			
Vieh-Futter ſoll den polniſchen Vieh-Negocianten nicht vertheuert werden	1751	4	251
Specialia ſ. Futter, Kräut-Fütterung, Heu, Stroh ꝛc.			
Vieh-Geſundheits-Päſſe, Formular dazu	—	—	481
— ſind den Viehhändlern an der Grenze zu ertheilen	1756	19	167
— wer ſolche weiter atteſtiren ſoll			168
— damit müſſen alle fremde Heerden begleitet ſeyn	1762	7	116
plura ſ. in den Edicten wegen denen bei Viehheerden zur Contagions-Zeit zu nehmenden Praecautionibus			
Vieh-Handel ſoll denen aus der Ukraine, Polen, Rußland ꝛc. kommenden Negocianten nicht erſchweret werden, und wodurch	1742 / 1750	1 / 3	200 / 849

Vieh-

Bi.

		Jahr.	Band.	Seite
Vieh-Händler: den ausländischen soll Niemand des Verkaufs wegen entgegen reisen		1739	19	524
		1743	1	142
		1743	5	70
		1746	2	370, 384
		1756	19	167
		1757	6	688
		1761	7	6
		1746	5	177
		1782	17	249, 252
		1784	18	238
		1768	10	142
— — die mit den ausländschen vorläufig geschlossene Contracte sind ungültig		1761	7	7
		1768	10	142
— — dürfen nur an den bestimmten Markttagen und Orten aber nicht Tages vorher negociiren		1761	7	8
		1782	17	250
		1784	18	238
— — wie wegen dergleichen Contraventionen der Käufer zu bestrafen, wenn der Käufer nicht mehr zugegen ist		1761	7	7 et loc. cit.
— — sollen lediglich mit den Heerden auf den Zollstraßen treiben, sich beim ersten Zollamt melden, Pfand einlegen und Zoll-Pallets lösen		1749	3	565
		1745	2	36
		1756	19	168
— — sollen auch ohne Noth die Zollstraßen nicht verlassen		—	—	171
— — sollen von den Landes-Einwohnern auf ihrer Reise nicht bevortheilt werden		—	—	168
— — sollen den Land-Einwohnern mit ihren Heerden aber auch nicht Schaden verursachen		—	—	ibid.
— — sollen ihr Vieh nicht auf den Dörfern zum Verkauf umher treiben, ausgenommen Schweine f. Schweine.		—	—	175
— — was sie beim kranken oder crepirten Vieh zu beobachten		1745	2	37
— — item wegen dem unterweges verkauften Vieh		—	—	ibid.
— — denselben sind über das verkaufte und verstenerte Vieh ordentliche Paßzettel zur Producirüng an der Grenze zu ertheilen		1746	5	178
— — einländsche mögen Schweine und Schaafe in Polen einkaufen		1761	7	9
— — einländsche, die Vieh aus den Ställen in Polen kaufen, müssen pro Stück Rindvieh 5 Thlr. Zoll-Impost erlegen		—	—	8
— — item auch, wenn sie dergleichen von denen auf. Märkte gekommenen polnischen Heerden kaufen		1782	17	250

Ddd

Vi.

	Jahr.	Band.	Seite.
Vieh-Heerden, wenn sie durch Breslau passiren, was die Accise-Bedienten für Praecautiones zu nehmen	1746	2	253
— dürfen nur auf den großen Zoll- und Landstraßen getrieben werden	1749	3	565
	1756	19	168
— müssen mit Gesundheits-Pässen versehen seyn	1762	7	116
— müssen am rechten Horn mit F. R. eingebrannt werden	—	—	117
— wie solche zu revidiren	1756	19	167
— was bei denen aus andern Ländern kommenden ratione der dort grassirenden Pest für Praecautiones zu nehmen	1745	2	63
	1762	7	132
	1769	11	302
	1774	14	125
— den fremden soll des Verkaufs wegen Niemand entgegen reisen (s. Viehhändler.)	1761	7	6
	1782	17	249, 252
	1784	18	238
— die polnischen auf schlesische Märkte kommenden sollen von Landdragonern gegen Diaeten durch jeden Creis convoyrt werden	1756	19	168
	1782	17	253
Vieh-Huttung in den Waldungen und Forsten wird verboten f. Waldung, Forsten.	1764	8	256
Vieh-Kauf-Protocolle: was denselben zu inseriren	1768	10	144 seq.
Viehmäckler zu Brieg: Instructions-Formular für dieselben	1751	4	492 seq.
— — — Formular zum Licenz-Schein für solche	—	—	492
— — zu Breslau, Ordnung für dieselben	1768	10	139 seq.
— — — die Anzahl derselben wird bestimmt, und was sie für Eigenschaften haben müssen	—	—	141
— — — müssen Licenz-Scheine lösen	—	—	ibid.
— — — Stempelpapier und Expeditions-Kosten dafür	—	—	ibid.
— — — wie mit den unbefugten zu verfahren	—	—	ibid.
— — — dergleichen mögen sich zwar die ausländischen Viehhändler mitbringen, müssen aber auch Licenz-Scheine lösen	—	—	142, 143
— — — sollen den fremden Viehhändlern nicht entgegen reisen, um mit ihnen vorläufig Contracte zu schließen	—	—	142
— — — sollen sich den Vieh-Negocianten nicht aufdringen	—	—	143
— — — sollen einander nicht Eintrag thun	—	—	ibid.
— — — sollen unter sich keine Societaet schließen	—	—	ibid.
— — — sollen nicht selbst mit Vieh handeln	—	—	145
— — — sollen die heimlichen Aufkäufereien auskundschaften und anzeigen	—	—	146

Vieh-

Wi.

	Jahr	Band	Seite
Viehmäckler zu Breslau: deren Obliegenheiten beim Handel	1768	10	144
— — — wie viel sie Mäckelgeld zu fordern	—	—	145
— — — ihnen sollen nicht so leicht und ohne Ueberzeugung von ihrem guten Ruf die Licenz-Scheine ertheilt werden	1779	16	234
Vieh-Markt zu Brieg, Formular zum Auftreibe-Register	1753	4	809, 814
— — zu Breslau, auf demselben haben die dasigen Fleischer bis 12 Uhr vor Fremden den Vorkauf	1768	10	145
— — — was die Viehhändler auf solchen ratione der Thorzettel, Pfand- und Handlungs-Accise zu beobachten	1746	2	269
Vieh-Markt-Commission zu Breslau, aus welchen Personen sie bestehen soll	1768	16	140
Vieh-Markt-Plätze und Tage, außer denselben dürfen die zu Markt kommenden Mäckler, Händler ꝛc. nicht negociiren	1761 1782 1784	7 17 18	8 250 238
— — dergleichen erhält die Stadt Friedeberg am Queis	1752	4	490
— — — Friedland	1743	1	116
— — — Glogau, drei	1747	2	405
— — — Grünberg zu den Jahrm.	1743	1	108
— — — Greifenberg, drei	1747	2	405
— — — Löwenberg den dritten	1752	4	805
— — — Lüben	1743	1	115
— — — Nackel in Westpr. drei	1783	18	45
— — — Polkwitz	1742	1	401
— — — Schömberg drei	1743	1	4
Vieh-Mauth s. Mauth.			
Vieh-Nutzungen: die Verpachtung derselben an Juden wird verboten	1751	5	260
Vieh-Revisores: deren Anstellung, Verrichtungen, Diaeten	1756	19	167
Vieh-Schneider dürfen Hausiren gehen	1750	3	976
— — müssen aber mit einem Licenz-Schein von der Cammer versehen seyn	1751 1752	4 4	126 692
— — Formular zu einem Hausir-Licenz-Scheine für solche	1751	4	487
— — ihnen sollen von Accisämtern keine Interims-Scheine ertheilet werden	1752	4	692
— — die mährischen sollen nicht ins Land gelassen werden	1758	6	720, 749
— — — dürfen nicht eher im Lande herumgehen, bis sie sich etablirt haben	1763	7	302
— — die fremden können sich auch in Dörfern etabliren	1756	19	140

Vieh-

Vi.

	Jahr	Band	Seite
Vieh-Schneider: den fremden nicht etablirten wird das Haufiren verboten	1765	8	540
— — was die böhmischen und mährischen ins Land ziehenden für Beneficia zu genießen	1770	12	14
— — fremde, die sich nicht mit einem Hause 2c. a 500 Thlr. etabliren, werden im Lande nicht geduldet	1775	14	380
	1786	18	505
Vieh-Seuche: eigentliche Kennzeichen derselben am Vieh	1745	2	68
	1783	18	31
— — Curativ-Mittel dagegen	1751	4	167
— — Curativ- und Praeservativ-Mittel verschiedene	1745	2	70 seq.
	1749	5	268, 270
	1765	8	426
— — beim Ausbruch derselben ist sogleich der Viehstand aufzunehmen	1743	5	136
— — Schema zu dergleichen Designation			155
— — während derselben ist ein Register über das crepirte zu führen			136
— — Schema zu dergleichen Register			156
— — wie nach Aufhörung derselben bei der Untersuchung zu verfahren			136 seq.
— — Schema zu einem Extract hierüber			159
— — wer den Schaden untersuchen soll			138
— — Bestimmung der Diaeten für die Commissarien			139
— — wie hoch das crepirte Vieh dies- und jenseits der Oder zu veranschlagen	1743	5	137
	1765	8	825
— — wie es mit Anweisung der Remissions-Liquidationen zu halten	1743	5	138
— — was denen Creis-Physicis dabei obliegt	1744	19	13, 17
— — wenn sie aus Nachläßigkeit der Hirten entstanden, sind solche dafür zu bestrafen			17
— — Edicte, wie bei Entstehung derselben zu verfahren	1745	2	56 seq.
	1749	5	267
— — muß sogleich angezeigt und von den Creis-Physicis untersucht werden	1745	2	57
	1749	5	267
— — über welche dabei vorkommende Umstände vorzüglich an die Collegia Bericht abzustatten	1745	2	60 seq.
— — wie sich die, so das angesteckte Vieh warten, ratione ihrer Kleider zu verhalten			58
— — während derselben müssen sämmtliche Hunde in den umliegenden Dörfern angekettet werden			60
	1749	5	269
	1779	16	200

Vieh-

Vi.

		Jahr.	Band.	Seite.
Vieh=Seuche: während derselben müssen die Hunde auch selbst in denen gesperrten Höfen angekettet werden, oder sind todtzuschlagen		1783	18	34
— — aus denen wegen derselben verdächtigen Oertern darf nichts von Fleischwaaren, Butter, Käse ꝛc. zu Markt gebracht werden		1745	2	64
— — in den Gegenden, wo solche graßirt, wird alle Communication der Menschen aufgehoben		—	—	60
		1749	5	267
— — das daran gefallene Vieh ist unabgeledert an einen entlegenen Ort nebst dem Stall=Mist 5 bis 6 Ellen tief zu verscharren, und was sonst zu beobachten		1745	2	59
		1747	5	236
		1749	5	270
		1783	18	34
— — was bei den Stellen zu beobachten, wo das angesteckte Vieh gestanden und umgefallen		1745	2	59, 61 seq.
		1749	5	270
— — wie mit dem Vieh zu verfahren, so die Staupe überstanden hat, item mit den Ställen		1745	2	61
		1781	17	203
		1782	17	34
— — Unterricht, wie sich ein Landwirth bei graßirender Staupe zu verhalten		1745	2	67 seq.
— — die Wirthe, so sich nicht nach denen deshalb ergangenen Vorschriften richten, erhalten keine Remission		—		65
— — dabei sollen die Creis=Physici und Abdecker dem Damnificirten nicht unnöthige Kosten machen		1751	4	202
— — wie viel die Abdecker bei Visitation derer Cadaverum Douceur fordern können		1750	3	831
— — wie es mit den Sperr=Wachten und Postirungen zu halten		1749	5	268
		1782	17	487
— — wie lange ein inficirter Ort zu sperren		1781	17	203
		1783	18	33
— — wie es mit der Remission zu halten, wenn sich solche zweimal des Jahrs an einem Orte ereignet		1761	7	42
— — wie wegen derselben die Remission für das Zugvieh der kleinen Ackersleute zu reguliren		1768	10	312
— — wie solche dem Vieh zu inoculiren		1765	8	425
— — wie derselben vorzubeugen		—	—	426
— — wie es während derselben an einem gesperrten Ort mit dem Kranken=Besuch der Geistlichen zu halten (f. Geistliche.)		1779	16	208
— — item bei Begräbnissen und Taufen ratione des Geistlichen, der Träger und Gevattern		1780	17	59
— — item bei einem Brande ratione der Lösch=Hülfe aus gesunden Orten (f. Feuer=Soc. Hülfe.)		1781	17	207

Viehs

Vi.

	Jahr.	Band.	Seite
Vieh-Seuche: an einen zu sperrenden Ort soll vorher eine Spritze gebracht werden, wenn dort noch keine ist	1781	17	224
— — bei Verspürung einer Contagion sind die Ochsen sogleich vom andern Vieh abzusondern	1784	18	198
Vieh-Stand: dessen Vermehrung wird befohlen	1756	6	237
— — soll ergänzt und eine Designation davon eingereicht werden	1763	7	265
— — der vorige muß nach einer Seuche aus den erhaltenen Remissions-Geldern bald und völlig wieder hergestellt werden	1765	8	828
— — der Amts-Unterthanen: was die Amtspächter bei Revision desselben in Acht zu nehmen	1782	17	504
Vieh-Stand-Tabelle: wenn solche einzureichen, und wie deren Probe-Revisiones zu veranstalten	1765	8	735
Vieh-Steuer wird entrichtet: vom Milch- und Schaafvieh	1746 / 1756	2 / 19	278 / 186
— — — vom Zugvieh der Fuhrleute	1746 / 1756	2 / 19	278 / 186
— — — von Abdecker-Pferden	—	—	ibid.
— — davon sind frei das Zugvieh zum Ackerbau	—	—	ibid.
— — — Kutsch- und Reitpferde	—	—	ibid.
— — — Zuch-Ochsen	—	—	187
— — — Schaafvieh der Fleischer zum Schlachten	1746 / 1756	2 / 19	279 / 187
— — — Postpferde	1746 / 1756	2 / 19	282 / 202
Vieh-Steuer-Register, wenn solches aufzunehmen, und wie dasselbe einzurichten	1746 / 1756	2 / 19	278 / 187
Vieh-Trieb: denselben sollen die Mauth-Berechtigten nicht hindern	1738	19	444
— wegen Vergütigung des dadurch verursachten Schadens	—	—	ibid.
Vieh-Zucht wegen Verbesserung derselben	1756	6	237
Not. Alles vorstehende betrift meist das Rindvieh Specialiora s. Ochsen, Pferde, Schaafe, Schweine ?c. ?c.			
Viertelsmeister sollen wegen Beobachtung der Feuer-Ordnung in den Städten angesetzt werden	1776	15	118
— — sind in den städtschen Diensten, als Transports ?c. ?c. frei	—	—	ibid.
— — deren Douceur aus der Cämmerei ist Servis-frei	1786	18	468
Vindications-Klage: in welchen Fällen solche wegen Banco-Noten, Pfandbriefen ?c. angestellt werden kann	1785	18	347
Visirer in großen Städten, deren erforderliche Eigenschaften, Obliegenheiten und Visir-Gebühren	1756	19	81 seq.
— beim Accisamt zu Breslau, Instruction für dieselben	1746	2	146

Bi. Bo.

	Jahr.	Band.	Seite.
Visir=Register von Führung und Beschaffenheit desselben	1756	19	83
Visir=Stäbe richtige, wegen Anschaffung derselben	1751	5	307
Visirung der Weine und anderer Getränke, was dabei zu beobachten	1756	19	81 seq.
—— wird in kleinen Städten vom Controlleur verrichtet	—	—	82
—— wie dergleichen in großen Städten geschehen soll	—	—	ibid.
f. Wein, Visirer, Bier=Visirer.			
Generalia f. Accise=Bedienten.			
Visitationes der Kirchen sollen durch die Creis=Inspectores geschehen	1742	1	186 seq.
—— Instruction, wie dabei zu verfahren	1748	5	260 seq.
reliqua f. *Inspect.*, item Kirchen=*Visitation.*			
—— wie solche bei Fuhr= und Schifsladungen zu halten	1768	10	177 seq.
—— bei dergleichen soll sich den Brigadiers Niemand wibersetzen (f. *Brigadiers*, item *Contreband.*)	1773	14	79
—— wegen Ausrottung der Vagabonds f. Land=*Visitation.*			
—— wegen den Schulen f. Schul=*Visitation* u. f. w.			
Visitations=Ordnung der schlesischen Justiz=Collegiorum f. *Justiz*=Collegia.	1754	5	604 seq.
Visitatores bei der Accise: Instruction für dieselben	1741	1	226 seq.
—— wegen Bestrafung ihrer Plackereien	1742	1	99
Mehreres f. Accise=*Visitatores.*			
Vitriol gehört zum Bergwerks=Regale	1769	11	90
—— die Einfuhr des fremden wird verboten	1777	15	405
	1784	18	133
—— der Debit desselben in Schlesien wird dem Kaufm. Preller in Schreibershau privative zugestanden	1779	16	126
—— item auch dem Kaufm. Schwarz zu Magdeburg	—	—	128
—— die Preise des Schreibershauer werden notificirt	1784	18	133
Vitriol=Oel fremdes wird mit 50 pro Cent impostirt	1782	17	361
—— —— die Preise des Schreibershauer werden notificirt	—	—	497
—— —— fremdes wird zum einländischen Debit einzuführen verboten	1784	18	210
—— —— item auch zum Transito=Handel	—	—	223
—— —— das englische ist nur in extraordinairen Fällen noch einzuführen erlaubt	—	—	210
Vogel=Fang soll bei den Aemtern verpachtet werden	1756	6	445
Raubvögel f. Lit. R.			
Volljährigkeit f. Majorennitdt.			
Vollmachten gedruckte, Formular dazu	1742	1	522
—— —— für die Advocaten, wie solche einzurichten	1750	5	538
—— —— besondere sind bei Vergleichen erforderlich	—	—	540
—— —— der Debit derselben wird der Stempel=Cammer überlassen	1766	9	129 seq.

Wo.

	Jahr.	Band.	Seite.
Vollmachten: die, so nicht von der H. Stempel-Cammer gestempelt worden, sind ungültig	1766	9	130
—— —— Strafe der Contravenienten	—	—	ibid.
—— —— müssen mit resp. 8 oder 10 Gr. Stempel versehen seyn	—	—	151
—— —— nähere Bestimmung des Stempel-Satzes derselben, ratione der Zinsen und des Capitals	1771	13	111
—— —— die zu einem Objecto litis unter 30 Thlr. dürfen nicht gestempelt seyn	—	—	112
Vollmachten-Rendanten, Instruction für dieselben	1766	9	170, 182
f. Stempelpapier-Rendanten.			
Vorfluth f. Wasser.			
Vormünder kann jeder Erblasser seinen Kindern per testamentum bestellen	1750	5	507
—— —— wie hoch deren Caution zu bestimmen			508
—— —— dürfen die Güter ihrer Pupillen selbst administriren, oder auch ohne öffentliche Licitation verpachten	—	—	509
—— —— was bei Annahme derselben zu beobachten	—	—	513
—— —— sollen den Eid leisten, und stipuliren, solchen zu halten	—	—	516
Vormundschaften, wegen deren Bestellung soll von den Justiz-Räthen Anzeige geschehen	—	—	507
—— —— wie lange solche dauern	—	—	510
—— —— hören bei bürgerlichen Personen nach dem 21sten Jahre auf	1752	4	800
	1753	4	825
—— —— bei den Adelichen ratione ihrer Immobilien aber erst nach dem 25sten Jahre	1750	5	11
f. Adeliche.			
—— —— dergleichen sollen königl. Officianten nicht übernehmen	1752	4	647
Vormundschafts-Acten müssen von andern separirt werden	1750	5	535 seq. 512
—— —— soll der Präsident monatlich nachsehen	—	—	515
Vormundschafts-Ordnung für Schlesien rc.	—	—	506 seq.
—— —— dabei soll nach dem 3ten Buch des Landrechts verfahren werden	—	—	507, 516
—— —— von derselben wird der 4te §. ratione der Handlung-treibenden Wittwen näher erklärt	—	—	577
Vormundschafts-Rechnungen, wer von Legung solcher befreiet ist oder nicht	—	—	509
—— —— In wiefern dergleichen auch die leiblichen Väter abzulegen verbunden sind	—	—	ibid.

Vor-

Vo.

	Jahr.	Land.	Seite
Vormundschafts=Rechnungen, von deren Einrichtung, Revi= sion, Abnahme 2c.	1750	5	514 seq.
Vormundschafts=Tabellen: wie sie einzurichten und einzusenden	—	—	516
——— Formular dazu	—	—	518 seq.
f. Pupillen=Gelder.			
Vorschüsse: auf die, so die Fabrikanten erhalten, sollen die Ma= gisträte attendiren	1765	8	434
——— an Fabrikanten und Entrepreneurs gethane haben in dem Vermögen des Schuldners kein Vorzugs= recht für ältern eingetragenen Hypotheken= Schulden	1769	19	348
——— aus königl. Cassen zu Aufrechthaltung eines Gutes ge= thane gehen im Concurs allen Landschaftlichen und Hypotheken=Schulden vor	1780	17	53
Vorspann für des Königs Person selbst auf Reisen, wie es damit zu halten	1742	1	39
——— wie viel denen resp. Civil = oder Militair = Personen dabei Pferde vorzulegen	—	—	442 seq.
——— wie viel pro Pferd für jede Meile vergütiget wird	—	—	442
——— wie viel diejenigen vergütigen müssen, die das Vorspann für sich von andern thun lassen	—	—	437
——— wer solches ordinarie zu leisten verbunden	—	—	437 seq.
——— wer davon eximirt ist	—	—	444
——— auf 2 Pferde dürfen nur 2 Personen und ein Koffer ge= laden werden			443
——— wie weit und geschwind gefahren werden soll	—	—	ibid.
——— Strafe derer, so die Vorspänner forciren	—	—	ibid.
——— wenn dergleichen erpreßt worden, wird solcher Extra= Postmäßig bezahlt, und der Exceß noch beson= ders bestraft	—	—	446
——— solches muß auf die Reisenden 24 Stunden, Reisende aber auf das Vorspann 6 Stunden warten	—	—	447
——— das, so umsonst 24 Stunden gewartet, wird mit der Hälfte des Ordonnanzmäßigen Satzes bezahlt	—	—	447 seq.
——— das zu Fortbringung der Kranken, Recrouten und Com= mandirten muß sogleich Vorspannmäßig von den Regimentern bezahlt werden	1742 1752 1778 1780	1 4 10 17	445 576 318 103
——— die zu Bestellung desselben vorausgeschickte Boten aber werden aus der Creis=Casse bezahlt	1784	18	152
——— die zur Bestellung dessen für andere Reisende vorausge= schickte Boten muß der Reisende mit 3 pro Meile bezahlen	1742 1784	1 18	447 151

Vo.

	Jahr.	Band.	Seite.
Vorspann: damit soll sich kein Reisender durch seine eigene Leute fahren laſſen	1742	1	443
—— dergleichen ſollen die Offiziers nicht erpreſſen	1752	4	574
—— Strafe der Offiziers, ſo die Vorſpänner ſchlagen	—	—	576
—— item der Unteroffiziers	—	—	575
—— item der gemeinen Soldaten	—	—	576
—— ſoll keiner Militair-Perſon ohne Cammer-Paß gegeben werden	1763	7	222
—— wie ſich gegen die Militair-Perſonen zu verhalten, die daſſelbe erpreſſen wollen	—	—	ibid.
—— bei Ausſchreibung deſſen ſoll keine Gemeine für der andern praegravirt werden	1764	8	56
—— freies erhalten die fremde anziehenden Wolle-Fabrikanten	1775	14	37
—— item die Schul-Viſitatores bei Bereiſung ihrer Inſpection	1764	8	287
—— königl. entübriget nicht von herrſchaftl. Hofedienſten	1766	9	259
—— der Bonifications-Satz a 3 Gr. pro Meile und Pferd wird wieder hergeſtellt	1768	10	167
—— das ohne Atteſt des Garniſon-Commandeurs gegebene wird nicht vergütet, ſondern defectirt	—	—	ibid.
—— dabei ſollen ſich reiſende Officianten eines leichten Fuhrwerks bedienen	—	—	188
—— darf keinem Regie-Bedienten ohne einen Cammer-Paß gegeben werden	1766	9	234
—— bei dem unentgeldlichen ratione der Cantons-Reviſionen ſoll Gleichheit beobachtet, und kein Dorf für dem andern beſchwert werden	1784	18	150
—— desgleichen auch beim Vorſpann ratione der Artillerie-Pferde	—	—	ibid.
—— daſſelbe ſollen die Bau- und Salz-Beamten durch ihr öfters Reiſen nicht mißbrauchen, ſondern auf ihrem Paſſe jedesmal anmerken, zu welcher Reiſe ſolches erforderlich geweſen	1786	18	507
Vorſpann-Beſteller: deren Obliegenheiten	1742	1	440.444.447
—— —— deren Douceur	—	—	440
Vorſpann-Koſten ratione der Regie-Bedienten ſind monatlich ſeparat zu liquidiren	1766	9	234
Vorſpann-Liquidation: Formular dazu	1742	1	451
Vorſpann-Liſten: wie ſie anzufertigen. Schema	1764	8	294
Vorſpann-Paß: Formular dazu {	1741	1	200
	1742	1	449
—— — ohne dergleichen von der Cammer darf Niemand {	1741	1	32
den Vorſpann gegeben werden	1742	1	444

Vo.

		Jahr.	Band.	Seite
Vorspann=Paß:	die alten exspirirten sind ungültig	1767	10	60
——	die exspirirten sollen den Inhabern abgefordert werden	1768	10	252
——	wie es mit denen zu halten, die zu mehrern Reisen generaliter ausgestellt sind	—	—	ibid.
Vorspann=Pferde:	die, so durch Uebertreibung ꝛc. fallen, oder unbrauchbar werden, muß der Reisende doppelt bezahlen	1742	I	443
——	(Ordonnanz) die auf dem Marsch übertriebenen und crepirten muß der Commandeur bezahlen	1752	4	576
Vorspann=Quittung:	Formular dazu	1742	I	451
Vorspann=Reglement	für Schlesien ꝛc.	—	—	434 seq.
Vorspann=Routen,	wie sie anzulegen, und wie weit die Distanzen der Stationen seyn sollen	—	—	438
Vorspann=Wagen,	wie viel beim Marsch einer jeden Compagnie von der Infanterie und Cavallerie resp. zu Fortbringung ihrer Equipage zu geben	1752	4	569 seq.
——	wie es mit Vergütigung derer über die festgesetzte Zahl nöthig gewesenen zu halten	—	—	574
——	sollen nicht überladen werden (s. Marsch.)	—	—	575
Vorstädte:	wegen Einführung der Accise in denselben (s. Accise.)	1741	I	178
Vorwerke	entlegene können zu neuen Kolonien gemacht werden f. Kolonien.	1773	14	89

W.

Wa.

		Jahr.	Band	Seite
Waaren	transitirende, wie bei deren Verzollung durch die Ausländer zu verfahren	1739	19	482 seq.
——	item bei dergleichen durch einländische Kaufleute	—	—	483
——	wie diejenigen zu verzollen, die im Tariff nicht enthalten	—	—	487
——	wie es mit der Verzollung derer in Commission gegebenen (Conditions-Waaren) zu halten, und welche es sind	—	—	468
——	einländische, Producta artis & naturae, müssen zum Kennzeichen gesiegelt und plombirt seyn	1739 / 1756	19 / 19	151 / ibid.
——	ausländische eingehende Manufacta sind zu plombiren	1739	19	470
——	auf der Oder angekommene dürfen nur beim Krahn ausgeladen werden	—	—	461
——	dürfen nicht eher ausgeladen werden, bis sie beim Zoll oder Accisamt declarirt sind	1739 / 1768	19 / 10	ibid. / 180

Wa.

	Jahr.	Band.	Seite
Waaren zu Lande kommende sollen nicht unterweges abgeladen werden	1739	19	462, 4
	1768	10	180
— auf der Post oder mit Landkutschern kommende, wie es mit deren Ansage, Revision und Verzollung zu halten	1739	19	464
	1768	10	185
— wegen Revision und Stempelung der ankommenden	1739	19	458
	1756	19	134, 137
— wie es mit den anzugebenden und festzusetzenden Preißen der angekommenen Waaren zu halten	1739	19	460
	1756	19	135
— wenn wegen derselben Preiße Zweifel und Differentien mit den Accise-Bedienten vorkommen, wie alsdann deren Werth zu reguliren	1746	2	228
	1756	19	135
— item wenn dergleichen bei der Verzollung vorkommen	1739	19	460
— von denen auf Jahrmärkte gebrachten dürfen die fremden Jahrmarktzieher nur die Losungs-Accise bezahlen s. Losungs-Accise.	—	—	471
— wie es mit denen zu halten, so von den Jahrmärkten unverkauft wieder zurück gehen	—	—	ibid.
— müssen mit gehörigen Frachtbriefen versehen seyn	—	—	485
— Formular zu einem Frachtbriefe darüber	—	—	486
— dürfen ohne Beiseyn der Eigenthümer nicht eröfnet werden	—	—	ibid.
— die, mit denen die privilegirte Juden zu Breslau außer Jahrmarktzeit nicht handeln dürfen, müssen versiegelt werden	1744	1	49, 51
	1746	2	273
— die dabei gemachte Kosten gehören ratione der Accise mit zum Werthe derselben	—	—	ibid.
— der Marktzieher und Buttenträger müssen verschmürt und versiegelt seyn	—	—	262
	1756	19	138
— die aus Oesterreich-Schlesien werden als einheimische angesehen	1746	2	262
— transitirende, was für Praecautiones dabei zu nehmen, damit sie wirklich abgehen	—	—	272
— Bestimmung derjenigen, so auf Ablaß-Märkten, Kirchweihen und Wallfahrten verkauft werden können	1747	5	206
— item derjenigen, so die Dorfkrämer führen dürfen	1773	14	19
— in wiefern sie auf Verlangen auf dem Lande oder in Städten verkauft werden können	1750	3	980
— von denen im Lande fabricirten, und sowohl ins als außerhalb Landes debitirten wird eine jährliche Designation verlangt	1752	4	799
— verbotene dürfen nicht eingeführt werden, wenn sie auch im Accise-Tariff stehen	1756	19	43
— wie sich die Accise-Bedienten bei Anmeldung derselben zur Accise zu verhalten	—	—	ibid.

Waa

Wa.

	Jahr.	Band.	Seite.
Waaren, ungesiegelte und ungestempelte sind zu confisciren	1756	19	137
— zur Revision derselben sollen publique Plätze ausgemittelt werden	—	—	136
— dergleichen dürfen Kaufleute ꝛc. en detail außer Jahrmarkts-zeit in andern Städten nicht verkaufen	—	—	142
— fremde können die Gebürgs-Negocianten auf dem Lande einführen	—	—	143
— die aus schlesischen Fabriken müssen, wenn sie frei nach andern königl. Provinzen passiren sollen, gestempelt oder gesiegelt seyn	—	—	157, 159
— wollene, wie es mit der Accise zu halten, wenn dergleichen ausländische im Lande oder einländische außer Landes appretirt worden	—	—	146
— — zu Breslau fabricirte dürfen nur mit Lack gezeichnet werden	1746	2	278
— — wie dieselben zu plombiren und zu siegeln	1756	19	152
— — sollen besonders aus den Berliner und Potsdamschen Fabriken genommen werden	—	6	225
plura s. Zeuge wollene.			
— seidene sollen mehrere aus den Berliner und Potsdamschen Fabriken genommen werden	—	—	ibid.
— — fremde werden sämmtlich einzuführen verboten	—	—	467
— halbseidene fremde desgleichen	—	—	611
— — auch seidene fremde mögen unter gewissen Moda-litaeten zum auswärtigen Debit noch in Bres-lau eingeführt werden	—	—	468, 611
Mehr s. Seiden-Zeuge.			
— ganz und halb baumwollene aus Sachsen nach Polen et vi-ce versa durch Schlesien transitirende werden mit 30 pro Cent impostirt (Mehr s. Zoll-Transito.)	1765	8	740
— wegen denen von Gold oder Silber s. Gold, item Silber.			
— lackirte, fremde werden mit 25 pro Cent impostirt	1782	17	278
— — der Impost von englischen wird auf 50 pro Cent von nürnbergschen auf 30 p. C. erhöhet	1736	18	521
— die, so in den kaiserl. Erblanden aus Schlesien einzuführen verboten sind, werden auch aus den k. k. Erblan-den in Schlesien einzuführen verboten	1764	8	108
— Benennung derjenigen, so aus Sachsen en represaille ein-zuführen verboten	1765	8	576
— — aber doch zum Transito-Handel erlaubt sind	—	—	577, 612
— sächsische werden indistincte einzuführen verboten	—	—	658
— — bleiben zum Debit nach Polen blos nach Breslau einzuführen erlaubt	—	—	ibid.

Wa.

	Jahr.	Band.	Seite.
Waaren polnische werden, wenn sie den einländschen Waaren nicht schädlich sind, vom Transito - Zoll befreit s. Zoll Transito.	1771	13	113
— englische, der Impost derer durch Breslau und andere schlesische Städte transitirenden wird resp. bestimmt	1774	14	181
— — die, so zur innern Consumtion eingebracht werden, geben nicht mehr Zoll rc. als die wirklich einheimschen	—	—	183
— Verordnung, wie es mit Einfuhr und Verzollung derer von den einländschen Messen gebrachten zu halten	1775	14	545 seq.
— fremde fürs platte Land ankommende müssen nur in der dem Bestimmungs Ort am nächsten liegenden accisbaren Stadt abgeladen werden	1780	17	29
— fremde und erlaubte, so die Landleute zu ihrer Nothdurft einführen, müssen auf der graden Zollstraße transportirt, und beim ersten Grenzzollamt declarirt werden	1785	18	383
— die, so die Einwohner vom platten Lande außerhalb Landes verkaufen, sind vorher beim nächstliegenden Accise oder Zollamt zu declariren	1784 / 1785	18 / 18	161 / 413
— auf der Post zu versendende müssen plombirt seyn	1768	10	184
— assecurirte, wenn sie abandonirt werden können, und wie dabei zu verfahren (Mehreres f. Assecuranz.) f. Kaufmannsgüter.	1766	19	301
Waaren-Aufschlag wird zum Besten des Commercii moderirt	1741	1	128
Waaren-Beschauer: Instruction für die beim Accisamt zu Breslau	1746	2	152
Waaren-Declaration: Schema, wie solche anzufertigen	—	—	112
Waaren-Lager vorräthige von seidenen und halbseidenen fremden Waaren, wegen deren Versiegelung	1756	6	608
Waaren-Siegel und Stempel: Beschaffenheit derselben, und wo sie aufzubewahren	1756	19	137
Waaren-Verpfändung: Vorschrift, wie es damit ohne die Natural-Uebergabe zu halten	1785	18	368 seq.
— — — bei denen in Privat-Behältnissen befindlichen	—	—	371
— — — in öffentlichen Packhöfen niedergelegten	—	—	372
— — — bei denen von Holz	—	—	373
— — — auf Bleichen und in der Appretur	—	—	374
— — — in der Banque schon verpfändeten	—	—	375
— — — auf dem Einfuhr-Transport befindlichen	—	—	ibid.
— — — auf dem Ausfuhr-Transport	—	—	376

Wa.

	Jahr.	Band.	Seite.
Waaren=Verpfändung bei denen an der Banque zu verpfändenden	1785	18	376 seq.
—— — Strafe derjenigen, so bei diesem Negotio das Publicum hintergehen	—	—	378
Hier ist aufgeführt, was von Waaren insgemein vorkommt, die Specialia aber sind gehörigen Ortes nachzusuchen, v. g. Leinwandwaaren u. s. w.			
Wachholder=Beeren aus dem Oesterreichschen werden mit 5 pro Cent impostirt	1765	8	741
Wachholder=Oel aus dem Oesterreichschen desgleichen			ibid.
Wachs polnisches, wie solches nach aufgehobenem Baratto - Beneficio zu veraccisen (s. Baratto.)	1764	8	34
Wachs=Bleichen, die Anlegung mehrerer wird befohlen {	1764	8	35, 384
	1763	7	356
Wachs=Leinwand=Fabriken sollen besser in Gang gebracht werden	1769	11	276
Wachs=Lichter, wegen Anfertigung und Debit derselben	1763	7	356
Wachs=Perlen, die Einfuhr der fremden wird verboten	1783	18	6
Wachs=Tapeten fremde werden mit 25 pro Cent impostirt {	1764	8	28
	1765	8	408
Wachten an den Thoren s. Thorwachten.			
Wacht=Häuser, deren Reparaturen sind zeitig zu besorgen	1774	14	154
Wacht=Kosten sollen möglichst menagirt werden			152
—— — Schema zur Designation von denselben	1749	3	675
Waffen=Schmiede s. Schmiede.			
Wagen=Blätter s. Kutschen-Blätter.			
Wagen=Schmeer österreichsche wird mit 5 pro Cent impostirt	1765	8	741
Waid: die Beförderung des Anbaues wird befohlen {	1756	6	377
	1761	7	25, 61
	1763	7	164
—— Instruction, wie mit dem Anbau zu verfahren	1756	6	377
—— wie viel die Pächter der Cämmerei=Güter anbauen sollen	1761	7	39
—— item die Amts=Pächter	—	—	61
—— der Impost vom ausländschen wird von 1 auf 2 Thlr. erhöhet	1765	8	442
Waid=Asche: die Ausfuhr der einländschen wird verboten			414
—— — die Ausfuhr in andere königl. Provinzen bleibt erlaubt	1766	9	94
—— — das Schmelzen derselben ist nur da erlaubt, wo überflüßig Holz vorhanden	1756	6	411
Waisen=Haus zu Bunzlau hat allein den Debit der Altonaer Wunder=Essenz (s. Wunder-Essenz.)	1767	10	38
Waisenhaus=Gelder müßig liegende sollen zinsbar bei der Banque untergebracht werden	1769	11	74
—— — die bei der Banque ein= und abgehende sind Post=frei (s. Banco.)		—	76

	Jahr.	Band.	Seite
Waiſenhaus-Knaben potsdamſche, auf der Auswanderung außer Landes iſt genau zu attendiren	1776	15	42
—— —— —— Formular zu einem Lehr-Paß für dieſelben	—	—	43
—— —— —— Formular zu einem Geſellen-Paß	—	—	44
—— —— —— bunzlauſche brauchen ſtatt des Geburtsbriefes zur Lehre nur ein Atteſt vom Waiſenhauſe	1777	15	374
—— —— —— ſind von Aufnahme und Loſſagungs-Koſten frei	—	—	ibid.
Waldenburg der Stadt Brau-Reglement	1752	4	648 ſeq.
Waldungen: wie ſie zu vermeſſen und zu regiſtriren	1748	3	55
—— —— den Unterthanen gehörige ſollen nicht ruinirt werden	1756	6	461
—— —— aus denen den Amts-Unterthanen gehörigen darf ohne Vorwiſſen der Forſtbedienten nichts gehauen werden			ibid.
—— —— deren Schonung wird befohlen	1764 / 1765	8 / 8	136 / 708
—— —— überflüßige ſollen gerodet und zur Anlegung neuer Dörfer urbar gemacht werden	1767	10	104
Mehr ſ. Forſten ꝛc.			
Walken gute ſollen angelegt und die alten verbeſſert werden	1764	8	149, 317
—— was bei deren Anlegung zu beobachten	1765	8	488
—— dabei muß eine Maſchine zum Auswinden der Tücher angebracht werden	—	—	ibid.
—— zur Bearbeitung der Zeuge, wie ſie einzurichten	1769	11	43
—— ſchleſiſche werden wieder zum Gebrauch für polniſche Tuch- und Leder-Fabrikanten erlaubt	1771	13	142
—— in wiefern neue erbaut werden dürfen, und wie es damit zu halten (ſ. Mühlen-Edict.)	1772	13	182 ſeq.
Walker: Inſtruction für ſie, was ſie bei Bearbeitung der Tücher zu beobachten	1765	8	519 ſeq.
—— Eides-Formul für dieſelben deswegen	—	—	520
—— ſollen keine unbeſchaute Tücher in die Arbeit nehmen	—	—	489
—— item auch keine unbeſchaute ungeſtempelte Zeuge	1769	11	44
—— ſollen ſich ratione der zu walkenden Zeuge nach dem Tuch-Reglement und Inſtruction de 1765. richten	—	—	ibid.
—— müſſen auch wegen Bearbeitung der Zeuge vor der Dienſt-Antretung vereidet werden	—	—	ibid.
—— müſſen ſich zum Zeuge-Walken gute Füll-Erde anſchaffen	—	—	ibid.

Wa.

	Jahr	Band	Seite
Walker: deren Strafe, wenn sie die Zeuge zu schmal oder zu kurz arbeiten oder sonst verwalten	1769	11	45
Walker-Erbe ist des Grundherrn Eigenthum	—		90
— — muß gehörig praeparirt werden	1753	4	827
Walker-Gesellen müssen Kundschaften haben	1755	6	120
Wälle bei den Landstädten sollen demolirt und zu Gärten oder Plantagen gemacht werden	1764	8	166
Wäller-Arbeit: zu deren Erlernung sind aus jedem Creiße Leute abzuschicken	—	—	95, 334
Wäller-Wände, deren Nutzen wird beschrieben	—	—	94
— — sollen in Schlesien eingeführt werden	—	—	94, 322, 334
— — auf den Amts-Vorwerken wird damit der Anfang gemacht	1764	8	94
	1765	8	560
	1762	7	135
	1763	7	288
Wallfahrten außer Landes wird verboten	1764	8	182
	1765	8	567
	1775	14	393
— und zwar bei Strafe von 50 und 100 Ducaten	1764	8	182 et loc.cit.
— das Verbot dessen sollen die Pfarrer monatlich von den Kanzeln republiciren, und für ihre Pfarrkinder responsable seyn	—	—	182 et loc.cit.
Wanderschaft, die Landeskinder sollen solche nicht außerhalb Landes, sondern in den königl. Provinzen verrichten	1752	4	710
	1756	6	612
	1759	6	772, 775
	1778	16	60
	1782	17	259
— von denen auf derselben befindlichen Söhnen sollen deren Eltern dem Magistrat rc. vierteljährig Anzeige thun, und diese davon eine Designation einsenden	1759	6	775
	1778	16	60
— die auf derselben außerhalb Landes befindlichen Söhne sollen von ihren Eltern zurück berufen werden	1760	6	816
	1764	8	17
	1782	17	260
— wie die deshalb säumigen Eltern zu bestrafen	1760	6	816
— wie sich die Gesellen bei derselben zu verhalten haben	1782	17	335 seq.
— was ein Geselle zum Auswandern für Requisita haben müsse			335
— zur Verrichtung derselben in fremde Länder müssen die Gesellen specielle Erlaubniß haben	1752	4	708
— wegen dem Betteln auf derselben s. Handwerksbursche, Bettel.			

Fff

	Jahr	Band	Seite
Wanderschafts-Jahre, wie lange solche dauern sollen	1782	17	336
—— —— —— was zur Dispensation davon für Requi-	1756	6	386
sita erforderlich sind	1782	17	336
Wanderschafts-Päſſe: was bei Ertheilung derselben zur Ver-			
hütung der Emigrationen der Landes-			
kinder für Praecautiones zu nehmen	1770	12	126
—— —— —— können in Abwesenheit der Canton-Regi-			
menter von den Land- und Steuer-			
räthen ausgefertiget werden	1778	16	60
—— —— —— für das Schreiben um Ertheilung derselben			
sollen die Magiſträte keine Sporteln			
nehmen	1782	17	284
—— —— —— ohne Vorzeigung deſſen dürfen den Geſellen			
keine Kundschaften ausgefertiget wer-	1770	12	128
den	1778	16	61
Ward-Ufer- und Heegungs-Ordnung	1763	7	412 ſeq.
Warden (Werder) von Weidicht sollen an den Sandbänken der	1748	3	47
Flüſſe angelegt werden	1763	7	427 ſeq. 430
—— die Anlegung derselben soll unter der Aufsicht eines verstän-			
digen Waſſerbau-Bedientens geschehen	—	—	429, 416
—— zu den neu angelegten darf kein Vieh getrieben werden	—	—	424
—— die von den Dominiis angelegten gehören denselben eigen-			
thümlich	—	—	432 ſeq.
—— die neu angelegten sind zu umzäunen	—	—	264
—— die Beraubung und Beschädigung derselben wird verboten	—	—	433
Ward-Aufseher: derselben Amt und Pflichten	—	—	431
Ward-Ordnung, deren genauere Befolgung wird befohlen	1765	8	535
ſ. Flüſſe, Ströme, Ufer.			
Warnigungs-Tafeln sind zu setzen an die Schleichwege	1756	19	71
—— —— —— item bei den offenen Städten			70
—— —— —— item bei den Oder-Fähren	1763	7	341
—— —— —— item bei den Forsten wegen dem Tabak-			
rauchen	1764	8	253
Wasch-Keſſel sind im freien Hofe zu feuern nicht erlaubt	1776	15	112
Waſſer darf nicht höher als 1 Zoll über den Mark-Pfahl gehen	1777	15	292
—— beim Bergbau mit Stollen erschrotene, wem solche zu ver-			
leihen	1769	11	114
—— Formular zum Rapport vom Steigen und Fallen deſſelben	1748	3	396
Waſſer-Anwachs, davon soll ein Müller dem andern von Dorf			
zu Dorf Nachricht geben, und was			
sie dabei zu beobachten haben	1777	15	292 ſeq.
—— iſt auch schleunigſt der Cammer zu melden	1785	18	339

Wa. We.

	Jahr.	Band.	Seite.
Wasser-Baue, dabei soll ebenfalls nach dem Reglement wegen der Landbauten verfahren werden (f. Bau ꝛc. ꝛc.)	1748	3	46
—— —— wenn solche am schicklichsten vorzunehmen	——	——	ibid.
—— —— werden vom Teich-Inspector regulirt, revidirt ꝛc. f. Teich-Inspector.	——	——	47
Wasser-Bau-Bedienten, deren Diaeten	——	——	48
—— —— denselben soll bei ihren Bereisungen ꝛc. alle Assistence geleistet werden	1763	7	437
—— —— führen bei Anlegung neuer Mühlen die Direction über das Grundwerk (f. Mühlen.)	1770	12	149
Wasser-Bley gehört zum Bergwerks-Regale	1769	11	90
Wasser-Leitungen sollen zur Austrocknung der Moräste und Brüche angelegt werden	1746	2	392
—— —— Räumung derselben f. Flüsse, Graben, Ströhme.			
Wasser-Mauth f. Mauth.			
Wasser-Mühlen f. Mühlen (Wasser-)			
Wasser-Seige bei Erbstollen, wie solche zu führen	1769	11	108
—— die erste soll kein Stöllner verlassen, senken oder erhöhen	——	——	109
Wasser-Theilung, was dabei zu beobachten	1777	15	294 seq.
Wasser-Tonnen müssen zur Sommerszeit gefüllt auf allen Häusern gehalten werden	1776	15	124
Wasser-Ueberschwemmung, und wegen Remission des dadurch entstandenen Schadens f. Ueberschwemmung, item Remission.			
Wasser-Vorfluth, Edict: was wegen Fortschaffung derselben für Maasregeln zu nehmen f. Flüsse, Graben, Ströhme ꝛc.	1746	2	392
Wasser-Zins beim Bergbau, solchen soll das Ober-Bergamt verleihen	1769	11	144
Weber von ganz und halbseidenen bundgestreiften Waaren müssen, wenn sie die auf dies Fabricatum bestimmte Beneficia erhalten wollen, darthun, daß sie ihre Fabrike auf beständig etablirt haben	1777	15	410
—— f. Leinwandweber, Schachwizweber, Tuchmacher, Zeugmacher ꝛc.	1765	8	
Weber-Blätter böhmische werden einzuführen verboten f. Blätter.	1772	13	406
Wechsel, was ein gültiger für Requisita haben müsse	1751	4	74
—— was für Personen dergleichen regulariter ausstellen können	——	——	74 seq. 76

Wec

We.

	Jahr.	Band.	Seite.
Wechsel: in wiefern dergleichen Minorenne ausstellen können	1751	4	75
—— item Handwerker und Bauersleute	—	—	76
—— item Frauens-Personen	—	—	77
—— dergleichen dürfen Geistliche und Schulbediente nicht ausstellen	—	—	76
—— wie es zu halten, wenn mehrere Personen unterschreiben	—	—	81
—— gehören bei Concursen in die 6te Classe	—	—	82
—— wie es mit denen von Officiers und Soldaten ausgestellten zu halten	—	—	83
—— wie Christen und Juden wegen den wucherlichen Wechseln zu bestrafen	—	—	84
—— auf sich selbst ausgestellte behalten ihre Kraft 1 Jahr nach der Verfallzeit	—	—	86
—— die Schließung derselben von fremden Orten soll durch vereidete Mäckler geschehen	—	—	87
—— werden nach dem Verlangen des Käufers eingerichtet	—	—	ibid.
—— wie bald ein verkaufter bezahlt werden muß	—	—	ibid.
—— in wiefern wegen einem protestirten Caution zu stellen	—	—	89
—— was wegen einem dergleichen für Unkosten zu berechnen	—	—	ibid.
—— die eingesandten müssen gleich praesentirt werden	—	—	90
—— wie solche endossirt oder gyrirt werden sollen	—	—	95
—— wie es zu halten, wenn die Verfallzeit derselben auf einen Sonn- oder Feiertag trift	—	—	92, 93
—— item wenn der Trassant, Acceptant oder Indossant falliren	—	—	91, 96
—— item wenn ein Wechsel verloren geht	—	—	96
—— item wenn der Debitor stirbt	—	—	82
—— item wenn solcher nur zum Theil bezahlt wird	—	—	96
—— in wiefern Anweisungen dabei zuläßig	—	—	98
—— per honore di lettera acceptitter, dessen Eigenschaften und Wirkungen	—	—	97
—— können nicht ins Hypotheken-Buch eingetragen werden	1750	5	358
—— müssen in Banco-Gelde geschlossen werden	1753	4	954
—— item nur die, so über 100 Thlr. betragen	1765 / 1766	8 / 9	696 / 242
—— zu den auf die Aussteller selbst gerichteten ist ein Stempelbogen a 4 Gr. zu nehmen	—	—	122
—— in wiefern solche bei der Lehn-Banque angenommen werden, und wie dabei verfahren wird	1765 / 1766	8 / 9	700 / 248
Wechsel-Acceptation, wie es zu halten, wenn dieselbe in verschiedenen Fällen verweigert wird	1751	4	90 seq.
—— —— wenn solche für gültig zu halten	—	—	92
—— —— dabei finden keine Clausuln statt	—	—	93
Wechsel-Advis muß jedesmal der Trassant geben	—	—	88

We.

	Jahr.	Band.	Seite.
Wechsel = Cours, wie solcher zu stellen	1742	1	425
Wechsel = Dato-Brief muß vor der Verfallzeit praesentirt werden	1751	4	88
—— —— Bestimmung der eigentlichen Verfallzeit	—	—	93
Wechsel = Debitor, wie es zu halten, wenn solcher stirbt	—	—	82
Wechsel = Effect u. Execution ist Personal-Arrest	—	—	77, 80, 85
—— —— in wiefern Unglücksfälle dafür schützen	—	—	81
—— —— dabei muß der Creditor den arretirten unvermögenden Debitorem alimentiren	—	—	ibid.
Wechsel = Execution, wie solche durch die Amtspfänder zu vollziehen	1750	5	480
—— —— kann alternative gegen die Person und das Vermögen des Debitoris geschehen	1751	4	80, 81
Wechsel = Mäkler: deren Function und Obliegenheiten bei Schliessung eines Wechsels für andere	—	—	87, 90
Wechsel = Ordnung erneuerte für sämmtliche königl. Provinzen	—	—	73
Wechsel = Protestationes, wie es damit zu halten	—	—	90
—— —— müssen auf Stempelpapier a 4 Gr. seyn	1766	9	122
Wechsel = Proceß, Modus procedendi in demselben	1751	4	78 seq.
—— —— wie bei den Exceptionibus zu verfahren	—	—	78
—— —— wenn appellirt oder Reconventio angestellt werden könne	—	—	80
—— —— wenn dergleichen gegen die Erben des Debitoris oder von den Erben des Creditoris angestellt werden könne	—	—	82
—— —— wenn dergleichen zwischen einem Christen und Juden obschwebt, so ist der Christ, aber nicht der Jude zum Eide zu lassen	—	—	84
—— —— in wiefern ein Moratorium oder salvus Conductus dabei statt habe	—	—	85
Wechsel = Respects-Tage, was für welche zulässig	—	—	94
—— —— finden bei Meß-Wechseln nicht statt	—	—	ibid.
Wechsel = Sichtbriefe, Eigenschaften derselben	—	—	88
—— —— deren Verfallzeit	—	—	93
Wechsel = Sola-Briefe sind in originali zu negociiren	—	—	89
Wechsel = Uso-Briefe, was dieselben sind, deren Effect	—	—	88
Wechsel = Zahlung darf nicht vor der Verfallzeit geschehen	—	—	95
—— —— solche muß der Creditor von dem Debitore abholen	—	—	85
—— —— in was für Münzsorten solche geleistet werden müsse	—	—	86
Wege: Strafe desjenigen, der sich eines gegrabenen oder ausgesteckten bedienet	1756	6	394

We.

	Jahr.	Band.	Seite.
Wege: verfallene in den Forsten sind alle Jahr zu räumen	1756	6	410
— zur Räumung sind die Forst-Contravenienten zu brauchen	—	—	443
— Nebenwege in den Holzungen sind abzuschaffen	—	—	394
— der Neben- und Schleichwege dürfen sich die Posten bedienen	1746	2	369
— sollen in grader Linie geführt werden	1764	8	22
— was für welche eigentlich Landstraßen zu nennen	1767	10	7
cetera vide Straßen.			
Wegweiser, deren Aufrichtung an den Landstraßen wird befohlen	1755	6	116
— item an den Creuz- und Scheidewegen	1767	10	30
Wehre in den Flüssen und Ströhmen, wie sie einzurichten seyn	1763	7	434
Weibspersonen bürgerliche dürfen sich ohne Cammer-Concession nicht außer Landes verheuraten	1773	14	94
— — unterthänige, wie es mit deren Loslassung zu halten, wenn sie Soldaten heuraten	1750	3	707
	1763	7	489
— — die, welche Soldaten heuraten, müssen dem Parocho ordinario die Stohlgebühren zahlen	1753	4	834
— — ratione der adelichen f. Adeliche.			
— — der schwangern f. Schwangere.			
— — verdächtige sind in der Inquisition zu besichtigen	1744	19	35
— — denen mit säugenden Kindern darf keine Zuchthaus-Strafe zuerkannt werden	1755	6	117
— — die einen Soldaten zur Desertion verleiten, werden mit dem Strange bestraft	1743	1	106
	1747	2	529
	1757	6	673
f. Soldaten-Weiber 2c.			
Weiden sollen an den Ufern und Sandbänken der Ströhme und Flüsse angepflanzt werden	1748	3	47
	1763	7	416.427.430
das Uebrige f. Warden.			
Weifen zum Garn müssen 2 Breslauer Ellen lang seyn	1746	5	181, 190
	—	—	181
— zum Loth-Webe- und Meistergarn nur 1¾ Ellen	1747	5	239
— wie sie geächtet und gebrannt seyn sollen	1746	5	182
— unrichtige, darauf gesetzte Strafen	1747	5	204
	1755	6	2
— — die davon eingekommene Strafen werden zur Armen-Casse des Orts verrechnet	1748	3	202
— gebrannte sollen nur gebraucht werden	1763	7	395
	1764	8	274
— sollen öfters revidirt werden	1766	9	9
	1773	14	103
— sollen durchgehends egales Maas haben	1766	9	8
— zur Wolle müssen 2 Breslauer Ellen im Umfange haben	1769	11	27
	1771	13	102

We.

	Jahr.	Band.	Seite.
Weifen zur Wolle, deren 4 Hörner müssen oben am Creuz einge: fänmt und gebrannt seyn	1771	13	28
— zur einschürigen Wolle werden auch zellichte verstattet	—	—	29
— zum Baumwollezarn können 2 oder zellicht seyn	—	—	30
— zum Zwirn sollen 1 Elle halten	1777	15	235
Weihbischofs v. Strachwiz Admonition an die Geistlichkeit wegen der dem König schuldigen Treue	1764	8	115
— — item dessen Pastorale von Nothwendigkeit der Schulen	1765	8	848
— — als solcher wird der von Rothkirch erklärt (s. Bischof)	1781	17	201
Weine können sich die Dominia auf dem Lande zu ihrer eigenen Consumtion directe verschreiben, wenn sie den Tarifsmäßigen Zoll erlegen	1751 1756	4 19	72 91
— aber nicht die andern Landleute, sondern diese müssen solchen aus accisbaren Städten nehmen	1779	16	173
— oder müssen es im Verschreibungs-Fall binnen 24 Stunden beim nächsten Accisamt melden	—	—	ibid.
— die von den Particuliers auf dem Lande directe verschriebenen werden in der nächsten Stadt imposirt	1772	13	218
— in wiefern die Particuliers von dem sich directe verschriebenen etwas an andere ablassen dürfen	1756	19	91
— dem Landadel werden nur 3 Eimer vom ordinairen Wein Impost frei zu haben erlaubt	1779	16	173
— bei der Einfuhr passirt der 11te Eimer als Leccage zum Auf: füllen frei	1742 1746 1754 1756	1 2 5 19	31 233 601 84
— in wiefern bei ihrer Einbringung Pfand deponirt, oder Caution gestellet werden muß	1754	5	600
— was bei dessen Verzollung zu beobachten	1739	19	505 seq.
— das Haufiren damit wird verboten	1750 1754	3 5	985 596, 598
— zum einheimischen sind landüblich geächtete Gefäße zu neh: men	1756	19	92
— wie solcher zu veraccisen	1746 1756	2 19	232 seq. 81 seq.
Specialia s. Accise vom Weine.			
— ausländische sollen am Thore versiegelt, und nur in Gegen: wart eines Accise-Bedientens eingekellert, auch visirt werden	1746 1756	2 19	234 81
— in welchen Fällen davon Handlungs- oder Consumtions-Accise zu erlegen	1746 1756	2 19	234 84
— wie es mit den verdorbenen ratione der Accise zu halten	—	—	92

Weis

We.

	Jahr.	Band.	Seite.
Weine: der vorige Accise-Satz davon wird mit respective 5 und 20 Gr. per Eimer erhöhet.	1766	9	77
—— wird aus Sachsen einzuführen verboten	1765	8	577
—— davon wird ein neuer Aufschlags-Impost mit resp. 3 und 1½ Thlr. pro Eimer Berl. eingeführt	1772	13	212 seq.
—— wird nach schlesischem Maaße reducirt	—	—	315
—— die zum auswärtigen Debit eingebrachten sind von diesem Impost frei	—	—	215
—— die für das Land einkommenden sind eben den Gesetzen und Vorschriften wie der Caffee unterworfen	1778	16	56
—— Ungrische und Oesterreichsche müssen vor ihrer Einbringung vorher bei den Grenz-Zollämtern declarirt werden	1783	18	52
—— verschriebene sind vom Empfänger vorher jedesmal beim Accise- oder Zollamt zu declariren, und ein Attest über deren Quantitaet und Qualitaet einzuholen	1786	18	431
Wein-Auflage: die neue wird eingeführt	1772	13	212 seq.
—— —— davon sind frei die wieder auswärts gehenden Weine	—	—	215
—— —— —— die Adelichen auf dem Lande	1776	16	55
—— —— davon sind nicht frei die Adelichen in den Städten	1779	16	173
—— —— —— die bürgerlichen Besitzer adelicher Güter	1779 1780	16 17	192 28
—— —— —— die Geistlichen auf dem Lande	1779	16	173
—— —— —— die Amtleute a. d. L.	—	—	ibid.
s. Adeliche rc.			
Wein-Berge zu Anlegung mehrerer sollen die Einwohner encouragirt werden	1776	15	80
Wein-Consumenten müssen an den Grenz-Oertern bei der Einbringung beglaubte Attestata produciren	1754	5	599
Wein-Contraventiones, wie solche zu bestrafen	1772	13	213
Wein-Debit, davon sollen überhaupt 5 pro Cent gezahlt werden	1766	9	78
Wein-Essig, dabei findet keine Leccage statt	1756	19	92
—— —— wie es damit ratione der Veraccisung vom fremden Essig zu halten	—	—	ibid.
—— —— item von dem aus einländschen Wein gemachten	—	—	93
Wein-Extract, Formular dazu	1753	4	815
Wein-Fälscher, deren Strafe	1771	13	38, 41
Wein-Fälschung wird verboten, item die Mischung	1766	9	78
Wein-Gefäße müssen geächtet und der Eimer auf 80 Quart eingerichtet seyn	1751	4	306

We.

	Jahr.	Band.	Seite.
Wein-Gefäße landübliche und geächtete müssen zu den einländischen Weinen gebraucht werden f. Maas zu flüßigen Sachen.	1756	19	92
Wein-Handel auf dem Lande wird eingeschränkt	1751	4	71
— — wird in unaccißbaren Städten frei gegeben	—	—	ibid.
— — heimlicher auf dem Lande wird verboten {	1746	2	236
	1754	5	602
— — item auch allen Privat-Personen	—	—	ibid.
— — wird Jedermann gegen die gehörige Abgaben zu treiben erlaubt	1766	9	78
Wein-Handlungs-Accise, wie es damit zu halten {	1746	2	233
f. Accise vom Wein.	1754	5	601
	1756	19	85
— — — wird aufgehoben, und dagegen die Abgabe à 5 pro Cent vom Debit überhaupt eingeführt	1766	9	78
Wein-Händler sollen den Wein nicht zerziehen	1754	5	597
— — auch nicht verfälschen, besonders mit schädlichen Sachen {	1766	9	78
	1771	13	38, 41
— — damit nicht hausiren gehen	1756	19	89
— — in welchen Quantitaeten so wohl einheimische als fremde den Wein verlassen können	1754	5	598
— — einländische, so auswärts Niederlagen haben, was sie bei Einbringung ihrer Weine zu beobachten	1756	19	88
— — ausländische, so Niederlagen im Lande haben, sollen solche in accißbaren Städten halten	—	—	89
— — item auch die vom platten Lande, item die Gebürgs-Negocianten	—	—	90
— — in welchen Gebünden sie Wein einführen können	—	—	89
— — wie die Abrechnungs-Bücher mit ihnen zu führen, und wie solche beschaffen seyn müssen {	1746	2	234
	1756	19	86
— — was sie ratione der Accise zu beobachten {	1746	2	233
	1756	19	89
— — ausländische, wie sie sich zu verhalten	—	—	89, 90
— — die in unaccißbaren Städten sollen nicht vermehret werden	—	—	90
— — dürfen nur den Wein im ganzen verkaufen	—	—	ibid.
— — wie lange ihnen die Accise-Gefälle creditirt werden können	—	—	85
Wein-Händler-Impost f. Auflage supra.			

We.

	Jahr.	Buch.	Seite
Wein=*Leccage* ist der IIte Eimer und Accise=frei	1742	1.	31
	1746	2.	233
	1754	5	601
	1756	19	84, 87, 91
— — findet beim einländschen Wein nicht statt	—	—	92
— — wie die Berechnung deshalb anzufertigen	—	—	86, 91
Wein=Mischung s. oben Fälschung.			
Wein=Niederlagen dürfen nur in accisbaren Städten gehalten werden	1750	3	985
	1754	5	596
	1772	13	213
— — sind auf dem Lande verboten	—	—	ibid.
Wein=Schenken in unaccisbaren Städten sollen nicht vermehret werden	1756	19	90
— die auf den Dörfern müssen mit einer besondern Cammer=Concession versehen seyn	—	—	ibid.
— — dürfen den Wein nur Quartweise und nicht en gros verkaufen	—	—	9
Wein=Schank, auch Methschank, die Verpachtung desselben an Juden ist erlaubt	1751	4	258
Wein=*Visirer* beim breslauschen Ober=Accisamt, Instruction für dieselben (s. *Visirer, Visirung*.)	1746	2	146
Weisgerber=Lehrjungen, wie lange sie lernen müssen	1782	17	333
Weizen zum Puder und Stärke soll nicht getreten, sondern in den städtischen Mühlen geschroten werden	1756	19	115
— zum Brandwein verschwellter ist ¼ pro Scheffel höher als Roggen im Servis zu veranschlagen	1780	17	27
— wie viel die Müller vom Scheffel Mehl und Kleyen gewähren müßten	1777	15	304
— mehr consumirter als das Fixum der Fabriken=Steuer beträgt, darf nicht nach versteuert werden	1776	15	31
Weizen=Malz zum Bier und Brandwein ist der Accise= und nicht der Fabriken=Steuer unterworfen	1769	11	201
Weizen=Mehl, davon soll statt der bisherigen Accise nun eine Fabriken=Steuer entrichtet werden	—	—	199
— — zu Pfefferkuchen wird nicht zur Accise, sondern zur Fabriken=Casse versteuert	1773	14	72
— — das von Vorstädtern ꝛc. zum Kuchen backen in die Stadt eingebrachte ist ohne Rücksicht auf das Fixum, und obgleich das Gebackene wieder ausgehet, der Fabriken=Steuer unterworfen	1777	15	207
— — aus Schlesien nach Berlin gehendes, davon wird der alte Impost aufgehoben	1781	17	27

We.

	Jahr.	Band.	Seite.
Weizen = Steuer = Defraudationes, darüber stehet die Judicatur dem Magiſtrat, und nicht der Acciſe zu ſ. Fabriken = Steuer.	1782	17	360
Werber (Emiſſarii) fremde, wie gegen ſolche verfahren werden ſoll	1743 / 1744	I / I	63 / 26
—— fremde, wie die zu beſtrafen, ſo denſelben Vorſchub leiſten	1743 / 1744	I / I	64 / 26
—— — gegen ſolche ſoll nach abgehaltenen Standrecht die Strafe des Galgens executirt werden	1752	4	792, 794
—— die, ſo Unterthanen zur Emigration verleiten, ſind ſogleich zu arretiren	1764	8	222
Werbung gewaltſame der Polen und Sachſen iſt nach dem Cartel mit dieſen Höfen verboten	1741	I	148 ſeq.
—— —— item der Baiern	—	—	173
—— —— wird überhaupt unterſagt	1741 / 1742 / 1743	I / I / 5	195 / 164 / 12
—— derſelben ſoll ſich in denen den Regimentern angewieſenen Cantons Niemand widerſetzen	1742	I	166
—— Pardon für die aus Furcht vor derſelben ausgetretenen Landeskinder aus Schleſien (ſ. Pardon.)	1744	I	124
—— dabei ſoll das Herrnloſe Geſindel aufgegriffen werden	—	—	25
—— fremde iſt im Lande verboten	—	—	26
—— im Chur = Cöllniſchen wird verboten	1751	4	193
Werbungs = Capitulationes ſollen Ausländern exacte gehalten werden	1741 / 1742	I / I	152 / 8
Werbungs = Exceſſe werden gänzlich unterſagt	1741	I	163
—— wie bei den vorkommenden zu verfahren	—	—	195 ſeq.
Werbungs = Freiheit genieſſen: die Stadt Breslau	1742 / 1744	I / I	166 / 12, 28, 42
—— die 6 Gebürgs = Creiße	1742	I	107, 166
—— fremde Fabrikanten und Künſtler	1775	14	367
—— — Kaufleute und Kapitaliſten	—	—	371
—— — Zeugmacher	—	—	372, 373
—— — Leinendamaſtweber	—	—	373 ..
—— — Leinweber buntgeſtreifte	—	—	375
—— — Leder = Fabrikanten	—	—	376
—— — Maurer und Zimmerleute	1764 / 1775	8 / 14	33 / 376
—— — Handwerker ordinaire	—	—	377
—— — Knechts	—	—	381

We. Wi.

	Jahr.	Band.	Seite.
Werbungs-Freiheit genießen: Polen, die ein neues Dorf anlegen	1775	14	380
— aller fremden mitgebrachte Kinder, Gesellen und Domestiquen	—	—	381 seq.
— Kolonisten ausländische	1763	7	158
— Häusler auf neuen Häuslerstellen	1776	15	77
— Tuchmacher-Gesellen überhaupt	1777	15	276
— Bergleute und Berg-Officianten	1769	11	158, 281
— Bleicher-Knechte	1772	13	32
— Galmei-Gräber schlesische	1784	18	224
— Bestimmung der Personen, so sich derselben	1742	1	168
sonst noch und ordinarie zu erfreuen	1742	5	12
haben	1744	1	23, 25
— kommt denen ohne Lands- oder Steuerräthlichen Consens aufgenommenen Tuchmacher-Lehrburschen nicht zu statten	1778	16	85
plura s. *Beneficia* für anziehende Ausländer, Tuchmacher, Bleicher u. s. w.			
Werbungs-Reglement, wie es mit den Cantons für die Regimenter zu halten	1743	5	89 seq.
— Declaration darüber	1744	1	17 seq.
— item über dessen 11ten §.	1767	10	94
plura s. Canton, Cantonisten.			
Werk wird auszuführen verboten	1761	7	16
Westpreußen: die von daher kommende Landes-Fabricata sind Zollfrei. Modalitäten	1775	14	494
— die daraus entwichenen Landeskinder werden mit Par- don reclamirt	—	—	492
Wetten auf See-Reisen werden verboten	1766	19	275
Wetter-Garben s. Gewitter.			
Wetzsteine aus dem Oesterreichischen kommende werden mit 5 pro Cent impostirt (s. Schleifsteine.)	1765	8	741
Wickel-Frauen sollen ohne Attest ihrer Geschicklichkeit nicht zu Hebammen aufgenommen werden	1773	14	61
Wiener Lack s. Lack, item Waaren lack'rte.			
Wiesen, wie sie zu vermessen und zu reguliren (s. Vermessung.)	1748	3	54
— städtsche neu urbar gemachte sind Servis-frei	1773	14	78
— sollen von unnützen Strauchwerk gesäubert werden	1785	18	198
— neu gerodet sind 3 Jahre Steuer-frei	1756	19	182
— durch Ueberschwemmung de 1786. verwüstete sollen den Unterthanen von den Dominial-Fundis vergütet werden	1786	18	510

Wi.

	Jahr.	Band.	Seite
Wiesen, wie der durch Regen und Ueberschwemmung daran gemachte Schaden zu vergütigen	1743	5	134
— wie es zu halten, wenn dergleichen ganz weggerissen oder versändet werden	—	—	135
— bei denen nahe an großen Flüssen liegenden findet keine Remission statt (s. Ueberschwemmung, *Remißion*.)	—	—	133
Wiesen=Hüter, dazu sind Invaliden zu employren {	1779 / 1781	16 / 17	188 / 107
Wiesen=Steuer, wie sie zu reguliren und zu zahlen	1756	19	181
— wegen besserer Regulirung sind solche zu vermessen	—	—	ibid.
Wiesen=*Cataftrum*, von dessen Ausfertigung, Einsendung und Erhebung der Gelder	—	—	185
— s. Grundstücke, *Dominial-Pertinenzen*.			
Wild übergetretenes, wenn es angeschossen ist, was dabei Rechtens	1756	6	439 seq.
— in wiefern solches auch in der Setzeit zu schoßen erlaubt	—	—	440
— wie lange, und wenn solches mit starken Netzen und Hunden, item mit seinen Netzen zu fangen erlaubt	—	—	ibid.
— Bestimmung der Strafe für jedes respective Stück, so unbefugt, oder zur verbotenen Zeit geschoßen worden	—	—	442
— wie die Contravenienten zu coerciren, so diese Strafe nicht zahlen können	—	—	443
— auf solches wird Selbstgeschoß zu legen verboten	—	—	444
— Bestimmung des Schließgeldes für jedes resp. Stück	—	—	447
Wild=Bahnen breite sind im hohen Gebürge anzulegen	—	—	410
— wie solche im Gebürge zu behandeln	1777	15	354 seq.
Wild=Räcken und Hißen dürfen gar nicht geschossen werden	1756	6	440
Wild=Setzzeit (Brut= und Schonzeit) ist genau inne zu halten	—	—	439
— — eigentliche Bestimmung derselben	—	—	440
— — was für Wild=Arten auch während derselben geschoßen werden können	—	—	ibid.
— — was für Oerter daran nicht gebunden	—	—	441
Wildpret verbotenes sollen die Thor=Officianten anhalten	—	—	443
— wie es damit auf denen Post=Transports zu halten	1782	17	397
Wildpret=*Taxe* für Ober= und Nieder=Schlesien bei Aemtern und Immediat-Städten	1756	6	446 seq.
— — item für das schlesische Gebürge und die Grafschaft Glatz	1777	15	356
Wildpret=Wechsel, um solchen nicht zu hindern, werden die eingezäunten Gehege verboten	1756	6	444
Wildpret=Zettel, wegen Berechnung derselben	—	—	449
Willkühren schlesische sollen gesammlet und eingesandt werden	1780	17	41

Wi.

	Jahr.	Band.	Seite.
Windbrüche in Forsten, deren Aufräumung wird befohlen	1768	10	220 seq.
Winkel-Schulen sind verboten {	1763	7	373
	1765	8	792
Windmühlen dürfen ohne höhere Concession nicht angelegt werden	1772	13	185
Windmüller können sich, wenn sie wollen, zur Feuer-Societaet als Gärtner profitiren	1782	17	358
die Generalia f. Mühlen, Müller ꝛc			
Winter-Saat, wegen zeitiger und ordentlicher Bestellung derselben	1755	6	527
Wirk-Stühle, so anziehende ausländische Fabrikanten mitbringen, oder sich von auswärts verschreiben, sind Accise- und Zoll-frei	1775	14	366
— — die Ausländer, so keine mitbringen, erhalten darauf 10 bis 8 Thlr.	—	—	367
f. Ausländer, Beneficia für anziehende.			
Wirtel sollen beim Garnspinnen gebraucht werden	1765	8	573
Wirthe lüderliche sind als muthwillige Banqueroutiers anzusehen, und als solche zu bestrafen	1772	13	147
Wirthschafts-Nutzungen, die bisherigen sollen den kleinen Leuten von ihren Dominiis nicht entzogen werden	1749	3	526
Wirthschafts-Reglement für die Beamten auf den königl. Aemtern, wie sie sich in Obsicht und Revision der Wirthschaft der Amts-Unterthanen zu verhalten,	1782	17	502 seq.
und zwar: bei Revision des Baustandes	—	—	503
— des Viehstandes	—	—	504
— des Ackerstandes	—	—	505
bei Administration der Rustical-Fundorum	—	—	510 seq.
Wittwen der Geistlichen in den Städten, was sie an Gnaden-Gehalt zu genießen haben	1746	5	185
ratione der Offic. Wittw. f. Gnaden- item Sterbe-Quartal.			
Wittwen u. Wittwer, so ad secunda vota schreiten, müssen sich zuvor mit den Kindern aus ersterer Ehe auseinander setzen	1742	1	169 seq.
— — Strafe der Contravenienten	—	—	170
— — die Abfindungs-Quanta sind zu intabuliren	1750	5	365
in welcher Zeit sie erst nach dem Absterben des Ehegatten respective ad secunda Vota schreiten dürfen	1747	2	524 seq.

Wi.

			Jahr.	Band.	Seite.
Wittwen: die Vermögen besitzen, sind dem Nahrungs-Servis unterworfen			1786	18	452
—— item auch die, so bürgerliche Nahrung treiben			—	—	454
Wittwen-Aussatz: in wiefern dabei die Collateral-Erben die Stempel-Jura zu zahlen verbunden			1773	14	180
Wittwen-Cassen-Gelder müßig liegende sollen zinsbar bei der Banque untergebracht werden			1769	11	74
—— —— die zur Banque ein- und abgehenden sind Postfrei			—	—	76
Wittwen-Verpflegungs-Anstalt, Reglement wegen Errichtung derselben			1775	14	548 seq.
—— —— Bestimmung, was für Männer nicht recipirt werden			—	—	549
—— —— was Recipiendi zur Aufnahme für Requisita beibringen müssen			—	—	550
—— —— dergleichen Requisita sind Steinpelfiel,			—	—	552, 562
—— —— wie hoch eine Pension versichert werden kann			—	—	552
—— —— was zu thun, wenn ein Receptions-Schein verloren geht			—	—	553
—— —— in welchen Fällen das Antritts-Geld der Casse heimfällt oder zurück gegeben wird			—	—	553, 556
—— —— die Receptions-Scheine können bei den Banco-Lombards verpfändet werden			—	—	555
—— —— in welchen Münzsorten die Antritts- und Beitrags-Gelder zu zahlen			—	—	556
—— —— wie es mit der Pension zu halten, wenn ein Wittwer sich wieder verheuratet			—	—	557
—— —— Termine, wenn die Antritts- und Beitrags-Gelder eingezahlt, die Pensiones aber ausgezahlt werden			—	—	560
—— —— Termine, wie es zu halten, wenn ein Interessent solche nicht hält			—	—	561
—— —— wie es zu halten, wenn der Mann oder die Frau stirbt			—	—	ibid.
—— —— die Pensiones können nicht mit Arrest belegt werden			—	—	562

Wi. Wo.

	Jahr	Band	Seite
Wittwen=Verpflegungs=Anstalt, deren Privilegia u. Vorrechte	1775	14	562
— in wiefern die Institut - Sachen Postfrei sind	—	—	562 seq.
— — Formular zu einem Receptions-Schein	—	—	565
— — Formular zur Quittung über die Beiträge	—	—	566
— — Einsatz= und Pensions - Tabellen	—	—	567 seq.
Wittwen=Verpfleg. Anst. Commissarii, was für Magisträte dazu bestellt seyn	1776	15	25
Wittwen=Verpfleg. Anst. Gesundheits=Scheine, wie viel die Medici dafür fordern können	—	—	27
Wohngebäude der Dominiorum auf dem Lande gehören nicht zur Feuer=Societaet, wohl aber die dazu gehörigen Vorwerks=Gebäude und Güter cetera vide Feuerschaden ꝛc.	1742	1	218, 222
Wolle: von der nach der Lausitz gehenden wird ¼ pro Cent Essito-Zoll erlegt	—	—	34
— die Ein= und Aufkauferei derselben auf dem Lande wird verboten	1744	5	164
	1748	3	230
	1750	3	874
	1756	19	152
— — — besonders denen Juden	1746	5	197
	1750	3	982
	1756	6	583
— darf auf dem Lande nur an einländsche Fabrikanten verkauft werden, die sich mit obrigkeitl. Attesten legitimiren können	1742	5	6
	1744	5	164
	1748	3	230
	1750	3	874
	1756	6	583
	1756	19	152
— soll zum Verkauf auf die Märkte gebracht werden	1742	5	6
	1748	3	229
	1756	19	152
	1761	7	50
	1766	9	101
— muß rein und gut gewaschen auf die Märkte gebracht werden	1747	2	481
	1750	3	853
	1764	8	311
	1765	8	454
— die auf die Märkte gebrachte ist auf den Stadt=Waagen zu wiegen	—	—	456

Wo.

	Jahr.	Band.	Seite.
Wolle darf auf den Märkten von Fremden erst den 4ten Tag gekauft werden	1759	6	784
— wenn Juden einkaufen können, und unter welchen Einschränkungen	1748	3	230
	1750	3	982
— in wiefern davon Accise zu zahlen oder nicht	1746	2	279
— die Accise davon wird völlig aufgehoben	1769	11	202
— Oberschlesische soll auf die Niederschl. Märkte gebracht werden	1767	10	59, 77
— darf aus Polen eingeführt, im Lande verkauft, aber nicht wieder ausgeführt werden	1765	8	456, 462
— ist gut zu sortiren, und dazu eine Sachverständige Person zu bestellen	—		457
	1769	11	245
— ist trocken einzupacken und zu verkaufen	—		239
	1773	14	2
— wie die beim Einpacken, Kauf und Verkauf vorgehenden Betrügereien zu verhüten und zu bestrafen	—		1
— von derselben insgemein und ihrer Vermehrung	1765	8	453
— vom Kauf und Verkauf derselben überhaupt	—		455
— vom Sortiment derselben	—		457
— vom Schlagen	—		458
— vom Spinnen	—		459
— die von Kürschnern und Gerbern darf nicht zur Verfertigung der Zeugel genommen werden	1769	11	34
— die von Sterblingen sollen die Wollarbeiter nicht verarbeiten (s. Tücher, Zeuge.)	1747	2	481
	1769	11	34
— — darf auch nicht unter die andere gepackt zu Markt gebracht werden	1747	2	280
— einschürige soll mehrere erzielet werden	1756	6	134
	1765	8	575, 748
— — zur Erzielung derselben ist der 10te Theil der Lämmer abzusetzen	1763	7	260
	1772	13	314
— — andere Anstalten zur Erzielung	—		ibid.
— — wenn den dazu ausgesetzten Lämmern in Rücksicht der Weide die Wolle abzunehmen	1773	14	11
— — von der erzielten wird jährlich eine Nachweisung verlangt	1772	13	266
Wolle-Ausfuhr, die ehemaligen dazu freigegebenen 4 Termine werden aufgehoben	1755	6	119
— — nach Sachsen wird verboten			116
— — nach dem Oesterreichschen desgleichen	1760	6	827
	1761	7	66
— — nach fremden Ländern überhaupt	1764	8	186
	1765	8	460, 545
	1770	12	335

Wo.

	Jahr.	Band.	Seite.
Wolle-Ausfuhr, nach Sachsen und Oesterreich wird wiederholt bei Galgen und Staubbesen Strafe verboten	1765	8	707
—— Praecautiones zur Verhütung derselben	1766	9	102, 159
—— wie die contravenirende zu bestrafen als Dominia und ihre Beamten	1770	12	336
Fuhrleute und deren Gesinde	—	—	ibid.
fremde Fabrikanten	—	—	338
Juden	—	—	342
—— darauf soll genau invigilirt werden }	1764 1765	8 8	149 578
—— aus Schlesien nach der Mark wird frei gegeben }	1764 1765	8 8	58 386, 570
—— was dabei für Modalitaeten zu beobachten	—	—	loc. cit.
—— wie denen dabei vorkommenden Unterschleifen vorzubeugen	—	—	451, 730
Wolle-Fabriken sollen die oberschlesischen Stände mehrere anlegen	1767	10	79
Wolle-Fabrikanten f. Tuchmacher, Zeugmacher, Strumpfstricker u. f. w.			
Wolle-Handel mit schlesischer Wolle ist den Juden verboten	1765	8	456
—— außer den Märkten wird insgemein verboten }	1764 1765	8 8	385 455
—— in wiefern solcher den Landsaßen erlaubt	—	—	456
—— item den Kaufleuten	—	—	461
—— wird auf dem Lande unter gewissen Einschränkungen aufgehoben	—	—	546
Wolle-Märkte sollen in Oberschlesien angelegt werden	—	—	548
—— die auf solche reisende Tuchmacher dürfen keinen Post-Fuhrzettel lösen	1769	11	8
Wolle-Reinigungs-Maschine neu erfundene wird notificirt	1784	18	235
—— Beschreibung derselben	—	—	236
Wolle-Spinnerei, Vorschrift wegen deren Beförderung }	1761 1763 1772	7 7 13	1, 12 313, 455 220
—— dazu sind die Armen und Hospitaliten anzuhalten }	1749 1764	3 8	434 366
—— den Kindern, so sich darinn am meisten hervorthun, werden Praemia verheißen	1763	7	404
—— für ausländische Tuchmacher wird verboten	1777	15	413
—— Strafe der Contravenienten	—	—	414
Wolle-Spinner fremde anziehende sollen die Beneficia der Ausländer 1sten Classe genießen	1779	16	207

Wo. Wu.

	Jahr	Band	Seite
Wolle=Spinner: Strafe derer, so unrecht weifen	1769	11	28
— — sollen die Wolle nicht mit Fett, sondern mit Baumöl anfetten	—	—	ibid.
— — müssen sich in Absicht des lockern oder vesten Garhs nach dem Bedarf der Fabrikanten richten	—	—	29
— — Strafe derer, so Wolle veruntreuen	—	—	ibid.
— — ihnen soll Niemand Garn in einzelnen Zaspeln abkaufen oder verarbeiten	—	—	30
— — müssen ihren richtigen Lohn erhalten, und ihnen nicht andere Waaren aufgedrungen werden	—	—	ibid.
Wolle=Spinnschulen sollen in Fabriken=Städten angelegt werden (f. Spinnschulen.)	1763	7	404
Wolle=Tabellen, Vorschrift, wie sie anzulegen	1764	8	59
— — Schema dazu			62 seq.
Wolle=Transport-Route, der schlesischen nach Westphalen auszuführenden soll über Crossen nach Berlin gehen, und was dabei für Modalitaeten zu beobachten	1769	11	207
Wolle=Vorräthe, wegen dem Verkauf derselben	1760	6	840
— — dergleichen sollen nicht unauthorisirten Personen gezeigt werden	1767	10	32
Wolle=Weifen f. Weifen.			
Wolle=Zeug=Fabrikanten, Beneficia für die anziehenden Ausländer	1763	7	516
	1770	12	8, 10
f. Fabrikanten, Beneficia, Zeugmacher.	1775	14	372
Wölfe sollen auf alle Art verfolgt werden	1756	6	450
Wolfs=Jagden, dabei müssen alle Unterthanen Dienste leisten	—	—	ibid.
— — in wiefern dabei starke Netze zu gebrauchen	—	—	ibid.
Wucher der Cassen-Bedienten mit Cassen-Geldern, wie solcher zu bestrafen	1769	11	212
— mit Agiotiren desgleichen	1751	4	288
	1752	4	640
f. Agiotiren, item diejenigen Münzsorten, womit agiotirt wird, v. Ducaten, Friedrichsdor, u. f. w.			
Wucherer: deren Strafe wegen wucherlichen Wechselbriefen	1751	4	84
— — bei dem Contractu Mohatrae	1779	16	166
— — die überhaupt hohe Zinsen nehmen f. Zinsen.	—	—	ibid.

Wund=

Wu.

	Jahr.	Band.	Seite.
Wund-Aerzte zu Breslau, deren confirmirte Innungs-Artikel Mehr f. Chyrurgi.	1755	6	94 seq.
— — im Lande herumziehende f. Marktschreier, Operateurs ꝛc.			
Wunder-Essenz Altonaer, deren Debit nach Schlesien ist erlaubt	1767	10	38
— — wird dem Bunzlauschen Waisenhause in Commission gegeben	—	—	ibid.
— — wird auch andern Commissionairs erlaubt	—	—	115
— — vom Quereille der Altonaer Swerrischen nachgemachte wird in Schlesien zu debitiren verboten	1777	15	387
— — Swerrische und Quereillesche wird insgemein einzuführen verboten	1782	17	275
Wünschelburg der Stadt Brau-Reglement	1752	4	598 seq.
Würbenthaler Eisendrath f. Eisendrath.			
Wüstungen f. Stellen wüste.			

Z.

Za. Ze.

	Jahr.	Band.	Seite.
Zahlen-Lotterie f. Lotterie.			
Zahn-Aerzte herumziehende f. Marktschreier, Operateurs.			
Zäune lebendige f. Hecken.			
— von Bruchsteinen sind da zu machen, wo es Steinbrüche giebt	1763	7	207
— von Hecken und Weiden	1756	6	393
	1763	7	206
— von Berberisch-Beeren (f. Berberisch-Beeren.)	1765	8	445
— verschiedene Arten derselben werden vorgeschlagen	—	—	561
Zechen auf Bergwerken, wie deren Alter und Gerechtigkeit nach aufgelassenem Bau zu erhalten	1769	11	101
— wie und wenn solche wieder ins freie fallen	—	—	102
— wie und wenn sie zu überschlagen und zu vermessen	—	—	ibid.
— wie es bei deren Ueberfahrung zu halten	—	—	105
— was für welche nicht verstärzt werden dürfen	—	—	106
— müssen alle unter der Direction des Ober-Bergamts betrieben und vor derselben berechnet werden	—	—	116
— in wie viel Kurse solche einzutheilen (f. Kurse.)	—	—	117
— darauf kann der Schichtmeister Schulden machen, wenn die Zubuße nicht zureicht	—	—	123

Ze.

	Jahr.	Band.	Seite
Zechen: wie es mit Wiederbezahlung dieser Schulden zu halten	1769	11	123
— deren darf ein Schichtmeister nicht mehr als 6 verwalten; dessen Amt dabei	—	—	140
— bei den alten sollen die Aufnehmer das tieffste bauen	—	—	142
— wie viel Quatember-Geld dafür zu zahlen	—	—	159
— wie viel Receß-Gelder	—	—	161
— auf denselben ist Berg-Freiheit	—	—	163
Zechlinsche Glashütte f. Glashütte.			
Zehend f. Decem.			
Zeichnungen f. Riß, Situation.			
Zeitungs-Berichte sind den 25ten jeden Monats einzusenden	1763	7	301
— die Einsendung derselben wird auf den 20ften festgesetzt	1765	8	428
Zerbster Bier wird einzuführen verboten	1782	17	273
Zeuge ausländische im Lande, oder einländische außer Landes appretirte, wie es mit deren Veraccisung zu halten	1756	19	146
— polnische mögen auf schlesische Walkmühlen gebracht werden	1771	13	142
— halbwollene, wie die verschiedenen Sorten derselben anzuscheeren und zu bearbeiten ꝛc.	1769	11	32
— — item die Halb-Rasche	—	—	34
— — item die Mesolane, so zum Walken	—	—	36
— — item die Mesolane mit eingeschoffnen Streifen	—	—	37
— — item die Mesolane mit eingeworfften Streifen	—	—	39
— — item die Cron-Rasche	—	—	40
— — item die Futter-Rasche	—	—	42
— wollene, wie die in der Schau unrichtig befundenen zu bezeichnen	—	—	51
— — sind statt der Stempelung mit Farbe mit einem durchgeschlagenen Kleeblatt zu zeichnen	1771	13	105
— — aus dem Reichenbachschen sollen ohne das Schauzeichen nicht gekauft werden	1777	15	388
— — aller Art fremde werden zur innern Consumtion einzuführen verboten	1781	17	145
— baumwollene englische desgleichen			119
— zur Verfertigung derselben darf keine Kürschner- auch keine Sterblings-Wolle gebraucht werden	1769	11	34
phra f. Waaren wollene.			
ratione der Zeuge von Gelde f. Selden-Waaren.			
Zeug-Blätter f. Blätter.			

Ze. Zi.

	Jahr.	Ban².	Seite.
Zeug-Fabriken mehrere sollen von den Oberschlesischen Ständen angelegt werden	1767	10	79
— deren sollen überhaupt mehrere angelegt werden; Vortheile davon	1766	9	103
Zeug-Färber, deren Pflichten, und wie sie mit Bearbeitung der Waaren verfahren sollen	1769	11	55 seq.
cetera s. Schönfärber, Schwarzfärber.			
Zeugmacher ausländische anziehende, deren Beneficia	1775	14	373 seq.
s. Beneficia, Fabrikanten.			
— — sollen die Wolle zu den Zeugeln selbst sortiren	1769	11	26
— — müssen ihre Namen in das Stück einnehen	—	—	31
— — was ratione derer zu beobachten, welche blos für Lohn arbeiten	—	—	32 seq.
— — die von Langen-Bielau dürfen mit ihren Fabricatis an Jahrmärkten in allen Städten ausstehen	1756	19	144
— — die in der Grafschaft Glaz vom Lande sollen ihre Waaren nur in die Glätzischen Städte verkaufen, und Lohn-Arbeit verfertigen	1752	4	804
Zeug-Schaumeister, von deren Anstellung, Eigenschaften, Pflichten	1769	11	45 seq.
— — — Instruction für sie, was sie zu beobachten bei der Schau roher Waaren	—	—	46
— — gewalkter Waaren	—	—	49
— — nicht zu walkenden Waaren	—	—	52
— — deren festgesetzte Schau-Gebühren	—	—	48, 50, 53
plura s. Schau.			
Zeug-Schau-Register, Schema, wie es zu führen und anzulegen	—	—	58
Zeug-Schau-Reglement für Schlesien und die Grafschaft Glaz	—	—	26 seq.
— nähere Declaration und Abänderung einiger §. auf die dagegen von den Fabrikanten gemachten Gravamina	1771	13	102 seq.
— — soll den darinn interessirten Personen alle halbe Jahre vorgelesen werden	1769	11	73
Zeug-Walken s. Walken.			
Zieder-Essig s. Wein-Essig.			
Ziegeln: Dach- und Mauerziegeln, von welchem Maaß sie seyn sollen	1763 / 1768	7 / 10	350 / 130
Ziegeleien sollen nicht mehr verpachtet, sondern von den Magisträten selbst administrirt werden	1753	4	703
— abgebrannte erhalten keine Feuer-Societaets-Hülfe	1750	3	967

Zie-

Zi.

	Jahr.	Band	Seite.
Ziegeleien: zu Anlegung mehrerer sind die Dominia zu encouragiren	1763	7	354
	1769	11	5
— dabei wird die Steinkohlen-Feuerung einzuführen befohlen	1765	8	834
— Bericht, wie dabei mit der Steinkohlen-Feuerung zu verfahren	—	—	837 seq.
— die städtischen sind auch auf Flachwerk einzurichten	1768	10	307
— dergleichen sollen bei Mediat- und Immediat-Städten angelegt werden	—	—	308
Ziegelei-Anstalten gute sollen die Magisträte machen	1764	8	162, 180
Ziegelei-Gruben werden an den Landstraßen zu machen verboten	1767	10	29
Ziegel-Dächer werden in den Städten aufzulegen befohlen	1743	5	121
	1744	5	169
	1749	3	537, 564
	1750	3	773
— — damit sollen alle neu zu erbauende Häuser gedeckt werden	1758	7	714
	1761	7	46
	1763	7	160
	1766	9	238, 271
	1751	4	208
	1752	4	700
	1758	6	714
— — die Einführung derselben in den Städten, besonders in den Vestungen, wird überhaupt befohlen	1764	8	159, 180
	1766	9	228, 238
	1767	10	62
	1768	10	124, 300
— — die, so dergleichen anlegen, erhalten 20 pro Cent Beneficien-Gelder	1744	5	169
— — die Beneficien-Gelder werden auf 15 pro Cent festgesetzt	1767	10	63, 95
— — was die, so keine Procent-Gelder erhalten, statt derselben für andere Beneficia zu genießen haben	1752	4	702
	1756	6	715
— — dazu sollen die Häuser ausgesucht und die Beneficia ausgemessen werden	1757	6	683
	1763	7	162
— — damit sollen jährlich einige Häuser bedeckt werden	1764	8	160
— — bei den publiquen Gebäuden ist damit der Anfang zu machen	—	—	161
— — von den erbauten wird jährlich eine Nachweisungs-Tabelle verlangt	1756	6	717
— — dazu soll bei Aufführung neuer Gebäude gleich der			

Dach

	Jahr.	Band.	Seite.
Zi.			
Dachstuhl eingerichtet, und deshalb die Zimmerleute vereidet werden	1764	8	181
Ziegel=Dächer: Mittel, wie solche gut zu verwahren sind	1765	8	820
— — bei Verfertigung der Anschläge soll richtiger procedirt, und auf die Vermögens=Umstände der Einwohner reflectirt werden	1767	10	96
— — wie viel die Bau=Inspectores für Riß und Anschlag Douceur zu fordern haben	1769	11	278
— — sollen bei Feuers=Gefahr ohne Noth nicht abgerissen werden	1776	15	135
Ziegel=Preiße sind zu vermindern und die Kosten besser zu berechnen	1768	10	306
Ziegen sollen nicht in Wälder und Forsten gelassen werden	1756	6	399
	1764	8	236
— die in Forsten betroffenen sind todtzuschießen, und die Eigenthümer noch besonders zu bestrafen	—	—	237
Ziegeuner=Böhmen (Lucius=Böhmen) werden verrufen	1751	4	188
Ziegeuner=Weiber sollen arretirt werden (s. *Vagabonds*.)	1752	4	800/802
Zimmerleute: Instruction für dieselben, was sie wegen der Brandsicherheit beim Häuser=Bau zu beobachten; in den Städten	1750	3	807
— — dito auf dem Lande	—	—	808
— — Eides=Notul, so sie deshalb ablegen sollen	—	—	810
— — die, so von geschrotenem Holz bauen, gehen ihres Meisterrechts verlustig	1756	6	241
	1771	13	1
— — sollen keine Gesellen ohne Kundschaft annehmen	1763	7	262
— — wegen Erhöhung ihres Tagelohns	—	—	333
— — zur Erlernung ihrer Profession sollen junge Bursche vom Lande und aus jedem Creiße gestellt werden	1768	10	207
— — denen, so diese Profession lernen wollen, sollen ihre Dominia keine Schwierigkeit wegen der Loslassung von der Unterthänigkeit machen	1763	7	348
— — für deren unvermögende Lehrlinge sollen die Cämmereien das Loslassungs=Geld zahlen	—	—	ibid.
— — sollen nebenbei die Weber=Profession erlernen, und darauf unentgeldlich Meister werden	1763	7	325
	1768	10	207
	1769	11	270
	1770	12	95
— — was die, so die Weber=Profession erlernen, deshalb für Praestanda zu leisten haben oder nicht haben	1770	12	45

3t.

	Jahr.	Band.	Seite.
Zimmerleute fremde sollen mehrere ins Land gezogen werden	1763	7	347
	1766	9	212
	1768	10	206
— — Beneficia und Freiheiten für diejenigen, so entweder	1763	7	347
aus fremden Landen anziehen, oder als Ein-	1770	12	11
länder diese Profession lernen	1775	14	376
— — sind insgesammt Werbefrei	1764	8	33
	1775	14	376
— — sind zu vereiden, daß sie den Dachstuhl bei neuen Ge-			
bäuden zum Ziegeldach einrichten wollen	1764	8	181
— — sollen keine Bau-Materialien entwenden und mit	—	—	139
nach Hause nehmen	1769	11	241
— — deren General-Zunft-Artikel für Schlesien und die			
Grasschaft Glatz	1770	12	92 seq.
— — — von Aufnahme ihrer Lehrjungen rc.			92
— — — von den Gesellen, ihrem Verhalten,			
Arbeiten rc.			97
— — — von den Meistern, Meisterstücken,			
Vereidung			105
— — — von ihren Gerechtsamen und Pflichten			
unter sich			111
— — — vom Recht der Meister-Söhne und			
Wittwen			113
— — — von den Landmeistern			115
— — — von der innerlichen politischen Einrich-			
tung ihres Gewerks			119
— — in wiefern sie von den Tischlern differiren, oder mit			
ihnen gleiche Arbeit machen dürfen	—		116
— — unbezünftete sind zu vereiden, daß sie keine unerlaub-			
te Baue aufführen sollen	1771	13	6
— — — was für Gebäude sie nur aufführen dürfen	1770	12	115
— — nähere Bestimmung einiger Zunft-Artikel ratione des			
Meisterlohns, Meistergeldes, Quartalgeldes	1771	13	21
— — das Meistergeld derer zu Breslau wird auf 2 Gr.			
festgesetzt	1772	13	182
— — wie die zu bestrafen, so hölzerne Schorsteine ab-			
binden	1784	18	167
— — sind deshalb zu vereiden			ibid.
wegen dem Uebrigen, so diese Zunft mit andern Zünf-			
ten gemein hat, f. Handwerker.			
Zinn wird aus Sachsen einzuführen verboten	1765	8	577
Zinn-Gefäße, neues dergleichen	—	—	778

Zi. Zo.

	Jahr.	Band.	Seite.
Zinn-Gefäße neues aus fremden Landen insgemein ratione der Verzinnung f. Verzinnung.	1783	18	6
Zinsen können die Dominia von denen auf ihrem Territorio wohnenden Juden für Grund und Boden fordern	1751	4	266
— über solche sollen die Dominia mit ihren Unterthanen jährlich zusammen rechnen	1752	6	696
— wegen den rückständigen dürfen die Dominia ihren unvermögenden Unterthanen nicht länger als 2 Jahre nachsehen	7	—	ibid.
— die wegen dergleichen Rückständen allzunachsichtigen Dominia verlieren ihre Ansprüche darauf	—	—	697
— bischöfliche, capitularische und andere geistliche Erbzinsen müssen von evangelischen Unterthanen auch nach suspendirten Decem abgeführt werden	1758 / 1759	6 / 6	737 / 745
— die, so bis zur Execution aufgelaufen, sollen post factam immissionem nicht weiter zum Capital geschlagen werden	1759	6	740
— (Interessen) von den auf Immobilien haftenden Capitalien werden höchstens nur auf 6 pro Cent festgesetzt	1765	8	717
— — Strafe der Wucherer, so mehr als Landes üblich nehmen	1779	16	166
— — in dergleichen Contraventionibus soll die Hälfte des Kapitals der Armen-Casse zufallen	—	—	ibid.
Zitze fremde (item Cattune) davon wird außer dem ordinairen Zoll noch 1 Gr. 8 Pf. pro Elle Impost erlegt	1752	4	802
— die eingebrachten sind zur Verhütung der Unterschleife genau zu revidiren	1764	8	26, 93
Zittausche Leinwand f. Leinwand.			
Zoll: Bestimmung, nach welchem Gelde, Maas und Gewichte dabei zu rechnen	1739	19	493
— kann sichern Kaufleuten rc. creditirt werden	—	—	462
— der creditirte hat bei Concursen die Prioritaet	—	—	463
— wie es mit Lösung der Pallets zu halten	—	—	482
— wie es mit dessen Einhebung bis auf weitere Ordre zu halten	1742	I	36
— wie viel dergleichen vom Vieh zu erheben, so von den Märkten zu Brieg und Chroterschine gebracht wird	—	—	47
— item von dem aus Polen kommenden Rindvieh	1743	I	51
— item vom aus- und durchgehenden Vieh	—	—	62
— vom Salz, wie es damit zu halten	1742	I	179
— von Bau-Fuhren für Abgebrannte wird erlassen	1750	3	968

30.

				Jahr.	Band.	Seite
Zoll von polnischen Waaren, wie und wenn solcher beim Ein- und Ausgang auf der Grenze zu erheben				1775	14	402
— nähere Bestimmung darüber bei der Ausfuhr von einländischen Messen				—	—	546
— (item Mauthen) die Verpachtung dergleichen an Juden wird verboten				1751	4	259
— (Eingangs-Zoll): wie es mit der Ansage, Revision und Verzollung derer ins Land kommenden Waaren zu halten				1739	19	458 seq.
— — — item mit denen, so auf der Post ankommen				—	—	464
— — — item mit denen auf Landkutschen oder andern Gelegenheiten ankommenden				—	—	465
— — — item mit Commissions- oder Conditions-Waaren, und was darunter zu verstehen				—	—	468
— — — wird auf einige Waaren aus den Erblanden moderirt				—	—	486
— — — muß auf der ersten Grenz-Station erlegt werden:						
— — — vom Heering, Stockfisch und Victualien, so für gemeine Landleute ankommen				—	—	466
— — — von unsichern Juden und Hausirern				—	—	ibid.
— — — fremde Marktzieher zahlen dergleichen nur von der Losung und denen im Lande debitirten Waaren				—	—	471, 477
— — — wird davon nur einmal im Lande gezahlt				—	—	472
— — — vom Weine, was dabei zu beobachten				—	—	105, 308
— — — vom Vieh desgleichen				—	—	523
— — — vom fremden Wald				1761	7	26
— — — wird statt des bisherigen Baratto-Beneficii eingeführt vom polnischen Juchten				1764	8	34
— — — — Wachs				—	—	ibid.
— — — — Unschlitt				—	—	ibid.
— — — — Ledern				—	—	ibid.
— — — — Wolle				—	—	115
— — — wird vom böhmischen und österreichischen Getreide erhöhet				1766	9	105
f. Impost.						
— (Essiv-Zoll): Bestimmung der Waaren, so demselben unterworfen				1739	19	472
— — — wie bei der Verzollung zu verfahren				—	—	473

30.

			Jahr.	Band.	Seite.
Zoll (Effito-Zoll): wie viel von wollenen und leinenen Landes-Producten zu erlegen			1739	19	476
— —	vom Garn, und was dabei zu beobachten		—	—	519, 521
— —	von der Leinwand desgleichen		—	—	521
— —	wie es bei den Handelsleuten zu halten, die mit wollenen und leinenen Landes-Producten ausländische Jahrmärkte beziehen				477, 478
	item bei Kaufleuten, so Leinwand, Schleier ꝛc. einzeln aufkaufen und im ganzen zusammen packen		—	—	479
	wird restituirt, wenn bereits verzollte Waaren im Lande verkauft, item auch wenn beschädigte wieder zurück geschickt werden		—	—	480
— —	vom unverkauft gebliebenen und außer Land zurück zu treibenden Vieh		1756	6	616
— —	vom Loth- und Pack-Garn		1759	6	759
— —	von gebleichten Garnen		—	—	ibid.
— —	von rohen Fellen und Ledern	{	1761	7	765
					68
— —	von rohen Schaaf-Fellen				19
— —	von Victualien		1756	19	132
— —	vom ad interim zurückgetriebenen Vieh		1764	8	331
— —	von einländischen Wolle-Fabricatis				364
— —	von unappretirten Tüchern		1765	8	752
	nähere Erklärung darüber		1766	9	34
— —	vom Vieh, so nach Böhmen getrieben wird, ist doppelt zu erlegen	{	1765	8	750
			1766	9	98
— —	die mit Torf oder Steinkohlen gebleichte Leinwand giebt nur ¼, die übrige aber ½ pro Cent		1764	8	240
— —	von Ledern und Fellen wird aufgehoben		1772	13	238
— —	von unappretirten Tüchern desgleichen		1770	12	344
— —	vom Weizen-Mehl, so aus Schlesien nach Berlin exportirt wird		1781	17	155
— (Transito-Zoll): was für Waaren demselben unterworfen			1739	19	482
— — —	von rohen Häuten und Ledern		1759	6	766
— — —	vom ausländischen durchgehenden Vieh		1756	19	176
— — —	von denen aus Sachsen nach Polen et vice versa gehenden rohen Häuten und Ledern		1765	8	734
— — —	item Wachs, Garn, Schlachtvieh, Rindvieh, Gallmei, Farbe-Waaren und Wolle		1764	8	302

30.

				Jahr.	Band.	Seite.
Zoll	(Transito - Zoll)		von seidenen und halbseidenen Etoffes	1765	8	722
—	—	—	wird erhöhet	—	—	751
—	—	—	item von den wollenen Tüchern	—	—	644
—	—	—	unter welchen Bedingungen die griechischen und türkischen Kaufleute von ihren durchgehenden Waaren keinen geben dürfen	—	—	764
—	—	—	von denen aus Sachsen nach Polen et vice versa gehenden Pferdehaaren	1764	8	223
—	—	—	von dem aus Sachsen nach Polen gehenden Porcellain	1765	8	740
—	—	—	von sächsischen ganz und halbwollenen, item baumwollenen Waaren	—	—	ibid.
—	—	—	dito wird erhöhet	—	—	751
—	—	—	von denen durch die Grafschaft Glatz nach Polen gehenden Waaren	—	—	813
—	—	—	von denen nach Polen gehenden Waaren, nähere Bestimmung darüber	—	—	844
—	—	—	von allen aus Hamburg, Frankreich ꝛc. durch Schlesien nach Polen gehenden Waaren	—	—	752
—	—	—	von einigen (hier specificirten) aus Sachsen nach Polen et vice versa gehenden Waaren wird moderirt	1766	9	39, 42
—	—	—	von seidenen, wollenen, leinenen ꝛc. und ledernen Fabricatis a 8 pro Cent ist ohne Ausnahme der Länder, unde aut quo, zu erlegen	1771	13	78
—	—	—	von zittauschen und sächsischen Leinwand-Waaren, item polnischen Waaren a 8 pro Cent wird aufgehoben	—	—	113
—	—	—	vom fremden Zucker a 12 pro Cent wird eingeführt	1773	14	101
—	—	—	von denen (hier specificirten) aus Sachsen nach Polen et vice versa gehenden Waaren wird von 8 auf 7 pro Cent moderirt	1771	13	43
—	—	—	von englischen durchgehenden Waaren durch Breslau wird auf 4, durch Schlesien auf 8 pro Cent bestimmt	1774	14	181
—	—	—	von ausländschen nach den kaiserl. königl. Landen gehenden Waaren wird, wenn			

Ji 3

30.

	Jahr.	Band.	Seite.
solche ohne das Commercium interme-dium der königl. preußischen Unterthanen spedirt werden, nach dem polnischen Transito-Tarif entrichtet	1778	16	58
Zoll (Transito-Zoll) von fremden durchgehenden Heeringen wird mit 1 Thlr. pro Tonne eingeführt	1780	17	22
— — — von dito wird auf 6 Gr. pro Tonne moderirt	1781	17	156
— — — vom böhmischen Glas wird auf 20 pro Cent erhöhet	—	—	190
— — — vom fremden Alaun 30 pro Cent	1782	17	302
Zoll-Bedienten sollen sich aller Plackereien gegen Zollanten enthalten	1742	1	310
— — können, wenn sie Verdacht haben, visitiren, doch ohne dabei zu excediren	1739	19	485
— — dürfen den Zollanten keine Accidentien abfordern	—	—	487
— — von deren Obliegenheiten überhaupt	—	—	491
— — wie gegen Pflichtvergessene zu verfahren	—	—	492
— — deren Gerechtsame	—	—	494 seq.
— — denselben soll alle Assistence geleistet werden	1739 / 1768	19 / 10	494 / 186
— — was sie bei Fuhr- und Schiffsladungen ratione der Plomben, der Revision u. s. w. zu beobachten	—	—	176 seq.
— — sollen sich von Fuhrleuten die Postzettel ratione der Personen-Fuhren vorzeigen lassen	1771	13	20
— — müssen von ihren Salariis Servis zahlen	1770 / 1786	12 / 18	306 / 468
— — der Servis soll ihnen vom Gehalt abgezogen werden	1770	12	318
Da die Verordnungen gemeiniglich auf Accise- und Zoll-bedienten zugleich eingerichtet sind, so scheint eine Wiederholung dessen, was sub rubr. Accise-Bedienten schon gesagt ist, überflüßig, und man verweist den Suchenden dorthin			
Zoll-Bereuter: Instruction für die beim Glogauschen Cammer-Departement	1742	1	66 seq.
— — für die beim breslauschen Cammer-Departement	1743	1	69 seq.
— — sollen mit auf die Accise- und Polizei-Sachen attendiren	1755	6	124
— — item auf die unbefugten Hausirer			ibid.

Zoll-

Zo.

	Jahr.	Band.	Seite.
Zoll=Bereuter sollen die Accise=Einnahme auf Jahr=Vieh= und Ablaß=Märkten mit besorgen	1756	19	47
— —— sollen die ankommenden fremden Viehheerden gegen Diäeten durch den Creis convoyren	—	—	168
— —— was sie auf den Viehmärkten zu thun haben	—	—	173
f. Zoll=Bedienten, und ratione des Uebrigen Accise=Bedienten.			
Zoll=Contraventiones und Unordnungen, so im Kriege eingeschlichen, sind abzuschaffen	1763	7	174
Zoll=Defraudationes sollen gehörigen Orts angezeigt, und von keinem Privato abgethan werden	1739	19	493, 495
— —— wie sie zu untersuchen und zu bestrafen {	—	—	471
	1756	19	217
— —— item wenn ein Fuhrmann oder Schiffer das erste Zollamt vorbei gefahren	1739	19	461, 466
— —— item wenn sie unterweges Waaren abladen	—	—	461, 484
— —— item wenn der Ausfuhrzoll überfahren und die Zettel nicht gelöset worden	—	—	474
dabei findet die Ausflucht, daß die Unrichtigkeit von den Handlungsbedienten ꝛc. begangen worden, nicht statt	—	—	ibid.
wie es zu halten, wenn eine Accise=Defraudation mit obwaltet	1756	19	217
Zoll=Defraud. Denunciauten: Bestimmung ihres Antheils von der Strafe	1739	19	490
— —— —— falsche, wie sie selbst zu bestrafen	—	—	ibid.
Zoll=Defraud. Strafgefälle, Schema, wie die Quartal=Designationes darüber einzurichten	1749	3	489
Zoll=Defraud. Straf=Sachen, Schema zur Designation von den ab= und unabgemachten	—	—	495
Zoll=Einnahme soll in kleinen Städten von den Accise=Bedienten mit besorget werden	1756	19	56
Zoll=Einnehmer in contribuablen Städten und großen Dörfern müssen die Handlungs=Accise mit erheben und separatim berechnen	—	—	50
— —— deren Rang	1743	5	35
Zoll=Einrichtung, wie es damit bei Fuhr= und Schifsladungen zu halten	1768	10	176 seq.
Zoll=Extracte: von Anfertigung und Einrichtung derselben	1741	1	134

Zoll=

3o.

	Jahr.	Band.	Seite.
Zoll = *Extracte* sind den 16ten jeden Monats ad Cameram einzu= reichen	1742	I	309
Zoll = Freiheit genießen alle einländische Producta artis et naturae innerhalb Landes, müssen aber plombirt wer= den	1739	19	469
— — item die einländschen rohen Fabricata, so zum Blei= chen, Färben, Appretiren außer Land ge= schickt werden	—	—	478
— — genießen die Wirthschafts=Effecten, womit die be= nachbarten ziehenden Unterthanen das schle= sische Territorium berühren	1739	19	434
— — item alles geschmelzte Gold und Silber, Pagament, so zur Münze gebracht wird	—	—	456
— — item alle böhmische, mährische, glätzische Tücher, Garne, Leinwand, Flachs, Hanf, Wolle ꝛc.	—	—	457
— — item alle aus Moskau, Polen, Lithauen ꝛc. zum Baratto-Handel eingehende Juchten, Saf= fian, Felle u. f. w.	—	—	ibid.
s. *Baratto.*			
— — item verschiedene (hier genannte) aus Ungarn, Böh= men, Polen, Mähren, Glatz eingehende Waaren und Victualien	—	—	ibid.
— — item die schlesischen Garne, so zur Zinnaischen Lei= nen=Damast=Weberei gehen	1765	8	754
— — item die Westpreußischen Landes=Fabricata	1775	14	494
— — item die glätzische nach Schlesien gebrachte Leinwand	1776	15	53
— — item die schlesischen Steinkohlen	1777	15	192
wegen den aufgehobenen Zöllen und jetziger Frei= heit f. Eingangs= *Essito- Transito-*Zoll.			
Zoll = freie Sachen müssen doch gehörig angesagt werden	1739	14	457
— — was bei denen aus Rußland, Polen ꝛc. kom= menden bei deren Ansage auf der Gren= ze, Verschnürung des Wagens und Re= vision am Abladungs=Orte zu beobachten	—	—	475
Zoll = Gefälle: auf deren Vermehrung soll Bedacht genom= men werden	1764	8	145
Zoll = Gerechtigkeit, Eingriffe darinn werden Niemand verstattet	1739	19	494
Zoll = Gerichts = *Reglement* für die besonders bestellten Richter plura f. Accise=Gerichte.	1772	13	239 seq.
Zoll = *Mandat* kaiserl. königl. für Schlesien	1739	19	455 seq.

Zoll =

Z.

	Jahr.	Band.	Seite.
Zoll=*Mandat*: darüber sollen die Obrigkeiten halten, und den Beamten alle Assistence leisten	1739	19	494
— — wird bestätiget und aufs neue publiciret	1742	1	64
Zoll=Pallette s. unten Zoll=Zettel.			
Zoll=Rechnungen, von Revision und Abnahme derselben	1756	19	171
Generalia s. Cassen, item Rechnungen.			
Zoll=Sachen gehören zum Ressort der Cammer	1750	5	310
— Bestimmung des Fori, des Verfahrens, der Cognition und des Judicii delegati dabei	1739	19	492
Mehreres s. Accise=Gericht.			
Zoll=Straßen sollen zum Nachtheil des Zolles und Viehtriebes nicht ausgeackert oder verschmälert werden	—	—	495
— — diese sollen die Fuhrleute gehörig halten	1756	19	77
— — item auch die, so Hafer auf Frei=Pässe für die Regimenter einführen			99
— — item die Viehtreiber mit ihren Heerden	1749 / 1756	3 / 19	565 / 168
Generalia s. Straßen.			
Zoll=*Tarif* über die Einfuhr	1739	19	498 seq.
— — über die Ausfuhr			514 seq.
— — über die Durchfuhr	—	—	532
— — über darinn nicht enthaltene Waaren	—	—	487
— — für die Stadt Breslau insbesondere	1744	1	6 seq.
— — über sämmtliche aus Polen ein= und dahin ausgehende Waaren (in alphabetischer Ordnung) laut dem zwischen beiden Staaten errichteten Commerz=Tractat	1775	14	405 bis 488
Zoll=*Visitation* soll bei denen nach Polen gehenden Waaren nicht geschehen	1739	19	476
— — wie überhaupt dabei zu verfahren			470
— — item unter Weges	—	—	463, 476
— — soll, um die Fuhrleute rc. nicht aufzuhalten, nicht unter Weges, sondern erst am Bestimmungs=Orte geschehen	1768	10	179
— — muß wegen den geheimen Behältnissen auf Schiffen und Fuhrwagen aufs genaueste angestellt werden	—	—	181
— — in welchen Fällen dergleichen bei Transito=Waaren vorgenommen werden darf	—	—	ibid.

Zo. Zu.

	Jahr.	Band.	Seite.
Zoll-Zettel (Pallette): wie damit beim Eingang der polnischen Viehheerden zu verfahren	1756	19	169
— — was zu thun, wenn dergleichen verloren gegangen	1739	19	482
Zoll-Zettel-Palletts u. *Visa*-Gelder, Ausrechnungs-Tabelle darüber	—	—	534, 536
— — — — Ausmessung derselben	1739	19	487 seq.
— — — statt derselben dürfen die Zollfreie Nationen nur 6 Kreuzer pro Pferd zahlen	—	—	490
Zubuße beim Bergbau, wie solche auszuschreiben und zu reguliren	1769	11	120
— ist 4 Wochen nach der Ausschreibung zu zahlen, und vom Schichtmeister einzucassiren	—	—	122
— was zu thun, wenn keine bezahlt wird	—	—	123
Zubuß-Briefe, was bei deren Ausfertigung zu beobachten	—	—	120
Zuchthäuser: Notification wegen ihrer Anlegung	1747	2	453
— — stehen unter Aufsicht der Cammern	—	—	454
— — in wiefern Eltern ihre Kinder 2c. oder Lehrmeister ihre Lehrlinge darein geben können	—	—	457
— — was für Personen darinn nicht angenommen werden	1758	6	ibid. 725
— — Bestimmung ihrer Fonds und Revenüs	1747	2	460 seq.
— — ihrer Freiheiten und Privilegien	—	—	463
— — deren Fonds müssen zur Unterhaltung des Creuzburger Armenhauses beitragen	1779	16	98
Zuchthaus-*Casse*, derselben fällt das Vermögen der entwichenen Unterthanen zu	1744 1704	1 8	19 246
Zuchthaus-Gelder, Schema zur Designation von den eingekommenen Gefällen und Special-Attesten	1748	3	273, 277
— — deren accurate Einhebung a 1 pro Mille und Berechnung wird eingeschärft	1762 1763	7 7	138 399
— — a 1 pro Mille in welchen Münzsorten sie zu zahlen	—	—	487
— — dito dürfen bei Possessions-Veränderungen nicht bezahlt werden, wenn Kinder ihre Eltern beerben	1784	18	187
— — dito wohl aber, wenn Eltern ihren Kindern die Possession bei Lebzeiten abtreten	—	—	188
— — dito müssen auch von Collateral-Erbschaften gezahlt werden	—	—	187

Zu.

Zuchthaus-Strafe wird zuerkannt:

	Jahr	Band	Seite
Denen austretenden Unterthanen	1769	11	7
denen, so die Bienen-Stöcke berauben	1773	14	42
denen, so Tabacks-Blätter vom Felde stehlen	1774	14	258
denen, so Röthe-Keime ausführen	1776	15	65
denen, so Wolle für ausländische Tuchmacher spinnen	1777	15	414
denen, so Flachs-Arbeit bei Lichte verrichten	1782	17	261
denen, so in Dörfern und Gebäuden rc. schießen	1784	18	164
denen Schäfern, so die Pocken-Krankheit unter ihrer Heerde verschweigen	1773	14	71
denen unbefugten Suppliquen-Machern	1780	17	90
denen Accise-Defraudanten statt der Fiedel	1783	18	67
denen Juden, so sich mit Güter-Mäckeleien befassen	1785	18	313
denen, so bei Waaren-Verpfändungen das Publicum hintergehen	—		378
denen Vagabonds rc. rc.	1747	2	560
— — In welchen Fällen sonst darauf zu erkennen			454 seq.
darauf darf bei einer Inquisitin mit einem säugenden Kinde nicht erkannt werden	1755	6	117
Züchtlinge, deren Reception darf nur auf Cammer-Ordre geschehen	1747	2	455
	1750	5	530
— was bei ihrer Reception zu beobachten	1747	2	458
— deren Eintheilung			456
— deren Kleidertracht	—		458
— genießen alle Gewissens-Freiheit	—	—	ibid.
— — auch freies Begräbniß	—	—	461
— wie es mit ihrem Nachlaß zu halten		—	462 seq.
— den unvermögenden werden die Receptions-Gebühren erlassen	1754	5	652
— müssen bei ihrer Ablieferung hieher gesund und gut bekleidet seyn	1756	6	725
— was bei deren Zurücksendung an ihre Dominia rc. für Formalitäten zu beobachten	1783	18	41
— sollen nach ausgestandener Strafe wenigstens 1 Jahr von ihren Grundherrschaften in Dienste genommen werden	—	—	43

Kkk 2   Zücht-

	Jahr.	Band.	Seite.
Zu.			
Züchtlinge: zum Transport derselben sind handveste Leute mit zu geben	1784	18	230
f. Vagabonds, Inquisiten.			
Züchner zu Reichenbach: Parchent = und Cannefaß=Ordnung für dieselben	1749	3	539 seq.
Züchner=Waaren sollen nicht unächt gefärbt werden	1773	14	49
— — bei welchen und unter welchen Modalitaeten das unächt Färben verstattet wird	—	—	50
reliqua f. Leinwand.			
Zucker zur einländschen Consumtion soll lediglich aus der Splitt= gerberschen Raffinerie genommen werden	1764	8	218
— zum auswärtigen Debit kann Hamburger verschrieben werden	—	—	ibid.
— wie es mit dem ausländschen zum ausländschen Debit be= stimmteh mit der Abschreibung zu halten	—	—	219
— Benennung der Städte, in welche die Einfuhr des ausländi= schen Zuckers zum auswärtigen Debit verstattet wird	—	—	220
— Terminus, wenn diese Einrichtung anfangen soll	—	—	239
— wie die Abrechnungs=Bücher von dem ein= und wieder aus= gehenden fremden Zucker zu führen	—	—	271
Schema dazu	—	—	272
— Reglement, wie es bei der Einfuhr des einländschen und fremden Zuckers zum auswärtigen Debit zu halten	1770	12	156 seq.
— Bestimmung der Strafen derer, so gegen dieß Reglement handeln	1771	13	15
— der fremde transitirende wird mit 12 pro Cent Transito=Zoll belegt	1773	14	101
Zugvieh der kleinen Ackerleute, wie es beim Viehsterben mit der Remission dafür zu halten	1768	10	312
Zunder, dazu soll statt der Lumpen Schwamm gebraucht werden	1781	17	15
Zünfte einerlei sollen unter sich auch einerlei Rechte ꝛc. haben	1782	17	328
— Benennung derer, so sich blos nach den Handwerks=Gene= ralien richten, oder Special=Zunft=Artikel errich= ten dürfen	—	—	ibid.
Zunft=Aeltesten, von wem sie zu erwählen; deren Pflichten	1782	17	349 seq.
— bei deren Wahl soll nicht auf den Religions=Un= terscheid gesehen werden	1786	18	487
Zunft=Artikel für die Bader zu Breslau	1755	6	94
— — für die Barbirer	1753	4	854
— — für die Gürtler	1751	4	209

Zunft=

Zu.

			Jahr.	Band.	Seite.
Zunft-Artikel	für die Kammmacher		1755	6	44
—	—— für die Krambäudler		1752	4	751
—	—— für die Kupferschmiede		1756	6	196
—	—— für die Nehnadler		1755	6	67
—	—— für die Pfefferküchler		1751	4	146
—	—— für die Rosarienmacher		1755	6	44
—	—— für die Schmiede		1757	6	642
—	—— für die Schneider		1753	4	924
—	—— für die Schön- und Schwarzfärber		1756	6	134
—	—— für die Seiler		—	—	175
—	—— für die Stecknadler		1755	6	44
—	—— für die Töpfer		1756	6	154
—	—— für die Tuchmacher		1752	4	760
—	—— für die Victualien-Händler f. Krambäudler.				
—	—— für die Zimmerleute in Schlesien und der Gräfschaft Glatz		1770	12	92
—	—— die ohne landesherrlichen Consens errichteten sind ungültig		1782	17	306
—	—— wie die Handwerker zu strafen, so dergleichen ohne landesherrlichen Consens errichten		—	—	ibid.
—	—— sollen halbjährig vorgelesen werden		—	—	350
Zunft-Geheimnisse dürfen junge Meister nicht verschweigen			—	—	319
Zunft-Lade, wie sie zu verwahren und zu verwalten			—	—	349
— —— auf was Art verschiedene Handwerker unter einerlei stehen können			—	—	330, 350
das Uebrige. von Zunft f. Handwerk.					
Zwei-Gröschler f. Scheidemünze.					
Zwei-Groschen, item Zwei-Drittel f. Courant.					
Zwirn soll auf 1 elligte Weisen geweift werden			1777	15	235
Zwirn-Fabriken sollen mehrere angelegt werden			1769	11	204